乡村振兴研究文库

结构变迁、技术扩散与市场风险

以天然橡胶为例

刘锐金　何长辉　杨琳　伍薇　莫业勇◎著

中国经济出版社
CHINA ECONOMIC PUBLISHING HOUSE
·北京·

图书在版编目（CIP）数据

结构变迁、技术扩散与市场风险：以天然橡胶为例/刘锐金等著.--北京：中国经济出版社，2021.12
ISBN 978-7-5136-6756-2

Ⅰ.①结… Ⅱ.①刘… Ⅲ.①天然橡胶-产业发展-研究-中国 Ⅳ.①F326.12

中国版本图书馆 CIP 数据核字（2021）第 252277 号

责任编辑 罗 茜
责任印制 马小宾
封面设计 任燕飞

出版发行 中国经济出版社
印 刷 者 北京艾普海德印刷有限公司
经 销 者 各地新华书店
开　　本 710mm×1000mm 1/16
印　　张 21.25
字　　数 398 千字
版　　次 2021 年 12 月第 1 版
印　　次 2021 年 12 月第 1 次
定　　价 88.00 元
广告经营许可证 京西工商广字第 8179 号

中国经济出版社 **网址** www.economyph.com **社址** 北京市东城区安定门外大街 58 号 **邮编** 100011
本版图书如存在印装质量问题，请与本社销售中心联系调换（联系电话：010-57512564）

本书受以下项目资助：

国家社会科学基金项目“热带农产品价格波动研究”（批准号：11CJY064）；
农业农村部（农业部）历年财政资助项目和政府购买服务项目；
海南省重点研发计划软科学方向项目“海南省天然橡胶产业调查与科技支撑提升政策研究”（批准号：ZDYF2016201）；
海南省重点研发计划软科学方向项目“海南省天然橡胶一二三产业融合发展的科技问题调研与对策研究”（批准号：ZDYF2017138）；
海南省社科规划课题一般项目“海南省天然橡胶市场体系建设与优化研究”（批准号：HNSK（YB）17-85）；
海南省自然科学基金高层次人才项目“海南省天然橡胶主产区的‘资源诅咒’：过程、结果与应对”（批准号：2019RC325）；
海南省自然科学基金青年项目“海南省橡胶种植农户的技术采纳行为研究”（批准号：20167258）；
中国工程科技发展战略海南研究院咨询项目“海南省天然橡胶发展战略研究”（批准号：HN-19-XZ-04）；
中央级公益性科研院所基本科研业务费项目（中国热带农业科学院橡胶研究所）“天然橡胶价格形成、传导、波动效应和分散机制研究”（批准号：1630022016021）；
中央级公益性科研院所基本科研业务费项目（中国热带农业科学院橡胶研究所）“我国天然橡胶产业制度变迁及改革发展研究”（批准号：1630022013009）；
海南省南海名家青年项目（编号：20192073）。

序　言

天然橡胶是四大工业原料之一，是国家战略资源和重要农产品。依靠强大的国家意志力和广大科技工作者、农垦职工和农民朋友的不懈努力，我国成为世界上唯一在北纬 18 度以北大规模种植橡胶的国家。国有农场曾长期占我国天然橡胶产业的绝对主导地位，改革开放后，民营胶园开始从国有橡胶农场周边发展起来，当前我国天然橡胶产量大体呈国有和民营“四六开”的格局。我国是世界天然橡胶第五大生产国。虽然我国国内天然橡胶生产量仅占全国消费量的 13%左右，但国内生产对橡胶供应起着“压舱石”的作用。

产生于特殊历史环境、依赖科技创新实现发展、生产的迟效性和长期性与市场化程度之间的协调难度大是天然橡胶产业的突出特点。本书运用现代经济学方法，分析天然橡胶产业发展历程，把握住成本效益这条主线。改革开放前，对于橡胶行业的发展，国家政策起关键作用，在当时政府定价的背景下，丰厚利润是微观层面激励的主要来源；土地要素的相对价格提高可能是云南省特别是西双版纳州国有橡胶种植农场改革的主要原因之一；生产管理模式与橡胶树生产规律不相适应可能导致海南天然橡胶产业集团生产激励体系失效。即使在高度计划经济环境下，驱动发展的仍是价格。研究成本效益对产业政策制定、技术推广等具有重要意义，也促使政府制定政策时更多地考虑微观主体的成本效益。

作为国家天然橡胶产业技术体系首席科学家，我特别关注技术扩散问题，经常思考如何利用技术更好地促进产业发展。本书作者做了很多细致的工作，较为系统地梳理了技术存量，探索技术供需两端的匹配。品种是胶园生产潜力的基础，割胶是提高劳动生产率的关键。热研 73397 是我单位研发最为成功的品种之一，在海南产区民营胶园进行了大面积推广，本书较为严谨地推演了该品种的扩散过程，发现新品种在少数民族地区推广不到位，并指出在认知、采纳等阶段应当关注不同的影响因素。低频割胶技术能够显著降低单位产品的劳动力成本，刺激剂认知不到位、使用不规范成为制约该技术推广的障碍。另外，本书还较好地关注了种植户的技术需求，这些研究对相关部门制定更加科学的技术研发和推广方案(如更加多样化的林下资源开发模式、更高效的施肥技术)有重要意义。

21 世纪以来，天然橡胶价格大幅波动，这给橡胶产业从业者造成了较大影响。连续十余年的价格上涨趋势使天然橡胶种植面积迅速扩大，种植户也获得丰厚的回报，但 2014 年以后，橡胶价格持续低迷，让种植户陷入了困境，生产调整面临诸多约束。本书分析了价格变动对生产意愿与实际行为结果的影响：当价格低迷实际发生时，种植户的实际生产行为比生产意愿反应更强烈。对于价格稳定基金类的市场风险分散机制，种植户的参与意愿很高。海南省价格保险实践也证明了这一点。

本书是作者团队长期工作积累的成果，我欣赏这样的工作方式，即长期关注一个议题，项目、资金、人员等持续投入，形成系列成果。本书的研究虽取得了一定的成绩，但依然有一些问题值得深入探讨，希望作者继续运用现代经济学、管理学等学科的理论和方法，持续深入研究，更好地为橡胶产业发展提供支持。

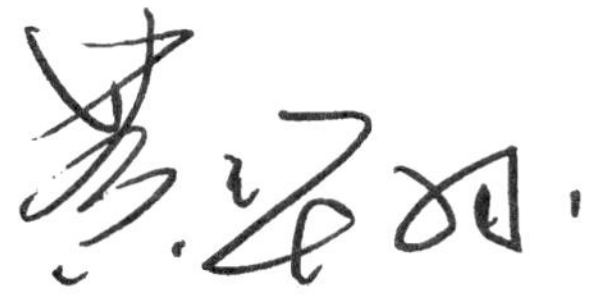

中国热带农业科学院橡胶研究所所长
国家天然橡胶产业技术体系首席科学家

前 言

制度、技术、市场和要素投入是我国农业发展的主要驱动力，也是天然橡胶产业发展的原动力。新中国成立初期，我国天然橡胶年产量不足200吨，到2019年，我国天然橡胶年产量达到81万吨。改革开放前，我国组织严密的农垦体系，使新品种、新技术得到有效运用，橡胶产业已初具规模，打破了“北纬18度以北是植胶禁区”的限制。此时，在政府定价背景下，橡胶种植能获得高额利润，农场有能力承担风险。改革开放后，农村土地制度、经营制度改革激活了农户的橡胶种植积极性，但由于市场化改革相对滞后，直到20世纪90年代中后期我国才实现与国际市场接轨。这一时期，橡胶产业发展速度较慢。民营胶园快速发展阶段是21世纪的前15年，此阶段国内外天然橡胶价格持续上涨，加之国家实施天然橡胶良种补贴政策，民营种植面积增加了2倍，民营种植面积占橡胶种植总面积的比超过了60%。此轮价格上涨，极大改善了橡胶种植户的生计状况，特别是在西双版纳和海南岛中西部产区。在上一轮价格上涨的大周期中，橡胶种植业大面积扩张，供应增长快于实际需求的增长，导致累计剩余过大；全球生产调整相对缓慢，橡胶行业持续处于供大于求状态，导致2014年以来天然橡胶价格持续低迷，国内种植面积小幅萎缩，但总体处于平稳状态。为了控制成本，种植户大幅度减少肥料等物质投入，同时家庭生计也受到较大冲击，出现了群体性和区域性种植户减收现象。

虽然国内天然橡胶产业的部门结构发生了显著变化，但农垦仍是重要组成部分。2010年前后实施的云南农垦改革彻底改变了西双版纳州国有农场经营模式，虽然土地和橡胶树资产的国有性质保持不变，但国有农场已不再具有组织、技术和规模优势，承包主体的生产行为几乎不受约束，导致很大一部分橡胶树加速折旧。此轮云南农垦改革的重要原因是土地等要素相对价格变化、税制改革和地区经济发展。地方政府对土地特别是城区周边土地的开发意愿增强，而城区周边土地多属于相对独立的农垦系统，地方政府无法有效利用其土地，因此推动农垦属地化改革成为地方政府的重要考量。但此次改革与新一轮农垦改革精神是相违背的。近年来，云南省委、省政府重新出台相关政策文件，意在恢复垦区在农业生产经营方面的优势，但具体成效还有待观察。

海南天然橡胶产业集团股份有限公司(简称“海胶集团”)的成功上市，丰富了橡胶产业体系，为橡胶种植业发展提供了新的融资渠道。相较于其他农业生产活动，割胶生产的监督成本较低。本书在农场/基地分公司、连队、职工之间建立委托代理模型，研究构建满足参与约束和激励相容条件的运行体制的条件，将农场的目标函数内置于职工的行为决策中。在制定生产激励机制时，割胶工人的目标产量确定是关键，如果定产过高，胶工无论如何努力都无法完成，就会出现“破罐子破摔”的情况，将胶乳卖到民营收胶站，或者导致过度采收，使得橡胶树后期产量下降；如果定产过低，胶工可能会在民营收胶站销售部分胶乳，以免下一年度提高定产，从而导致农场/基地分公司利益受损。因此，我们建议保障胶工的基本工资，通过低频割胶技术提高劳动生产率，企业和工人共担市场风险、成本和收益。在新一轮农垦改革中，海胶集团增加了市场化用工量，在一定程度上解决了职工身份带来的高成本问题。

技术扩散实际上是技术供需匹配的过程，一方面是技术供给保障，另一方面是技术需求。农户是橡胶种植和生产技术推广的目标群体。对于一项技术，首先要做到认知，要了解技术，掌握技术要点和风险；其次是决定是否采纳，要权衡风险与收益；最后是决定采用比例。本书结合农户决策和三阶段模型来研究新品种(热研 73397)、低频割胶技术的扩散过程，提出新品种推广应当重点关注少数民族地区，充分利用好村干部家庭和农民培训的作用；低频割胶技术推广应纠正刺激剂增产的观念，解决好认知阶段的信息混乱。林下资源开发与利用需要有技术清单及扩大经营主体的选择范围。

天然橡胶是市场化程度最高的农产品之一，不同市场间的价格传递速度非常快。价格和生产的关系是一个古老的研究议题，也是现实需要关注的领域。农户在与大市场对接的过程中往往处于劣势，可能受到收购商和初加工工厂的双重边际压力。研究发现，规模化和提高组织化程度有助于提高农户销售价格，但农户的胶园流转意愿非常弱，合作社等新型经营主体培育不足。价格持续低迷对海南种植户的影响大于预期，橡胶收入占比较高的家庭面临更大的资产和技术专用性约束，生计策略调整难度大。在高价位条件下，相较于云南产区，海南产区农户更倾向于提高割胶强度，以减少台风等灾害导致的预期损失。农户对风险应对机制——价格稳定基金有较强的需求，特别是专业化程度较高的农户，但如何根据外部条件确定基金收取和补贴的触发价格是个难题，农户生产成本、预期保本价等都在动态变化。橡胶价格每提高1%，主产国橡胶产量增加约0.12%。泰国对价格上涨的敏感程度较高，而印度则对价格下跌较敏感；国内市场主体对泰国和国内生产信息尤为关注。

科技创新是推动天然橡胶产业健康发展的关键，因此，需要加快新品种、新技术、新模式、新装备的研发与推广。新品种是提高胶园生产潜力的核心，相关部门需进一步丰富种植材料，提高品种的适应性，将品种及其配套种植规划、栽培技术等结合起来；割胶技术是阻断种植业萎缩的关键环节，因此要着力提高劳动生产率；林下资源开发与利用则是提高土地产出率的主要渠道。构建现代生产、产业和经营体系，首先要充分发挥农垦的组织、规模和技术优势，以资本为纽带，纵向拓展业务；其次，在民营胶园持续推动生产和服务的适度规模经营，构建绿色生产体系；最后，加快初加工转型升级，强化初加工工厂与农户的有机衔接，充分利用好国内、国外两个市场和两种资源。橡胶种植业作为农业产业，天然橡胶作为重要农产品，一直没有很好地纳入国家农业政策支持体系。未来，橡胶产业要争取胶园地力保护补贴、胶园更新定植补助等政策支持，从而建成一批高标准胶园、生态胶园。

本书的研究是从2012年设计农户市场及其风险管控机制问卷开始的，持续了近十年，本书是团队成员团结协作的成果，每个章节都凝聚了集体的智慧和力量。第1章、第2章、第3章、第5章、第11章、第12章、第13章、第14章主要由刘锐金负责撰写，第7章、第9章主要由何长辉负责撰写，第6章、第8章由刘锐金和何长辉共同撰写，第4章由何长辉、刘锐金和伍薇协同撰写，第10章由刘锐金和伍薇主要撰写，其他作者进行修改补充。刘锐金、何长辉、杨琳、伍薇分别负责第1篇、第2篇、第3篇、第4篇的编排和校对工作，莫业勇为各项数据分析提供支持。魏宏杰博士对价格稳定基金的相关内容提供支持，在此表示感谢。

本书涉及的相关工作得到了众多机构和同行的支持。2013年和2016年作者团队开展了较大规模的入户调查，每年对固定观察点进行回访调查，海南省农业农村厅、云南省热带作物研究所、景洪市经济作物推广站、勐腊县橡胶技术推广站、白沙县橡胶产业发展中心、儋州市农林科学院、澄迈县热作局、琼海市热作技术推广站、琼中县农业技术推广站等机构给予了强有力的持续支持。海南大学、中国热科院科技信息研究所等机构的研究人员和学生参与了入户调查。本书还得到了中国热科院橡胶所育种、新型肥料、采胶、栽培、林下经济等团队的大力支持，这些团队无私地提供了关于品种、割胶、抗逆栽培、施肥、林下资源开发等方面的技术资料，为本书作者团队耐心解答了诸多技术问题。本书的部分内容曾在中国农林经济管理学术年会、中国热带作物学会天然橡胶专委会等会议上报告，与会者提供了很好的意见和建议。在此，向对本书提供支持的各位领导、老师、学生以及同行表示诚挚谢意。

作者对本书倾注了大量的心血，书稿编撰工作持续了几年，但由于知识和视野有限，本书还可能存在未知的缺点，希望读者们予以包涵并提出意见和建议，以便我们推进下一步的研究工作。

2021 年 7 月 25 日

目 录

第1篇 产业结构变迁

第2篇 技术采纳行为

第3篇 价格与生产

第4篇 产业可持续发展

第1篇

产业结构变迁

我国天然橡胶产业起源于新中国成立初期，依靠政府的强力推动，我国逐步形成了以国有农场为核心的橡胶生产体系。改革开放之后，随着农村产权制度改革的推进，橡胶种植从国有农场逐步向农村发展。进入21世纪后，民营胶园快速发展，其种植面积在2009年超越农垦。本篇包括4章，第1章解释了不同时期产业发展的动力，发现微观层面的成本收益是关键；第2章和第3章研究了云南农垦改革、海南农垦生产激励机制，探索农垦部门橡胶生产的中观和微观层面问题；第4章运用农户调查数据，总结归纳橡胶种植户的生产经营情况。

第1章

我国橡胶种植业的发展历程

天然橡胶是植物体内合成的高弹性物质，主要产于巴西橡胶树(又称三叶橡胶树)，世界上还有银胶菊、俄罗斯蒲公英、杜仲等2000余种植物可产生天然橡胶，但大规模商业化种植的仅有巴西橡胶树。橡胶一词来源于印第安语cau-uchu，意为“流泪的树”，橡胶树表皮分布着大量乳管，树皮被切割后，可获得胶乳，胶乳经过一系列加工之后，成为浓缩乳胶或标准胶，是工业原料。

1.1 天然橡胶的主要用途

天然橡胶具有高弹性、抗拉伸、强耐磨和紧致密等特性，是航天器、民用军用飞机、军舰、潜艇等高端产品多个关键部件的原材料；与石油、煤炭、钢铁同为四大工业原料，其用途很广，用其生产的制品已超过7万种。橡胶制品业是以天然和合成橡胶原料生产各种橡胶制品的行业，是国民经济的重要组成部分，细分行业包括轮胎制造、橡胶板管带制造、橡胶零件制造、再生橡胶制造、日用及医用橡胶制品制造、其他橡胶制品制造。橡胶制品业作为经济发展中的重要基础产业，影响着经济社会的方方面面，采掘、交通、建筑、机械、冶金、汽车制造、航空器、电子、日用品、医疗计生制品行业，都离不开橡胶制品。橡胶制品生产所需的原材料多达百种，天然橡胶是其中重要原材料。将天然橡胶与石墨烯等新兴材料和添加剂进行混合改性，是获得天然橡胶新型材料的重要途径。

高弹性、抗拉伸、强耐磨和紧致密是天然橡胶的重要特性，同时天然橡胶还有耐热、耐寒、耐水、耐油等特性，具有良好的物理机械性能，分子结构规整性好，容易与硫化剂发生结构化反应。图1-1展示了天然橡胶最重要的四个特性及其对应的主要产品。在诸多产品中，合成橡胶无法替代天然橡胶，如飞机轮胎、潜艇上的密封圈、直升机上的耐磨橡胶垫片、宇航服上的乳胶制品、超薄医用手套和避孕套等。

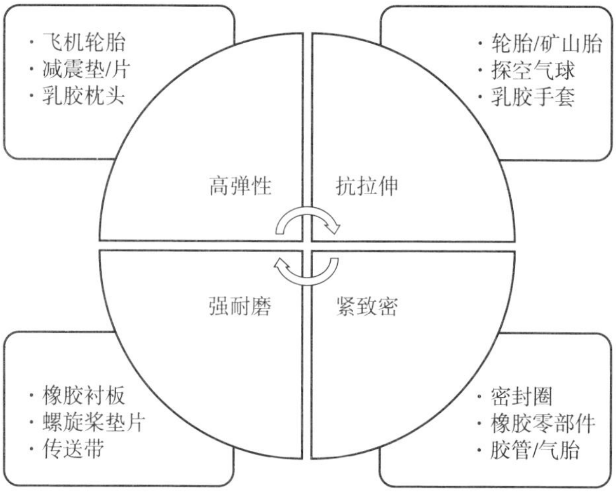

图 1-1 天然橡胶应用领域示意图

天然橡胶在轮胎中配比的增加是提高汽车舒适度、载重卡车安全性的关键因素之一。轮胎生产是天然橡胶最重要的用途，我国天然橡胶年消费量约为 600 万吨，其中约 75%用于轮胎生产。每辆汽车有数百个橡胶零部件，橡胶零部件重量约占整车自重的 3%~6%，其中轮胎中橡胶重量约占橡胶总重量的 70%。轿车轮胎中，天然橡胶与合成橡胶具有一定的替代性，制造商会根据两种橡胶的相对价格调整配方，但为了保证轮胎的舒适度，会保证较大比例的天然橡胶用量。载重轮胎、工程轮胎等大型轮胎中天然橡胶的占比也非常高。在极端低温条件下，利用巴西三叶橡胶树产出的橡胶所生产的轮胎容易玻璃化，科学家们尝试通过橡胶草、银胶菊等其他产胶植物解决这一难题。

天然橡胶的高弹性、耐低温、耐高温、抗拉伸等特性在飞机轮胎上集中体现出来。航空轮胎是轮胎制造领域的尖端产品，素有轮胎界“皇冠上的明珠”之美誉，是先进制造业的代表之一。航空轮胎是飞机起飞、降落和滑行过程中唯一接地的部件。飞机轮胎的负荷能力比工程胎大，速度能力比赛车高，充气压力是载重车轮胎的 10 倍，下沉量变形是汽车轮胎的 2 倍，其还需要应对极端温度和气压的挑战。天然橡胶是航空轮胎中占比最高的原材料，且无法被替代。

天然橡胶材料因具有阻尼特性已在桥梁和房屋减震等方面得到越来越广泛的应用。高阻尼橡胶材料的黏性大，自身可以吸收能量，具有较大的延展性，能在地震时延长结构自振周期、减小地震作用力，并利用自身耗能特性发挥减隔震作用。早在 20 世纪 80 年代，日本就通过人工试验和地震考验，使用积层橡胶有效防止地震波传向建筑，事实证明，橡胶具有良好的减震效果(周振清、尚绍英，1987)。为了更好地吸收地震能量，叠层橡胶隔震支座的使用率最高(王英卓等，2020)。我国部分地震高烈度区开展了建筑工程减震隔震技术工程应用工作，部分工程经受了汶川、芦山等地震的考验，实践证明该项技术能有效减轻地震破坏力，提升房屋建筑工程抗震能力。建筑物橡胶隔震产业可能成为继轮胎之后的大产业。减震橡胶制品，在汽车、机械产业等工业部门被用来防止振动和隔绝噪声，用于提高交通轨道、铁路车辆安全性和舒适性。

天然橡胶除了具有各种特性外，还是绿色产品，橡胶材料的碳汇功能显著，这明显不同于合成橡胶。从橡胶树获取原料后，经过初加工而成的浓缩胶是乳胶手套、避孕套等乳胶制品的基础原料。利用乳胶发泡技术制成的各类生活用品，如枕头、床垫等，还有很大的发展空间。床垫的软硬度是影响床垫舒适性的重要因素，乳胶床垫由天然胶乳制成，具有较好的弹性，可以满足不同人群的需求，适用于不同的睡姿。

1.2 天然橡胶产业发展历程：1949—1979 年

我国天然橡胶产业经历了从无到有、从小到大的发展过程，产业内部结构也发生了根本性的变化，农垦橡胶产量的相对份额不断减小。

1.2.1 重要事件

从 1904 年起，我国陆续从国外引进橡胶种子和胶苗，在云南、海南岛、雷州半岛等地种植。新中国成立前，我国橡胶产业发展十分缓慢，全国只有 4.2 万亩胶园，年产干胶 200 吨。1950 年，美国发动朝鲜战争，并对我国实施封锁禁运，妄图切断我国急需的橡胶等战略物资。当时社会主义阵营中除我国和越南外，均无热带作物生产，而越南主要热带作物地区又尚未解放。因此，社会主义阵营国家都把发展天然橡胶的希望寄托在我国华南热带地区。1950 年，毛泽东访问苏联，斯大林提出中苏合作，在中国华南地区建立天然橡胶生产基地的建议。党中央同意这个建议，并正式签订了中苏联合发展天然橡胶的协议，做出了建立华南橡胶基地的战略决策。1951 年 8 月 31 日，中央人民政府政务院第 100 次政务会，做出了“关于扩大培植橡胶树的决定”，对华南种植橡胶树作了部署；10 月在广州成立华南垦殖局(后移至湛江)。新中国的第一代橡胶科技工作者在这种特定的国际国内环境下肩负起为国家研究和发展天然橡胶的神圣使命，从祖国四面八方会聚到华南垦殖局。

1952 年底，原国家林垦部根据中央发展天然橡胶的需要，决定以原广西桐油研究所、重庆工业试验所橡胶组的人员和设备为基础，并从有关科教单位抽调一批专家和应届毕业生组建研究所。1953 年初，我国成立特种林业研究所建所筹备委员会。1954 年 3 月 1 日，华南特种林业研究所在广州正式成立，隶属华南垦殖局领导；同年 8 月，华南特种林业研究所接收海南垦殖分局于 1952 年组建的那大橡胶研究站，成立研究所海南(联昌)试验站。随着天然橡胶生产管理体制的改变，华南特种林业研究所先后更名为“华南热带作物研究所”和“华南亚热带作物科学研究所”。1958 年，华南特种林业研究所迁至海南儋县，并创建华南热带作物学院；1965 年升格为华南热带作物科学研究院，1994 年更名为中国热带农业科学院。

我国橡胶科技工作者和广大农垦职工，经过几十年的科学技术研究与生产实践，探索总结出一整套适合我国华南地区自然条件的橡胶种植和初加工技术，形成了独具中国特色的橡胶科学技术体系。1982 年，在全国科学技术奖励大会上，国家科委授予“橡胶树在北纬 18～24 度大面积种植技术”重大科技成果发明一等奖。

1.2.2 生产情况

新中国成立后，国家提出“先大陆后海南，先草原后森林，先平原后丘陵”的植胶方针，1952—1957 年的计划是，在广东、广西、云南、福建、四川 5 个省区，以最快的速度种植 800 万亩橡胶，要求广东、广西两省区，在 1954 年完成 400 万亩橡胶的种植，以争取 10 年后，我国每年可产胶 10 万吨。1952 年、1960 年、1970 年是我国开荒和种植的高峰期，每年开荒面积都在 150 万亩上下。1951—1955 年，橡胶种植面积仅为开荒面积的 62.52%，受限于种植技术与经验的匮乏，大量开荒土地没有种植橡胶。1969 年，军队接管了天然橡胶管理行政权，加之“上山下乡”运动的开展，大批青年劳动力来到植胶区，使 1970 年开荒面积和当年种植面积大幅度增加，但 1972—1979 年，开荒和种植面积均控制在每年 30 万亩以内(见图 1-2)。

1950 年 6 月，朝鲜战争爆发，帝国主义对我国以及其他社会主义阵营国家实行了经济封锁。1951 年春，美国对我国实行橡胶封锁，之后多年，社会主义阵营国家的天然橡胶贸易和消费情况国际社会难以掌握(实底 · 奄努埃等，1962)。1951 年，中苏双方协议合作种植橡胶，苏方提供资金、物资、技术，换取成品胶作为回报。1952 年 9 月，中苏双方签订《中苏关于橡胶技术合作协议》。在植胶大发展初期，我国曾向苏联贷款，从苏联购买开垦森林土地的拖拉机、机械设备和运输车辆等物资，苏联派出专家，帮助我国在华南地区建立天然橡胶基地。这是第一次(1952 年)开荒种植的高峰，但种植面积远小于开荒面积，主要原因是缺乏种苗。

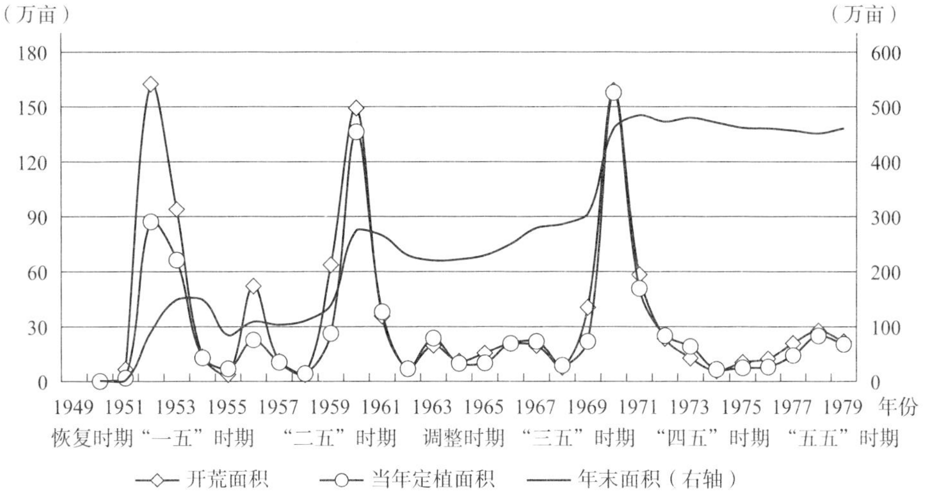

图 1-2　1949—1979 年中国橡胶开荒和种植情况

数据来源：《全国农垦统计资料汇编(1949—1979)》。

1953 年 3 月斯大林去世之后，苏联以国际形势放缓、成功生产合成橡胶为由，开始撤回专家，并终止了合作协议。毛泽东认为开荒种植橡胶成本高，仅一年多就花了一两亿元，并指示周恩来总理：“在橡胶事业发展方针上，赶快压缩种植面积，提高产量，提高质量，扎实前进。”党中央将原定的 800 万亩开荒面积目标，降低为 400 万亩，华南垦殖局也着手做好人员遣散、多余苗木处理等工作。1958 年 5 月，党的八大二次会议正式通过了社会主义建设总路线，全国各条战线迅速掀起了“大跃进”的高潮，直到 1960 年冬，中共中央和毛泽东开始纠正农村工作中的“左”倾错误，“大跃进”才被停止。[①] 在“大跃进”运动的推动下，1960 年再一次出现开荒和种植橡胶的高峰。

20 世纪 60 年代中期，“文化大革命”严重扰乱了天然橡胶生产及科研工作。1969 年 4 月，党的九大之后，各垦区一律实行军管，华南垦殖局由云南、广东军区生产建设兵团接管，军代表担任垦区的各级领导职务(许人俊，2015)。由于军管干部缺乏橡胶种植经验，却指导熟悉橡胶生产的转业官兵，造成了橡胶生产的严重混乱。军队接管之后，进行了大规模的开荒和种植，造成了 1970 年的大面积开荒。知青下乡也是开荒面积大增的重要原因。大量

① 资料来源：人民网，http://cpc.people.com.cn/GB/33837/2534783.html.

的城市青年到农村，为云南西双版纳州、临沧市耿马县等提供了较多的青年劳动力。天然橡胶实行国家收购，虽然产量较低，但仍有较大的利润空间，这也为国有农场发展天然橡胶提供了有利条件。

1952年，全国干胶产量仅为35吨，1959年第一批大规模种植的橡胶树开始割胶生产，干胶产量首次超过1000吨，达到1604吨，比1958年增长了137%（见图1-3）。1965年开割面积出现较大幅度的下降。1973年9月，在遭受第14号强台风后，管理部门仍在强割和强刺激橡胶树，导致橡胶树死皮病非常严重，使橡胶树的产胶潜力遭到严重破坏，再加上1973—1974年的低温寒害和1974年橡胶树割面条溃疡病的大面积爆发，橡胶产量急剧下滑。直到1974年10月，植胶农场恢复了农垦体制，才扭转了产量下滑趋势，生产能力开始提升。尽管1975—1976年的冬春之交广东和云南再次受到低温寒害影响，但是产量损失未对全国产量造成大的波动。1973—1974年和1975—1976年连续两次特大寒害摧毁德宏州60万余株橡胶树（甫发能，2000）。

1953—1979年，我国共补植橡胶树12857.89万株，按每亩33株计算，补植株数占定植的比重为44.73%（见图1-4）。造成补植比重大的原因，首先是缺乏科学合理的种植规划，广西和广东等非优势区域种植比重大；其次是缺乏优良品种，芽接苗种植比重小，缺少具有抗旱特性的品种；最后是胶园的抚管水平较低，重扩大种植面积，轻管理。

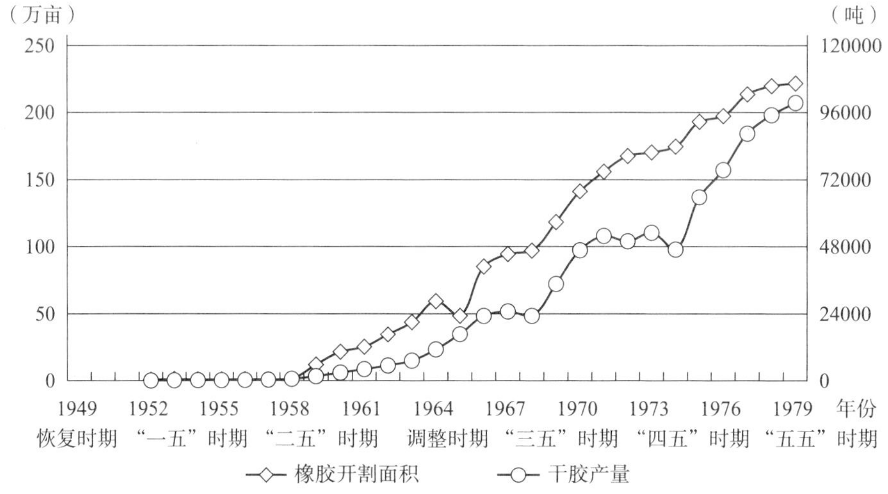

图1-3　1949—1979年农垦胶园橡胶开割面积与干胶产量

数据来源：《全国农垦统计资料汇编（1949—1979）》。

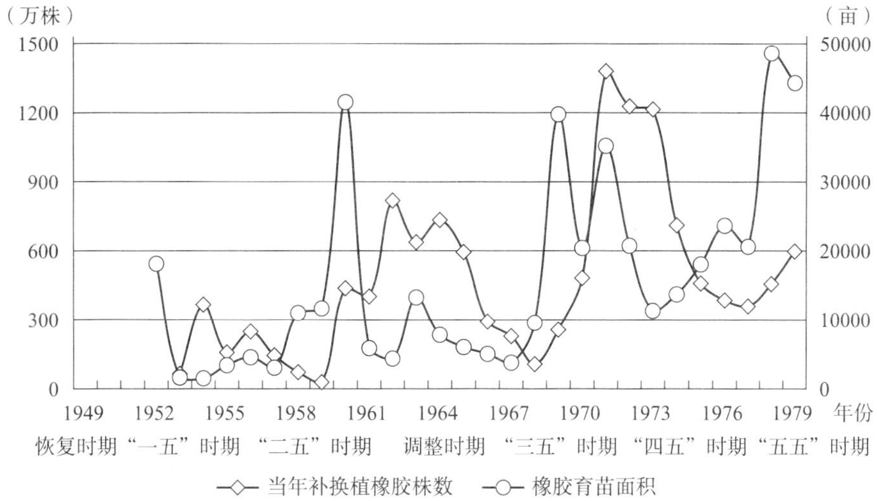

图 1-4　1949—1979 年橡胶补苗与育苗情况

数据来源：《全国农垦统计资料汇编(1949—1979)》。

1957 年、1958 年，我国橡胶单位面积产量大幅度提高，均在 40 千克/亩以上，而 1959 年仅为 13. 33 千克/亩(见图 1-5)。1957 年开割面积比上一年减少了约 2000 亩，减幅为 18. 87%，而干胶产量却增加了 48. 50%；1958 年开割面积比 1956 年增加 70. 93%，干胶产量增加 95. 38%。在橡胶品种和树龄结构没有发生显著变化的情况下，割胶频率的提高也不至于使单产翻倍，因此 1957 年和 1958 年单产的大幅度提高可能与当时的“大跃进”运动有关，可能存在虚报的成分，导致统计数据不准确。1965 年平均割胶面积较上一年减少

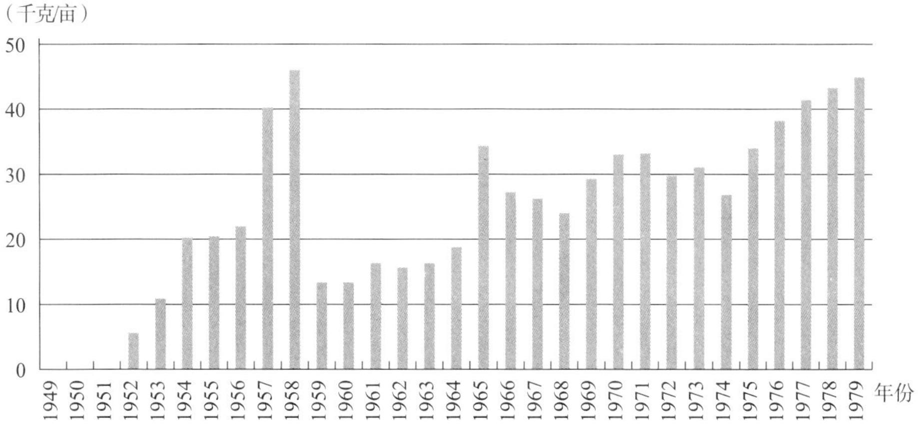

图 1-5　1949—1979 年国有农场天然橡胶单位面积产量

数据来源：《全国农垦统计资料汇编(1949—1979)》。

18.43%，而干胶产量却增加了49.11%。军队接管橡胶种植农场之后，橡胶单产出现了一定幅度的上升，1974年受严重寒害的影响，单产有较大程度的下降。

1.2.3 成本收益分析

1950年初，上海市进口3号烟片胶的旧人民币价格为2937万元/吨(1955年3月1日起发行的新币1元相当于旧币1万元)，年末上涨至6133万元/吨。为了抑制价格的过快上涨，工商管理部门对橡胶等商品实行了议价和外地来沪采购统一核价。1951年3月，中央贸易部将橡胶纳入10种主要工业器材，实行统一配售价格，价格被控制在5800万~5966万元/吨。1953年1月开始，为应对私营企业倒闭造成的经济萧条，上海市工商部门取消了议价和外地来沪采购统核价的规定，国家也放宽进口条件，橡胶挂牌交易价格为6000万元/吨。随后几年中，橡胶价格保持稳定，但供给严重不足，废旧橡胶再利用成为弥补缺口的重要途径。从1958年起，天然橡胶被纳入统一分配的物资，归属物资部的各地化轻(建)公司经营，使用时按区域统一向国家申请，但对较大的使用单位则大多采取直接供货形式。对于通过物资部门中转供应的小户企业，橡胶价格由原来挂牌价改为供应价，按进价加运费、不计利润的原则确定为5861元/吨(上海化工，2001)。

农垦生产的天然橡胶，由国家统一收购、统一销售、统一定价，国家统一收购价为6080元/吨，一直持续到1978年。在这期间，天然橡胶生产由国家控制，国家在宏观上为天然橡胶生产配置好资源，农场根据国家的指令配置微观资源，确保生产任务的完成。因此，橡胶种植农场不用担心产品销售，在利益的驱动下，盲目扩大种植面积，形成重种植轻管理的情形，使得我国天然橡胶经历巨大波折。从图1-6中可以看出，在收购价格政策下，种植橡

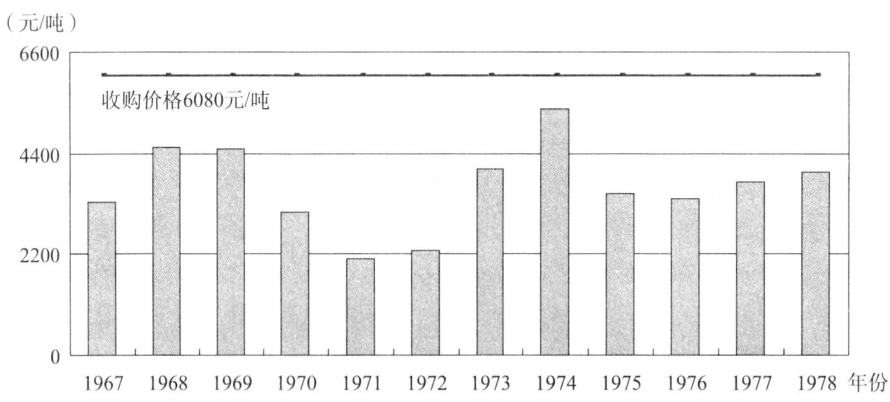

图1-6 1967—1978年云南农垦某农场的天然橡胶单位产品的生产成本

数据来源：云南省西双版纳州某农场场志。

胶是非常具有比较优势的，利润率都在30%以上，部分年份达到180%。这是橡胶种植面积扩张的主要微观原因。高额的利润率，使得基层领导和群众有足够的积极性扩大种植面积。1956—1982年，云南省西双版纳州共有国有农场10个，分场64个，职工61000人，累计种植橡胶58.77万亩。

1.3 天然橡胶产业发展历程：1980—1999年

制度创新、要素投入、科技进步和市场改革等是促进产业发展的主要动力，这一阶段天然橡胶产业扩张的支撑主要是制度创新和科技进步。改革开放后，家庭承包制的逐步推行，极大地促进了橡胶农场职工和胶农的生产积极性，这一阶段自然灾害的影响也较轻。20世纪80年代，橡胶种植面积增长了2倍。1971年，我国引进乙烯利刺激割胶配套技术，在实生树和低产芽接树进行试验（郭正平，1979）；[①] 1977年，我国基本解决了乙烯利刺激割胶的重大技术难题，形成具有中国特色的割胶技术规程，并大规模推广应用。这一阶段，天然橡胶市场改革也在同步进行，橡胶产业逐步进入双轨制发展时期。

1.3.1 重要事件

1979年，国家农垦总局颁发《橡胶栽培技术规程（试行草案）》，农垦部颁发《天然橡胶制胶工业工人技术等级标准》和《标准橡胶生产技术暂行规程》。

1983年，农牧渔业部农垦局在北京召开全国割胶会议，制定了“割胶经济技术指标”，并决定每年开展评选全国优秀胶工活动。

1985年，农牧渔业部农垦局发出“关于进一步加强橡胶生产管理的函”，提出要健全技术管理机构；加强技术服务和生产管理，不能要求农场技术管理部门自创工资收入，甚至上缴利润；做好生产技术规程落实工作；农场同职工签订的橡胶树承包经济合同除按规定上交产品和税、利费等外，还应把幼树增粗、伤树率、割胶强度、病害率等技术经济指标和奖罚办法明确定入合同；继续开展优秀胶工评比活动。

1987年，农牧渔业部决定全国各地国营、民营橡胶和其他热带作物的生产，由农牧渔业部农垦局归口管理。同年6月，农牧渔业部印发《六省（区）地方国营、民营橡胶和热带作物生产管理座谈会纪要》，就发展地方国营、民营

① 实际上，乙烯及其他刺激药物最重要的作用不是增产，而是实现“以药代工”，减少劳动投入，这项技术从研发之初，在目标设计上就有些走偏，这可能是刺激剂使用导致橡胶树资产加速折旧的重要因素之一。

橡胶和热作的指导方针、各级管理部门的工作职责及今后两年的主要工作做了规定和安排。

1988 年，农牧渔业部农垦局在广州召开六省(区)热带作物布局调整和高产经验交流会。同年 10 月，农业部在北京召开《全国天然橡胶生产工作座谈会》，11 月就“关于当前我国天然橡胶生产亟待解决的几个问题”向国务院写了报告。

1990 年，江泽民总书记视察海南植胶区，并做出“加快胶园更新建设速度，增强橡胶发展后劲”的指示。

1991 年，国务院在批转农业部《关于进一步办好国营农场报告》的通知中，进一步明确了国家对天然橡胶生产应采取“保护扶持、巩固提高、适当发展”的方针。

1993 年，国务院第七次常务会通过关于《九十年代中国农业发展纲要》，提到“把一批以生产棉花、糖料、橡胶为主的国有农场建设成为专业化商品化的示范基地”。

1994 年，农业部再次向国务院报送了《关于巩固和发展我国天然橡胶业的报告》，提出了发展橡胶的战略目标、方针、重大措施及需要国家扶持的意见。国家计委批准将国家安排农垦天然橡胶专项预算内经营性投资改为预算内拨款。

1996 年，农业部农垦局制定“全国割胶质量考核项目与评分标准”，标准包括割胶深度、耗皮量、割面均匀、割线斜度、下刀、收刀、伤口、割胶速度、切片均匀、切片数等项目。

1997 年，农业部向国务院呈报《关于解决国产天然橡胶积压问题的紧急请示》，请示中建议国家采取如下紧急措施：紧急收储垦区现有库存积压天然橡胶；建立天然橡胶储备调节机制；严格控制天然橡胶进口总量；取消天然橡胶 5%优惠关税进口政策。

1.3.2 生产情况

1982 年 10 月 18 日，经国家科委发明评选委员会评定，全国橡胶科研协作组被授予“橡胶树在北纬 18～24 度大面积种植技术”发明一等奖。1982 年，我国橡胶种植面积为 571 万亩，为新中国成立前 4.2 万亩的 136 倍，干胶产量 12.8 万吨(陈世新，1983)。改革开放后，我国经济、政治环境发生了翻天覆地的变化，科学研究的重要性重新得到社会各界的认识，我国逐渐形成了具有中国特色的割胶技术规程，并大规模推广应用和进行一系列技术改革，如单用阳刀割胶改为阴阳刀，高频 2 天 1 刀割制改为低频 3 天至 5 天 1 刀，加刀强割改为减刀浅割，乙烯利单方乳剂改为复方糊剂，割原生皮+再生皮改为只割原生皮，显著地提高了国有农场生产水平。科学研究和实践经验证明，我国在热带北缘种植橡胶的技术体系已经完善，具备了进一步扩大种植范围的条件。

民营胶园从国营橡胶种植农场周边开始逐步发展起来。在农村土地产权制度改革的支撑下和国有农场的引领、帮助下，海南和云南的民营胶园经历了从无到有的过程，一股橡胶种植热潮在农民中掀起。1970 年，我国国营橡胶种植面积占比达 96.8%，民营胶园只有 4 万亩，主要分布在国有农场周边村庄；1978 年，国营体系外的橡胶种植面积仅有 6.8 万亩，但占当年新增面积的比重达 96.7%，即国营橡胶种植业停滞不前。20 世纪 90 年代，民营胶园陆续进入开割期，其橡胶产量占比逐步提高。1981 年，云南省西双版纳州的民营橡胶种植面积仅约 5 万亩，干胶产量为 572 吨；1990 年，种植面积就达到 50 万亩(秦伟，2008)。1979—1995 年，国内天然橡胶产量从 10.8 万吨增加到 42.4 万吨，年均增长率达 9.3%(见图 1-7)。广西和福建农垦在比较了主要作物的成本收益后，逐步减少并基本退出橡胶种植业，增加了粮食、水果等其他作物的种植面积，天然橡胶种植向海南、云南和广东集中。

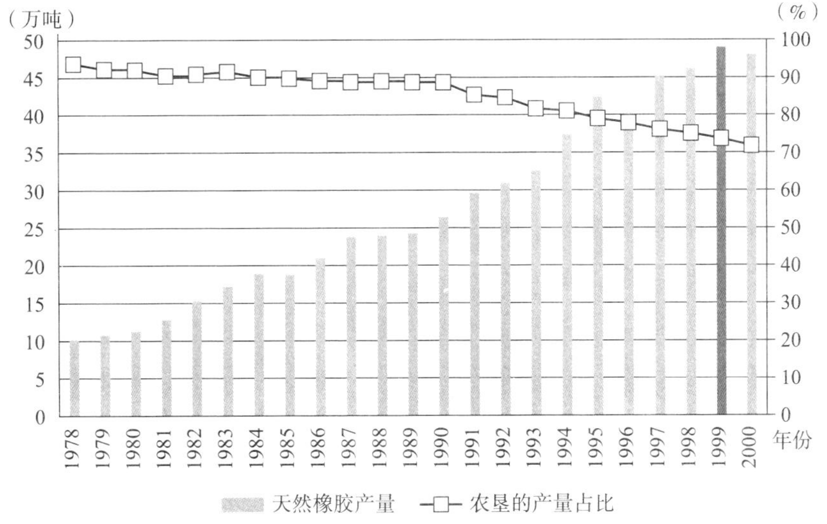

图 1-7　1978—2000 年天然橡胶产量以及农垦产量占比

数据来源：国家统计局、原农业部。

20 世纪 80 年代，橡胶种植面积稳步增长，但到了 20 世纪 90 年代种植面积基本保持稳定。1991年我国橡胶种植面积为925万亩，1999年为947万亩（见图1-8）。1991—1994年为收缩性周期，1994年末种植面积较1991年减少了42万亩，这主要是国内外价格倒挂和台风灾害所致。1988年和1990年国家两次调整天然橡胶价格，1988年的调整虽然名义人民币价格从6080元/吨提高到8600元/吨，但以美元计价的价格下降了，由1976年调整后的5000美元/吨降为2310美元/吨。国际市场价格远远低于国内生产成本，导致走私严重，国产胶销量急剧下降。1990年天然橡胶价格再次下调为1640美元/吨，“种胶不如买胶”的观点开始传开，橡胶种植业受到一定的冲击。

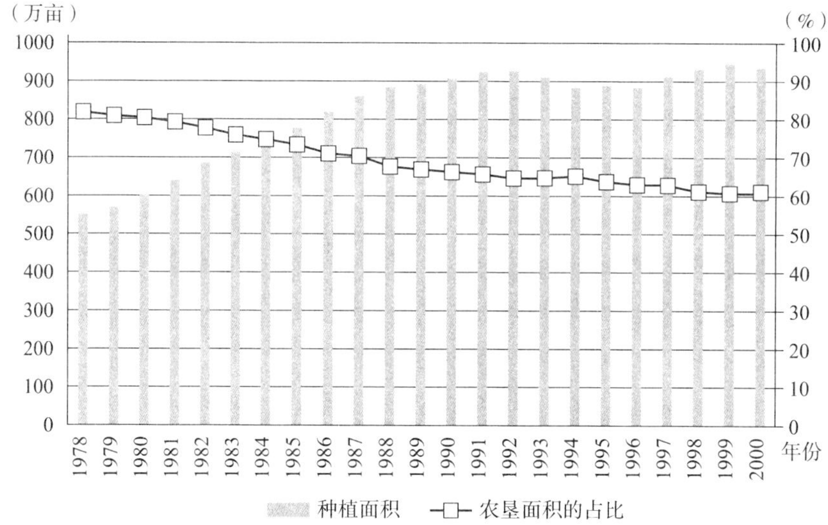

图1-8 1978—2000年天然橡胶年末实有面积以及农垦种植面积的占比

数据来源：国家统计局、原农业部。

1.3.3 成本收益分析

得益于良好的种植规划和品种匹配以及采收技术的改进，这期间天然橡胶单位面积产量连续增长（见图1-9）。垦区的单产水平明显高于民营，主要是因为垦区生产管理规范，但差距在逐步缩小。2000年，国营和民营的单产水平已非常接近，小农户生产技术更加娴熟，采用更高频率的割胶制度，单位橡胶面积产量提升速度较快。

20世纪90年代中期，国营橡胶农场开始尝试改革，地方农垦局成立企业，经营性业务采用企业化管理，但其社会职能仍未改变。一个农场往往就是一个小社会，不仅有医院、学校，还有公安、法院等机构。由于改革不彻底，未能有效降低天然橡胶的生产成本。根据西双版纳州勐腊县某农场统计，

1999 年干胶的直接生产成本仅 3968 元/吨，而间接成本高达 4784 元/吨，超过直接生产成本。20 世纪 90 年代末期，受亚洲金融危机影响，橡胶价格开始下跌，农垦的橡胶种植积极性有所下降。2002 年我国再次启动农垦改革，国有橡胶农场逐步走上企业经营的道路。从"八五"至 2005 年，国家每年对天然橡胶的基本建设投入维持在 1 亿元左右，投入对象仅限海南、云南、广东三大橡胶垦区；1994 年海南农垦 10 个农场被列入农业综合开发资金支持范围（宋建武等，2006）。

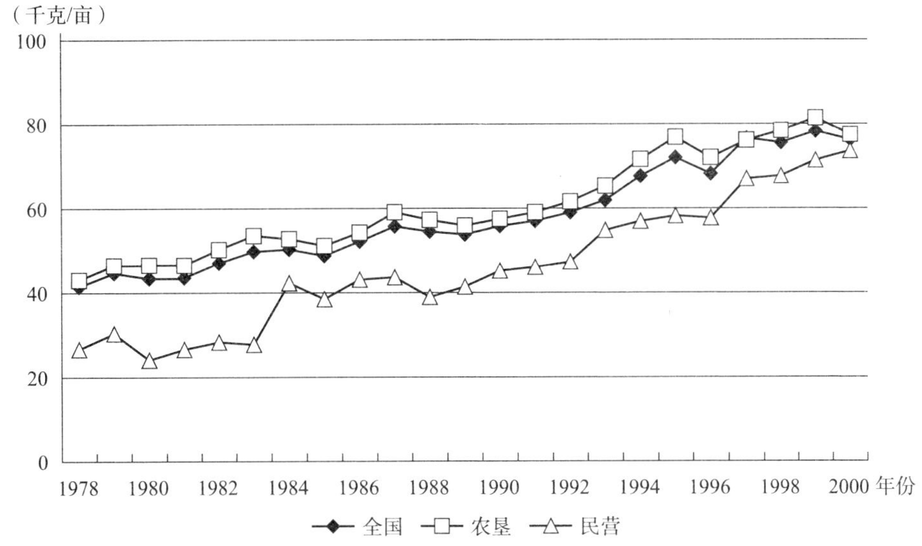

图 1-9　1978—2000 年天然橡胶单位面积产量及其分部门情况

数据来源：原农业部。

20 世纪八九十年代，国内天然橡胶价格显著高于国际市场。1994 年之前，人民币对美元汇率一直维持在较低水平，1994 年 1 月 1 日，我国启动汇率形成机制改革，当年平均汇率为 8.6，即 1 美元兑换 8.6 元人民币，而 1993 年 1 美元仅兑换 5.8 元人民币。20 世纪 80 年代美元平均汇率为 2.7，贬值速度非常快。1994 年之前，国内天然橡胶价格远高于国际市场，即使 1995 年前后进行了天然橡胶市场化改革，但国内市场价格仍高于国际市场，主要原因可能是当时进口配额制度尚未取消，国际市场对国内市场的冲击有限。受亚洲金融危机影响，马来西亚天然橡胶价格连续下跌，1999 年跌至低谷，而 1999 年国内价格同比上涨 13.9%（见图 1-10）。总体来看，国内橡胶种植仍是有利可图，但国有农场因体制原因，发展缓慢。

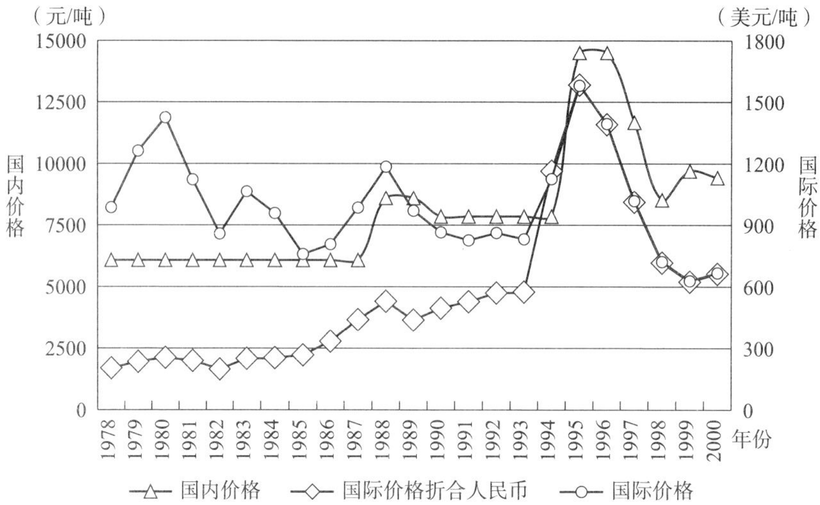

图 1-10　1978—2000 年国内外天然橡胶年平均价

数据来源：政策性文件、世界银行、中橡商务网。

1.4　天然橡胶产业发展历程：2000—2020 年

1996 年，国家完全放开市场后，天然橡胶快速融入国际市场。这一阶段，天然橡胶经历了由“喜”转“悲”的转折。2014 年之前，天然橡胶价格曲折上涨，民营橡胶种植面积快速扩张，2011 年天然橡胶名义价格达到历史最高点，种植户收入也到极高点；植胶区农村经济欣欣向荣，建新房、买轿车、购资产等发生频率提高。随着农垦改革的深入推进，海南农垦整合优势资源，成立了海南天然橡胶产业集团有限公司，并成功上市；云南农垦推动属地化改革，其中西双版纳州国有农场实行职工和户籍人口承包制，打破了原有的生产管理体系。

1.4.1　重要事件

2000 年，农业部印发《关于调整热作产业结构的意见》，提出“扬长避短，发挥优势，适度规模经营，进一步调整优化橡胶生产布局。天然橡胶种植面积经过调整优化，到 2005 年稳定在 900 万亩左右”的方针。

2001 年，农业部印发《热带南亚热带作物发展第十个五年计划》，要求天然橡胶在种植布局上逐步向海南中西部、云南西双版纳州、广东粤西局部风寒害较轻的宜植区转移。重点是稳定面积，推广新良种，加快老胶园更新改造，巩固提高，适当发展，调整优化橡胶加工布局，加快产业升级。当年，我国成为全球最大的天然橡胶消费国。

2002 年，我国成为天然橡胶第一大进口国。

2004 年，我国正式取消天然橡胶进口配额制度。

2005 年，海南农垦将天然橡胶产业剥离，整合优质橡胶资源成立了海南天然橡胶产业集团股份有限公司。

2007 年，国务院批复了《关于推进海南农垦管理体制改革的意见》，海南农垦整体下放到省政府管辖，实行政企分开、政社分离。

2008 年，海南农垦正式下放到地方管理。

2010 年末，海南天然橡胶产业集团股份有限公司成功上市，优化了股权结构。在植胶分公司的经营管理上，胶工的收入形式遵循"承包经营、定量上缴、剩余归己、市价结算"十六字方针。

2010 年，云南农垦按照"体制融入地方、管理融入社会、经济融入市场"方针，在保持农场国有土地性质不变、企业职工身份不变的前提下，实行天然橡胶生产属地化管理，胶园承包到户、经营核算到户、经营盈亏到户。2011 年，云南农垦按照"属地管理、产权到场、承包到户，创新管理体制、激活经营机制"的要求加速推进体制改革。

按照"产业化、集团化、股份化、国际化"的思路，广东农垦较早进行内部的企业化改革。其对内采取优化、发展、提高的方针，对外采取建基地、搞加工、抓贸易、拓市场的办法，到泰国、马来西亚、柬埔寨、越南等东盟国家发展跨国经营，内外并举做大做强橡胶产业。

1.4.2 发展脉络

相较于 20 世纪 90 年代的停滞不前，21 世纪前 15 年是国内橡胶种植业发展的一个新高峰。从 1998 年亚洲金融危机到 2013 年，橡胶价格上升，导致了全球橡胶种植业的扩张。2003—2013 年，我国民营橡胶种植面积增加了 172%，而国营橡胶种植面积只增加了 10%。价格上涨期间的面积增长绝大多数来自民营胶园，而民营胶园的经营主体中绝大部分是农户家庭，即在这些扩张地区的农民家庭种植结构中，橡胶树比重显著提高。2011 年后，市场形势急剧变化，橡胶价格快速下降并保持低迷，民营胶园面积从 2017 年开始小幅下降（见图 1-11）。

兴奋期：天然橡胶初加工原料无滞销风险，现金结算，橡胶树更新时可收获木材，割胶生产相当于一份稳定的职业，一段时期内橡胶被称为"摇钱树"。经历 2001—2003 年的价格连续上涨和 2004 年国家取消天然橡胶特产税后，农户加大了橡胶种植力度。2005 年的"达维"台风造成海南植胶区比上年

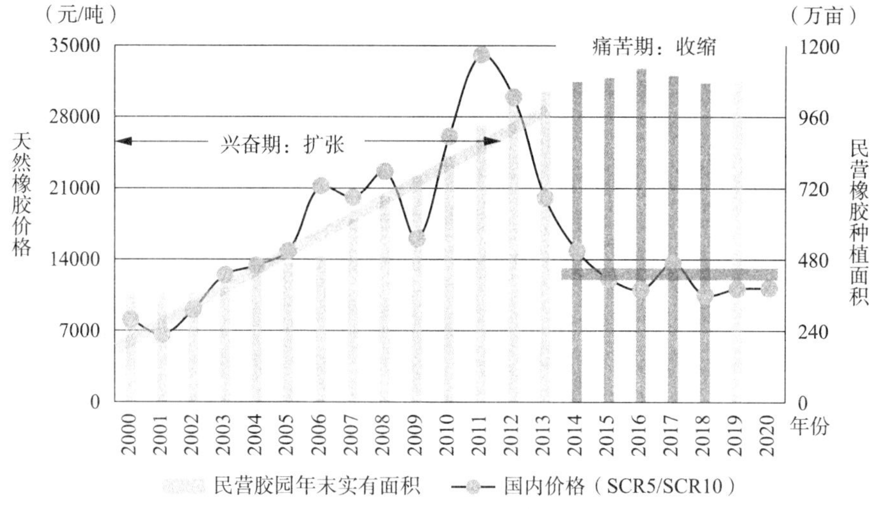

图 1-11　2000—2020 年天然橡胶价格变动与民营胶园年末实有面积

数据来源：农业农村部、青岛橡胶贸易信息网。

减产 30%。2011 年前后天然橡胶名义价格达到历史高位，很多家庭每日割胶收入达到 1000 元以上，货币收入急剧增加，不同家庭采取了不同的行为。部分家庭选择在农村建新房，部分家庭在城区购置房屋等资产，部分家庭高价购入橡胶树资产，部分家庭进行农业投资或增加教育投资；部分橡胶种植农户特别是规模较大的农户，将橡胶林作为下一代职业的后备选项。

痛苦期：天然橡胶名义价格在 2011 年达到历史高峰之后，急剧下跌，2014 年的价格已不足 2012 年的一半，此后保持低迷，橡胶种植家庭的福利严重受损。根据 2013 年、2016 年和 2019 年在海南省主产县市对橡胶种植户的抽样调查数据，2012 年 259 个样本农户的橡胶收入均值为 2. 13 万元，2015 年 195 个样本农户的橡胶收入均值仅为 1. 25 万元，2018 年 250 个样本农户橡胶收入均值为 1. 22 万元。急剧下降并持续低迷的橡胶价格，显著降低了农户家庭收入，特别是橡胶收入占比高的农户收紧了家庭支出，造成了一系列的不良后果，如高价购入的橡胶树资产投资无法收回，借钱建房或买房的农户出现了资金断裂。家庭土地利用结构调整难度大，相比于价格上涨时种植面积的快速增加，价格下跌时种植面积变化缓慢。

转型期：天然橡胶价格上涨和橡胶树资产强化看似提高了家庭的福利，其实蕴含着风险。更多的土地、劳动力投入到橡胶生产中，当价格持续低迷时，调整成本高，福利降低，这类似于发展经济学中的“资源诅咒”。橡胶树的经济生命周期约 40 年，经过 7 年的非生产期抚管后，才进入长达 30 余年的开割期，砍树意味着投资无法收回。槟榔、热带水果等潜在的替代作物，市场容量小，容易出现采收更亏本、不采收烂地里的现象，但橡胶树则没有这些问题。2014—2018 年，橡胶市场连续 5 年处于低迷状态，2019 年，作者对海南和云南近 45 个村寨进行调研发现，砍树改种其他作物的现象并不普遍。橡胶种植户在积极调整家庭生计策略，降低对橡胶的依赖程度。2013 年的抽样调查发现，西双版纳州橡胶种植区域橡胶收入占比高于 75%的样本比例为 66%，而 2019 年的抽样调查发现，其占比仅为 33%；海南橡胶主产区的橡胶收入比例从 25%下降到 8%。

政策干预：一是良种补贴。2006—2015 年，国家实施天然橡胶良种苗木补贴政策，橡胶种植户通过申请，能以低价格或免费获得良种苗木。这一时期，大多数年份橡胶价格处于上涨阶段，种苗补贴不仅提高了良种覆盖率，还对家庭种植结构中橡胶树资产强化具有正向作用。二是限制林木砍伐。橡胶属于经济林范畴，任何种植主体砍伐橡胶树，必须取得当地林业部门的准许，否则可能面临惩罚，这在一定程度上阻碍了种植户结构调整。我国已划定 1800 万亩天然橡胶生产保护区，在生产保护区内砍伐橡胶树，会受到更严格的限制。三是价格（收入）保险。价格（收入）保险主要有两种形式：上海期货交易所推动的天然橡胶“保险+期货”扶贫项目、地方政府试点的价格（收入）保险，虽然形式不同，但目的都是降低价格低迷对胶农家庭福利的影响。橡胶相关的收入增加会提高家庭收入，可是亦有可能进一步强化橡胶树在家庭资产和劳动技能中的作用，进而强化“资源诅咒”。

1.4.3 价格持续低迷的原因

1995 年以前，我国天然橡胶一直由政府定价或政府指导定价，1996 年完全放开市场后，国内市场与国际市场迅速接轨，橡胶成为农产品中市场化程度最高的产品之一。1998 年亚洲金融危机导致橡胶价格大跌，天然橡胶迎来了长达 12 年的曲折上涨。2011 年橡胶名义价格达到历史最高，为每吨 4 万元；2016 年跌破每吨 1 万元；2014—2020 年橡胶平均价仅为 2006—2013 年的 52%，其间，95%以上月份的均价都低于平均生产成本。出现上述情况的主要原因是：上一轮价格上涨大周期导致全球天然橡胶种植面积大幅度扩张，生产调节缓慢，实际需求量跟不上产量增长步伐，累计剩余存量较大。未来几年，预计全球橡胶行业仍处于略有过剩状态，但“十四五”期间，市场条件将逐步改善，预计 2025 年后橡胶产业会转向供需紧平衡。

1.4.3.1 上一轮价格上涨大周期导致产能大幅提高

上一轮价格上涨的大周期刺激橡胶种植面积大规模扩张。价格变动既是供求关系调节的结果，又是生产和需求调整的最关键信号。第二次世界大战后至 2000 年，天然橡胶名义价格均未超过 2000 美元/吨，没有长时间上涨或下跌；若考虑通货膨胀因素，这期间天然橡胶价格实际是下降的。亚洲金融危机使天然橡胶价格跌至谷底，我国橡胶价格不足 1 万元/吨。2001 年以后，橡胶价格进入了持续上涨期，主要驱动因素之一是中国加入 WTO 后，天然橡胶需求量大幅度提高。2011 年天然橡胶名义价格达到历史最高，纽约 1 号烟片胶超过 5000 美元/吨(见图 1-12)。据天然橡胶生产国联合会(ANRPC)统计，2011 年末，泰国、印度尼西亚和越南橡胶实有种植面积相较于 2002 年增加了 1800 万亩，占 2011 年实有面积的 17.4%，中国增加 650 万亩，印度增加 248 万亩；随着新增或更新种植橡胶树的逐渐成熟，2020 年泰国和越南橡胶开割面积分别比 2014 年增加 12.7%和 28.1%，全球天然橡胶供应持续增长。尽管 2014 年以来，全球天然橡胶市场整体处于低迷，但相较于 2005 年前，名义价格仍处于较高水平，缅甸、柬埔寨、科特迪瓦等低收入国家仍在继续扩大种植面积。

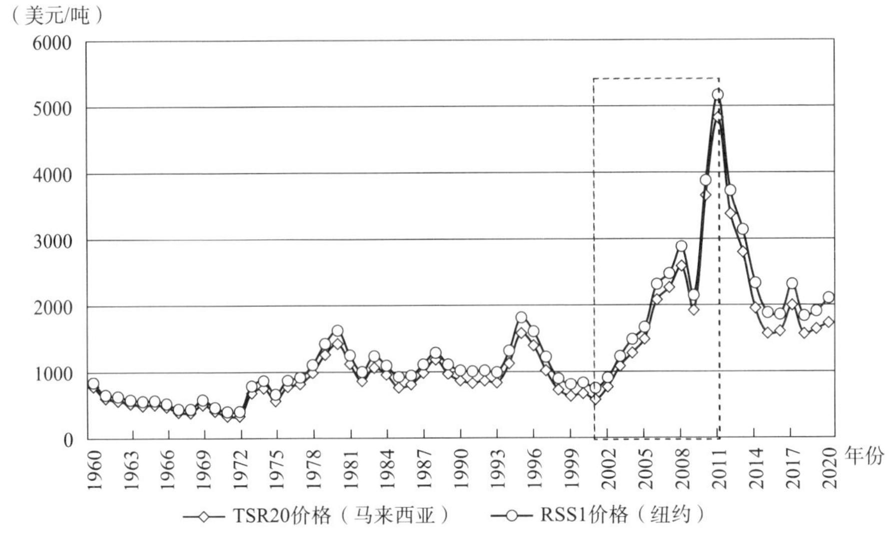

图 1-12　1960—2020 年国际天然橡胶价格变化

注：TSR 表示技术分类橡胶，RSS 为烟片胶。

数据来源：国际橡胶研究院 IRSG、世界银行。

越南、柬埔寨等低收入国家的成本优势明显。橡胶树定植后抚管 6~8 年开始生产，割胶一般可持续 25 年以上，胶园更新时可销售木材。天然橡胶生产成本主要有定植及非生产期抚管形成的生物资产折旧，割胶劳动力投入，施肥、除草等胶园管理投入，胶刀等物资投入与必要的运输成本。本章根据农业劳动力成本、单产水平和橡胶树品种结构及其产量分布，考虑胶园生产经营特点等因素，测算了不同国家单位产品的成本（见表1-1）。劳动力占直接生产成本的比重大，影响最为直接，割胶机械化、自动化难度大是引致产业区域转移的核心要素。马来西亚曾是最大橡胶生产国，但农业劳动力匮乏导致其橡胶产量大幅度下降，其对外籍劳动力的依赖程度提高，由于新冠肺炎疫情限制劳动力跨国流动，马来西亚2020年较上年减产19.6%。单产水平对成本也有关键影响，一定量的割胶劳动力投入，产出翻倍，成本可降低约50%。越南的劳动力成本是缅甸的2倍，在2020年单产水平下，越南成本却明显低于缅甸。单产一定的情况下，成本随割胶劳动力价格而变动，割胶、施肥等成本细项按株投入，单株产量越低，产出成本越高。越南、柬埔寨等国的成本优势明显，泰国、缅甸有一定的成本优势，中国和马来西亚则表现出成本劣势。

表1-1 天然橡胶生产成本测算

单产/项目	国内民营	国内垦区	马来西亚	泰国	印度尼西亚	越南	柬埔寨	缅甸
60千克/亩	20.68	20.30	24.61	15.85	13.81	13.41	11.56	8.04
80千克/亩	15.51	17.18	18.46	11.89	10.36	10.06	8.67	6.03
100千克/亩	12.41	13.74	14.77	9.51	8.29	8.05	6.64	4.84
120千克/亩	10.34	11.45	12.30	7.92	6.91	6.71	5.53	4.02
2020年单产/（千克/亩）	75.50	65.50	94.33	97.40	67.87	110.8	79.60	52.33
2020年单产下的生产成本/元	16.43	17.05	16.65	9.76	12.21	7.26	8.34	9.22
胶工成本占比/%	79.6	70.8	84.9	79.7	77.5	72.4	77.9	74.7
无折旧的成本/元	14.36	14.66	14.48	8.84	10.83	6.45	7.42	7.82
割制	d/2	d/3	d/3	d/3	d/3	d/3	d/2	d/2
每刀割胶成本/元	0.4	0.4	0.4	0.26	0.2	0.2	0.13	0.1
年割胶刀数/刀	100	80	110	110	110	110	150	150

注：表中的成本均为测算数，涉及比较复杂的参数设定。农垦成本包含管理费用，社保实际从职工个人劳动收入中缴纳。成本均不包含初加工环节成本，初加工环节成本约为每千克1元。

价格低迷对不同国家割胶生产活动的影响不一，部分胶园弃割弃管。2020年，马来西亚、泰国和印度尼西亚20号标准胶的平均价格分别为8978元/吨、9454元/吨和9222元/吨；泰国3号烟片胶12012元/吨；我国全乳胶

12580 元/吨；泰国和马来西亚浓缩乳胶折合干胶分别为 13557 元/吨、13399 元/吨。与表 1-1 中的成本对比可发现，平均单产上，中国、马来西亚、印度尼西亚割胶生产无法获得公平的劳动报酬，但越南仍有一定的利润空间，泰国、柬埔寨等国大体处于盈亏平衡点。平均单产反映的是整体情况，实际上不同区域和地块间有明显的差异，云南西双版纳州产区平均亩产接近 100 千克，马来亚半岛、泰国南部亩产超过 120 千克。实际生产中，农户可进行多样式的生产调节，通过增加每日割胶株数或优先选择高产地块割胶，以获得更高收入；若有其他工作机会或农业生产活动，部分胶园特别是中低产的胶园则被放弃割胶。劳动力尤其是女性劳动力需兼顾照料老人和儿童，即使割胶劳动报酬低于当地平均水平，仍会选择割胶生产。在橡胶树短期内减产幅度小的情况下，不少种植家庭选择不施肥或减少其他投入，以此来增加当期收入。

1.4.3.2 生产调节缓慢导致全球产能长期过剩

天然橡胶产能释放是一个缓慢的过程。橡胶树生产周期长，但采收的灵活性高，即使不采收，也不会有收获物腐烂的问题，所以生产可调节性强。天然橡胶种植区域大多在山区，农户就业机会少，种植农户还面临资产和技术专用性的约束，故生产调节是一个缓慢的过程。在持续上涨的价格刺激下，全球天然橡胶产量从 2002 年的 726 万吨，增加到 2011 年的 1124 万吨，年均增长 5.0%。2014 年后，泰国、印度尼西亚等主产国的产能继续释放，并在 2017 年前后达到产量顶峰，近年逐渐下降；2020 年泰国和印度尼西亚橡胶产量相较于 2017 年，分别减少了 8.5%、17.5%。越南、柬埔寨、科特迪瓦等国橡胶产量继续保持增长，越南 2020 年橡胶产量相较于 2017 年增加了 12.5%，柬埔寨增加了 74.5%，科特迪瓦增加了 45.7%。2020 年，科特迪瓦橡胶产量约为 90 万吨，超越我国，成为第四大产胶国。过去几年，全球橡胶生产布局发生了明显变化，泰国、印度尼西亚、越南、中国、印度和马来西亚六国的橡胶总产量占比从 2015 年的 87.5%下降到 2020 年的 81.4%。传统天然橡胶种植国家生产调节慢，而具有劳动成本优势的低收入国家持续增产，使得全球天然橡胶供应居高不下。

全球供给剩余消化仍需一段时期。据国际橡胶研究小组（IRSG）估计，2011—2020 年，仅 2014 年和 2016 年消费量超过产量，其间累计剩余橡胶 214 万吨（见图 1-13）。若假设 2010 年全球天然橡胶库存为零，2020 年末库存占全年产量的比重超过 1/7。虽然乳胶枕头、橡胶公路等新产品和新用途被开发，新冠肺炎疫情全球持续蔓延明显增加浓缩乳胶用量，但需求端增长仍有限，多年剩余的天然橡胶一直未被很好地消化，价格缺乏持续上涨的基本面支撑。在价格和成本两端挤压下，部分胶园被放弃割胶，当期供应减少，但产能仍在，若价格上升，这部分胶园将恢复供应。新冠肺炎疫情虽然限制了劳动力的跨国流动，但也减少了非农就业机会，更多的劳动力从事割胶生产。供需两端调节预计还需较长一段时间。

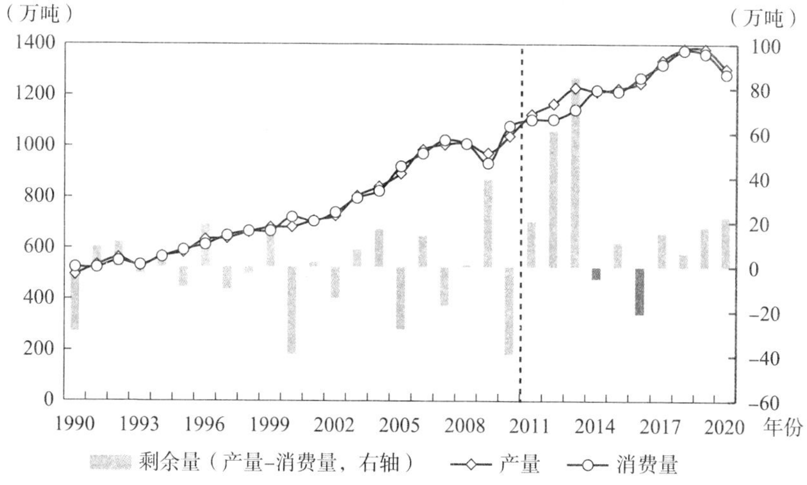

图 1-13　1990—2020 年全球天然橡胶产量、消费量及其剩余情况

数据来源：IRSG。

1.4.3.3　导致价格低迷的其他因素

天然橡胶价格与合成橡胶价格高度相关。合成橡胶是人工合成的高弹性聚合物，与天然橡胶存在一定的替代关系，特别是在轿车轮胎制造中，可替代程度较高。一般情况下，通用合成橡胶价格要低于天然橡胶，天然橡胶对合成橡胶价格具有一定的预测力，但也存在“倒挂”的情况（见图 1-14）。合成橡胶还没上市进行期货合约交易，国内产能充足并集中于中石化和中石油两大集团，对进口的依赖程度较低，合成橡胶生产成本主要受丁二烯和苯乙烯等原料价格及资金成本等因素影响。2016 年底至 2017 年初，天然橡胶价格较大幅度上涨，一是泰国南部主产区发生洪灾，引发市场担忧；二是丁二烯市场供应紧张。

石油价格“徘徊不前”和工程轮胎需求持续疲软。原油炼化工业生产的丁二烯和苯乙烯是生产合成橡胶的原料，石油价格走势对天然橡胶市场变动有显著的影响。2015 年以来，原油价格约在 50 美元/桶上下波动，天然橡胶在 1600 美元/吨上下变动，均没有明显的上涨趋势（见图 1-15）。《华尔街日报》

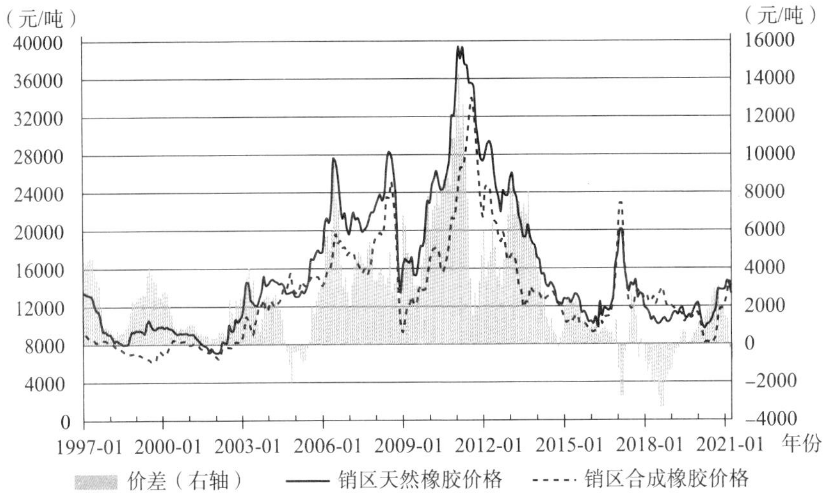

图 1-14　1997—2021 年我国天然橡胶与合成橡胶月度价格及价差

数据来源：中国橡胶工业协会、青岛橡胶贸易信息网。

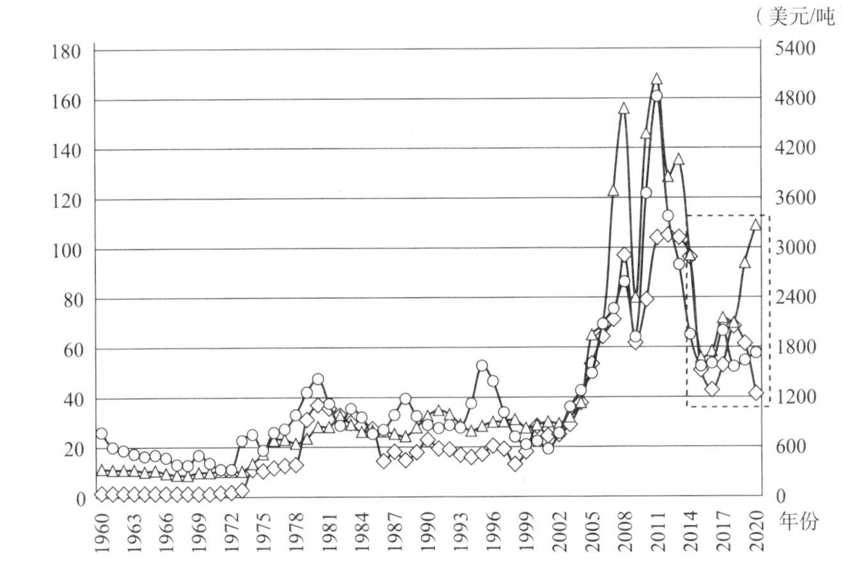

图 1-15　1960—2020 年国际石油、铁矿石与天然橡胶价格

注：原油为 Brent、Dubai 和 WTI 平均价，橡胶为马来西亚 20 号胶价格。

数据来源：世界银行。

2021 年 6 月 9 日引用施罗德(Schroders)的报告称，2011 年以来，能源和采矿开发行业投资减少 40%；6 月 16 日伍德麦肯兹(Wood Mackenzie)报道称，2020 年石油开采投入 3300 亿美元，不足 2014 年的一半。国内约 75%的天然橡胶用于轮胎制造业，尤其是大型工程轮胎，采矿活动减少弱化了天然橡胶终端需求。

游资对天然橡胶价格短期波动的作用大。2011 年前后，天然橡胶名义价格达到历史高位后快速下跌，主要原因是 2008 年金融危机后，主要经济体实施宽松货币政策和积极财政政策，美国联邦基金有效利率下调至 0.15%，大量游资进入商品期货市场，在供求关系没有明显变化的情况下，游资推动天然橡胶价格快速上涨；货币政策收紧，游资撤出，价格大幅下跌。

1.5 植胶农垦新一轮改革

2015 年中共中央、国务院印发《关于进一步推进农垦改革发展的意见》后，垦区集团化、农场企业化改革继续深化，垦区剥离办社会职能，朝着现代企业方向推进。

1.5.1 改革举措

《关于进一步推进农垦改革发展的意见》发布之后，海南省委、省政府于 2015 年 12 月 18 日正式发布《关于推进新一轮海南农垦改革发展的实施意见》，云南省委 2016 年 4 月 26 日正式发布《关于深化农垦改革发展的实施意见》。两省均将保障天然橡胶资源安全放在突出位置(见图 1-16)。海南垦区撤销了农垦总局的编制，对原有人员进行分流，新设立的省农垦投资控股集团有限公司作为省政府直属的国有独资企业负责农垦资产的经营管理。云南垦区将省农垦总局并入农业厅，作为副厅级事业单位，执行热作行业管理任务，云南农垦集团有限责任公司作为省级国有企业，省国资委为出资人。土地资源如何配置是一个关键问题，涉及农场与职工的契约关系。海南垦区侧重于构建多样化的农场与职工的权益关系；云南垦区致力于构建以服务组织为纽带、产业公司为依托的新型农场经营体系，明晰国有土地(林木资产)的权利义务关系，改革完善承包租赁经营管理制度。2020 年 8 月，云南省委和省政府办公厅印发《关于进一步推进农场企业化改革的实施意见》，进一步剥离农场办社会职能，明晰农场的产权结构，促进农垦朝着企业方向发展。

广东农垦是农业农村部直属垦区，其围绕保障国家战略资源安全和重要农产品有效供给主题，持续推动垦区资产资源向国家战略资源产业(包括天然橡胶和剑麻)和城市安全食品产业(包括糖业、畜牧、乳业、粮油、果蔬等)两大主业板块，以及一个支撑产业板块(包括商贸物流、金融服务、小城镇开发建设、酒店旅游、医疗康养等)集聚。广东农垦持续整合优化垦区资源，大力培育壮大农垦农业产业集团，2018 年垦区所属的广垦橡胶、广垦糖业、广垦畜牧 3 家主要农业产业集团营业收入占垦区总营业收入的比例达 60% 以上。2002 年广东农垦开始在海外拓展业务，2020 年，已在东盟和非洲投资建设了 47 个热作生产经营项目，海外总资产达 60 亿元，正在实施的海外热作产业面积约 200 万亩；“广垦橡胶”在泰国已经成为与诗董、泰华、宏曼丽等齐名的品牌；其并购了泰国树胶（大众）有限公司，为热带农业“走出去”发展积累了丰富的经验。

海南垦区	云南垦区
海南垦区主要问题： 体制不顺 机制不活 管理不严 分配不公 产业不大 人才不强	云南垦区主要问题： 发展定位不够清晰 管理体制不够完善 经营机制不够灵活 法人主体落实不到位 资产功能发挥不充分 政策支持保障不够有力 职工生活水平提高缓慢 基础设施有待进一步改善
发展核心： 橡胶等国家战略物资有效供给 热带农产品有效供给 国家种子安全	发展方向： 保障国家天然橡胶资源安全和战略地位（核心） 重要农产品有效供给（核心） 维护边疆稳定 开展农业对外合作

图 1-16　海南和云南农垦改革方向对比

1.5.2　新时期下农垦的定位

广东、海南、云南等热区农垦集团下属农场，大多拥有较大面积土地，既是重要的天然橡胶生产基地，也是其他热带农产品的生产基地，是热带农业产业体系的重要主体。

农垦企业作为热带农业龙头企业①，是我国热带农业现代化的推进器，对热带现代农业产业体系起着促进、示范和带动作用，其率先实施标准化生产，健全了过程质量管控体系，运用现代生产要素和装备，采用先进管理理念和技术，成为热带现代农业的窗口，支持小农户与现代农业有机衔接；是我国热带农业科技创新的生力军，对热带农业科技创新起着重要作用。农垦企业要继续增强自主创新能力，提高科技成果转化效率，依靠科技提升国际竞争力，参与国际竞争，帮助和协助农户应用新品种、新技术、新模式，提高热

① 参考胡春华副总理 2020 年 9 月 10 日在黑龙江哈尔滨主持召开大型农业龙头企业座谈会的讲话，http://www.gov.cn/guowuyuan/2020-09/10/content_5542422.htm.

带农业技术扩散效率；农垦企业是我国热带农业产业融合发展的润滑剂，农垦企业要发挥对热带农产品加工流通转化增值的引领作用，优化拓展垦区集团内产业链布局，开发多元化新材料、新产品，通过“公司+农户”“公司+合作社+农户”等方式，弥补小农户参与热带农产品大市场的缺陷。

农垦企业作为蔗糖、天然橡胶等热带作物的重要生产基地，是重要热带农产品有效供给的国家队，对国家战略资源安全、重要农产品保障战略起着“压舱石”的作用，其要确保在特殊时期和关键领域内，国家战略需求得以有效保障；是热带农业对外合作的排头兵，发挥对海外热带农业生产基地、热带农产品加工贸易的主体作用，农垦企业要将自身打造成为大型跨国公司，拓展我国热区虚拟面积，服务国家经济发展和外交大局，为国内各类主体在热区实施全球化策略提供公共知识；是热区边疆农村经济的稳定器，农垦企业对云南、广西等边境地区农业产业开发起着保障作用，西南边境农村地区多以热带农业为主，农垦企业要利用其生产、组织、技术等优势，带动边境线两侧地区发展，稳定繁荣边境乡村经济，推动金三角等地区发展。

更好地发挥农垦企业在我国热带农业发展中的作用，把握好农垦企业在促进热带农业发展中的定位，应当遵循以下原则：

市场化导向。继续推进垦区集团化和农场企业化改革，激发农场创新创业的积极性。广东农垦橡胶和糖业、海南农垦橡胶、广西农垦糖业、云南农垦橡胶与糖业等热带农业产业集团以资本为纽带，通过纵向和横向整合，做大做强，稳步推进在海外加工和贸易的发展，在保障糖料和天然橡胶等重要农产品有效供给方面发挥着较大作用。垦区集团按照市场运作方式，促进木薯、热带水果、剑麻、咖啡、茶叶等热带作物产业转型和发展。

有所为有所不为。热区垦区集团及其产业集团、下属农场应聚焦主责主业，在天然橡胶、蔗糖、生物燃料、剑麻等产业深耕细作，着力在高端化发展方向上，带动相关热作产业转型升级。热带水果种植需要根据市场做出较快的反应，以农户和民营企业投资为主，现有种植面积中农垦占比不足5%，农垦企业可采取多元化方式参与热带水果产品，但应避免偏离主责主业。

支持民营产业发展。部分热带农业产业有农垦和民营参与，较好地实现了共生发展。垦区产业集团大多属于行业龙头企业，肩负着促进行业发展的使命和任务，其要通过自身发展能力的提升，发挥好现代热带农业的窗口示范作用、热带科技创新与推广的促进作用、热带农产品加工流通转化增值的引领作用，向农民和民营企业推广新技术、传播新理念、开拓新市场，做大做强热带农业产业。

坚持组织和科技创新。经过70余年的发展，我国热区农垦建立了天然橡胶产业，发展了蔗糖、剑麻、咖啡等产业，在组织化、规模化、技术和产业链等方面优势明显。改革开放之后，农垦系统在市场经济冲击下，不断深化改革，形成了一批具有雄厚实力、国际视野的企业集团。在以国内大循环为主体、国内国际双循环相互促进的新发展格局下，农垦企业要发挥好组织和技术优势，为国内大循环提供热带农业工业原料、多样化食品和香辛饮料、生物燃料等支持，并积极促进国内国际双循环。

1.5.3 新时期下农垦的发展策略

农垦企业在促进热带农业发展方面还有很大的提升空间，需要进一步增强自身发展能力、发挥带动引领作用。

持续推进市场化改革。热区各垦区改革进程差异较大，部分垦区农场企业化改革相对滞后，经营活力不足，自身能力不足。垦区集团公司应整合优势资源，退出不具有比较优势的产业，构建运行良好、符合激励理论的科层关系；深化农场企业化改革，彻底剥离办社会职能，并为农场企业提供与本地区其他企业无差异的公共服务，着力解决农场土地产权纠纷问题，公平参与市场竞争，做到“轻装上阵”。农垦企业应多元化产权结构，积极引进社会资本参与企业经营，非核心业务可以由外部企业控股；从行政管理模式转化为现代企业管理模式，最大限度减少行政干预。农垦企业应实施员工持股激励计划，激励企业管理者勇于开拓，大胆试、大胆闯，保障基层员工安心稳定工作。以种植业为主的农场企业职工，所从事工作实际上与周边村庄村寨农户并没有明显的区别，但其对土地产出没有剩余索取权，农场企业缺乏使员工长期努力的激励机制。

打造具有国际竞争力的企业集团。农垦企业在热带农业产业中已经具备较强的国际竞争力，比如广垦橡胶、海胶集团，但与国际大型企业，如四大粮商——ADM、邦吉、嘉吉、法国路易·达孚相比，还有一段距离。通过科技创新形成技术壁垒是大型跨国企业保持竞争力的关键，各垦区应聚焦主责主业，围绕产业链部署创新链，通过资本纽带并购相关研发机构或引进国际先进的管理团队，在全球布局研究力量，并充分利用各地区的资源禀赋。在对外合作中，各垦区尽可能避免高风险的种植业，侧重于布局加工业，通过资金和技术支持当地种植业发展，以此获取稳定的原料来源。各垦区应加强对贸易业务的重视，建立符合自身定位的贸易网络，与生产企业构建稳定的合作关系，寻找可靠的合作伙伴。各垦区应加大力度吸引高层次人才，做好国际化人才储备，在满足国内大循环的同时，积极参与全球产业链分工合作。

强化农垦企业的引领带动作用。农垦企业在增强自身能力的同时，还应积极带动民营产业发展，发挥好龙头企业的作用。各垦区应引领农民参与产业链，为农户提供品种、栽培、采收等技术支持，一方面能促进农民增收，另一方面有利于保障农垦企业加工原料质量，吸引更多的企业参与到热带农业产业中来，做大做深产业。各垦区应积极支持农业合作社的建设。海南儋州石屋合作社与海胶集团西联公司合作，批量提供胶乳给加工企业，企业按照适当高于市场的价格结算，同时允许合作社选择适当时间节点结算，加工企业获得了优质原料，合作社及其社员获得了产品溢价；广西农垦明阳生物生化集团拓展了木薯的用途，为稳定木薯原料的供给，积极与村庄合作社或村委会对接，提供种植技术和收购服务。

第2章 云南农垦改革的新制度经济学分析

相较于广东和海南，云南农垦采取了更为激进的改革措施，特别是在西双版纳州，其将橡胶园经营权发包至家庭，虽然保持了橡胶树资产国有性质不变，但所有权严重被虚化，造成生产管理混乱。2020年8月8日，云南省委和省政府办公厅印发《关于进一步推进农场企业化改革的实施意见》，强调要发挥农垦规模优势，推动资源整合。本章以2010年云南农垦改革为重点，运用新制度经济学方法分析此轮改革的重要驱动因素及相关问题。

2.1 云南农垦改革进程

与广东、海南垦区的改革不同，2010年云南垦区各橡胶种植农场属地化后，进行差异化改革，拥有大量胶园的西双版纳州进行了较为激进的改革，其将国营胶园分给户籍在农场的人员，包括农场职工与非职工，虽然要保持"资产性质不变、职工身份不变"，但在执行过程中，出现了较大的偏差。部分承包户采取了掠夺式采胶，使得橡胶树资产加速折旧，这主要是源于对改革政策的不稳定预期；承包费征收难度大，成本高，违约率高，特别是在价格持续低迷的情况下，这导致保持职工身份的经济保障不足。

云南是国内最早引种天然橡胶的地方，20世纪50年代后期，在党中央、国务院部署下，云南开始大规模发展橡胶种植。云南农垦属于直属垦区，计划、投资在中央，财政在省，系统分为总局、分局、农场、分场、生产队五级管理。1994年，经云南省政府批准，云南省农垦总局由建制转为经济实体，组建云南省农垦总公司，为省政府直属企业。1996年，经云南省政府批准，在总公司的基础上组建成立云南农垦集团有限公司，并将所属子企业净资产合并注册，后又将子企业原有的国家资本金以产权划转方式转为集团公司的法人资本，确立集团公司出资者地位，建立了法人治理结构。云南农垦集团在地州设立了分公司，分公司作为分支机构，代表集团公司履行委托范围内国有资产管理职责和辖区内的社政工作，但这两次改革都没从根本上解决产权问题。

2003 年 2 月，云南省政府批复整合方案《云南农垦集团有限责任公司关于深化国有企业改革的实施意见》，方案对企业办社会职能、养老保险、基础设施建设等做出了明确的规定，以减轻企业和职工负担、增强企业竞争力为目标，努力改善企业改革发展的外部环境。但这些改革始终没有形成有效的激励机制，基层职工的改革积极性不高，农垦与地方政府的矛盾也不断深化。2009 年 12 月，云南省委、省政府发布《关于推进农垦改革发展维护垦区稳定的若干意见》。2010 年 6 月，云南省政府办公厅印发了《关于农场公共管理和公共服务机构编制意见等 5 个方案的通知》，明确了农垦改革相关配套政策。省农垦总局与各州(市)政府签订了农场、医疗机构属地管理移交协议，正式将农垦 39 个农场和 122 所医疗卫生机构等移交地方。截至 2010 年底，各州(市)撤销了农垦分局，成立农垦局，西双版纳州还在州和市(县)设立农垦局，并全面推行家庭承包经营制(沈平华、王卫疆，2013)。农垦 5.9 万余人的基本养老保险关系由省社保移交至地方社保，云南天然橡胶产业股份公司完成资产清查和银行债务清理。

2.2 文献回顾

2010 年的云南农垦改革是对原有制度的重大变革。制度变迁方式可以分为需求诱致型和供给主导型，前者说明制度变迁是微观主体所希望的，一般更为合理；后者则取决于制度供给者(主要是政府)对微观主体意愿了解的程度，缺乏充分调研基础的制度往往是失败的。博弈是社会主体从各自的动机出发相互作用的一种状态，制度与博弈的关系是多方面的，博弈中由于相对力量的变化，制度开始变迁，进而达到一个新的均衡(卢现祥、朱巧玲，2012)。制度均衡是指这样一种状态，即行为者的谈判力量及构成经济交换的总体的一系列合约谈判给定时，没有一个行动者会发现将资源用于再建立协议是有利可图的(诺思，1994)。这种状态意味着每个人都对现有的合约和规则满意。

在农业领域，农地制度变迁方面的研究较为丰富。家庭联产承包责任制作为一种制度创新，一开始并没有得到决策者的承认，其表现出明显自发演进和自下而上的需求诱致性的制度变迁特征。乔榛、焦方义、李楠(2006)研究证明，这种制度创新对中国农业增长起到了决定性作用。孔泾源(1993)分析了从人民公社到家庭联产承包制以及集体经营的变迁过程。在家庭承包责任制之后，我国又出现了两田制、集体农场、股份合作制、家庭农场、“四荒”土地拍卖等制度，其中，家庭农场被认为是经济发展较成熟地区农业的出路（胡东书，1996）。张曙光、程炼（2012）将中国近60年地权变迁过程分为合作化、家庭联产承包和土地规模流转三个阶段，其考察了其中发生的产权权能细分、主体身份变化、市场范围扩大和经济绩效变动等几个特征性事实。伍山林（1998）则从农户行为和政府偏好角度分析我国农作制度的变迁。

在产权激励缺失的情况下，市场规模是决定创新增长率和技术变迁的最重要的因素（Sokoloff，1988）。Schneiberg（2005）运用新制度经济理论解释了美国财产保险产业制度变迁过程，认为制度内生地产生了变迁的条件，基础性变迁或制度替换依赖于各种条件的动态聚集，包括市场失灵、合法性危机、新模式的订单等。

新制度经济学方面的研究，侧重对《经济研究》《中国社会科学》《经济学（季刊）》上发表的文献进行梳理，如制度变迁中的改革战略选择问题（苗壮，1992）、制度创新的一般理论（汪丁丁，1992）、企业制度变迁（叶国鹏，1994）、我国制度变迁方式与目标选择（杨瑞龙，1994）、中国的制度分析框架（张曙光，1994）、市场化与产权制度（孔泾源，1994）、中国改革过程的性质与特征以及动态优化（邹薇、庄子银，1995）、中国农业制度变迁模型（林毅夫，1988；林毅夫，1994；徐刚，1997；王红玲，1997）、我国制度变迁方式转换的三阶段（杨瑞龙，1998）、集体所有制乡镇企业改制（张军、冯曲，2000）、制度变迁与乡村非正规制度（陈剑波，2000）、工农业关系与经济发展（孙圣民，2006）、农地产权与征地制度（周其仁，2004）、中国省区经济差距的内生制度根源（徐现祥、李郇，2005）、拟生物演化模型的制度变迁过程（雷国雄，2009）、城镇化的制度分析（辜胜阻、李正友，1998）、制度变迁中主体利益分析（黄少安，2000）等。新制度经济学研究方兴未艾，大量文献运用经济学方法来研究制度问题，如电子商务交易成本分析（王秦，2021）、农机社会化服务市场（罗建强等，2021）、农业合作社经营绩效（韩旭东等，2020）、家庭农场形成机理（程军国等，2020）等。

关于云南农垦改革的研究成果较少，陈国林（2005）在分析云南天然橡胶产业发展的历史概况、现实条件、产权制度、管理制度、发展战略、科技创新、用人机制、民营橡胶产业的发展等一系列问题后，认为应当转变意识观念，加快产权和管理制度的变革和创新，积极实施“走出去”发展战略。他认为，云南农垦天然橡胶产业中的产权不清晰是指国家财产所有权和法人财产经营权的界限不清晰，省公司（农垦总局）与分公司（农垦分局）、农场、生产队、种植户（农场职工）的产权界限不清晰。金璟（2006）在其硕士论文中，首先对云南农垦改革进行了较为全面的分析，然后测算出了云南农垦企业规模与效率的数量关联，最后分析了橡胶林木资产职工家庭承包经营制改革。有文献认为，农垦社会职能改革推动了云南农垦集团向现代化大型国有企业方向发展(韩天龙，2018)，但也有社会养老保障缺口等遗留问题需要解决(郭颖梅等，2016)。

2.3 改革前后的契约关系变化

契约从形式上可以分为显式和隐式，显式契约是通过签订书面合同形成的，西双版纳州此次改革，改革后的农场(公司)与承包户是一种显式契约关系，但契约中的主体关系在实际执行中却存在隐式契约关系。云南省西双版纳州国有橡胶种植农场改革中涉及主体的分类：退休职工、在职职工、户籍在农场的非职工、参公事业编制的管理人员、参事编制的管理人员、其他基层管理员、地方农垦局、省农垦总局、地方政府。从图 2-1 中可以看出，关键主体之间的相互关系已经发生了实质性的变化，橡胶树资产收益分配格局也发生了实质变化。原有的制度均衡被打破后产生的问题正逐步得到解决或被固化，新的均衡正在逐步形成，但并不稳定。改革之前，整个农垦系统实行完全垂直化管理，地方政府和户籍在农场的非职工无法享受收益；改革之后，垂直化管理模式被打破，承包户与州、省农垦局不再存在隶属关系。

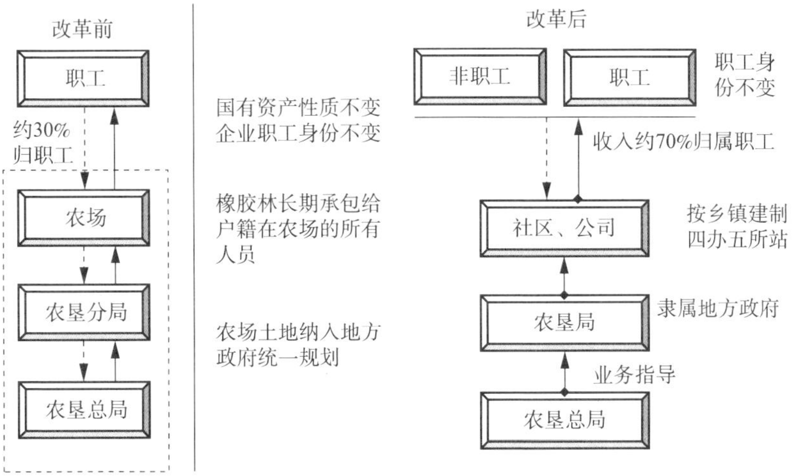

图 2-1　改革前后各主体之间关系的变化

注：实线箭头代表不同层级之间的隶属关系。改革前垂直管理，农场对职工实施严格的技术管理。虚线箭头代表资金流。

制度变迁是各主体博弈的结果，制度变迁又反过来改变各主体的博弈规则。改革是一个复杂的过程，因为原来的制度均衡已经存在多时，已不存在帕累托改进。改革中会产生各种问题，例如技术管理难度大，出现割胶技术不符合规程、伤树、过度采胶的现象，病虫害防治经费得不到保障，难以做到统一防治，承包过程中出现资源分配不公，基层管理人员积极性低等，相关部门要深入分析产生问题的原因，在新的制度框架下解决这些问题，以减少改革带来的不利影响。

在职职工和户籍在农场非职工。在职职工所承包的橡胶林面积比户籍在农场的非职工大。户籍在农场的人分为两类：一是农场的职工；二是非职工。职工是农场生产的主要力量，承担了农场的建设工作；非职工则无此贡献，他们可能是以散工的方式参与农场建设。承包户与农场（或社区管委会）签订承包协议，开割林需每年缴纳一定数额的资源费，中幼林只需缴纳至开割，因为中幼林还需要抚管，而开割林是承包当时就可以获得收益。改革推进的第一年之所以出现各种违反技术规程的事件，主要原因如下：一是部分承包人没有掌握应有的生产技术，或是没有足够时间掌握技术；二是由于农垦系统曾进行多次改革，都没有取得很好的效果，导致承包户预期政策不稳定；三是高位橡胶价格的驱动；四是即将退休人员很快要退还橡胶树资产，但又没有对退还资产的好坏进行评价。在政策预期不稳定、价格高位的情况，多采胶可能是当时环境下获得最大利益的有效途径。

农场退休职工。原为农场在编职工，退休后无土地和橡胶树资源，收入依赖农场收入以及农垦系统的社保和养老保险。改革后，农垦系统用于维持和改善退休职工生活的经济来源受影响，而这一代人对我国天然橡胶产业发展贡献大，当这类人员的利益受到影响时，要有适当补救渠道，应当充分关注这部分人的利益。

中层和基层管理人员。由于原有的管理体系发生变化，特别是橡胶树资产收益流的变化，导致中层和基层管理者不得不改变原有的工作方式以及接受由此造成的收入变动。按照乡镇建制之后，管理人员应当适应承包人对橡胶树资产拥有较为完全的经营权的现状，向地方乡镇政府及其农机推广站人员学习。

2.4 橡胶树资产的产权结构变化

改革前，农场内虽然也实行家庭承包制，但是农场经营资产的权利统一，承包人（职工）只是按承包合同约定定额上缴橡胶量。由于定额的确定难度大以及生产的不确定性，承包户可能因为完成不了任务而受到惩罚。[①] 生产各环节（种植或更新种植、抚管、割胶、加工）以及销售都是由农场统一管理，剩余索取权属于农垦系统，农场为职工提供一定的社会保障，因此农场职工只是享受橡胶树资产的部分收益。[②] 户籍在农场的非职工，并不享受橡胶树资产的剩余索取权，农场也不承担促进就业、提供社会保障的职责。剩余索取权是产权结构的关键，对激励机制有显著的影响（张浩等，2021）。改革之后，原来的权利结构受到了巨大的冲击，如图 2-2 所示，特别是经营权和收益权发生了巨大变动。

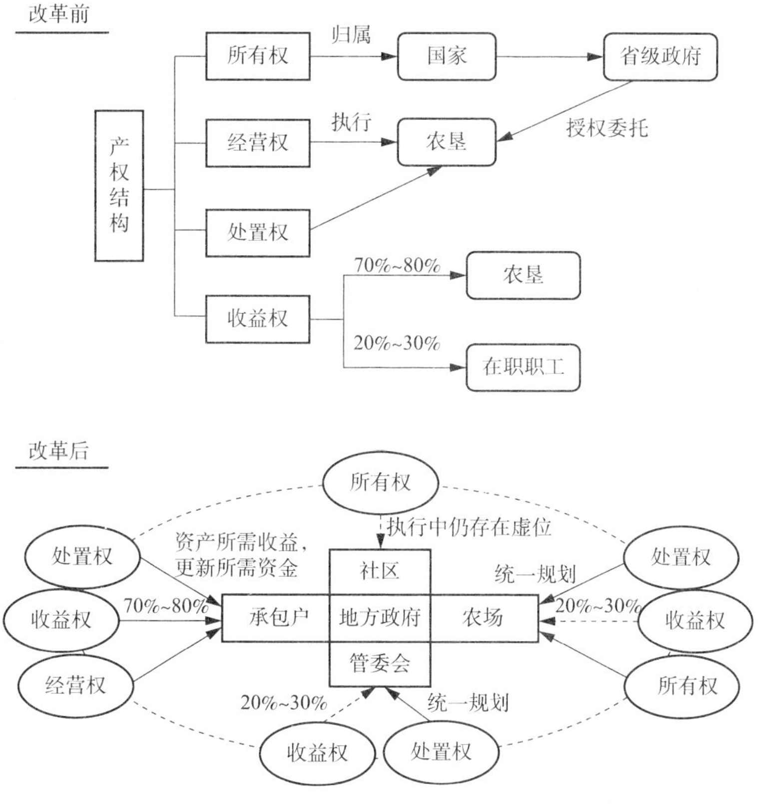

图 2-2　改革前后橡胶树资产权利结构变化

在国有企业层面，国资委负责执行国有资产的所有权，国有企业执行经

① 这有些类似工业企业生产线上的工人，完成指定的任务，获得相应的报酬。如果无法按要求完成任务，需要接受一定程度的惩罚。在天然橡胶生产中，职工如果在割胶环节伤及橡胶树木质部，耗皮量过大等，就会受到一定的惩罚。

② 严格来说，工人取得的收益仅是劳动报酬，而不是通过享受资产的某些权利来获得收入。

营权。云南农垦系统的橡胶林地和橡胶树资产所有权是属于国家的，由政府或政府委托的部门委托农场来代为经营，这种委托关系容易造成所有权的主体虚位。农场将橡胶树资产承租给当地农户，但这种承包关系既不同于家庭联产承包责任制，也不同于一般的商业承包，其主要有以下两个特征：

保持国有资产性质不变。改革后，橡胶树资产的所有权仍属国家，农场作为代理人没有拥有实际上的完全权利。当承包户违反承包合同约定的有关事项时，农场无法对违规主体实施有实际意义的有效惩罚，例如胶工不遵守技术规程伤树，形成实际的资产折旧加速；作为发包人，无法完全收取橡胶树资产的使用费，导致部分橡胶树资产被无偿使用；少部分承包户拒交资源使用费，容易引发“蝴蝶”效应，导致较大面积拒交现象发生。产权在法律上并未完全明晰，虽然2011年8月开始实施的西双版纳州《天然橡胶管理条例》规定了“国家、集体、个人的天然橡胶资源受法律保护”“谁投资，谁受益”，但由于国家产权容易出现虚位，且未明确执法主体，造成了实际的所有权被稀释。

保持职工身份不变。改革后，原农场按乡镇级机构建制，赋予地方基层政府职责，农场作为法人主体仍存在，但几乎无可经营资产。职工身份主要体现在社会保障上，这主要是因为原农垦职工的社会保障体系独立于地方政府，此次改革后，农垦机构中经营资产的实际权利结构发生了变化，农场失去了橡胶树资产的经营权，所有权虚位，收益权利也受到很大程度的削弱，原有的保障体系无法支撑原模式。

保持国有资产性质不变是收益的一个来源，因为承包户需要支付国有资产使用费；保持职工身份是成本的一个重要组成部分，因为农场需要支付人工成本。如果收益无法覆盖支出，就会产生严重的问题。一方面国有资产会流失，或者获取橡胶树资产收益的成本越来越高；另一方面退休职工的养老无法保障，可能会引起社会问题。另外，橡胶林更新所需资金无法保障，社区公共品的供给无法保障。因此，改革之后的产权结构可能是不稳定的。

2.5 橡胶林地权的产权结构变化

林毅夫(1989)认为有四种原因可能引起制度不均衡：制度选择集合改变、技术改变、制度服务的需求改变、其他制度安排改变。要素和产品相对价格变化是历史制度安排变迁的主要原因之一。此次云南农垦改革，与土地这一生产要素的相对价格变化是紧密相关的。城镇化进程加快，城市用地需求拉动土地价值上涨，致使相关方加紧土地资源开发权利的争夺。云南农垦的严格垂直管理，使得州、市、县政府无法规划使用国有橡胶种植农场的土地；适宜种植土地资源减少，大量农村劳动力的就业难以解决，原国有农场新招聘员工数量少，无法有效地协助解决就业问题。州、市、县政府需对橡胶林地资源进行重新配置，来解决建设规划用地不足、农村就业等问题。地方政府和农垦系统争夺的焦点是土地规划使用权利以及居民就业；职工与农垦系统争夺的是橡胶树资产收益。图 2-3 显示了改革前后地权归属的变化，改革之后，橡胶林地纳入地方政府统一规划，原来的农垦系统无法再参与管理；原国有橡胶种植农场的橡胶林地的发包范围更广，发包主体包括了户籍在农场的非职工。州、市(县)政府完成了获得土地规划使用权和解决就业的目标。

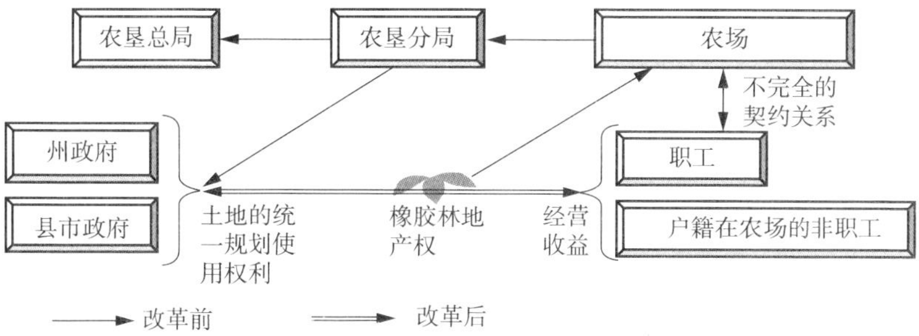

图 2-3　改革前后橡胶林地的产权结构

2.6　本章小结

2010 年前后的云南农垦改革改变了西双版纳州国有橡胶种植农场的生产管理格局，农场的户籍人员获得了直至退休的长期承包权，由于对政策的预期不稳定，在高价位的刺激下，承包人曾一度采取掠夺性采胶行为，但不能对职工和当地居民过分苛求。农户的生产决策是基于其现有的信息集以及对信息分析判断后做出的，就个体本身而言是理性的，农户生产行为是符合经济学规律的。随着时间的推移，政策稳定的预期加强，承包户对橡胶树资产的爱护程度有所增加，但胶园更新或承包人退休，橡胶木收入不归属承包户，土地将会被收回，导致爱护程度增加有限，承包户长期不施肥、高强度割胶，部分胶园还被多重转包。由于产量下降、价格下跌，承包费收缴难，导致农场运行陷入困境。对于以上困境，提出以下几点建议：

一是建议构建专业管理局。天然橡胶是西双版纳州的支柱产业之一，对地区经济发展起着非常重要的作用，因此，建议成立协调规划、种植、初加工、贸易、种苗等环节的监督管理机构，吸引下游加工企业来当地投资兴业，形成完整的产业链，使更多的价值留在西双版纳州，且可以增加就业；执行和实施全州统一的管理政策。二是重新探索产业组织模式。原农场技术和管理人员具有很强的技术优势，可以充分利用这部分人员的优势来改善全州的种植技术，建议成立专业技术服务机构，以政府购买服务或者农户、承包户自行购买服务的方式，支持服务机构的运转。

对于此次改革遗存的成本，一个做法是放弃保持国有资产性质和农场职工身份，采用以橡胶树资产买断职工身份的办法，推动国有橡胶树资产的彻底民营化。此次改革的一个重要现实问题是，国有资产收益无法弥补保持职工身份的支出，改革后出现了较大范围的资源费拖欠，导致部分职工家庭无法按时缴纳养老保险。[①] 对于所有权，可参照村集体的做法，合理划分区域，改为集体所有制，但需要处理职工的非农身份以及其他一系列问题。

西双版纳州接近“分田到户”的模式属于无奈之举，与《关于进一步推进农垦改革发展的意见》坚持“国有属性”的精神相违背。国务院原副总理汪洋曾指出，农垦改革“要坚持社会主义公有制，坚持以农业经营为主，坚持走规模化道路，决不能把公有制改没、把农业改弱、把规模改小”。2020 年，云南省委、省政府开启了新一轮农垦改革，谋划改变现行的家庭承包经营制，把橡胶林的实际经营权重新集中起来，但这面临着高额的制度成本，剩余承包期回购，需要与数万承包户进行谈判。另外，多年形成的生产习惯短期内也难以改变。更为复杂的是职工代际传递，职工退休后，其子女对其承包的土地有优先承包权。

---

① 作者在西双版纳州国有农场走访发现，部分职工割胶生产仅能够满足其日常生活开支，无法缴纳资源费和养老保险费用，且其没有自留地。这部分职工大多是 50 多岁，退休后需要交回橡胶树，但领取退休金的前提是缴清资源费和欠缴的养老保险费，这是影响稳定的隐患问题。

第3章
海南农垦的生产激励机制

本章综合分析橡胶树资产的特征，并给出海南国有农场橡胶树资产与其他国有资产相比的特殊性，在详细分析现有国有植胶农场的激励制度基础上，在一般化、模型化的激励模型中考虑橡胶树资产特性，构建适合公司/农场—胶工的激励模型，并提出优化公司与胶工激励结构的建议。

3.1 海南农垦改革背景

成立于20世纪50年代初的海南农垦，拥有海南岛近1/4的土地和1/8的人口，是我国仅次于新疆生产建设兵团和黑龙江农垦的第三大农垦。海南农垦成立近70年来，为保卫祖国南疆、支援国家经济建设以及海南省的建设和发展等做出了重要贡献。根据农业部农垦局的统计，2012年海南农垦橡胶种植面积为376.68万亩，年产干胶18.37万吨，橡胶种植面积和干胶产量占全国的份额分别为22.21%和22.90%，海南农垦是全国最大的天然橡胶生产基地和全国最大的热带作物生产基地。

海南省农垦控股集团有限公司在农垦改革的浪潮中应运而生，其前身是与海南省农垦总局实行政企合一的海南省农垦总公司，是一家以天然橡胶、热带现代农业、旅游及旅游地产、金融服务为主导产业，并由海南省政府直属、实现独立运作的企业，拥有下属企业32家，员工近9万人。在2015年新启动的农垦改革中，海南省农垦总局不再作为实体存在，人员分流到各厅局或其他机构，12月23日海南省农垦投资控股集团有限公司（以下简称“海垦集团”）成立。

2005年，新成立的海南天然橡胶产业集团股份有限公司（以下简称“海胶集团”）重组了海南农垦的优质橡胶资源，成为国内最大的天然橡胶生产企业，其对保障天然橡胶供给安全起着重要作用。作为省级国有企业，海胶集团所有权和经营权分离是一直存在的事实。海胶集团的所有权归属于国家，经营权交由集团公司（农场），但是农场管理层并不直接从事生产，而是由胶工直接从事割胶生产，并由技术员进行监督。这种权利的分离，造成了行为目标的不一致。产权结构对企业绩效起着基础性、根本性的作用，对治理结构、经营激励、并购重组、监督约束等治理机制具有直接影响，这些治理机制也对企业经营管理者的行为具有直接影响，进而影响企业的绩效（季晓南，2009）。就公司（农场）和胶工而言，需要一个激励机制来保证胶工的行为，即在实现胶工自身利益最大化的同时，使公司的利润最大化，最终实现股东利益的最大化。

海胶集团所属基地分公司（农场）分布在海南岛各个市县，是海南农垦控股集团旗下最大的实体企业。在生产管理方面，集团公司、基地分公司、作业区、生产队对橡胶生产信息的掌握程度不同，彼此存在较为严重的信息不对称现象。集团公司的生产管理部门可能没有或无法掌握各地区的信息，或者地区之间由于气候条件存在客观上的差异，如果使用统一的生产指令，可能导致生产上的局部失败。例如施肥环节，一些地方到施肥季节时，由于干旱，可能不适宜施肥。

图 3-1 是 2016 年海胶集团橡胶生产管理的层级结构图，整个系统存在多层次的委托管理关系（或是授权管理关系），如股东与海胶集团，集团公司与基地分公司，基地分公司与作业区负责人、生产队负责人、胶工，作业区和生产队还有监督与被监督的关系。因此，对于基地分公司和胶工的关系，从某种意义上来说，基地分公司管理者为委托人，胶工为代理人，技术员和辅导员为监督人。[①] 农场管理人员只能观测到结果，无法全面掌握胶工割胶、收胶的过程以及每一地块的天气。严重的信息不对称，会导致大量的道德风险行为或逆向选择。2019 年底，海胶集团的 25 家基地分公司合并为 20 家，并开始实施天然橡胶收入保险，以每千克 16 元作为目标价格，由中央和省级财政予以支持，有效地改善了公司与割胶工人的薪资关系。

对于橡胶基地分公司而言，如何识别出技能好的胶工，如何确保这些胶工按照技术规程割胶且将胶乳全部交到农场十分重要。农场要设计一套有效的激励机制，首先激励机制要能够让胶工积极参与公司经营管理，其次激励机制要满足胶工的利益最大化，最后应充分考虑橡胶树资产特性以及外在因素，如台风、涝灾、旱灾等。

---

① “委托人”和“代理人”这两个概念来源于法律，在法律上，当 A 授权 B 代表 A 从事某种活动时，委托—代理关系就发生了，A 称为委托人，B 称为代理人。但经济学上的委托—代理关系泛指任何一种涉及非对称信息的交易，交易中有信息优势的一方称为代理人，另一方为委托人，即知情者（informed player）是代理人，而不知情者（uninformed plyer）是委托人。

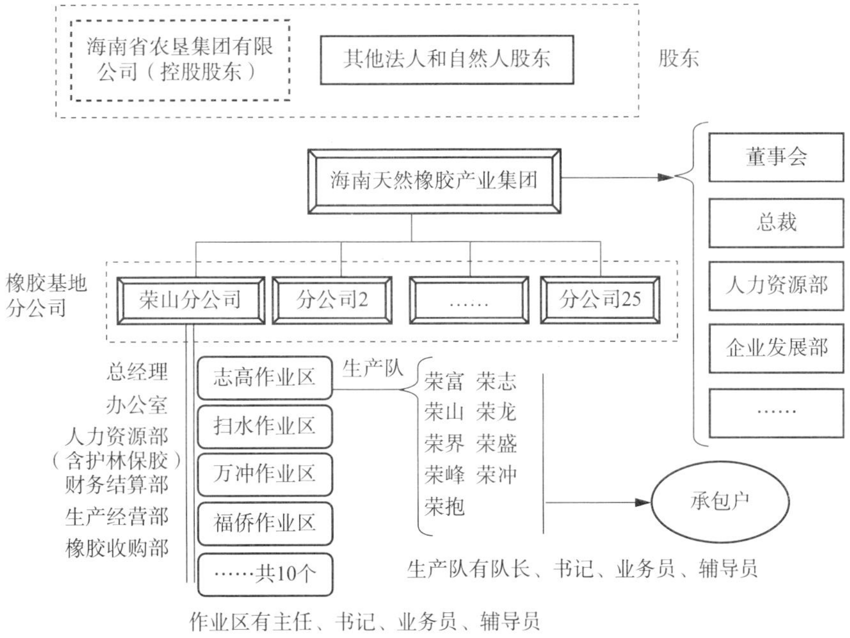

图 3-1　海胶集团橡胶生产的管理层级图

3.2　文献回顾

在信息不对称条件下，如果能观察到当事人活动的结果，但不能观察到活动的本身，那么，对当事人支付的报酬就必须以能够观察到的结果为基础。委托—代理理论的一个基本问题，即激励（incentive）与保险（insurance）的矛盾。激励与保险是有矛盾的，如果一个人害怕风险，那么最优的风险分担是让他不承担风险而拿一份稳定的工资，但这会产生多劳和少劳的问题。因此，为了让这个人有工作积极性，必须让他承担一定的风险，这是委托—代理理论的一个基本结论。委托—代理理论试图模型化这样一类问题：一个参与人（委托人）想使另一个参与人（代理人）按照他的利益选择行动，但委托人不能直接观察到代理人选择了什么行动，能观测到的只是另外一些变量，这些变量由代理人的行动和其他外生的随机因素共同决定，那么委托人应如何根据这些观测到的信息来奖惩代理人，以激励其选择对委托人最有利的行动。

3.2.1　产权结构与绩效

著名的经济学家、诺贝尔经济学奖获得者 Mirrlees（1974）设想了一个由多个农民组成的经济体，每个农民的产量既取决于自己的努力，也取决于外在的因素，即“谋事在人，成事在天”。如果每个农户只消费自己生产的粮食，就会面临极大的问题(甚至饿死)。为了降低风险，可以考虑将全部粮食放在一起进行分配，每个农户都得到平等的一份，这样每个农户遭受的风险就会降低(当然需要假定农户的生产风险不是高度相关的，如果是，这种做法并不能分散风险)。但在行动不可观察的情况下，这样做的后果可能是，降低了“成事在天”的风险，人们却没有“谋事”的积极性，因为当自己的消费与自己的生产没有关系时，谁又会努力工作。[①] 因此，需要让农民承担“谋事在人”的风险，这就需要构建一个机制，确保这个经济体能够正常运转，每个农户又能够积极耕作，确保集体和个人的利益实现最大化。这个机制就是激励理论。

产权结构是不同类型的产权主体之间以及同一类型产权内部的相互关系或相互连接、耦合的格局，是市场绩效不可忽略的决定因素(刘小玄，2003)。陈志刚、曲福田(2006)给出了农地产权结构与农业绩效的理论分析框架，农地产权结构对农业绩效的影响可以概括为农地所有权结构、农地承包权结构、产权内部权利构成对农业绩效的影响。产权通过其激励约束功能、外部性内部化以及资源优化配置效应等，促使农地产权主体的相应行为向有利于增加产出、提高效率和降低成本等提高农业绩效的方向发展。不少学者比较分析了不同所有制企业的生产效率，发现私有制企业比公有制企业拥有更高的效率。孙永祥、黄祖辉(1999)，黄珺、周春娜(2012)分别探讨了股权结构对公司绩效、环境信息披露的影响。Chau 和 Gray(2002)利用中国香港和新加坡的数据分析所有权结构与信息披露的关系。产权结构还对其他很多方面有着显著的影响，例如内部控制效率(冯均科，2001)、银行业改革(刘伟、黄桂田，2002)、商业银行效率(王宪明，2007)、国企创新行为(廖红伟、郑姣姣，2018)、钢铁上市公司财务治理效率(宫胜利，2020)等。

3.2.2 激励机制

契约经济学包括激励理论、不完全契约理论、新制度交易成本理论(Eric Brousseau et al.，2011)。契约在何种条件下才能自我实施？从成本收益角度考虑，信守契约所带来的收益大于成本时，将会促使契约处于自我履行状态。经济、社会环境等因素的变化会使原处于均衡状态的契约关系发生变化，出

---

① 这是人民公社后期的主要做法，农民的生产积极性受到极大的负面影响。在实施家庭联产承包责任制后，生产力得到了极大的解放，不少学者认为，这是我国20世纪80年代农业生产效率提高的最主要动力。

现合约不稳定的情况，需要相应的合约治理。罗必良(2008)通过温氏集团和长青水果场的案例比较研究，说明了交易对象与交易环境的性质对不同的合作契约及其组织治理所产生的影响。罗必良(2011)深入分析了广东东进公司的土地承租案例，说明了一项不稳定的合约如何得以存在并延续，他发现东进公司的创新在于“以合约匹配合约、以合约治理合约”，还厘清了要素合约与商品合约的关系。沈雅琴(2004)运用新制度经济学中的合约理论和产权理论为分析工具，研究我国长期土地承租合约下农业产业化的绩效。王广亮、张屹山(2007)以权力为逻辑起点，分析了企业契约中控制权的来源及其在不同企业成员之间的配置，认为企业控制权倾向于配置给企业成员中有权力的一方，企业契约的签订是双方权力结构的形式化过程。Li、Scott Rozelle(2004)研究了中国农村筛选合约与私有企业绩效的关系。

3.2.3 农垦改革

由于产权不明晰，农垦管理体制的各种弊端凸显出来。海南农垦、云南农垦和广东农垦三大植胶农垦的改革备受关注，学者和政府政策研究部门从宏观的角度提出了各种市场化改革模式，以期理顺体制、促进发展，建立现代企业制度，从而与市场经济环境相适应。海胶集团2011年初成功上市，优化了股权结构，在橡胶基地分公司的经营管理上，胶工的收入形式基本体现在“承包经营、定量上缴、剩余归己、市价结算”十六字方针中。

农垦改革已持续数十年，2015年启动的新一轮改革着力强化“垦区集团、农场企业”，以土地确权登记、社会职能融入地方为重点和关键点。郑有贵(2004)以海南农垦和黑龙江农垦为例进行研究，认为农垦体制改革的难点有两方面：一是如何实现政企、社企分离；二是如何实现集团化和产业化发展。吴裕丰(2003)就海南农垦体制改革提出了天然橡胶产业股份制改革、成立一批专业公司、发展职工自营经济、对场办企业实行民营化改造、大力发展农业产业化和加大对外合作及开放力度等六大构想。王峰(2003)主张将农垦系统的社会管理功能和职责全部划归所在地政府，即实行社区属地化管理。林涛(2003)认为农场改革事关农垦整体的改革，农场改革的难点是如何实行农场职工长期承包经营。张广泰(2007)认为海南农垦改革的关键在于解放思想和人才储备。陈少平(2005)总结了广东农垦改革的经验，认为产权改革是深化农场经营管理体制改革的关键；多元化投资为集团化和产业化经营增添活力。

海南垦区早在2016年就逐步完成公安、医院、幼儿园、水库、住房公积金等社会职能、机构、资产及人员移交属地政府，垦区危房改造、小城镇和美丽农场等民生事项纳入全省统筹规划的工作，得到中央领导的充分肯定（陈勇，2019），并实现了多维度的创新。海南垦区通过在农场设“居”等方式，承接农场移交的社会管理和公共服务职能，“居”的党组织是其领导核心，自治组织为居委会，服务机构为居民服务中心；农场承担的人社、民政、扶贫、卫计、综治等20多项社会管理和公共服务工作；选聘工作人员，合理设计薪酬待遇规则，安排专项资金支持地方政府承接转移职能，属于政府应当偿还的政策性债务纳入政府债务统一管理。但农垦与地方的融合发展依然面临诸多的现实问题，其中不少是深层次的、多年未解决的问题，需要在总结经验的基础上，从激励机制的角度探索新的解决措施。

近年来，农垦土地和社会职能成为改革实践和学术研究的重点。国有农场的企业身份使其难以对接国家行政管理体系，以至于在政府行政系统分配公共资源的流程中处于边缘地位（朱玲，2018）。在最近40年的农垦改革中，大多数农场的一线生产单位已转为农工家庭。然而与农民相比，农工承担着较重的费用负担，却享有较少的经营自主权。农工社会保障和社区公共服务的筹资皆困难重重（朱玲，2018），这也是农垦改革的难点（冯德龙，2018；吕维明等，2019）。农垦曾是内部独立运行的社会子系统，大体按照计划经济模式运行。公检法、基础教育、医疗与公共卫生等作为纯粹的公共品，在划转给地方政府的过程中，受到的阻力较小。但社会保障、土地统一管理、基础设施等社会管理和公共服务工作，对农场而言是沉重包袱（李锦华，2018），特别是社区治理方面，农场既不是城市居委会，又不同于村民委员会，面临合法性身份缺位、有效性机制失位、组织性职能越位以及稳定性功能错位等一系列问题（温金荣、程璆，2018）。针对这些难题，各地进行了多样式的实践探索，如福建省厦门市海沧区第一农场（郑景顺，2018）。但也有文献认为国有农场的基本目标不应是摆脱“办社会”职能转变为纯粹的企业，而应是放弃企业经营职能转型为真正的政区（韩朝华，2018）。

农垦国有农场是国有农业经济的基石，对国家粮食安全和重要农产品有效供给具有重要影响。土地是农垦国有农场的核心资产，农民集体农用地的家庭承包及其产生的土地承包经营权有三个功能：公地私营、利益私有；内部分享、平均分配；生存保障、心理安慰。农垦国有农场坚持农地生产资料公有制的性质（贺雪峰，2017），使职工没有前述功能（常鹏翱，2021），农场员工与一般工业企业员工并没明显差别，因此，更加市场化的用工制度有利于减轻农场负担（刘馨等，2020）。与农村土地改革逻辑基本一致，国有农场土地必须明晰产权，权能属性才能被激活，才能推动土地资产化、资本化和证券化。土地产权的强化和运用离不开地方的支持，对于当地政府和村庄等有产权争议的土地，明晰土地权利归属必须取得地方各部门的认同以及法律支撑；土地空间规划需与地方国土规划相符，如土地整理，当地政府容易出现缺位的情况（覃雅兰，2017）。农垦国有农用地使用权宜定性为用益物权（高海，2019），从而为农垦企业经营土地资产提供坚实基础。各地围绕农垦国有土地管理体系改革开展了多项改革创新，如广东以资本为纽带，以产业集团公司为主体，开发土地资源（江泰，2018）。天然橡胶是海南农垦创业之本，也是占地面积最大的产业，解决橡胶林地权属纠纷，还需要考虑生态平衡（唐欣瑜、陈昕，2017）。

3.3 橡胶树资产特性分析

橡胶树在抚管期间属于消耗性生物资产，是将来会收获农产品的生物资产，期间不产生收益；开割之后转变为生产性生物资产，能够为种植农户和企业带来收益。橡胶种植生产与一般农作物有很大的不同，其过程涵盖了胶园规划设计、种植材料、开垦和定植、抚育管理、割胶（常规割胶与刺激割胶）、病虫害防治、胶园更新等胶园生产与技术管理的各个环节，生产周期长。

3.3.1 生产周期长

国内橡胶定植之后需抚管 7~8 年才能开割，生产周期长短取决于受灾情况、割胶技术实施情况等。割胶是从橡胶树获取经济效益的直接手段，是天然橡胶生产的关键技术。与其他一次性收获的作物不同，橡胶树的生产周期与胶农技术好坏有很大关系。割得好，橡胶树的经济寿命期甚至可以长达 30 年以上；割得不好，橡胶树的经济寿命期可能不到 20 年。因此橡胶树生产周期具有较大的波动性，相关部门应当鼓励胶工持续改进割胶技术，促进橡胶树平稳产胶。过度割胶，虽然短期内能够收获较高的产量，但是会导致橡胶树排胶疲劳甚至死皮，严重影响到橡胶树的产胶潜力，同时，由于割胶频率过高，树皮消耗量过大，还会缩短橡胶树的经济寿命。

3.3.2 生产期内产量的相关性

当某一期的产量畸高时，可能意味着以后各期的产量下降。由图 3-2 可以看出，在自然环境较好和正常割胶条件下，开割后，单产呈先上升再下降的趋势，且具有厚尾性。因为橡胶树的采胶生产有其特殊性，通过加刀、加药、深割等短期行为可突击拿到产量，但不能持续，且会诱发一系列副作用。因此，如果前期进行破坏性采胶，可能造成后期产量的大幅度下降，甚至导致橡胶树提前报废。在设计激励机制时，不应该过分强调当期产量，例如对某一年的产量进行奖励；要根据一定地区、产胶年度计划、具体时段的天气变化在橡胶的产量、干含、胶工技术等级、割胶质量上，依据产胶统计报表、点上和面上了解的情况等对产胶动态进行科学综合分析。

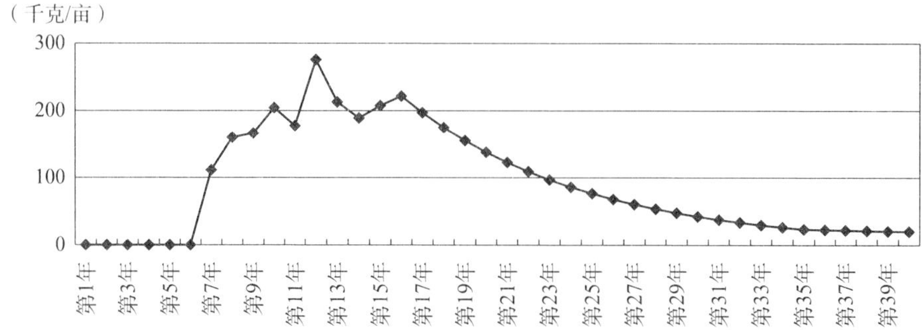

图 3-2　泰国植胶区亩产的年度间分布

割胶技术是天然橡胶生产的重大关键技术。刺激割胶技术在生产上有广泛应用，其较传统的割胶技术增产干胶 10%~15%，同时能够大幅减少割胶刀数，节约割胶用工，减少树皮消耗，可充分发挥原生皮和第一次再生皮的高产潜力，延长胶树的经济寿命，为调节橡胶树产量分布提供便利。

3.3.3　产量的可控性

影响产量的因素非常多，不可控因素主要有自然灾害、品种、立地环境等；可控因素主要有割制的选择、胶工的技术，如割胶深度、割线长度等。一位技术好的割胶工人和技术普通的割胶工人相比，在产胶量上的差异可达到 5%~15%（何康、黄宗道，1987）。割胶技术影响产量。

胶园管理也是影响干胶产量的非常重要的因素。根据农业部颁布的栽培技术规程，开割投产树的施肥标准为每株年施专用复合肥（含量 30% 以上）2.0~2.5千克、优质有机肥 20~25 千克、盖草 25~30 千克。在实际生产中存在以下主要问题：一是施肥量不足，部分胶园复合肥施肥量不足 0.5 千克，很多胶园连施肥坑都没有，严重影响施肥的质量和效果；二是施假肥，施的肥质量太差，养分总含量不足 25%；三是假施肥，不少胶工在施肥时，把肥走漏到他家的自留地；四是施肥方法不当，部分胶工为了贪快省时，不按要求开浅沟施肥，而是采取洒施的办法随意把肥洒到地表上；五是施肥不科学，不考虑胶树的需肥特点。这些主观因素都可能导致橡胶树产胶量的变化，在长期承包制度下，胶工可以通过调控这些因素来改变产量。

3.3.4 区域的高风险性

海南植胶区属热带季风气候，全省年平均气温23℃~26℃，有11个月的平均气温≥18℃，最冷月平均气温高于15℃，年平均降雨量1500~2000毫米。据统计，1970—2005年，登陆海南的台风达47次，受到三级以上风害的橡胶树累计有2亿多株。魏宏杰等(2011)运用海南农垦的历史统计资料研究了上述47次台风造成橡胶树损失的情况，发现台风造成的损失分布具有多峰性和右厚尾性。2005年“达维”台风，造成的损失金额超过24亿元，开割橡胶树三级以上的受害株数为3372万株，[①] 占橡胶开割总株数的51%，受台风影响，当年干胶减产57050吨；未开割橡胶树三级以上的受害株数为789.9万株，占橡胶未开割总株数的33.9%。由此可见，台风对海南植胶区的橡胶生产影响是十分显著的。

台风对橡胶树的破坏也改变着橡胶种植企业的行为。因为台风加快了橡胶树资产的折旧，资产所有者为了尽快收回投资成本，会采取一些过激的生产行为。

3.3.5 实际产权的不完整性

由于历史关系，在国有农场的发展过程中，有部分村庄并入农场，即并场队。并入农场之前，这些村庄的村民拥有土地的经营权；并入之后，村民成为职工，土地交由农场经营。所以职工对农场橡胶树资产在意愿上有剩余索取权，如2007年在海南儋州发生的“退场风波”，其中一个重要原因为产权的不明晰。

农场和职工的关系并不是真正意义上的雇佣关系，与一般企业和员工的关系不同，由于土地的相关权利尚未完全厘清。农民认为农场的土地是自家的祖宗地，而农场方面往往也拿不出有效证明，证明土地是自己的，但农场是实际拥有土地经营权和收益权的。这与20世纪50年代早期的合作社不同，农户并不是拿着自己的资产(如耕地使用权、牲畜等)去入社的，且社员可以选择退出合作社，另谋生路。在农场，职工退出之后并不能带走农场的任何资产，且退出之后无法再与农场博弈，所以农场和职工之间的博弈实际上为一次博弈。[②] 由于职工坚持认为其对土地有索取权，在权益无法得到满足，又

① 五级：断干在2米以下，四级：断干在2米以上，三级：断主枝树。

② Telser(1980)指出，当一个合作社是强制时，从退出的可能性看，合作社的性质就变成了一种一次性博弈，人们不再可能用退出来保护自己，或以此来制止其他成员偷懒。其结果是，自我实施的协议在一个“一次博弈”的合作社无法维持。

难以从农场获得补偿时，退场风波爆发。[①] 以上这些因素和现象导致了农场的实际产权的不完整，虽然在法律意义上，产权是完整的。在设计基于委托—代理理论的激励机制时，应适当考虑这些因素。

3.3.6 割胶生产的可监督性

不同于一般农业生产活动，割胶生产有严格的技术规程，包括割胶长度、树皮消耗量、是否伤及木质部等，所以割胶生产是易于监督的。农场可每隔一段时期，对橡胶树进行检查，并评价割胶生产的标准程度，若发现树皮消耗量过大、伤及木质部等情况，则扣罚割胶工人的工资。但割胶所得的胶乳割胶工人有可能不把其中一部分运回农场指定的收胶站，割胶工人以此获得即时收入，还能降低以后年度的定产。

3.4 国有橡胶种植农场的激励制度

在大集团模型下，管理层受聘用年限的影响，更侧重眼前利益；基层职工由于缺乏有效的激励，对于橡胶园可能疏于管理，这也是学者认为国有企业体制存在的主要问题之一。橡胶生产的监督成本不像其他农业生产那样高，因为割胶生产有相对具体的技术指标，但国有农场的职工激励结构设计和执行难度仍然较大。制度变迁方式分为需求诱致型和供给主导型，国有农场的改革大多属于供给主导型，在制度变迁过程中，制度与基层职工的衔接存在一定的问题。

3.4.1 产品管理流程

海胶集团对于开割胶园实施家庭长期承包制度，坚持“完成上缴，剩余归己，统一收购，市价结算”原则。职工生产的胶乳由公司统一回收，加工成初级产品，再对外销售(见图 3-3)。因此，割胶工人只是处于产业链的第一环节，其将胶乳交由分公司即可，不参与销售、加工、流通等环节。

海胶集团及各基地分公司将开割橡胶园发包给承包户，承包户根据《岗位承包责任书》的约定，对橡胶园进行管、养、割等生产活动。承包期自承包户签订承包责任书之日起至橡胶林更新时止，承包期内岗位不变。承包经营的特点是职工享有橡胶园的独立自主经营权，但橡胶园的所有权仍归国家所有，即经营权与所有权相分离。

---

① 2003 年开始，天然橡胶价格大幅度上涨，橡胶种植的利润空间增大，在新增收益的分配中，普通职工获取的收益少。

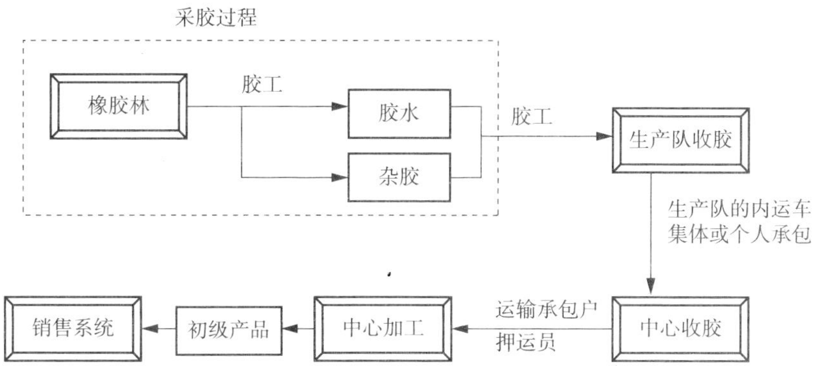

图 3-3　海胶集团的橡胶产品管理流程

3.4.2　利益分享机制

海南农垦1960年针对生产队实行的“定、包、奖”承包责任制、1965年实行的“三定一奖”承包办法、1966年实行的等级工资制、1978年实行的工资提奖制、1980年实行的超利润留成等制度都属于计件工资制度范畴（赵龙成，2009）。海南农垦1982年实行专业承包、联产计酬方式；1983年实行“大包干”、包干上缴、自负盈亏方式；1984—1985年实行包干分配和兴办职工家庭农场方式，兴办了近16万个职工家庭农场，各国营农场把橡胶园承包给职工家庭农场；20世纪90年代实行“两费自理、四到户”的承包经营责任制。2000年以后，海南农垦实质性地开展了橡胶园的职工家庭长期承包，分离橡胶树资产的所有权和经营权“两权”。2008年4月，海胶集团对开割胶园实施职工家庭长期承包制，坚持“完成上缴、剩余归已、统一收购、市价结算”的原则，经营模式较以往有了根本性的改变，主要在于承包的标的物不一样，家庭联产承包针对的是集体土地的使用权，而职工家庭长期承包的是开割胶园的经营权。

“两权分离”的突破表现为：一是海胶集团向农场租用土地种植橡胶；二是海胶集团给租用土地上的橡胶林等办理了林权证；三是海胶集团将开割胶园发包给胶工；四是胶工对所承包胶园享有管、养、割及保护等方面的权利；五是海胶集团授权基地分公司监督管理。但在实施过程中发现，承包户所承包的橡胶林段相关权益无法得到有效保障，主要表现在：一方面因为内部经营政策调整和外部随机因素干预，导致承包经营关系不明确、不稳定；另一方面是承包经营权流转还存在较大障碍。

在整个海胶集团内，开割胶园全面实行职工家庭长期承包政策，这对于调动职工生产经营积极性、提高橡胶经营效益和促进橡胶产业发展具有一定的现实意义，增强了胶工爱护橡胶树的意识，但仍存在诸多方面的问题需要优化。

承包方生产出来的橡胶原料（包括胶乳、胶线、胶团、胶块等），由发包方依据海胶集团确定的收购价格进行统一收购和结算，减去发包方已垫付和代扣代缴的各项费用后按月兑现给承包方。其中代扣代缴费用包括社会保险金、住房公积金、工具材料、农药费（含硫磺粉、乙烯利、农丰宝、涂封剂和氨水等）、肥料费（含运输费、装卸费）、折旧费、运输费、风险储备金、岗位履约金和林管储备金；违约金即为违规割胶赔偿金，包括割胶技术赔偿金和级差赔偿金。

海南农垦全面推行开割胶园职工家庭长期承包政策，坚持“完成上缴、剩余归己、统一收购、市价结算”的分配原则。上缴干胶量的确定是一个复杂过程，不能搞一刀切、一个标准，要充分考虑不同地区、不同单位的实际情况，一方面要考虑地形、品种、树龄、气候等因素，确定不同林段的定额产量；另一方面要注意本着公平、公正、公开的原则进行操办，避免定产出现悬殊化，需解决公平分配与低产胶园的矛盾。定产普遍采用的方法是依据历史数据来预测下一生产年度的产量，而不是根据实际产量的比例来确定上缴量，在执行过程中会出现诸多问题。

从表3-1中可以看出，割胶工人收入的变化幅度较大，多个年份变化幅度都在30%以上。即使2011年价格处于较高水平，收入仍比2010年降低了21.22%。根据海南省人民政府《关于调整2012年度最低工资标准的通知》（琼府〔2012〕50号），2012年海口市、三亚市、洋浦经济开发区的月最低工资标准为1050元，折合12600元/年，而割胶工人年收入仅为15259元，收入偏低。青壮年劳动力如果在海口市、三亚市、洋浦经济开发区工作，将会获得比割胶更高的收益，且工作环境相对较好。

表3-1　海胶集团割胶工人的收入情况

年份	割胶株树/株	人均产胶/吨	胶工平均年收入/元	增幅/%	备注
2003	1002	3.75	7286	—	
2004	1017	3.96	12219	67.71	
2005	915	2.65	7791	-36.24	受台风“达维”影响，产量下降
2006	907	2.60	10546	35.36	
2007	860	2.94	11535	9.38	
2008	842	3.00	14080	22.06	受50年一遇的寒害影响，产量下降

续表

年份	割胶株树/株	人均产胶/吨	胶工平均年收入/元	增幅/%	备注
2009	865	3.10	10742	-23.71	
2010	862	3.16	23800	121.56	橡胶价格整体偏好
2011	780	3.10	18750	-21.22	
2012	879	2.90	15259	-18.62	

注：表中的收入为扣除各项费用后的收入。

数据来源：《海南农垦经济社会统计汇编》，2013 年及以后的数据无法获取。

3.4.3 割胶劳动力市场分析

图 3-4 是海胶集团所面临的劳动力市场状况。由于部分割胶工人受自身条件限制，只能从事割胶生产，可以假定这部分人从事割胶的意愿不受薪酬的影响，如供给曲线 S_0S_0 上的 QS_0，随着部分老职工退休，以及城镇化的加速，① 这个群体的人数会越来越少，可能移动到 QS_1，供给曲线从 S_0S_0 移动到 S_1S_1 的位置；海胶集团拥有一定数量的胶园，对割胶劳动力的需求也有一定的刚性，为 QD_0，随着低频割胶制度的发展，人均割胶面积增长，对于割胶工人的刚性需求量也会较少，移动到 QD_1，需求曲线从 D_0D_0 移动到 D_1D_1 的位置。割胶工人的劳动力市场均衡工资将从 ω_0 上升到 ω_1，如果割胶工人的实际收入达不到均衡水平，如仅为 ω_2，将会导致劳动力市场失灵。

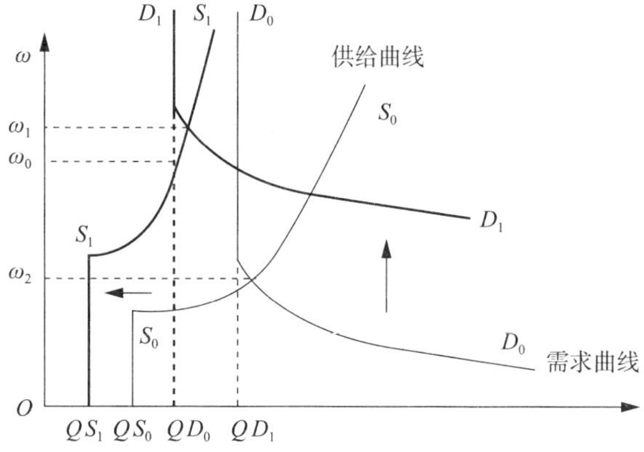

图 3-4　国有农场割胶工人市场均衡的示意图

① 随着原有割胶工人的退休，只能从事割胶生产的工人减少；工业化和城镇化加快，劳动力在更大范围内配置，其他恒业较大幅度地提高工资，导致割胶工人，特别是具有较高生产效率的中青年工人离开割胶劳动力市场。

据统计，2014 年海胶集团有割胶工人 39568 人，年龄分布如表 3-2 所示，5 年内退休胶工占比超过 35%。海南橡胶集团的割胶工人老龄化较为严重，青年工人补充不足。

表 3-2　2014 年海胶集团割胶工人的年龄分布

	合计	30 岁以下	31~40 岁	41~50 岁	50 岁以上
人数/人	39568	2701	7672	23516	5679
比重/%	100	6.8	19.4	59.4	14.4

数据来源：邓光辉在 2014 年割胶生理年会上所做的报告——“探索和试行国有开割胶园气刺短线割胶技术队级承包模式提高割胶劳动生产率”。

通过以上分析，可将海胶集团生产激励制度存在的问题归结为：一是承包经营关系的不明确、不稳定，经营权几乎不可流转。在内部经营政策调整、外部随机因素干预下，出现了承包关系不够明晰的现象，承包经营权还无法流转，承包户的权益还没有完整实现。二是割胶工人收入过低，承担的风险过大。割胶工人收入波动幅度较大，平均月收入大约与海口、三亚的最低工资水平持平，青壮年劳动力偏向于前往其他地区寻找就业机会。三是割胶劳动力市场存在失灵的风险，供给趋紧。在拥有一定规模胶园的前提下，割胶劳动力的需求也具有刚性，而割胶工人的年龄结构老龄化严重，青壮年的比重偏低，未来胶工短缺的情况可能会更加严重。

3.5　国有橡胶种植农场的激励机制改进

从经济学角度看，割胶工人及基层管理人员都是理性经济人，至少是有限理性经济人，因此他们所做出的选择是具有一定合理性的。受信息不对称以及个人先验知识结构受限的影响，他们的决策可能会出现偏差。在设计激励机制时，应当充分地考虑这类人群的经济利益，只有保障了基层工人的经济利益，激励机制才能起作用。委托人希望代理人选择的行为应该是代理人效用最大化的行为，要不然就会出现偏离。

3.5.1　激励模型的构建

设 A 代表胶工（代理人）所有可选择的行动集合，$a \in A$ 表示代理人的一个特定行动。行动 a 可以被假定为代表工作努力程度的决策向量，但从理论上讲，行动 a 可以是任何维度的决策向量。例如，$a=(a_1, a_2)$，一种可能的解释是 a_1 和 a_2 分别代表胶工花在技术掌握上的时间和上缴胶乳的努力程度。胶工作为代理人，还可以选择耗皮量、割胶深度、胶乳上缴等行动。

假定 a 表示努力水平(effort)的一维变量。令 θ 是不受胶工、生产队、作业区、分公司、海胶集团以及股东控制的外生随机变量，称为“自然状态”。[①] 旱涝指数、风灾指数、气温变化指数、病虫害风险指数等，较高的 θ 代表较有利的自然状态。[②] Θ 是 θ 的取值范围，θ 在 Θ 上的分布函数和密度函数分别为 $G(\theta)$ 和 $g(\theta)$。一般地，假设 θ 为连续变量，如果 θ 为有限个可能值，$G(\theta)$ 为概率分布。a 和 θ 共同决定一个可观测的干胶产量 $x(a, \theta)$ 和一个干胶收入函数 $\pi(a, \theta)$(“产出”)，其中 $\pi(a, \theta)$ 的所有权属于委托人。假定 π 是 a 的严格递增的凹函数，这表明在给定自然条件下(给定 θ)，胶工工作越努力，干胶产出越高，但努力程度的边际产出率是递减的；π 是 θ 的严格递增函数，图 3-5 显示了一种可能的曲线。理论上讲，$x(a, \theta)$ 和 $\pi(a, \theta)$ 可能是向量。为了简化叙述，假定 x、π 均为一维变量，由于价格是海胶集团公布的，胶工无法影响，设产出 π 是唯一可观测的变量。在农场和胶工的委托—代理模型中，x 和 π 一般不认为是相等的，因为收入还受到价格的影响。实际上，近年来，剧烈的价格波动给植胶农户和企业的利润带来了很大的影响。因此委托人的问题是设计一个激励合同 $s(\pi)$，[③] 根据所观测到的产出 π 对代理人(胶工)进行奖惩。

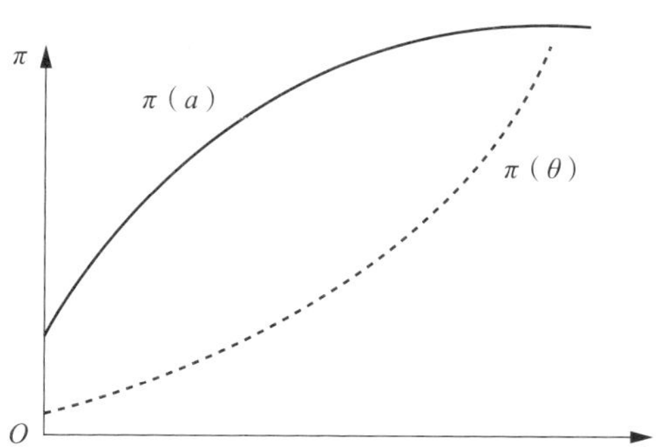

图 3-5 激励模型中产出函数的可能情形

假定委托人和代理人的 v-N-M 期望效用函数分别为 $v(\pi-s(\pi))$ 和 $u(s(\pi))-c(a)$，其中 $v'>0$，$v''\leqslant 0$，为凹函数；$u'>0$，$u''\leqslant 0$，为凹函数；$c'>$

---

① 实际上作业区、生产队的人员可以认定为监督人，在本书的模型中暂不考虑有监督的情形。这里假定代理人为胶工，分公司、集团公司为委托人，先略去监督的角色。

② 这说明在设计 θ 时，应该关注各种指数包含的意义。例如风灾指数，在这个模型中，应当是指数越大，台风强度越小，受灾程度越低。

③ 该合同规定给胶工的报酬，例如可以是现行形式的，如 $x=f(a)+\varepsilon$，f 是单调递增函数，ε 则是不受割胶工人努力程度、技术水平影响的因素造成的波动。

0，$c''>0$，为凸函数。即委托人和代理人都是风险规避者或风险中性者，努力的边际负效用是递减的。委托人和代理人的利益冲突来自假设$\partial\pi/\partial a>0$ 和$\partial c/\partial a>0$；$\partial\pi/\partial a>0$ 意味着委托人希望代理人多努力，而$\partial c/\partial a>0$ 则意味着代理人希望少努力。因此，除非委托人能给代理人提供足够的激励，否则代理人不会如委托人希望得那样努力工作。

假定分布函数 $G(\theta)$、生产技术 $\pi(a,\ \theta)$ 以及效用函数 $v(\cdot)$ 和 $u(\cdot)-c(\cdot)$ 都是共同知识，即集团公司、分公司和胶工对自然的影响，胶工努力程度和自然灾害对产量的影响，以及各自占有的干胶收入都是清楚的，且他们的认识是一致的。$\pi(a,\ \theta)$ 为共同知识的假定意味着，产量已知的情况下，委托人只要知道了自然灾害情况（观测到 θ），就可以知道胶工的努力和诚实程度 a，反之亦然。因此，我们假定 a 和 θ 都不可以观测。[①]

委托人的期望效用函数为：

$$(\mathrm{P})\int v(\pi(a,\ \theta)-s(\pi(a,\ \theta)))g(\theta)\mathrm{d}\theta$$

委托人的问题是选择 a 和 s 最大化上述期望效用函数，但面临两个来自代理人的约束：一是参与约束，即代理人从接受合约中得到的期望效用不能低于不接受合约时所能得到的最大期望效用。“不接受合约时所能得到的最大期望效用”为胶工不在农场从事割胶情况下，所能取得的最大收入，可以称为保留效用 $\bar{u}$。该约束表明委托人给予胶工的收入 $s(\pi)$ 不应当低于其所能达到的其他岗位上的收入，又称为个人理性约束（Individual Rationality Constraint），可以表示为：

$$(\mathrm{IR})\int u(s(\pi(a,\ \theta)))g(\theta)\mathrm{d}\theta-c(a)\geqslant\bar{u}$$

二是激励相容约束（Incentive Compatibility Constraint）。给定委托人不能观测到代理人的行动 a 和自然状态 θ，在任何激励合约 $s(\pi)$ 下，代理人总是选择使自己期望效用最大化的 a，因此委托人希望的 a 只能通过代理人效用最大化行为来实现。也就是说，海胶集团（基地分公司）希望胶工做出某种行为选择，该行为必须要满足胶工效用最大化的要求，否则胶工不会这样做。例如部分基地分公司出现胶工外卖胶乳的情况，原因可能为：一是基地分公司的价格低于其他收胶站的价格，或者不能及时跟胶工结算；二是将胶乳全部上

① 这个假设是具有合理性的，因为橡胶树的产胶机理是非常复杂的。虽然我们知道台风的等级、干旱的情况，但是这些情况对每个树位（每个树位约为 10 亩）的影响是很难评估的；虽然分公司（农场）可以检查胶工割胶的技术实施情况，如割胶深浅度、是否伤及木质部等，但胶工割胶的用心程度还是很难掌握的。

缴至基地分公司，可能会导致下一期的上缴干胶量上升，进而影响$s(\pi)$。胶工权衡之后做出的行为是有风险成本的，一旦被基地分公司发现，胶工会受到惩罚。基地分公司在应对此类行为时，应充分考虑胶工自身利益的最大化。[①] 如果 a 是委托人希望的行动，$\forall a' \in A$ 是代理人可选择的任何行动。激励相容的数学表达为：

$$(\mathrm{IC})\int u(s(\pi(a,\ \theta)))g(\theta)\mathrm{d}\theta - c(a) \geqslant$$

$$\int u(s(\pi(a',\ \theta)))g(\theta)\mathrm{d}\theta - c(a'),\ \forall a' \in A$$

此时，委托人的问题是选择 a 和 $s(\pi)$ 最大化期望效用函数，并满足约束条件(IR)和(IC)，委托—代理问题可以表述为：

$$\max_{a,\ \theta}\int v(\pi(a,\ \theta) - s(\pi(a,\ \theta)))g(\theta)\mathrm{d}\theta$$

$$\mathrm{S.\ T.}\ (\mathrm{IR})\int u(s(\pi(a,\ \theta)))g(\theta)\mathrm{d}\theta - c(a) \geqslant \bar{u}$$

$$(\mathrm{IC})\int u(s(\pi(a,\ \theta)))g(\theta)\mathrm{d}\theta - c(a) \geqslant$$

$$\int u(s(\pi(a',\ \theta)))g(\theta)\mathrm{d}\theta - c(a'),\ \forall a' \in A$$

3.5.2 模型的模拟与解释

以上的模型化方法被称为“状态空间模型化方法”(State - Space Formulation)。这种方法最初由 Wilson(1969)、Spence 和 Zeckhauser(1971)、Ross(1973)使用，好处在于每一种技术都可以直观地表述出来，但得不到经济学上有意义的解。如果 $s(x)$ 不限制在有限区域中，可能不存在解。

Morrlees(1974, 1975, 1976)开创性地使用了“分布函数的参数化方法”(Parameterized Distribution Formulation)，将外生变量 θ 的分布函数转换为结果 π 的分布函数，也就是将自然因素和产出联系起来，如风灾指数与产量的关系。给定 θ 的分布函数 $G(\theta)$，对应每一个 a，存在一个 π 的分布函数，这个新的分布函数是通过函数关系 $\pi(a,\ \theta)$ 从原分布函数 $G(\theta)$ 导出的。[②] 我们用 $F(\pi,\ a)$ 和 $f(\pi,\ a)$ 分别表示所导出的分布函数和对应的密度函数。此时，代理人选择行动 a 就类似选择分布函数 $F(\pi,\ a)$，图 3-6 是二维正态分布下

---

① 由于胶工个体差异，每个胶工可以选择的行为集合也不一样，因此，任何措施不可能让全部胶工选择农场所期望的行为，因此需要监督，但监督本身是有成本的。

② 比如可以假定 $\pi=a+\theta$，那么如果 θ 服从均值为零、方差为 σ^2 的正态分布，则 π 服从均值为 a、方差为 σ^2 的正态分布。

的一种 $f(\pi, a)$，$f(\pi | a)$ 为正态分布。这种简单的转换使分析更深入、更有意义。

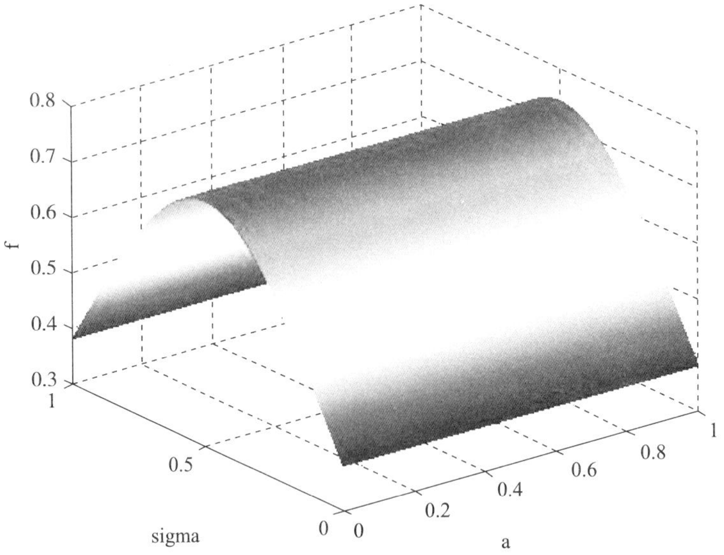

图 3-6　一种可能的 $f(\pi, a)$

在状态空间模型化方法中，效用函数对自然状态 θ 取期望值；在参数化方法中，效用函数对观测变量 π 取期望值。委托人的问题可以表述为：

$$\max_{a,\ \theta}\int v(\pi - s(\pi))f(\pi, a)\mathrm{d}\pi$$

$$\text{S. T. (IR)}\int u(s(\pi))f(\pi, a)\mathrm{d}\pi - c(a) \geqslant \bar{u}$$

$$\text{(IC)}\int u(s(\pi))f(\pi, a)\mathrm{d}\pi - c(a) \geqslant \int u(s(\pi))f(\pi, a')\mathrm{d}\pi - c(a'),\ \forall a' \in A$$

这种参数化方法称为 Mirrlees-Holmstrom 模型化方法。对于这一类型的委托—代理关系，$F(\pi, a)$ 具有不同特性。对于任何给定的合约 $s(\pi)$，激励相容约束意味着代理总是选择 a 最大化自己的期望效用，因此需要满足一阶条件

$$\text{(A)}\int u(s(\pi))f_a(\pi, a)\mathrm{d}\pi = c'(a)$$

根据 Mirrlees 和 Holmstrom 的经验，使用一阶条件方法替代原来的激励相容约束(IC)，得到如下形式的委托—代理模型

$$\max_{a,\ \theta}\int v(\pi - s(\pi))f(\pi, a)\mathrm{d}\pi$$

$$\text{S. T. (IR)} \int u(s(\pi))f(\pi,\ a)\mathrm{d}\pi - c(a) \geqslant \bar{u}$$

$$\text{(IC)} \int u(s(\pi))f_a(\pi,\ a)\mathrm{d}\pi = c'(a)$$

对于上述的最大化问题，Lagerange 函数为：

$$L(\pi) = \int v(\pi - s(\pi))f(\pi,\ a)\mathrm{d}\pi - \lambda\left(\int u(s(\pi))f(\pi,\ a)\mathrm{d}\pi - c(a) - \bar{u}\right) - \mu\left(\int u(s(\pi))f_a(\pi,\ a)\mathrm{d}\pi - c'(a)\right)$$

令 $L'(\pi)=0$，即可得到：

$$\frac{v'(\pi-s(\pi))}{u'(s(\pi))}=\lambda+\mu\frac{f_a(\pi,\ a)}{f(\pi,\ a)} \tag{3-1}$$

其中 $\lambda(>0)$是个人理性约束(IR)的拉格朗日乘子，$\mu(>0)$为激励相容约束(IC)的拉格朗日乘子。为了解释式(3-1)的含义，设想委托人可以观察到代理人行动 a 时的最优合约。此时，委托人可以通过强制合同使代理人选择委托人所规定的行动，比如说，如果委托人希望代理人选择 a^*，可以通过如下合同做到：如果代理人选择 a^*，则支付$\bar{w}$，否则支付 $\underline{w} \ll \bar{w}$。只要 $\underline{w}$ 足够小，代理人会自觉选择 a^*。因此，当委托人可以观察 a，我们只需考虑参与约束(IR)。最优条件可以简化为：

$$\frac{v'(\pi-s(\pi))}{u'(s(\pi))}=\lambda \tag{3-2}$$

这是帕累托最优风险分担条件(Parcto Optimun Risk-Sharing Condition)。如果委托人是风险中性的，代理人是风险规避的，即 $v''=0$，$u''<0$，此时，式(3-2)退化为 $1/u'=\lambda$，这意味着 $s(\pi)=s^0$，即代理人的收入固定，委托人承担全部风险。

比较式(3-1)和式(3-2)，非对称信息情况下等式右边有激励相容约束(A)：$\mu f_a/f$。f_a/f 是似然率，表达了在观察结果 π 中包含的有关代理人行动 a 的信息量。只要分布密度函数 $f(\pi,\ a)$不独立于努力水平 a，$s(\pi)$就不独立于 π。即，当委托人不能观测到代理的行动时，帕累托最优风险分担是不可能达到的；为了使代理人有积极性努力工作，代理人必须要分担一定的风险，当然也应享受一定的收益。这就是激励与保障的矛盾，当然如果委托人是风险中性的，则不存在这样的问题。特别地，如果 f_a/f 是单调增函数(粗略地说，这意味着代理人努力程度越高，高产出的"概率"就越大，也就是说，高产出是高努力的一个信号)，那么 $s(\pi)$严格随 π 增加而增加。Mirrlees(1976)将上述方法运用到公司内部科层组织的激励制度中，被认为是科斯关于企业规模由内部交易成本和市场交易成本平衡决定的观点的模型化，Mirrlees 认为公司基层人员的报酬应采取固定工资形式，而高层管理人员的报酬更应该与利润挂钩。

3.5.3 改进的工资薪酬方案

从割胶工人的收入结构来看，割胶工人承受了过多的自然和市场风险，并且还可能面对定产出现误差的风险。割胶工人上交海胶集团核定的产量，剩余胶乳的收入需要用于各项支出。2012 年海胶集团某分公司承包户的平均上缴比重为 49.2%，归己比重仅为 50.8%。对橡胶种植户的调研发现，2012 年海南植胶区橡胶种植户的生产保本价约为 18.3 元/千克，如果这些农户需要上缴 50%的胶乳，保本价约为 36 元/千克，而当年天然橡胶价格高于 25 元/千克的时间并不长。2013 年橡胶价格更是在 15 元/千克上下徘徊。海胶集团的开割胶园承包户所承受的成本过高。根据胶园存在的问题以及橡胶的资产特性，本书提出一种新的工资方案。

设置基础工资，降低产量关联工资的份额。由于胶工属于公司最基层的职工，抵御风险能力弱，应当确保胶工的基本生活，这也是稳定胶工队伍的一个重要条件。有的胶工挑一担胶乳的收入还不如用手提着一桶胶乳的收入高，这是因为挑一担胶乳的胶工欠产，而提一桶胶乳的胶工超产。[①] 基础工资制度能够在一定程度上降低由于预测性定产不准确带来的弊端。另外，这也是增强职工归属感的一种措施，平衡激励与保险，降低职工的保留效用，增加胶工参与激励机制的程度。一般情况下，管理者难以观察到工人努力水平，且监督需要花费大量的成本，而固定工资可以缓冲这种矛盾。

表 3-3 割胶工人与管理层的博弈矩阵

策略选择主体		割胶工人	
策略集		不努力工作	努力工作
管理层	实施基础工资	$f-A$，$a+C$	$F-A$，$A-C$
	不实施基础工资	$f-a$，$a+C$	$F-a$，$a-C$

割胶工人与管理层的博弈矩阵见表 3-3，在该支付矩阵中，f 表示割胶工人按照规程和规定生产情况下的企业收益；F 表示割胶工人不按照规程和规定生产情况下的企业收益；a 表示现有的分配方案；A 表示在基础工资下的劳动支付；C 表示割胶工人的保留收益即机会成本（如外卖胶乳等）。

① 有些管理人员经常在胶工定产问题上以权谋私，关系好的就定少一些，关系差的就定高一点。

在实施基础工资的条件下，$a+C<A-C$，即 $2C<A-a$，割胶工人会选择努力工作。实际上对于那些年龄稍大的工人而言，C 相对比较少，如果能够适当提高工资，可以让割胶工人更努力工作，同时可以吸引更多的工人。

胶工收入越高，积极性就越高；积极性越高，胶乳就越多；胶乳越多，农场的利润就越高，这是环环相扣、相辅相成的。农场的利润主要是胶工创造的，没有胶工就没有胶乳，没有胶乳就没有利润，适当提高胶工的劳动报酬是合理的。农场应当进一步增强胶工收入与干胶价格联动机制，胶价高，胶工收入也应当提高，这是按照市场规则办事；胶工工资应当与管理人员联动，经营者收入提高，胶工收入也要相应提高。胶工收入提高了，自然会减少走漏胶乳现象发生。过高的上缴比重，会导致“破罐子破摔”的不良现象出现。

3.5.4 优化公司与职工的利益关系

在产权清晰的条件下，政府拥有橡胶树资产的所有权，集团及分公司对橡胶树资产拥有明晰的经营权。根据前文分析，实际上海胶集团的橡胶树资产产权是不完整的，基地分公司的老胶工及其子女，由于历史的原因，可能对土地及其地面的橡胶树资产有剩余索取权，他们认为自己应获得的收益不仅是劳动付出，还应该享有农场（企业）的利润，特别是当价格上升时，他们理应共享这部分收益。2007—2013 年，天然橡胶价格处于不断上升的状态，给植胶农场带了较高的收益，但是作为承担大部分生产任务的胶工，并没有从中获益。在与民营胶园比较时，胶工发现自己的收入过低，这给农垦带了不稳定的因素，也导致了后来一系列的改革。激励机制应适当考虑分成合约与外在条件相符。

准确定产是胶工最为关心的问题。为确保定产科学合理，海胶集团要求各基地分公司制定科学合理的干胶产量测算办法，核定岗位承包 3~5 年的理论计划产量，并三榜公布，征求意见。承包期内，定产基数总体不变，根据“大稳定，小调整”的原则，综合考虑自然递增及自然递减因素确定下年度计划产量。

科学确定预测性定产，营造公平环境。由于缺乏有效、精准的定产方法，导致部分林段的承包者上缴的干胶量不准确。胶工一旦欠产，收入降低，就会产生副作用。有的胶工辛辛苦苦干了一年，一分钱拿不到，反而还要倒扣钱，这必定会挫伤他们的生产积极性。甚至有的农场出现，因定产不准确，胶工欠产，收入降低或者根本没有什么收入，几十名胶工停产，数百个岗位停割的情况。胶工停割会断了家庭收入来源，基地分公司橡胶树资源被闲置，结果造成双输局面。部分胶工收入大幅度提高，但农场却遭受损失，也难以实现农场和职工的双赢。

确保胶工收入，避免因为收益过低而导致的生产不稳定。预测性定产过程中，因定产不准而引发的胶工收入过低，胶工与队干部吵闹事件时有发生，这不仅影响干胶生产，还影响了干群关系。每天凌晨一二点钟，正是人们熟睡的时候，胶工就要在山高坡陡的林段里上下奔跑忙碌，一直干到中午才能休息，没有节假日，只有下雨或台风天才能在家休息，劳动强度高，而胶工享受销售收入的比例却比较低，这极大地打击了胶工的生产积极性，导致胶工队伍的不稳定，以及对劳动力的吸引力弱。

低频技术是以乙烯利刺激为手段，降低割胶频率的技术，其减少了劳动力的投入，通过减刀、浅割、增肥、动态产胶分析等技术来提高生产效率。该技术通过化学刺激和其他配套措施，降低割胶频率，大幅度提高割胶劳动生产率，提高单产，从而增加综合经济效益，延长橡胶树的经济寿命。提高的效益，可以增加胶工收益。

3.6 本章小结

从上述分析可以看出，集团、分公司、作业区与割胶工人间的委托代理关系还需要进一步优化，现有激励机制还不能很好地结合橡胶树资产的特性，以及人力资源管理的要求。主要表现在以下四个方面：在合约方面，承包户所承包的橡胶林段相关权益无法得到有效保障，导致承包户的生产积极性受挫。收入分配方面，承包户留存的收入比重较低，且需分担生产成本，承受部分自然风险和市场风险，造成收入低。在技术管理方面，预测性定产不科学，导致部分胶工出现短视行为，资产加速折旧。在产权补偿方面，现有的激励体系没有充分考虑产权不完整情况，也未完善退出机制。

本书根据海胶集团的激励机制，以及橡胶树资产的生产周期、产量相关性和可控性、较高的自然风险、产权不完整等特性，提出了以下两个方面的改进建议：为割胶工人设立基本工资，降低割胶工人的收入波动，降低其所承受的风险，降低上缴份额。优化集团、分公司、作业区与职工的利益关系、技术实施与管理的关系，改变以预测产量来确定上缴比重的做法，采用超低频割胶制度，提高劳动生产率。

第4章
橡胶种植户家庭结构和经营状况

民营胶园在种植面积和产量上已超过国营胶园，但民营胶园整体处于分散经营状态。本书通过抽样调查来掌握民营胶园的生产情况，对于研判产业发展现状与趋势具有重要作用。云南西双版纳州国有农场经过改革，已实际按照家庭经营模式进行经营，因此本书也将其纳入调查范围。本章运用入户调查和固定观察点数据，来分析橡胶种植家庭的人口、劳动力、收入、资产、种养殖结构、橡胶经营情况等。

4.1 农户家庭调查

针对农村家庭的大规模调查，最早出现在民国时期，如卜凯教授的《中国农家经济：中国七省十七县二八六六田场之研究》。现今，农户家庭调查已成为农业经济研究素材最重要的来源之一。天然橡胶主要分布在海南和云南西双版纳州、普洱等地，作者团队分别在2013年和2016年进行了橡胶种植户入户调查，2016年还开展了村庄调查。受经费所限，2016年仅在海南省开展农户调查，未能在云南西双版纳州开展。2011年开始，作者团队在海南设置橡胶种植户固定观察点，2013年开始在云南设置，此项工作开展以来，本书作者团队不断优化固定观察点表格和扩大样本农户数量，积累了大量农户家庭生产经营信息。

4.1.1 2013年入户调查情况

2013年入户调查的问卷共涉及以下几个方面，首先是家庭基本情况和胶园情况，包括户主基本情况、家庭人员结构、固定资产投资情况、家庭收入和支出情况、家庭种植结构、橡胶园结构以及橡胶树资产的产权结构；其次是价格风险与自然风险应对、技术采用行为以及未来种植意愿，其中应对价格风险方面，包括农户对价格波动的认知和行为、对原料产品市场的认识以及对主要风险防范机制的认知。

2013年4月21—27日，作者组建调研队，在云南省景洪市、勐腊县进行抽样调查，共收回问卷208份，有效问卷207份，其中针对农场的问卷有85份。2013年5月22—31日，在海南省儋州市、白沙县、琼中县、屯昌县、万宁市、琼海市进行问卷调查，共收回问卷294份，其中有效问卷289份，受访的289个家庭中，2012年无开割胶园的有16户(见表4-1)。此次调查在本书中统称为2013年入户调查。

表4-1　2013年入户调查样本的区域分布

市县	乡镇(农场)	自然村(生产队)数/个	样本量/户
景洪市	东风农场、景洪农场、嘎洒镇、嘎栋镇、勐养镇、景哈乡	10	153
勐腊县	勐捧农场、勐腊镇	4	54
儋州市	那大镇、兰洋镇、和庆农场、南辰农场	8	90
白沙县	牙叉镇、元门乡	2	28
琼中县	红毛镇、长征镇	3	56
屯昌县	枫木镇、南吕镇	2	29
万宁市	三更罗镇	2	28
琼海市	龙江镇、阳江镇	2	58

4.1.2　2016年入户调查情况

2014年开始，天然橡胶价格持续低迷，在橡胶收入大幅下降的情况下，农户家庭收入结构和橡胶生产决策行为可能会发生明显改变。2016年8月作者团队赴海南省儋州市、琼中县、白沙县、澄迈县、屯昌县、琼海市和万宁市等7个市县的23个乡镇、地方农场展开社会调查，了解农户家庭经济情况和橡胶生产管理情况。调查员采用一对一问答的方式填写问卷，共采访农户273户，收集到有效问卷261份(见表4-2)，从农户家庭农业生产生活情况、橡胶生产销售、橡胶生产管理与技术采用、林下种养、参加技术培训、参加合作社和胶园流转等7个方面收集相关信息；同时开展村庄调查，了解以橡胶种植为主的村庄的人口、价格、公共事业、基础设施、农业和生产情况；对部分农业技术推广人员及其所在机构进行问卷调查，掌握基层农业技术推广体系建设情况。海南省的样本市县均为橡胶种植大县，以上7个市县橡胶种植面积占海南省的64.77%，产量占67.53%；调研队依据区域布局分别从东部、中部和西部选择样本市县，一定程度上保证了调研结果的代表性。此次调查在本书中统称为2016年入户调查。

表4-2 2016年入户调查样本的区域分布

市县	乡镇(农场)	自然村(生产队)数/个	样本量/户
白沙县	元门乡、牙叉镇	5	31
澄迈县	中兴镇	5	23
儋州市	那大镇、兰洋镇、和庆农场、南辰农场、两院试验场	12	85
琼海市	龙江镇、阳江镇	13	33
琼中县	营根镇、中平镇、红毛镇、长征镇、湾岭镇、和平镇、上安乡、什运镇、黎母山镇	15	48
屯昌县	枫木镇、南吕镇、西昌镇	5	17
万宁市	三更罗镇	7	24

4.1.3 固定观察点

固定观察点是获取具有延续性农户数据的重要渠道。割胶生产过程具有非常明显的连续性，通常一年持续8个月左右。通过固定观察点对植胶农户的橡胶生产、管理、销售信息进行持续监测，对农户家庭收支情况进行监测，有利于及时了解生产一线微观主体生产经营动态，掌握农户家庭生计变化情况，及时针对生产实践中存在的问题展开研究。2011年初，作者团队在海南开展了固定观测点的布置工作，对海南橡胶种植户的生产经营行为进行跟踪调查，抽取了儋州市兰洋镇、那大镇、和庆镇、临高县和舍镇、琼中县红毛镇的8个村庄14位农户进行定点观测。2015年初，出于对农户观测表格填写质量的筛选以及数据获取便利性的考量，作者团队选定了儋州市那大镇茶山村、兰洋镇南罗村、临高县和舍镇群朝村和加利村的9位农户作为定点观测对象。之后，增加了白沙县七坊镇、屯昌县乌坡镇等地的样本。2013年，作者团队开始在云南西双版纳州等地布置观察点。样本农户需要据实填写割胶、卖胶、购买生产资料、胶园管理、家庭收支等情况，详细记录天然橡胶生产中的每一项物质资料购买和用工，为成本核算提供坚实的基础。为了完整掌握家庭经营情况，团队增加了其他家庭经营收入和支出数据的采集。

2013年、2016年入户调查数据和2011年以来的农户固定观察点数据是本书进行农户行为研究的重要数据来源。部分问卷采集的信息不全，导致有些问卷局部有效。首先，主要是因为部分农户不理解问卷上的问题，这可能是语言沟通上存在困难，或者被访问者本身缺乏一定的知识背景，无法理解调查员的说明；其次，可能是部分调查员不够重视，对部分问题理解不到位，将问题略过，导致信息缺失。访谈中涉及家庭收支和农业生产经营情况的数据均为上一年度的，涉及家庭人口、劳动力现状的数据则为当年的。

4.2 农户家庭基本特征

4.2.1 海南植胶区

4.2.1.1 2013 年入户调查

2013 年入户调查样本中，海南产区种植户家庭户主年龄集中在 41~50 岁，此年龄段人数比重为 37.37%，户主年龄大于 40 岁的人数比重达 73.01%。割胶生产劳动强度大，作业环境差，对年轻劳动力的吸引力弱，随着时间的推移，割胶劳动力老龄化的问题会越发突出。户主文化程度以初中和高中为主，两者比重累计达 82.70%，人均受教育年限为 8.53 年（小学以下按 1 年计算，小学 5 年，初中 9 年，高中 12 年，大专 15 年）（见表 4-3）。根据《海南统计年鉴》，2012 年全省人均受教育年限为 9.1 年，橡胶种植户户主受教育水平低于全省平均水平。家庭劳动力最高文化程度以初中和高中为主，相比户主的教育水平，家庭劳动力中高中、大专以上文化程度人数的比重有所提高。家庭人口数以 4 人、5 人、6 人最为集中，比重均为 22.49%，劳动力数量大多为 2~4 人（见表 4-4）。绝大多数家庭的劳动力数量占比超过 50%，即家庭中处于劳动阶段的家庭成员数量大多等于或超过一半。

表 4-3 2013 年海南植胶区样本农户户主基本特征

年龄（Y）	户数/户	比重/%	文化程度	户主		劳动力中最高文化程度	
				户数/户	比重/%	户数/户	比重/%
Y≤30	24	8.30	小学以下	3	1.04	0	0.00
30<Y≤40	54	18.69	小学	39	13.49	15	5.19
40<Y≤50	108	37.37	初中	161	55.71	130	44.98
50<Y≤60	74	25.61	高中	78	26.99	106	36.68
Y>60	29	10.03	大专以上	8	2.77	38	13.15
样本数	289		样本数	289		289	

数据来源：2013 年入户调查。

表 4-4 2013 年海南植胶区样本农户家庭人口和劳动力情况

规模	户数/户			比重/%			家庭劳动力比重(Y)		
	人口数	劳动力	农业劳动力	人口数	劳动力	农业劳动力	比例	样本数/户	比重/%
1 人	0	8	34	0.00	2.77	11.76	Y = 100	44	15.22
2 人	9	105	176	3.11	36.33	60.90	75≤Y<100	38	13.15
3 人	27	48	34	9.34	16.61	11.76	50≤Y<75	145	50.17
4 人	65	74	38	22.49	25.61	13.15	25≤Y<50	58	20.07
5 人	65	36	5	22.49	12.46	1.73	0≤Y<25	4	1.38
6 人	65	15	1	22.49	5.19	0.35			
7 人	20	1	0	6.92	0.35	0.00			
8 人	38	2	0	13.15	0.69	0.00			
样本数	289	289	289					289	

数据来源：2013 年入户调查。

4.2.1.2 2016 年入户调查

考虑到受访者不一定是家庭生产经营的决策者，2016 年入户调查时，调查员会与受访者确认其是否为家庭的户主或生产决策者。261 位受访者中，209 人为户主，52 人表示不是，并介绍户主的基本情况。2016 年入户调查在问卷中设计了关于抛硬币的游戏，来了解农户的风险偏好，179 个选择保守，69 个选择碰运气。总体而言，在不考虑风险中性的情况下，大部分农户是属于风险规避型，但风险偏好型的占比超过 1/4。52 份非户主完成的样本，31 份是户主配偶，15 份是户主父母，3 份是户主子女，2 份未知。被访问对象对家庭经济和生产状况都比较熟悉。

从性别看，家庭生产经营主要由男性成员决定；男性户主比例超过 85%，女性不足 15%。受访者年龄最小为 25 岁，最大为 81 岁，平均年龄 47.6 岁，户主平均年龄 48.8 岁，高于 2013 年调查样本的 46.9 岁。只有不到 1/4 的户主小于 40 岁，老龄化严重。受访者以汉族和黎族为主，其中汉族占 54.79%，黎族占 42.91%。受访者中党员比例约为 30%，而户主中党员比例略高于受访者，受访者和户主党员比例差别不大。受访者中有 100 人曾经或者正在担任村干部，占比为 38.31%。受访者受教育程度以初中为主，占比为 57.47%，高中文化程度占比为 25.29%；高中以上文化程度的仅有 10 人，小学以下文化程度的受访者仅有 2 人。受访者普遍认为自己的健康状况比较好，认为自己健康状况不好或者非常差的约有 13%，认为自己健康状况一般的占

31.03%，认为自己健康状况好和非常好的占55.94%（见表4-5）。家庭人口规模平均为5.5人，最少的2人，最多的达到17人，以4~6人的家庭单位居多，占总样本的67.82%。家庭劳动力平均为3.26人，农业劳动力平均为2.04人。

表4-5 2016年海南植胶区受访者和户主基本信息

基本情况	项目	受访者		户主	
		样本量/户	比重/%	样本量/户	比重/%
性别	男	192	73.56	222	85.06
	女	69	26.44	37	14.18
	未回应			2	0.77
年龄（Y）	Y≤30	15	5.75	10	3.83
	31<Y≤40	60	22.99	50	19.16
	41<Y≤50	80	30.65	85	32.57
	51<Y≤60	68	26.05	70	26.82
	Y>60	35	13.41	39	14.94
	未回应	3	1.15	7	2.68
民族	汉族	143	54.79	140	53.64
	黎族	112	42.91	114	43.68
	苗族	3	1.15	3	1.15
	壮族	3	1.15	2	0.77
	未回应		0.00	2	0.77
政治面貌	中共党员	76	29.12	81	31.03
	非党员	184	70.50	177	67.82
	未回应	1	0.38	3	1.15
身份	村干部	100	38.31	96	36.78
	群众	159	60.92	161	61.69
	未回应	2	0.77	4	1.53
受教育程度	小学以下	2	0.77	3	1.15
	小学	33	12.64	33	12.64
	初中	150	57.47	143	54.79
	高中	66	25.29	70	26.82
	高中以上	10	3.83	8	3.07
	未回应		0.00	4	1.53

续表

基本情况	项目	受访者		户主	
		样本量/户	比重/%	样本量/户	比重/%
健康状况	非常差	8	3.07	7	2.68
	不好	26	9.96	23	8.81
	一般	81	31.03	82	31.42
	好	115	44.06	119	45.59
	非常好	31	11.88	28	10.73
	未回应			2	0.77

数据来源：2016 年入户调查。

4.2.2 云南植胶区

云南植胶区的 2013 年入户调查样本中，绝大部分户主(87.92%)是男性，担任干部的比重为 24.10%。户主年龄相对集中在 41~50 岁，受教育程度以小学和初中为主(78.53%)，平均受教育年限为 7.38 年(按小学以下为 1 年，小学 5 年，初中 9 年，高中 12 年，大专 15 年计)，根据《云南统计年鉴》，2010 年云南省平均受教育年限已经达到 7.6 年，云南植胶区农户家庭受教育水平低于海南植胶区。2013 年调查数据显示，西双版纳州样本户平均种植面积为 39.9 亩，而海南仅为 17.5 亩。云南植胶区一个家庭可拥有 30 亩以上的胶园，且橡胶产品耐储存，无滞销风险，种植面积大为家庭下一代就业提供了保障。在访谈中，西双版纳州不少受访者表示，孩子在外面混不好，就回家割胶，这可能产生橡胶林对教育的挤出效应，即拥有较大面积胶园的家庭，对家庭教育的重视程度较低。家庭劳动力中的最高文化程度以初中、高中为主(72.81%)(见表 4-6)。家庭人口数以 3 人、4 人、5 人居多，三者所占的比重为 80.68%，劳动力规模以 2 人为主，比重达 50.24%，其次是 3 人(21.74%)。大部分家庭的农业劳动力为 2 人，比重为 56.52%(见表 4-7)。207 个样本家庭中，共有 547 个劳动力，其中农业劳动力 492 个。

表 4-6 2013 年云南植胶区样本农户户主基本特征

年龄(Y)	户数/户	比重/%	文化程度	户主		劳动力中最高文化程度	
				户数/户	比重/%	户数/户	比重/%
Y≤30	22	10.63	小学以下	24	11.71	1	0.49
30<Y≤40	42	20.29	小学	72	35.12	32	15.53
40<Y≤50	81	39.13	初中	89	43.41	94	45.63

续表

年龄(Y)	户数/户	比重/%	文化程度	户主		劳动力中最高文化程度	
				户数/户	比重/%	户数/户	比重/%
50<Y≤60	56	27.05	高中	16	7.80	56	27.18
Y>60	6	2.90	大专以上	4	1.95	10	4.85
样本数	207		样本数	205		206	

数据来源：2013 年入户调查。

表 4-7　2013 年云南植胶区样本农户家庭人口和劳动力情况

规模	户数/户			比重/%			家庭劳动力比重(Y)		
	人口数	劳动力	农业劳动力	人口数	劳动力	农业劳动力	比重	样本数	比重
1 人	1	15	23	0.48	7.25	11.11	Y=100	33	15.94
2 人	6	104	117	2.90	50.24	56.52	75≤Y<100	29	14.01
3 人	67	45	35	32.37	21.74	16.91	50≤Y<75	102	49.28
4 人	46	29	25	22.22	14.01	12.08	25≤Y<50	37	17.87
5 人	54	11	6	26.09	5.31	2.90	0≤Y<25	6	2.90
6 人	22	3	0	10.63	1.45	0.00			
7 人	7	0	0	3.38	0.00	0.00			
8 人	4	0	0	1.93	0.00	0.00			
样本数	207	207	207					207	

数据来源：2013 年入户调查。

4.3　家庭收支情况

家庭是社会的细胞，“一收一支”维系着家庭运转，农村家庭收入主要来自农业经营、非农就业、地租、政府转移性收入等，收入结构变化反映了家庭生计策略的多元性，以及政府对家庭的补助情况。

4.3.1　家庭总收入

2012 年，海南植胶区农户家庭平均收入为 4.29 万元，家庭人均收入为 8320 元；根据《海南统计年鉴》，2012 年海南农村人均纯收入为 7408 元。对比表 4-8 和表 4-9 可以发现，云南植胶区农户平均收入显著高于海南产区，特别是橡胶收入，云南植胶区是海南植胶区的 3 倍多。云南植胶区年收入 5 万元以上的农户比重达 68.60%，10 万元以上的比重为 26.00%，橡胶收入低于 3 万元的农户比重不足 15%。而海南产区有 58.82%的农户的家庭年收入在

1 万~5 万元，农户橡胶收入基本都在 3 万元以内，比重为 71.92%。云南植胶区种植户橡胶收入明显超过海南植胶区橡胶收入。橡胶种植户固定观察点数据显示，2019 年一个劳动力每天割胶收入约为 180 元，扣除少量的投入费用，日收入高于附近农村建筑工地杂工收入。从这个角度看，割胶生产可以获得较为合理的收入，但种植面积小、单产低的农户不具有比较优势。

表 4-8　2012 年海南植胶区农户家庭收入情况

收入区间(Y)	户数/户			比重/%		
	总收入	农业收入	橡胶收入	总收入	农业收入	橡胶收入
Y≤1 万元	24	57	79	8.30	19.86	30.38
1 万元<Y≤3 万元	93	112	108	32.18	39.02	41.54
3 万元<Y≤5 万元	77	67	48	26.64	23.34	18.46
5 万元<Y≤8 万元	54	40	23	18.69	13.94	8.85
8 万元<Y≤10 万元	22	8	1	7.61	2.79	0.38
10 万元<Y≤15 万元	16	2	1	5.54	0.70	0.38
Y>15 万元	3	1	0	1.04	0.35	0.00
合计/平均值	289 户	287 户	260 户	42941 元	29269 元	21249 元

数据来源：2013 年入户调查。

表 4-9　2012 年云南植胶区农户家庭收入情况

收入区间(Y)	户数/户			比重/%		
	总收入	农业收入	橡胶收入	总收入	农业收入	橡胶收入
Y≤1 万元	6	5	3	2.90	1.69	2.63
1 万元<Y≤3 万元	15	23	23	7.25	12.92	12.11
3 万元<Y≤5 万元	44	55	47	21.26	26.40	28.95
5 万元<Y≤8 万元	65	48	48	31.40	26.97	25.26
8 万元<Y≤10 万元	23	20	20	11.11	11.24	10.53
10 万元<Y≤15 万元	22	16	16	10.63	8.99	8.42
Y>15 万元	32	23	21	15.46	11.80	12.11
合计/平均值	207 户	190 户	178 户	82593 元	70650 元	69725 元

数据来源：2013 年入户调查。

4.3.2　橡胶收入在家庭收入中的占比

2012 年，海南植胶区全部收入均来自橡胶的农户比重仅为 6.92%，低于云南植胶区的 37.22%（见表 4-10），橡胶年收入所占比重在 50%~75%的农户相对集中。云南橡胶年收入相对集中在 5 万元上下，但橡胶年收入 10 万元以上的农户比重达 20.53%，人均年收入超过 2 万元。根据《云南统计年鉴》，2011 年农村居民人均纯收入仅为 6977.29 元，橡胶收入很大地改善了当地种植户的收入状况。

表 4-10　2012 年样本农户橡胶年收入占家庭总收入的比重

橡胶收入比重(Y)/%	海南植胶区		云南植胶区	
	户数/户	比重/%	户数/户	比重/%
Y=100	20	6.92	67	37.22
75≤Y<100	51	17.65	53	29.44
50≤Y<75	56	19.38	42	23.33
25≤Y<50	82	28.37	16	8.89
0<Y<25	50	17.30	1	0.56
Y=0	30	10.38	1	0.56
样本数	289		180	

数据来源：2013 年入户调查。

随着橡胶价格长时间走低，橡胶收入在农户家庭中的占比也逐渐降低。海南植胶区 2013 年的调查样本中，橡胶收入为 0 的样本有 30 户，占 10.38%；而 2016 年的调查样本中，橡胶收入为 0 的样本有 53 户，占 20.38%。海南植胶区 2013 年的调查样本中，超过 70%的受访者家庭收入主要来源于橡胶，超过 1/5 的农户完全依赖橡胶收；而 2016 年以橡胶为主要家庭收入来源的农户不足 40%，[①] 完全依赖橡胶收入的农户仅有 10 户，占 3.85%（见图 4-1）。海南植胶区农户对天然橡胶的依赖性有所下降。价格的大幅度下降，迫使种植户调整生计策略。从分散风险的角度看，生计策略多元化，有利于提高农户家庭抵御风险的能力（黄国庆等，2021）。

4.3.3　家庭支出

2012 年，海南植胶区和云南植胶区家庭平均支出分别为 51042 元和 55935 元，其中教育支出分别为 5040 元和 6369 元，医疗支出分别为 3156 元和 3486 元。海南植胶区有 8.99% 的农户教育支出占家庭支出的比重大于 50%，73.36%的农户购买了一定数量的保险。云南植胶区有保险支出的家庭占比仅

① 2013 年和 2016 年入户调查针对天然橡胶收入占比的问题设置有所不同，2013 年调查时收集了收入及其构成，而 2016 年调查没有家庭总收入指标，橡胶收入在家庭中的比重则是通过直接询问受访者得到的。

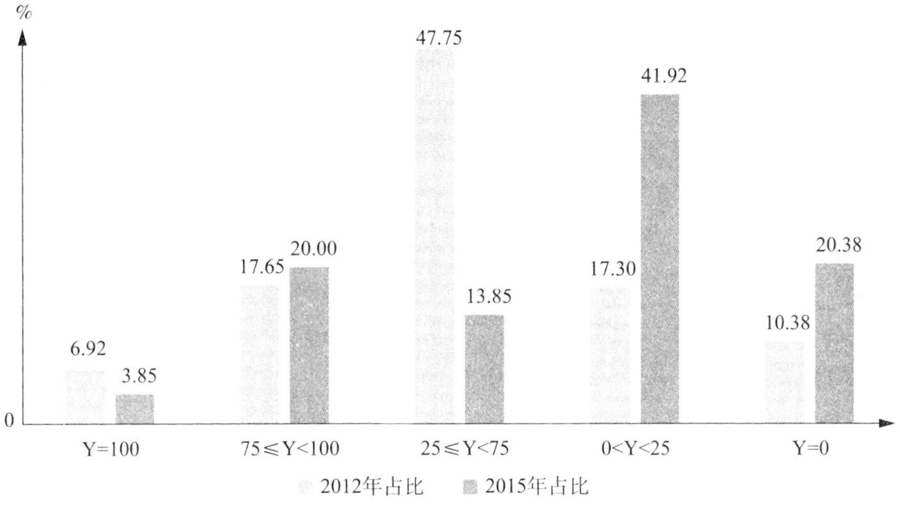

图 4-1　海南样本农户橡胶收入占家庭总收入比例变化

注：Y 表示橡胶收入占家庭总收入的比重。2012 年数据来自 2013 年入户调查，共 289 个样本。2015 年数据来自 2016 年入户调查，共 260 个样本。

为 50.88%，远低于海南植胶区（见表 4-11 和表 4-12）。云南植胶区户均医疗支出略高于海南植胶区，有可能源于其购买保险的比重较小，接近一半的样本家庭没有保险支出。海南植胶区和云南植胶区均有超过一半的家庭有教育支出，为了让子女接受更好的教育，部分家庭选择在县城租房或买房，让子女在县城接受教育，形成一笔数额较大的开支。

表 4-11　2012 年海南植胶区农户家庭支出情况

比重范围（Y）/%	样本数/户			比重/%		
	教育支出	医疗支出	保险支出	教育支出	医疗支出	保险支出
Y = 100	0	0	0	0. 00	0. 00	0. 00
75≤Y<100	7	4	0	2. 42	1. 38	0. 00
50≤Y<75	19	5	1	6. 57	1. 73	0. 35
25≤Y<50	46	35	5	15. 92	12. 11	1. 73
0<Y<25	81	147	206	28. 03	50. 87	71. 28
Y = 0	136	98	77	47. 06	33. 91	26. 64
样本数	289	289	289			

数据来源：2013 年入户调查。

表 4-12 2012 年云南植胶区农户家庭支出情况

比重范围（Y）/%	户数/户			比重/%		
	教育支出	医疗支出	保险支出	教育支出	医疗支出	保险支出
Y=100	0	0	0	0.00	0.00	0.00
75≤Y<100	2	0	0	1.17	0.00	0.00
50≤Y<75	10	3	0	5.85	1.75	0.00
25≤Y<50	16	9	10	9.36	5.26	5.85
0<Y<25	69	69	77	40.35	40.35	45.03
Y=0	74	90	84	43.27	52.63	49.12
样本数	171	171	171			

数据来源：2013 年入户调查。

2015 年，海南植胶区家庭户均总支出为 45592 元，其中生活支出占 35.7%、人情礼金占 4.5%、医疗支出占 5.2%、教育支出占 11.8%。相较于 2012 年，每个家庭平均减少支出 5450 元，其中医疗支出减少 788 元，但教育支出增加了 330 元（见图 4-2），主要是由外部市场条件造成的，橡胶收入减少使得家庭缩减开支。2015 年 3 月作者团队对西双版纳州产区 50 位农户的回访发现，80%以上的受访者表示难以接受 2014 年的价格。教育和医疗支出一增一减，是一个积极的信号，教育支出占比增加了 6.5 个百分点，说明农户对学前和高等教育的重视程度提高了；医疗支出减少的主要原因是医疗保险的报销水平提高，保障范围扩大，还可能是健康水平的提高减少了医疗支出。疾病是导致农村家庭致贫和返贫的重要原因，不断提高医疗保险的保障水平

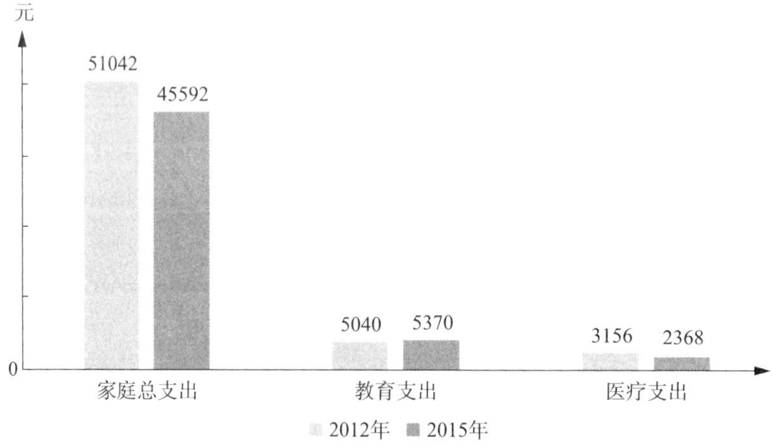

图 4-2 海南植胶区家庭支出及其结构变化

数据来源：2013 年、2016 年入户调查。

是隔断这一传递的重要措施。家庭支出减少一般导致家庭福利水平降低，在商品和服务价格整体呈上涨的情况下，这意味着家庭所消费的商品和服务的数量减少。但也存在另外的情况，家庭收入减少，压缩了赌博等不合理开支，对家庭长远发展反而是有利的。

4.4 家庭资产情况

家庭资产包括农地承包经营权，水面、地面物等自然资产，房屋、车辆等固定资产，以及存款等流动资产。

4.4.1 固定资产配置

2006 年至 2013 年 4 月，海南植胶区的样本农户中有 45.30%的农户建设或者重修房屋。买车的农户非常少，仅有 16 户农户购买了汽车(见表 4-13)。仍有 23.69%的农户的住房是 1990 年以前建的，部分村庄农户住在简易房屋中，居住条件非常简陋。在政府危房改造专项等支持下，海南植胶区种植户住房条件有了很大的改善。2019 年的入户调查结果显示，1/3 的农户住上了楼房，已经没有简易房、茅草房、土坯房存在，但购买了汽车的农户比例不足 15%。云南植胶区购买了汽车的农户比例高达 62.46%，这再次说明橡胶园经营规模对农户收入的重要性。摩托车普及程度高，不仅服务了生活，还便利了生产。

表 4-13 海南植胶区样本农户的固定资产情况(截至 2013 年年初)

住房建设年份	2011—2013	2006—2010	2001—2005	1996—2000	1990—1995	1980—1989	1980以前	无房	合计	
户数/户	70	60	28	28	31	48	20	2	287	
比重/%	24.39	20.91	9.76	9.76	10.80	16.72	6.97	0.70		
车辆购买年份	2013	2012	2011	2010	2009	2008	2007	2006	2006以前	合计
汽车数量/辆	0	3	5	3	0	1	2	0	2	16
摩托车数量/辆	8	44	28	36	33	40	34	23	119	365
摩托车比重/%	2.19	12.05	7.67	9.86	9.04	10.96	9.32	6.30	32.60	

数据来源：2013 年入户调查。

2013 年入户调查中，云南植胶区 207 个样本农户中，采集了 196 个农户的住房信息，其中有 1 户租房，其余均拥有自己的住房。2006 年至 2013 年 4 月，63.08%的农户建设或者重修了房屋，1990 年以前建设的房屋比重为

9.23%，明显低于海南植胶区。2019 年入户调查发现，云南植胶区仍有 3%的农户住房条件较差，住在简易房或茅草房中。2013 年入户调查显示，云南样本农户中拥有汽车的农户有 61 户，其车辆基本都是在 2010—2012 年购买的，这一时期天然橡胶名义价格达到历史高位，加上云南植胶区户均种植面积大，家庭收入剧增，奢侈性消费大幅提高（见表 4-14）。

表 4-14　云南植胶区样本农户的固定资产情况（截至 2013 年年初）

住房建设年份	2011—2013	2006—2010	2001—2005	1996—2000	1990—1995	1980—1989	1980以前	无房	合计	
户数/户	46	77	24	19	11	13	5	1	196	
比重/%	23.59	39.49	12.31	9.74	5.64	6.67	2.56	0.00		
车辆购买年份	2013	2012	2011	2010	2009	2008	2007	2006	2006以前	合计
汽车数量/辆	7	15	25	7	2	1	2	0	2	61
摩托车数量/辆	22	42	42	29	23	16	21	18	80	293
摩托车比重/%	7.51	14.33	14.33	9.90	7.85	5.46	7.17	6.14	27.30	

数据来源：2013 年入户调查。

4.4.2　家庭种植结构

2012 年，海南植胶区以橡胶为单一种植对象的农户比重不足 15%，而云南植胶区这一比重为 64.53%（见表 4-15）。海南植胶区农户，特别是中东部地区农户，大部分种植了槟榔、胡椒等其他作物，分散了家庭收入的风险，但也错过了 2011 年前后高价格带来的橡胶收益。不同于海南植胶区，云南植胶区橡胶树资产交易曾经非常活跃，[①] 当地村寨的农户家庭橡胶种植面积大，部分家庭橡胶种植面积超过 100 亩。随着价格转入低迷，橡胶树资产交易不再活跃。对于市场价格变化，大部分农户逐渐掌握并适应了其规律，绝大多数农户选择保留橡胶树，稳住家庭收入的基本来源，同时也积极探索其他作物种植。

① 在云南省西双版纳州景洪市和勐腊县，橡胶树资产交易有如下几种交易方式：一是甲方提供土地，乙方种植橡胶树并抚管至成龄开割，按照五五、六四等比例进行分成；二是甲方种植橡胶树，由乙方一次性购买至 2028 年或可能更新的年份，主要看橡胶树所处的年龄段；三是甲方不转让橡胶树，由乙方割胶，割胶产出按比例进行分成，此类交易大多限于亲戚之间，特别是兄弟姐妹间。

表 4-15　橡胶种植农户家庭种植结构(2012 年)

区间/%	海南样本		云南样本	
	户数/户	比重/%	户数/户	比重/%
Y = 100	42	14.53	131	64.53
90≤Y<100	41	14.19	27	13.30
75≤Y<90	73	25.26	32	15.76
50≤Y<75	80	27.68	9	4.43
25≤Y<50	45	15.57	4	1.97
Y<25	8	2.77	0	0.00
合计	289	100	203	100

注：Y 表示橡胶种植面积的比重。

数据来源：2013 年入户调查。

儋州市、白沙县、澄迈县、琼海市、琼中县、屯昌县和万宁市是海南重要的天然橡胶生产区域，也是其他热带作物如槟榔、椰子、胡椒等的重要产区。2016 年，接受访问的 261 户受访者中，仅有 1 户未种植橡胶。除了橡胶，槟榔是以上 7 个市县受访者种植最多的作物，占比达到 45.59%，槟榔价格波动大，年采收次数少，且可能存在滞销和感染黄化病的风险，地方政府并不鼓励农户砍伐橡胶树种槟榔。因为天然橡胶不存在滞销风险，只要割胶就有持续的现金收入，对保障农户家庭基本生活具有重要意义。其他经济作物，如甘蔗、椰子、胡椒、益智、桑树、热带水果和经济林木(主要为马占相思和桉树)所占比例都比较小，均未超过 10%；少量受访者零星种植了地瓜、木薯、蜜柚、竹笋、木豆等作物(见表 4-16)。

表 4-16　2015 年家庭主要作物种植情况

作物	户数/户	比重/%	作物	户数/户	比重/%
橡胶	260	99.62	益智	14	5.36
槟榔	119	45.59	桑树	10	3.83
甘蔗	10	3.83	热带水果	8	3.07
椰子	14	5.36	经济林木	15	5.75
胡椒	18	6.9	其他	22	8.43

数据来源：2016 年入户调查。

在相近的资源禀赋条件下，相对价格变化是产业结构调整的重要因素。因为橡胶价格低迷，农户有意愿尝试种植其他作物，各地政府也积极探索产业结构调整的路径。2016 年《中共海南省委关于以创新为引领推进供给侧结构性改革的实施意见》强调，要抓好甘蔗、橡胶、水稻、番薯等低效产业结构调整。有的农户发展替代产业，有的农户调整区域布局，有的农户改革种养模式，有的农户优化品种结构，农户因地制宜，多措并举，提升了综合效益。2017年对海南部分市县农业主管部门的调研发现，调减低质低效产业、发展热带特色农业、增加农民收入是地方政府的工作重点。之后海南省委、省政府调整思路和策略，根据中央的要求，确立了“三棵树”的发展思路，努力稳定橡胶种植面积。

2016年调查发现，除橡胶外，其他热带经济作物在分布上有明显的区域性。槟榔在琼海市、琼中县、屯昌县和万宁市相对集中，受访者家庭种植槟榔的比重占80%以上。甘蔗种植则主要集中在白沙县，《海南统计年鉴》显示，甘蔗曾经是白沙县农业主导产业之一，有受访者介绍，因近年来蔗糖价格较低以及糖厂习惯拖欠农户的甘蔗款，很多农户开始放弃种植甘蔗。种植椰子的受访者主要集中在万宁市和琼海市。琼海市是海南省重要的胡椒产区，受访者中有18户种植胡椒的农户均在琼海市。种植益智的农户相对较少，主要分布在琼中县和万宁市，占当地受访者的比例均为16.67%。2006年以来，琼中县积极发展种桑养蚕，带动农民致富，因此可以发现，种植桑树的10户农户全部集中在琼中县，占琼中县受访者的20.83%（见表4-17）。

表4-17　海南各市县样本家庭种植结构（2015年）

市县	总样本/户	槟榔/户	比重/%	甘蔗/户	比重/%	椰子/户	比重/%
白沙县	31	5	16.13	6	19.35	0	0.00
澄迈县	23	2	8.70	0	0.00	1	4.35
儋州市	85	2	2.35	0	0.00	0	0.00
琼海市	33	31	93.94	1	3.03	7	21.21
琼中县	48	45	93.75	2	4.17	0	0.00
屯昌县	17	14	82.35	0	0.00	0	0.00
万宁市	24	20	83.33	0	0.00	6	25.00
市县	总样本/户	胡椒/户	比重/%	益智/户	比重/%	桑树/户	比重/%
白沙县	31	0	0.00	0	0.00	0	0.00
澄迈县	23	0	0.00	0	0.00	0	0.00
儋州市	85	0	0.00	1	1.18	0	0.00
琼海市	33	18	54.55	1	3.03	0	0.00
琼中县	48	0	0.00	8	16.67	10	20.83
屯昌县	17	0	0.00	0	0.00	0	0.00
万宁市	24	0	0.00	4	16.67	0	0.00

数据来源：2016年入户调查。

4.5 胶园流转与合作社

我国天然橡胶生产主体主要为国有农场、小农户、地方农场、种植大户、企业等，地方农场大多采用统一种植、家庭承包经营的模式；海南省和广东省国有农场实行自上而下的管理模式；云南西双版纳农垦采取承包到户的模式，经营模式接近小农户。

4.5.1 农户胶园流转

胶园流转是实现橡胶种植规模化、集约化发展的重要路径，包括转包、转让、互换和租赁等形式。橡胶树属于长期生物资产，土地使用权的资产专属性强，流转涉及的相关问题与一般农地不同。成龄橡胶林一旦遭到破坏，就意味着没有了后期收入，会影响投资回报率。因此，农户对橡胶树的爱惜程度高，即使因价格低迷而不再割胶，农户也会做好胶园管理，砍伐橡胶树改种其他作物的情况非常少。在流转市场不规范、流转后生产技术无法有效保障的情况下，农户的流转意愿很低。

2016 年入户调查发现，海南省植胶区仅有 26 户(9.96%)农户认为附近有胶园流转，77.78%的农户认为附近没有胶园流转。对胶园的转入和转出，78.30%的农户表示没有考虑过；8.51%的农户可能转入胶园，如受托、租赁、购买等；13.19%的农户有意愿将自家胶园流转出去，样本中实际流转自家胶园的仅有 4 户。总体而言，橡胶林地流转率还非常低，农户的担忧主要有：产权关系复杂容易产生纠纷、土地权利得不到保障、预期收入没有保证。

假设需要流转出胶园，亲朋好友是一个重要的流转对象，其次是合作社、农业企业和村集体(见图 4-3)。在假设情形中，有 137 个农户对胶园流转的价格如何确定做出了回应，53.28%的农户认为价格应该是每年调整变动的，24.82%的农户倾向于一次性定价，另外 21.90%的农户觉得最好是隔几年调整一次价格，这样既不会因为每年调整而使成本过高，又可以体现外界经济环境的变化。139 个样本对流转合约形式做了回应，绝大部分农户(87.05%)认为应该要签订正式合同，约定各方的权责关系，以便更好地维护正当权利。在对合同约定期限给出意见的 127 个农户中，大多数农户认为最好是在 10 年以下(40.16%)，认为最好是在 10~20 年的农户占比为 22.05%，可以接受 30 年以上的农户占比为 7.87%，还有 29.92%的农户认为不应该约定年限。对流转过程中承包方出现违约的情形，约 60%的农户会选择通过村委会或乡镇有关部门协商解决，接近 40%的农户会考虑到法院起诉。

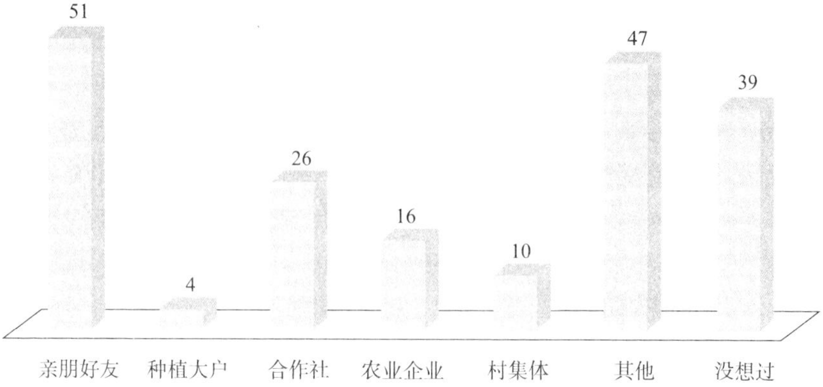

图 4-3　海南植胶区胶园转出的意愿主体选择

数据来源：2016 年入户调查。

云南植胶区胶园在 2011 年前后流转频繁，但 2014 年后胶园流转非常少。2013 年入户调查显示，云南植胶区 207 个受访者中有 133 位给出了刚开割橡胶树的交易价格，平均每株为 433 元，中位数为 400 元每株；有 116 个受访者给出开割 7 年、处于旺产期的橡胶树交易价格，平均每株为 538 元，中位数为 550 元每株(见图 4-4)。从核密度估计拟合结果来看，交易价格分布都具有“左拖尾”性质，即不少交易者追高价格。从成本投入的角度看，开垦、定

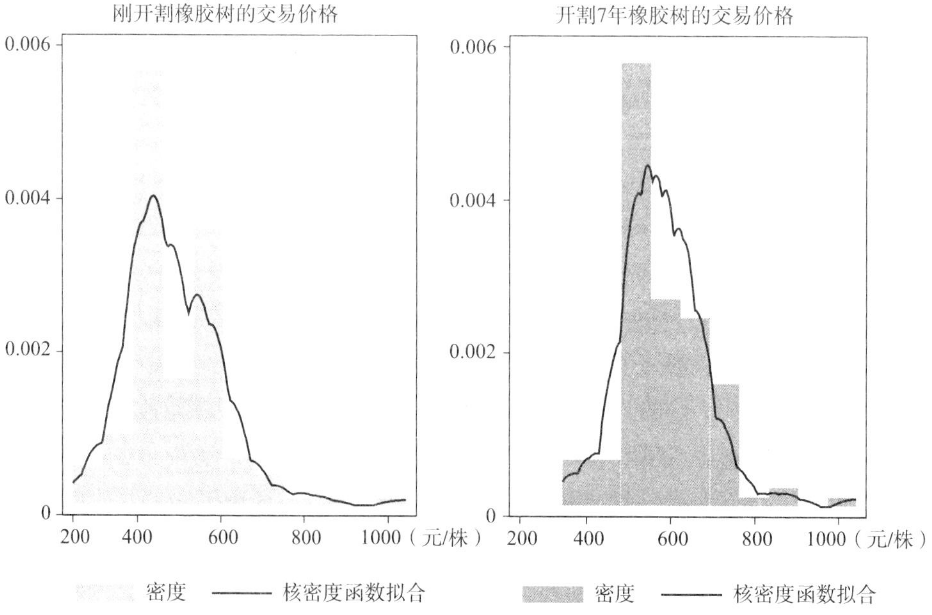

图 4-4　2013 年云南植胶区橡胶树交易价格的概率密度

植、抚管等环节成本均摊每株约 150 元；依据所收集到橡胶树交易合同，价格实际包含了土地租赁费、更新时的木材预期收益等，流转期限一般为 20 年或者到胶园更新。橡胶树开割初期产量低，仍需要投入，此时购买橡胶树意味着投资回收期长；橡胶树大约在开割 7 年进入高产期，在 2010—2012 年价格水平下，投资回收期短。云南植胶区的村寨为橡胶树供给方，国有农场职工以及外来投资者是主要需求方，交易方式以直接买断为主，也有部分农户采取委托割胶方式，但数量和占比都非常小。

4.5.2 农民专业合作社

农民专业合作社是生产者自主拥有，民主管理，统一购买产品和服务，并销售农产品的经济组织。农民通过成立合作社提升组织化程度，以减少交易成本，与市场建立稳定的销售渠道，降低市场风险，提高农户在市场谈判中的地位和收入水平。2013 年入户调查发现，橡胶种植户参与合作社的比例非常低，海南植胶区不足 6%的种植户参与了合作社，而云南植胶区没有农户参与合作社，且绝大部分农户都没有听说过合作社，但农户对于通过合作社降低价格风险有一定的期待(见表 4-18)。研究发现，受教育程度较高的农户对合作社认知水平较高；村干部比普通农户更容易获取外部信息，对合作社的认知水平更高；对价格波动接受程度较大的农户对合作社的认知水平较高；培训能够帮助农户获取信息，参加过培训的农户对合作社的认知水平较高。

表 4-18　2013 年橡胶种植户参与合作社及认知情况

项目	海南		云南		项目	海南		云南	
	户数/户	比重/%	户数/户	比重/%		户数/户	比重/%	户数/户	比重/%
已经参加	17	5.94	0	0.00	能降低价格风险	125	43.86	84	54.19
仅听说过	70	24.48	42	20.69	不能降低价格风险	44	15.44	19	12.26
未听说过	199	69.58	161	79.31	未参加，不清楚	116	40.70	52	33.55
总户数	286		203		总户数	285		155	

数据来源：2013 年入户调查。

2016 年入户调查发现，受访者中有 35 户(13.41%)加入了农业合作社，其中加入橡胶专业合作社的农户仅 19 户；75 户(28.74%)农户表示从未听过合作社，109 户(41.76%)农户表示听过合作社，但不知道合作社具体功能和作用。相较于 2013 年的入户调查，从未听说过合作社的农户比例大幅度下降；但也仅有 36 户(13.79%)农户听过而且比较了解合作社，不过他们仍没有加入合作社；还有 6 户农户未对合作社情况做出回应。23.89%的农户表示周围村庄有农业合作社，但仅有6.25%的农户知道周围村庄有橡胶合作社。

当问及是否愿意参加合作社时，未加入合作社的226户受访者中仅有80户表达了加入合作社的积极意愿，其中有6户希望有机会自己创办合作社；更多的受访者对加入合作社持消极态度。调研发现，橡胶价格下跌，给合作社的经营也带来了很大的困扰，一些经营比较好的合作社如儋州石屋有利橡胶购销专业合作社和琼中福岛橡胶专业合作社艰难维持。部分胶农因为橡胶价格低不愿意割胶，导致合作社原料供应不足，而日常经营却难以削减，合作社入不敷出。

已经加入合作社的农户，当初选择参与的主要原因是销售产品(51.52%)、获取技术支持和服务(48.48%)、有利润返还(42.42%)、股金分红(39.39%)等，对合作社的管理持有相对积极的态度，但也有比较消极的农户。合作社利润分配没有很突出的方式，部分按交易量分，部分有股金的则按股金分红。

4.6 民营胶园树龄结构

农业农村部统计数据显示，2010—2015年，海南省新植橡胶面积为192.45万亩，占2015年年末橡胶种植面积的比重为23.67%。2015年年末，屯昌、东方和白沙三县1~5龄的胶园占比较高，均在1/3以上，其中屯昌县这一比例高达40%。1980年前后，我国实行家庭联产承包制，农民开始自主选择农作物品种，受国有农场影响，大量农户开始尝试种植橡胶，民营橡胶规模化发展由此开启。1980—1985年，民营胶园进入快速发展期。民营胶园发展最快的是2001—2010年，这期间民营胶园种植的橡胶树所占份额达50%(见表4-19)，而这期间正是天然橡胶价格快速上升的阶段。

表4-19 海南样本农户橡胶园种植年份分布

项目	地块数/个	20世纪60年代	20世纪70年代	1980—1985年	1986—1990年	1991—1995年	1996—2000年	2001—2005年	2006—2010年	2011—2013年
亩数/亩	385	3	0	379	140	263	698	976	721	165
株数/株	200	60	0	11010	3740	3055	3908	13560	11615	4360
占比/按亩数/%	385	0.09	0.00	11.32	4.19	7.87	20.88	29.19	21.55	4.92
占比/按株数/%	200	0.12	0.00	21.46	7.29	5.95	7.62	26.43	22.64	8.50
加权比重/%	585	0.10	0.00	14.79	5.25	7.21	16.35	28.24	21.92	6.14

数据来源：2013年入户调查。

海南省2005年以来种植的胶园陆续投入生产，未来海南民营橡胶产量仍有一定的增长空间。从热研73397在海南省样本区的扩散图(见图6-7)中也可以发现，2003年是种植高峰年。2013年以来，橡胶种植以及更新的速度明显下降。调查结果表明，2014—2016年，橡胶新增种植面积仅400亩，由橡胶改种其他作物的约有600亩；2017年2月对海南省植胶区9个市县热作部门的调研发现，2016年橡胶树良种补贴苗木的申请量下降明显，2017年海南省正式取消了天然橡胶良种补贴项目。

云南省橡胶种植面积变化趋势与海南省基本一致。根据农业部南亚办统计，1980年云南省橡胶种植面积为98.52万亩，1990年种植面积为201.46万亩，2000年增加到315.45万亩，2010年云南省橡胶种植面积为737.14万亩，相比2000年增长了一倍有余。2012年末云南省橡胶种植面积已经达到834.6万亩。2013年入户调查了解到的农户橡胶园种植年份分布情况与宏观统计数据走势基本一致(见表4-20)。云南橡胶以1996—2005年种植的橡胶园为主体，比重达46.87%，这期间是胶园面积快速发展的时期，这部分胶园绝大部分已投产，并逐步进入高产期，未来还有一定的增产空间。但1985年以前种植的胶园比重为24.08%，这部分胶园已投产20年以上，需要逐步更新；2006年以来种植的胶园比重仅为14.87%。

表4-20 云南样本农户橡胶园种植年份分布

项目	地块数/个	20世纪60年代	20世纪70年代	1980—1985年	1986—1990年	1991—1995年	1996—2000年	2001—2005年	2006—2010年	2011—2013年
亩数/亩	373	69	784	545	370	377	1249	1055	727	26
株数/株	158	0	7201	3500	3900	5120	17787	14640	6125	2950
占比/按亩数/%	373	1.33	15.08	10.47	7.11	7.25	24.00	20.28	13.98	0.50
占比/按株数/%	158	0.00	11.76	5.72	6.37	8.36	29.05	23.91	10.00	4.82
加权比重/%	531	0.93	14.09	9.06	6.89	7.58	25.51	21.36	12.79	1.78

数据来源：2013年入户调查。

4.7 固定观察点农户的胶园经营情况

本节运用固定观察点农户数据，进一步分析国内民营天然橡胶生产规律。

4.7.1 海南植胶区(2011—2015年)

海南省植胶区固定观察点的布置始于2011年，经过逐步调整和优化，观察点数量从最初的14户减少到2015年的9户，到2020年基本稳定在11户，分布在儋州市、临高县、白沙县和屯昌县的4个乡镇。本节分析的9个样本农户分布于儋州市那大镇茶山村、兰洋镇南罗村、临高县和舍镇群朝村和加利村。这些农户的橡胶园种植面积合计为246.4亩，其中开割面积为178.7亩，涵盖了热研73397、热研8813、热研72059、大丰95、PR107、RRIM600等橡胶树的主要品种，以及4~20年的不同生产阶段的橡胶园。

4.7.1.1 生产与投入

开停割时间。海南植胶区每年开割时间集中在4月中下旬，停割时间集中在12月中下旬，北纬18°以南地区部分开停割时间可持续到次年1月中旬。农户会根据当年的气候条件、橡胶树的物候情况、家庭劳动力的分配以及天然橡胶的价格等来安排生产。与国营胶园的计划性生产相比，民营胶园的生产活动相对比较灵活机动，但有时农户也会以国营胶园的生产计划为参考来安排割胶。就固定观测点农户来说，2011—2015年，农户的生产安排基本遵循橡胶树的生长规律，每年大约清明节过后，观测点农户开始投入割胶生产工作，到了12月中下旬，随着天气逐渐变冷，陆续停止割胶。2015年由于价格持续低迷，部分观测点农户10月就停止割胶了。

割胶情况。观测点农户一般采取的是2天1刀，若当年雨季较长或者市场行情波动较大时，会出现补刀或者加刀的情况；3天1刀或更低频率的割制几乎没有应用。在割胶生产中，农户的家庭劳动力投入通常为1~2人，一天完成220~330株的工作量，除了割胶还要收胶和销售。开割天数是农户根据当地降雨情况、橡胶树的产胶规律以及市场行情所进行的割胶安排，在一定程度上可以反映农户的风险态度。本书选取4户具有2011—2015年完整开割数据的农户，基于风险管理的视角，对农户的风险决策行为进行简要的分析。2011—2015年，观测点农户的开割天数波动较大(见图4-5)。农户A和农户C的开割天数变化趋势较为一致，呈现类似“M”形的波动状态，表明这两户农户比较会审时度势，根据市场行情对天然橡胶生产进行适时调整，属于风险中性型。农户B的开割天数曲线随着年份的变化呈现直线上升的状态，说明虽然2011—2015年天然橡胶价格一路走低，但是该农户的割胶频率相对稳定，表明该农户偏好风险的态度。农户D的开割曲线波动较小，说明无论2011—2015年价格如何波动，该农户都表现出相对谨慎的生产决策，即采取相对常规的割胶模式，表现出了厌恶风险的态度。

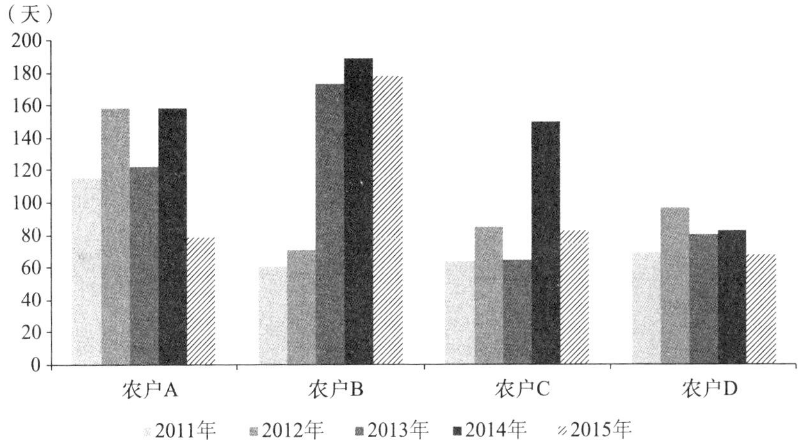

图 4-5　2011—2015 年海南样本农户的割胶天数变化趋势

数据来源：橡胶种植户固定观察点。

生产资料投入。天然橡胶的生产性物质投入主要包括肥料、农药、一般性生产工具以及设备四大部分，肥料投入是生产性物质投入的主要部分，设备主要包括用于运送产量的摩托车、病虫害防治所需的喷雾机等。在海南植胶区，施肥一般分两次，分别在每年 4 月的开割季和 9 月的高产季。农户在开割前会给橡胶树补充养分，以保障橡胶树产胶能力。如果当年市场利好，农户会在 9 月追加一次施肥，以维持橡胶树持续产胶的能力。2012—2015 年，样本农户的肥料投入有明显的波动（见图 4-6）。与 2012 年相比，2013 年大部分样本农户的施肥投入并未随着价格的下跌而减少，反而有所上升。2013 年农户的胶园管理仍相对比较积极，并且对天然橡胶产业仍充满信心，农户在

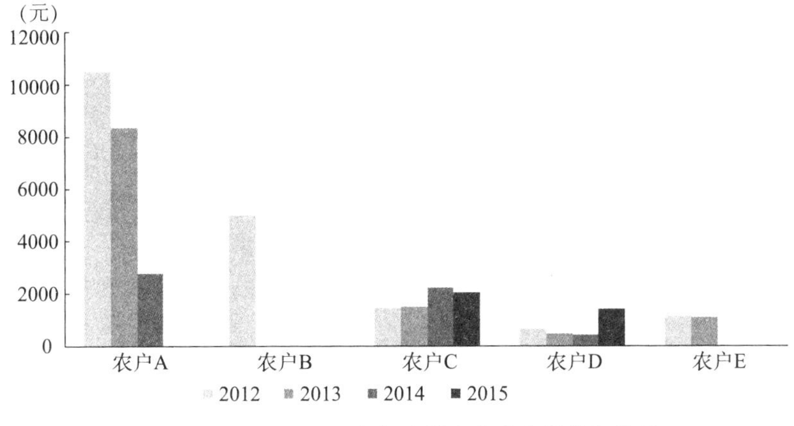

图 4-6　2012—2015 年海南样本农户化肥投入情况

数据来源：橡胶种植户固定观察点。

为价格触底反弹的预期做准备。而到了 2014 年，天然橡胶市场似乎没有好转的迹象，样本农户 A 的施肥量出现了大幅下降，农户 B 和农户 E 出现了不施肥的现象。不施肥对当期的产量影响不大，可减少生产成本，但从长期来看影响较大。2015 年仅农户 C 和农户 D 有施用化肥，即使 2015 年价格持续在低谷运行，农户 D 还增加施肥投入，这体现了其对橡胶树资产的爱惜。不同农户的决策受不同因素的影响，结果也有很大的差异。

4.7.1.2 销售与收入

销售形式。天然橡胶初加工原料的商品形式较为多样，包括胶块、胶片、胶乳、胶包、胶坨等，其中胶乳和胶片是天然橡胶的两大主要产品形式。由于胶乳销售方便，资金回收快，易受农户的青睐。在海南植胶区，农户主要是以销售胶乳为主。2011—2015 年，观测点农户每年平均销售胶乳分别为 19 吨、27.4 吨、53.7 吨、66.5 吨、52.9 吨，合计 219.5 吨。而胶片由于加工较为烦琐，套现较慢，而且对周边环境有一定的污染，在海南植胶区销售较少。2011—2012 年，观测点只有 2 户农户销售胶片，折为干胶约为 42.2 吨。

销售价格。2011—2015 年，年度胶乳销售价格呈直线下降态势，年均价从 2011 年的 30.3 元/千克下降到 2014 年的 12.1 元/千克，降幅达 150.4%，价格的年均增长率为-26.3%，2015 年价格低迷还在持续。从月度价格来看，2011—2015 年，胶乳价格逐月递减，降幅大于 10%的有 7 个月，分别是 2012 年 10 月、11 月，2012 年 4 月、5 月，2013 年 11 月，以及 2014 年 10 月、12 月，其中 2014 年 10 月的降幅最大，达 30.6%。月度胶乳最高价与最低价间的价差也较大，其中 2012 年 5 月价差达到 5.1 元/千克（见表 4-21）。

表 4-21 2011—2015 年海南植胶区固定观测点农户销售胶乳月度价格

时间	最高价/（元/千克）					最低价/（元/千克）					平均价/（元/千克）				
	2011	2012	2013	2014	2015	2011	2012	2013	2014	2015	2011	2012	2013	2014	2015
4 月	37.0	26.6	18	14	11.7	32.4	26.0	15.3	12.6	10.5	34.9	26.4	16.1	12.9	11.1
5 月	36.0	26.6	16.8	13.8	13.0	31.8	21.5	15.2	12.7	11.3	33.2	23.7	16.2	13.1	11.9
6 月	35.4	21.5	16.2	13.6	13.0	31.2	20	14.5	12.4	11.2	33.6	20.8	15.3	13.1	12.0
7 月	33.6	22	15.3	13.8	11.6	31.5	20	14.0	13.3	10.0	32.6	21.2	14.7	13.7	10.3
8 月	32.8	20.5	17.2	13.8	10.3	30.5	18	14.4	12.3	8.5	31.6	19.5	16.0	13.1	9.3
9 月	31.5	21.3	17.5	12.1	9.8	28.0	18.5	16.2	9.0	8.6	30.7	20.0	17.2	12.8	9.0
10 月	30.2	22	17.4	11	9.5	25.8	20.5	15.5	8.8	8.3	27.4	21.4	16.9	9.8	8.8
11 月	27.2	21	17.6	11.2	9.0	22.8	20	14.4	10.2	7.8	24.5	20.4	15.1	10.8	8.0
12 月	25.0	20.7	15.3	10	8.4	23.0	19	14.0	9.0	7.8	24.0	19.9	14.9	9.8	7.9

数据来源：橡胶种植户固定观察点。

干含与干胶产量。干含是联系不同橡胶产品销售形式与干胶重量的度量衡指标，可通过专用仪器检测胶乳的干胶含量，再将天然橡胶初加工原料的重量乘以干含便得到了干胶产量。本书追踪了 5 年的农户干含数据，结合橡胶树的产胶规律，发现每年 4 月(刚开割时)干含相对较高，随着割胶频率、降雨、排胶量、开割年限等因子的不断变化，干含水平逐渐降低。2011—2015 年，观测点农户年均干含分别为 33.7%、32.0%、32.5%、35.2%、37.54%，年度干胶总产量分别为 5 吨、8.6 吨、17.4 吨、23 吨、19.7 吨，年均株产干胶分别为 2.2 千克、3.0 千克、3.4 千克、4 千克、3.4 千克，2015 年单株产量变化可能是由年割胶天数减少引起的。

收入情况。2011—2015 年，固定观测点农户的年橡胶收入分别为 15.0 万元、18.2 万元、27.6 万元、26.7 万元、20.9 万元，单株橡胶树收益与橡胶销售价格的波动方向一致，大体呈现逐年递减的规律，单株收益分别为 65.5 元、62.6 元、54.1 元、46.3 元、35.7 元。

4.7.1.3 个案分析

本书选取儋州市那大镇茶山村某农户作为个案，从开割天数、胶乳产量、销售价格、橡胶收入等四个方面对 2011—2015 年观测点农户的生产经营决策情况进行深入剖析。

月度开割天数与销售价格。从某个层面来说，开割天数可以作为农户天然橡胶经营决策的衡量依据。2011—2015 年，农户的决策历程大致可以分为三个阶段(见图 4-7)：第一阶段是震荡波动期。2011 年，当天然橡胶价格从高价位突然一路下跌时，农户对于这样突变的市场环境显得有些束手无策，其开割天数的曲线呈现出震荡波动的态势。根据海南天气情况，农户增产加刀一般会避开 7 月、8 月的台风期和 11 月、12 月的寒冷期，9 月、10 月是农户增加割胶刀数的最佳时机。可是 2011 年，该农户的开割情况出现了 8 月、11 月的天数明显多于 9 月、10 月天数的情况，而且割胶生产决策也不完全依据价格的波动变化。

第二阶段是平稳调试期。2012—2013 年，虽然天然橡胶价格仍处于持续下滑的状态，但农户对于这种天然橡胶产业的新常态似乎已有所适应，生产经营决策也变得较为稳重，割胶天数曲线呈现平稳波动的状态。虽然农户决策相对于胶乳价格波动存在一定的滞后效应，但是也基本符合天然橡胶生产规律与价格波动规律。

第三阶段是冒险跃进期。2014 年伊始，天然橡胶价格依旧没有反弹的迹象，低迷的市场行情似乎触发了农户对价格容忍的底线，割胶天数曲线出现了跨越式增长。与前 3 年相比，2014 年 5—11 月以及 2015 年 5—9 月，农户的月度割胶天数明显高于往年同期的割胶天数。这样的跃进行为也许会给橡胶树的生产带来负担，但迫于生计压力，农户只能通过提高割胶频率来维持低价位下时的基本生活水平。

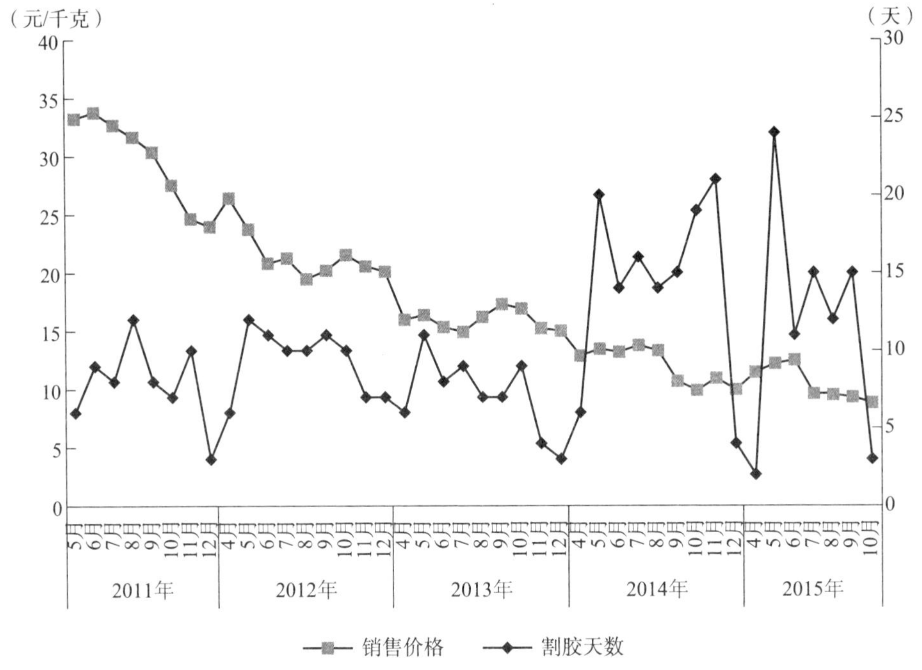

图 4-7　儋州市那大镇茶山村某农户橡胶销售价格与割胶天数变化

数据来源：橡胶种植户固定观察点。

胶乳产量与销售价格。经济学理论上认为，理性行为人会根据市场行情来调整天然橡胶的生产，当市场行情利好时，可能会出现加刀增产的操作以获取更多的收益；而当市场行情低迷时，可能会出现减刀或者停割的现象。胶乳产量曲线和销售价格曲线并非同向波动，相反，随着价格的下跌，胶乳产量有增加的趋势，特别是 2014 年和 2015 年胶乳产量增长明显（见图 4-8）。可见，农户的理性是相对的，也是有限的，对于收入来源相对单一的农户来说，维持基本生计的目标要远大于逐利的目的。由此可以大致推测出农户可能的决策路径：当价格开始下跌时，大多数农户会认为这是合理的、短期的价格震荡，他们基本会维持常规的割胶生产以确保橡胶树的产胶能力，并对未来的市场行情寄予希望。而当市场行情持续下行时，大多数农户会有些隐隐担忧，但是考虑到橡胶树前期投入大、生长周期长、经济回报期长的特性，农户仍会选择常规化的割胶生产来获取基本的收益，并且采取规范化的胶园管理来维护胶园，以期在价格回弹时，橡胶树能持续高效的产胶。但当价格水平跌破农户的心理预期和生活底线时，一些如加刀、强割、砍树、撂荒等消极行为就可能出现。如果有其他就业机会，农户可能会放弃割胶生产，不过需要考量的因素很多，比如家庭中儿童和老人的照料、工作地点的远近。

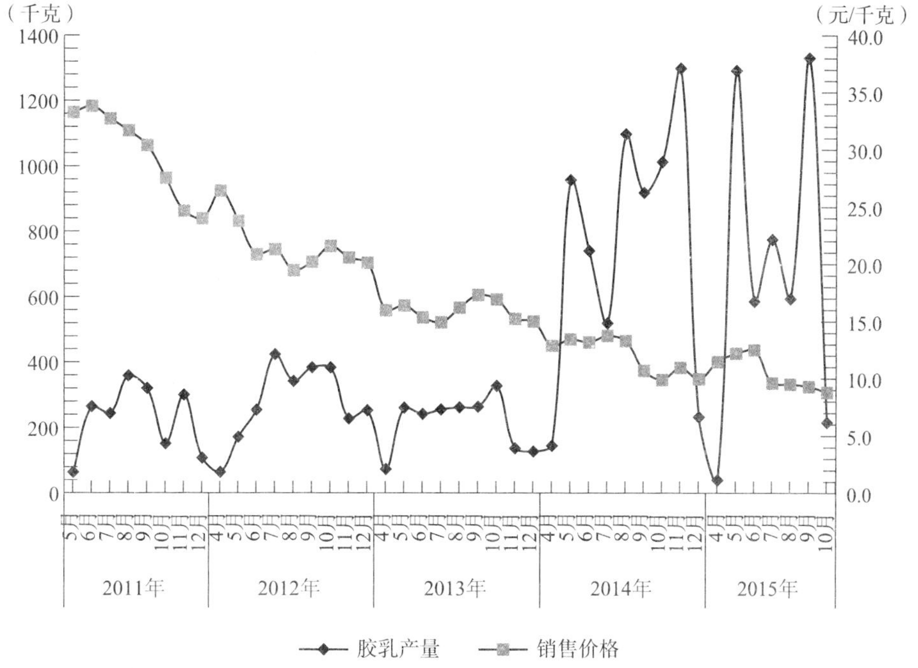

图 4-8 儋州市那大镇茶山村某农户胶乳月度销售价格与胶乳产量变化趋势

数据来源：橡胶种植户固定观察点。

胶乳产量与橡胶收入。2011—2015 年，月度胶乳产量与月度橡胶收入的波动趋势基本一致，但同期橡胶收入与胶乳产量间的差距却随着时间的推移在逐渐地缩小。本书选取 2011 年 8 月、2014 年 5 月和 2014 年 11 月的橡胶收入与胶乳产量的距离作为参照点，分别用①②③表示（见图 4-9）。可以看出，①的距离值明显大于②和③，但从①向③方向移动时，差距在不断缩小，到③时，出现了 4 年来负向的最大值，随后，产量曲线和收入曲线进一步向后推移，到 2015 年 9 月，又经历了负向高峰值，此时农户选择提前结束割胶生产以减少价格波动带来的损失。

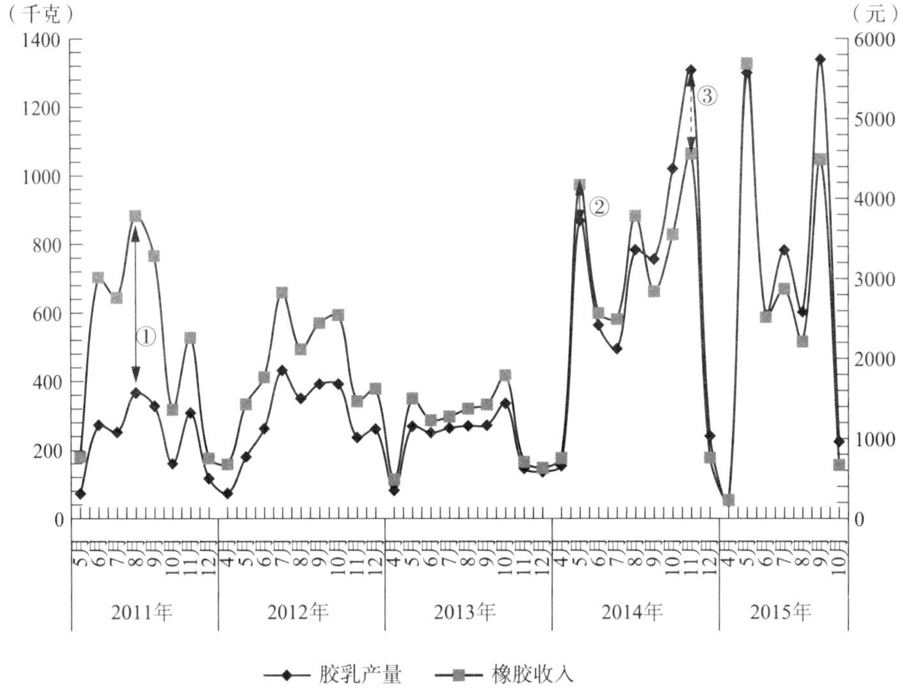

图 4-9　儋州市那大镇茶山村某农户橡胶月度收入与胶乳产量变化趋势

数据来源：橡胶种植户固定观察点。

具体来看，2011—2012 年，较少的胶乳产量能够给农户带来较高的橡胶收入。但是从 2013 年 4 月开始，胶乳产量的增加带给农户的收益十分有限，甚至呈现两者间差距不断缩小的趋势。2014 年 5 月，胶乳的产量有了显著的增长，但是收入增长的空间却受到了限制。2014 年 9 月出现了胶乳产量曲线高于橡胶收入曲线的情况，导致增产不增收的现象。随着价格的逐步降低，图 4-9 中产量曲线和收入曲线的位置发生了明显变化。图 4-10 显示的是海南省儋州市兰洋镇某农户的干胶销售情况。

对海南固定观察点样本农户的研究发现，农户生产经营决策受橡胶树产胶规律和价格规律两大因素影响，且后者占主导地位。样本农户生产性资料的投入、割胶生产的安排会受到价格波动的影响。从 2011—2015 年样本农户的分析来看，农户施肥行为受价格影响尤为明显，化肥投入量随着市场价格的下跌而逐渐减少，但仍有保持施肥量相对不变的农户。相对于农户逐利的心理，求生的本能在农户行为决策中更占据优势。农户的趋利是有条件的，是在保证基本生活水平的情况下才能发挥出来的。所以在天然橡胶价格逐年递减的情况下，农户的生产经营决策也由稳重、规范的割胶向冒进式割胶转变。特别是2014年价格的持续下行打破了农户的价格容忍底线，农户通过增产来维持基本生活，可是增产不增收最终导致“胶贱伤农”的局面发生。

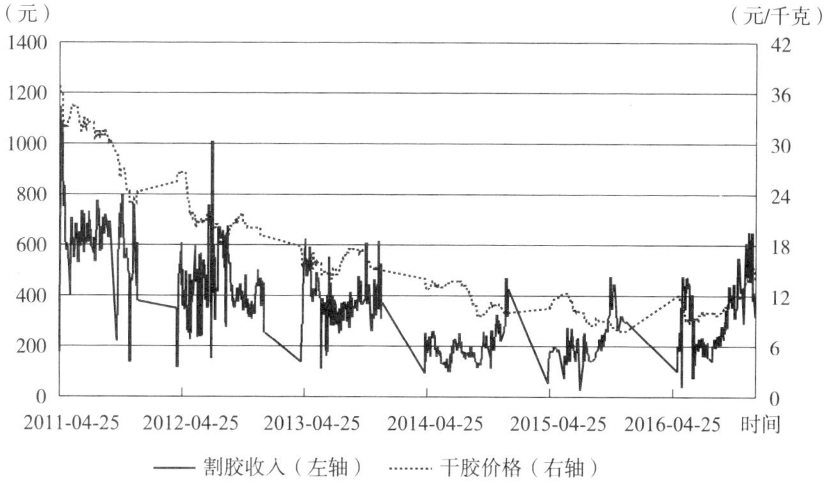

图4-10　海南省儋州市兰洋镇某农户的干胶销售情况

数据来源：橡胶种植户固定观察点。

4.7.2　云南植胶区

2013年作者团队开始尝试在云南最大的天然橡胶生产区西双版纳州设置农户固定观察点，农户固定观察点主要分布在勐腊县和景洪市，这两个县市是全国最大的植胶县市，种植规模都超过200万亩。考虑数据质量和代表性，样本量从2013年的11个减少到2017年的7个，2018年扩展到40个。2017年的固定观察点样本分布在勐养镇的曼戈龙村、勐腊县的龙林村和回南晶村，2018年拓展到了关累镇、勐捧农场、嘎洒镇、景洪农场。此外，作者团队在云南德宏州和临沧市也尝试性设置了农户固定观察点。为了扩展对橡胶种植农户的家庭消费、投资行为的研究，更加全面了解橡胶种植户家庭生产经营信息，以更宽泛的视角研究橡胶种植户，2016年作者团队对数据收集表格做了修改，增加了日常生活支出、生产投资支出、其他收入来源等内容的记录。

2013—2017年数据记录过程中，样本户参与记录的信息时间1年到5年不等，连续记录了生产经营信息的样本仅有7户。本书对样本数据进行分析时，首先对全部样本数据进行分析，然后对7个连续记录生产经营信息的样本数据进行分析，最后选择2个记录了2013—2017年每天收获胶乳重量、干含、干胶售价和橡胶收入的样本户数据进行分析。

4.7.2.1 生产的基本情况

种植情况。在橡胶种植规模上，不同地区差异明显，民营胶园种植规模普遍大于农场职工种植规模。同一个市县或者乡镇，由于资源禀赋的差异，种植规模差别十分明显。有的农户开割橡胶树接近2000株，有的农户开割橡胶树只有300多株。

开割与停割时间。正常年份，云南植胶区开割时间一般是3月下旬，停割时间则是从11月初到11月末。对不同地区样本数据进行比较发现，样本农户橡胶开割日期与停割日期有较大差别；不同年份由于物候、天气、病虫害等原因，开割时间会出现较大差别，比如2017年橡胶树新叶萌发期受低温和白粉病影响，导致一些农户6—8月才开始割胶；同一个村庄不同农户因胶园长势差异或者家庭其他因素，开割和停割时间也有较大差别。遮放农场的3户样本因为白粉病影响，2017年全年停割。

全年割胶天数。年割胶天数取决于其开割橡胶树的规模和割制的选择，另外还会受每年开割和停割时间、下雨天和干旱天等因素影响。雨水会导致割胶天数减少，干旱也会导致大面积休割。2014年有部分样本农户因为干旱休割3个月。2013—2017年，历年全部样本平均割胶时间分别为93.3天、90.2天、85.3天、108.9天和75.9天。样本农户大多选择2天1刀的割制，农户开割橡胶树规模最大的为1170株，最小的仅400株。据了解，勐养镇部分地区5—6月干旱严重是导致割胶刀数减少的主要原因。2013—2014年，9户观察点中，5户割胶刀数减少，减少幅度为14~23刀；4户增加，增加幅度为5~26刀。增加的刀数主要来源于开割面积的增大，以及开割时间的提前。

割胶劳动力。大部分样本农户从事割胶生产的劳动力数量基本稳定，部分农户有减少的趋势。农户割胶人数一般为1~2人，少部分农户为3~4人；部分农户的割胶人数受天气、割胶的阶段、价格变动的影响。本书利用7个连续记录信息的样本计算得到2013年户均割胶劳动力数为2.25人/天，2017年为1.64人/天。

生产投入。生产投入主要包括肥料、农药、一般性生产工具和大型设备，其中肥料投入所占比重最大。施肥一般在每年停割之后下一年开割之前。农药投入主要是硫磺粉、霉疫净及草甘膦等除草剂。一般生产性工具主要包括胶刀、胶架、胶桶等，大型设备主要指硫磺喷粉机或者运输胶乳的摩托车、拖拉机等设备，两者统称为其他投入。生产投入每年都在不断减少，其中肥料是生产投入中份额最大的，也是减少最快的，不施肥的情况越来越普遍。2013年，11个样本都有肥料、农药投入，2个样本户还购置了硫磺喷粉机；

户均橡胶生产投入是 9388.3 元。2014 年，10 个样本中有 2 个没有施肥，生产投入金额减少到 2481.7 元。2015 年，9 个样本中有 5 个没有施肥，生产投入金额为 1242.8 元。2016 年，增加了芒市、耿马县以及景洪农场的样本，不考虑农场样本的情况下，11 个样本中 4 个没有施肥，户均橡胶生产投入 2080.1 元。2017 年 11 个样本中，不施肥的农户增加到 7 个，户均橡胶生产投入为 1481.5 元。观察点农户普遍反映橡胶价格低迷是他们决定减少投入的主要原因。部分农户认为购买胶刀、胶杯、头灯等的金额较少，疏于记录。

4.7.2.2 生产经营情况纵向比较

种植、割胶与产量。随着时间的推移，户均割胶株数的上升，开割橡胶树面积在相对量和绝对量上都在增长，户均割胶株数占户均橡胶株数的比例从 2013 年的 48%增加到 2016 年的 63%，2017 年为 58%。2013—2016 年样本户均干胶产量也呈现逐年上升的态势，但 2017 年受白粉病和低温雨水天气影响，户均干胶产量比上一年减少约 886 千克。中幼龄胶园的陆续投产并逐渐进入高产期，使样本农户橡胶产量仍有一定的增长潜力。数据显示，正常年份样本农户平均每年割胶天数都超过 100 天，但持续的极端气候也会使年割胶天数不足 100 天。2015 年云南植胶区受雨水影响较严重，部分样本农户休割30~45天，割胶天数均值不超过 100 天；2017 年仅有 79.1 天(见表 4-22)。

橡胶收入。农户在销售胶乳时，是以胶乳的实际干胶重量和当时的干胶价格计算价值的。因此，一定量胶乳所能取得的收入不仅取决于价格，还与胶乳的干胶含量有关。调查发现，不少农户反映收胶点(站)测定的干含不准确。

尽管户均干胶产量逐年上升，但户均橡胶收入却没有同步上升，导致外部市场条件恶化。2013 年户均橡胶收入达到 37357.3 元，是 5 年中收入最高的一年，却是产量第二低的一年。其余 4 年，样本户均橡胶收入都不超过 30000 元。从样本平均年橡胶售价看，2013 年平均售价达到 14.26 元/千克，是历年最高的；2015 年仅为 7.88 元/千克，是历年最低值。尽管随后两年售价逐步回升，但上升的速度远不及前期下跌的速度。2013—2017 年，年度平均售价总体呈“U”形；最高价和最低价的价差缩小，意味着原料收购商的利润空间也在缩小(见表 4-22)。

生产成本。根据户均干胶产量和户均橡胶生产投入的数据，初步测算 2013—2017 年干胶的生产成本分别为 10.79 元/千克、7.99 元/千克、6.90 元/千克、7.13 元/千克、5.57 元/千克。与平均售价比较发现，农户基本不会亏本，但利润空间有限。农户通过减少物资投入、减少每年割胶天数和减少家庭从事割胶生产的劳动力等方式降低生产成本。2013 年户均生产物资投入为 5516.5 元，到 2017 年仅为 1042.4 元，年均减少 34.1%。将总投入分摊到每株橡胶树上，2013 年平均每株橡胶树生产物资投入为 2.83 元，而 2017 年仅为 0.57 元，仅为 2013 年的 1/5。

表 4-22　云南植胶区固定观测点农户的生产经营情况

项目	2013 年	2014 年	2015 年	2016 年	2017 年
户均橡胶株数/株	1947.7	1852.3	1878.7	178.3	1815.1
开割地块数/块	3.7	3.6	3.6	4.0	3.9
户均割胶株数/株	826.0	928.6	963.1	1123.5	1051.4
户均干胶产量/千克	2620.3	2943.1	3301.9	3407.6	2521.6
户均橡胶收入/元	37357.3	26438.0	26019.8	29497.0	24982.8
平均售价/元/千克	14.26	8.98	7.88	8.66	9.91
户均最低售价/元/千克	12.17	6.93	5.84	7.35	8.97
户均最高售价/元/千克	16.18	11.17	9.26	9.78	12.10
户均割胶天数/天	101.2	100.6	95.7	108.8	79.1
户均每天割胶人数/人	2.25	2.07	2.21	2.08	1.64
户均人工投入/元	22762.5	20832.7	21193.9	22673.6	13002.0
户均生产物资投入/元	5516.5	2692.9	1592.7	1623.2	1042.4
户均肥料投入/元	3981.7	1815.7	516.6	480.0	184.3
户均农药投入/元	827.3	394.7	559.0	478.3	611.0
户均其他生产资料投入/元	707.5	482.4	517.1	664.8	247.1
每株树投入/元	2.83	1.45	0.85	0.91	0.57
不施肥农户数/户	0	1	3	3	5
单位干胶成本/元/千克	10.79	7.99	6.90	7.13	5.57
单位干胶收益/元/千克	3.46	0.99	0.98	1.53	4.34

注：用工按每天 100 元计算。

数据来源：橡胶种植户固定观察点。

4.7.2.3　生产经营情况横向比较

连续记录的样本农户中，龙林村和回南晶村的 4 个农户以卖胶乳为主，其中龙林村农户 D 和回南晶村农户 F 详细记录了 5 年来每天的割胶生产情况（见表 4-23）。

橡胶收入。产量和价格是影响胶农收入的重要因素，橡胶总收入排在前面3位的农户都在曼戈龙村，该村样本农户以卖胶片为主；回南晶村和龙林村的4户农户收入比较低，这两个村庄样本农户以卖胶乳为主。本书计算了平均每年农户销售橡胶的价格，曼戈龙村3个样本农户5年来平均橡胶售价分别为10.81元/千克、10.82元/千克和10.34元/千克，而龙林村和回南晶村4个样本农户平均橡胶售价分别为9.28元/千克、7.93元/千克、8.80元/千克、9.12元/千克，明显低于曼戈龙村的平均橡胶售价。事实上，若不考虑回南晶村的G农户，龙林村和回南晶村的其他3户样本农户与曼戈龙村3户样本农户在年均割胶株数上并没有明显的差距。但由于割胶天数少，卖胶形式不同，平均售价偏低，累计干胶总收入拉开了差距。

实地调研发现，部分农户的收入是被低估的，特别是卖胶乳的农户。卖胶乳的农户偶尔会卖杂胶，而杂胶收入往往没有统计在橡胶收入中。另外，有样本在部分年份卖胶乳也卖胶坨，卖胶乳的收入记录了，而卖胶坨的收入没有统计。

成本分析。农户的橡胶收益还是比较可观的。在不考虑人工成本的情况下，各样本累计投入产出率在5.68%~16.44%；7个样本平均累计投入产出率为9.49%；其中5个样本累计投入产出率低于10%。通过计算各样本年均割胶用工数据和累计割胶总天数，按照每个胶工100元/天的工资标准，得到各样本割胶生产的总人工成本。比较发现，总人工成本占橡胶总收入的比重在53.11%~89.70%，加上总物资投入，累计投入产出率最大值甚至达到95.38%，导致收益率低下。尽管曼戈龙村3个样本农户橡胶总收入远高于其他两个村庄样本户，但从净收益水平看，龙林村和回南晶村的样本农户年均净收益水平似乎更有优势。

表4-23　2013—2017年云南植胶区部分固定观测点农户的生产情况

项目	景洪市曼戈龙村			勐腊县龙林村		勐腊县回南晶村	
农户	A	B	C	D	E	F	G
年均橡胶株数/株	1316	3010	1883	1610	1280	1800	2000
年均割胶株数/株	911.4	1294	1174.4	984	880	968	530
年均干胶产量/千克	3378.7	2879.3	3615.2	2219.4	3797.0	3197.2	1473.9
干胶总产量/千克	16893	14397	18076	11097	15188	15986	5896
年均橡胶收入/元	36514	31147	37395	20586	30128	28142	13445
橡胶总收入/元	182572	155735	186973	102928	120511	140712	53780
年均橡胶售价/元/千克	10.81	10.82	10.34	9.28	7.93	8.80	9.12

续表

项目	景洪市曼戈龙村			勐腊县龙林村		勐腊县回南晶村	
最低价格/元/千克	9.36	8.96	9.26	7.22	6.25	7.10	8.70
最高价格/元/千克	11.90	12.08	11.90	10.94	10.18	11.84	12.38
年均割胶天数/天	112.6	116.0	119.8	71.4	80.0	95.4	73.0
割胶总天数/天	563	580	599	357	320	477	292
年均割胶用工/人/天	1.90	2.20	2.80	2.00	2.00	1.80	1.25
肥料总投入/元	9250	6640	5700	9500	3636	4780	4880
农药总投入/元	2498	2108	1478	5250	2848	2365	2240
其他生产总投入/元	2539	3131	3442	2170	1340	3469	870
总物资投入/元	14287	11879	10620	16920	7824	10614	7990
年均物资投入/元	2857.4	2375.8	2124.0	3384.0	1956.0	2122.8	1997.5
总收益/元	168285	143856	176353	86008	112687	130098	45790
总人工投入/元	106970	127600	167720	71400	64000	85860	36500
总净收益/元	61315	16256	8633	14608	48687	44238	9290
年均净收益/元	12263	3251	1727	2922	12172	8848	2322
5 年平均成本/元/千克	7.18	9.69	9.87	7.96	4.73	6.03	7.55

注：用工按每天 100 元计算。

数据来源：橡胶种植户固定观察点。

表 4-24 显示了农户 D 各年份的生产情况，其根据市场条件变化调整割胶生产，2016 年割胶天数仅 41 天，不足 2013 年的一半。年均干含与年均干胶售价呈反向的关系，增加每次割胶之间的时间间隔，可使胶乳的干胶含量上升。降低割胶频率可大幅度节省劳动力成本，比如从 2 天割 1 刀，转换为 4 天割 1 刀，同时合理使用刺激剂，产量会有约 5%的下降，而劳动力节省 50%。降低劳动力成本的另一个渠道是增加割胶株数，但在不改变割胶工具的情况下，此渠道会增加劳动强度，电动割胶刀可在一定程度上解决此问题。

表 4-24　云南植胶区农户 D 的生产经营情况

项目	2013 年	2014 年	2015 年	2016 年	2017 年
胶乳总重量/千克	6419.3	5863.8	6384.6	4011.0	6945.5
干胶总重量/千克	2104.1	2016.7	2655.0	1747.9	2617.5
橡胶总收入/元	28511.0	18647.7	19026.0	11809.0	24877.0

续表

项目	2013 年	2014 年	2015 年	2016 年	2017 年
年均干含/%	33.45	37.16	42.85	44.05	38.08
年均干胶售价/(元/千克)	13.53	8.19	6.96	6.75	9.52
年均胶乳价格/(元/千克)	4.53	3.19	3.04	2.98	3.61
年均割胶收入/(元/天)	300.12	230.22	275.74	288.02	350.38
割胶株数/株	620	850	1150	1150	1150
割胶天数/天	95	81	69	41	71

注：用工按每天 100 元计算。

数据来源：橡胶种植户固定观察点。

样本户橡胶收入受价格影响较大，同时也与橡胶树年产排胶特点有关。每年 4 月开割初期干胶产量一般较低，6—7 月为云南植胶区的雨季，8 月之后胶乳产量开始明显上升。价格变化趋势每年都不同，一般开割初期价格偏高，停割期价格偏低，部分年份割胶中期价格会有较大幅度的波动。虽然价格整体走低，但农户 D 通过调节割胶频率和增加割胶株数，使每日橡胶收入相对平稳，每日割胶收入大体上为每天 300 元(见表 4-24 和图 4-11)。2016 年，干胶售价比较平稳，样本户 D 每天橡胶收入整体呈上升趋势，2017 年，样本户 D 每天橡胶收入与价格波动情况整体上比较一致。

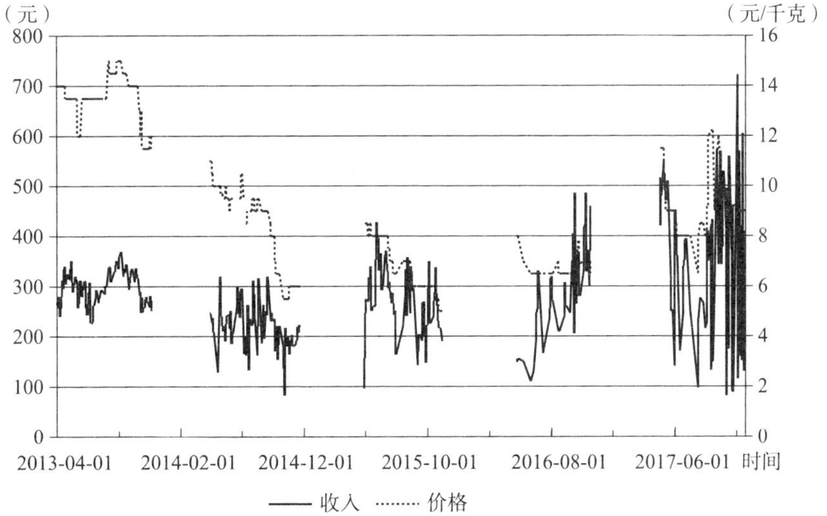

图 4-11 云南省植胶区农户 D 的橡胶销售收入与售价

数据来源：中国热带农业科学院橡胶研究所。

橡胶价格过低，导致农户割胶意愿不强、生产积极性不高，是必然现象，其他农业生产也是如此。小农户有其自身的灵活性，价格低的时候通过减少物资投入、减少割胶天数和减少家庭用工来降低生产成本，提高生产效率，提升利润空间。不同地区农户会有不同的经营策略，这种经营策略有为适应价格低迷主动调整，也有受自然气候和病虫害影响而被动改变的成分。连续记录的样本数据显示，曼戈龙村样本户偏向于采取高投入、高产出的生产经营策略，而龙林村和回南晶村样本户则偏向于采取低投入、高收益的生产经营策略。

家庭劳动力充足的情况下，劳动力的适当转移可以提高橡胶生产效率，同时转移的劳动力从事其他劳动生产可以提高家庭整体收入水平。相关部门可在村庄附近创造更多的临时就业机会，让胶农在割胶与从事其他生产劳动之间有更多选择，在橡胶价格低迷时通过兼业劳动提高农民收入，在橡胶价格较高时通过割胶生产实现脱贫致富。

胶乳和胶片是样本农户销售橡胶的主要形式，同一个村庄样本农户橡胶销售形式往往都比较一致。胶乳由于保鲜时间有限只能当天交易，样本农户将胶乳制成胶片之后，增强了橡胶的可储存性，农户由被动的价格接受者变成主动的价格适应者，产品交易时可以待价而沽，因此能获得更高的收益。短时间内，卖胶乳和卖胶片的收益差距无法体现出来，但长期来看，收益差距会比较明显。连续记录样本数据显示，卖胶片的样本年均干胶售价高出卖胶乳的样本 1.06~2.89 元/千克。

4.8 本章小结

本书利用入户调查数据，分析了农户家庭基本特征、家庭收支情况、家庭资产情况、胶园流转情况和合作社发展情况等。本书利用 2011 年以来的橡胶种植农户固定观察点数据，分析了农户割胶生产情况、劳动力和物资投入情况、橡胶销售与收入情况等，测算了生产成本，并进行横向和纵向比较。本书利用案例描述农户橡胶收入和橡胶销售价格变化趋势。天然橡胶价格低迷时，农户的生产经营决策由稳重、规范的割胶向冒进式割胶转变。当价格的变化打破了农户的价格容忍底线时，农户可能会通过增产或多元化经营来维持基本生活，因此不可避免会发生“胶贱伤农”的局面。从另一角度来说，农户懂得充分利用橡胶树资产特性调节生产行为来维持家庭生计，在生产上表现出良好的灵活性。橡胶价格低时，农户通过减少物资投入、减少割胶天数和减少家庭用工来降低生产成本、提高生产效率、提升利润空间。不同地区农户有不同的经营策略，为适应价格变化，农户会主动调整经营策略。

第2篇

技术采纳行为

技术进步是推动产业发展的关键，技术进步包括技术需求挖掘、技术研发以及技术推广等。橡胶树是典型的热带高大乔木，我国之所以能够实现在热带北缘地区大规模垦殖橡胶树，主要依靠科技，我国天然橡胶产业是典型的科技创新驱动型产业。本篇包括5章，探讨主要技术在民营胶园的扩散过程，首先是从理论上阐明技术扩散的过程，明晰其扩散渠道；其次摸清技术存量及其扩散现状；最后重点研究橡胶树品种、割胶技术、胶园管理技术的采纳情况，并分析农户的橡胶种植意愿及其影响因素。

第5章

农户家庭行为与技术扩散模型

研究农户的技术采纳行为主要是基于农户模型，应用局部均衡模型来考察技术应用对成本收益产生的影响，定量化影响结果，并在此基础上提出促进技术扩散的措施。

5.1 农户模型

农户既是生产主体，又是消费主体，是集经济和社会功能为一体的单位组织。农户模型常被用来研究价格对生产和消费的影响，如产品价格变动对家庭劳动力供给的影响。日本农业经济学家 Nakajima 认为，农户是一个农业企业、劳动力户和消费户的结合体，其行为准则是效用最大化。农户模型常用来研究农户生产、劳动力供给和消费的决策(张林秀，1996)。20 世纪 20 年代，苏联经济学家恰亚诺夫建立小农模型来分析农民劳动和休闲的时间分配问题，此后，大量研究运用农户模型进行经济学分析。Singh、Squier 和 Strauss(1986a)对农户模型的运用进行了梳理，基于日本(农业产出)、韩国(稻米)、马来西亚(稻米)、尼日利亚(高粱)、塞拉利昂(稻米)、泰国(农业产出)的农户调研数据分析表明，不同国家对价格变动的劳动供给弹性差别大，以水稻种植户为例，韩国、马来西亚和塞拉利昂的弹性分别为-0.13、-0.57和 0.09。农户模型构建的详细过程和各个案例详细分析在 Singh、Squier 和 Strauss(1986b)的书籍上可查阅。国内学者张林秀(1996)、陈和午(2004)、翁贞林(2008)对农户模型的运用进行了总结归纳。

诺贝尔经济学奖获得者 Deaton(1997)详细介绍了如何开展家庭调查，并运用调查数据分析发展政策的实施效果，同时还提供了实用的分析方法。图 5-1 是参考李强、张林秀(2007)的研究绘制的橡胶种植农户模型，假设家庭收入依赖割胶生产，产品无法自留，全部在市场出售，同时农户需购买食物等生活必需品。农户需要决定为割胶生产提供多少劳动力，才能达到效用最大化。

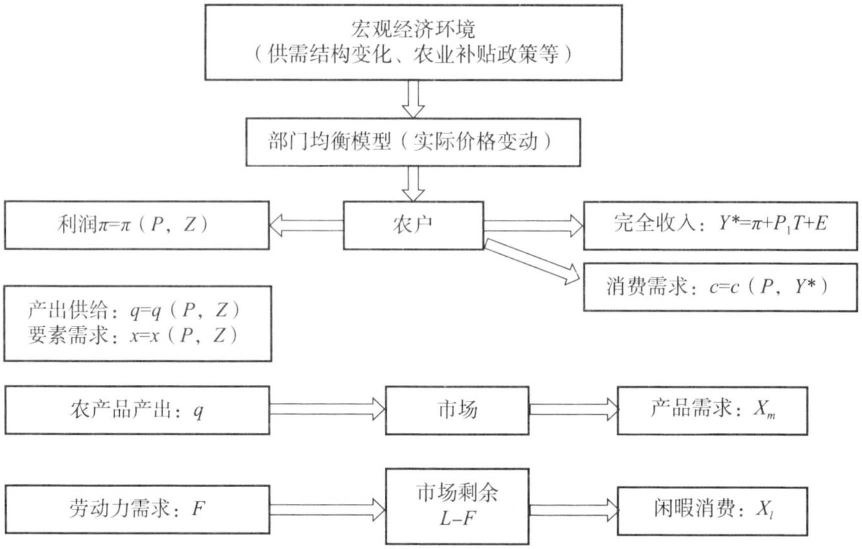

图 5-1　橡胶种植农户模型分析框架

一般而言，农户消费和劳动力供给都是家庭生产和消费相互作用的结果。农户实际是家庭和企业的联合体，这也是微观经济学中的两个基本单元，延伸出了消费理论和生产者理论。家庭生产和消费的所有商品，都是市场价格的接受者，最优的家庭生产由消遣和消费选择集决定。对于经济作物种植户，如果劳动力市场不发达，无法从非农行业中找到工作，那么供给弹性会很小。农户生产的天然橡胶初加工原料需要全部出售，以换取现金收入来获得生活物资，农户没有自留消费的情况。对于任何生产周期，家庭最大化用以下效用函数表示：

$$U=U(X_m,\ X_l) \tag{5-1}$$

市场购买商品 X_m，休闲消费 X_l。给定利润最大化生产决策中引申出来的最高收入水平，家庭的劳动供给和商品消费可以被决定。约束条件为：

$$p_m X_m=p_a q-p_l(L-F)-p_v V+E$$

其中，p_m 是市场购买商品的价格，p_a 是农户所生产产品的市场价格，p_l 是劳动力的市场价格，L 是总的劳动投入，F 是家庭劳动力投入，如果 $L-F$ 大于零，表明农户有雇佣劳动力，小于零则说明有家庭成员从事非农劳动，V 是其他要素投入，如化肥等物质投入，p_v 是价格，E 是非农非劳动收入，如财产性收入和转移支付收入。

家庭活动还面临时间约束，闲暇、农业劳动和非农劳动不能大于全部时间：

$$X_l+F=T$$

其中，T 为家庭时间的上限。另外，家庭还面临生产技术的约束：

$$Q_a=Q(L,\ V,\ A,\ K)$$

其中，A 是家庭固有的土地数量，K 是资本存量，V 是化肥等物质投入。

上述模型忽略了农户种植多种作物的情形，农户可能还种植了水稻、蔬菜等作物，家庭用工和雇佣劳动力具有完全替代性，假设农户是价格接受者，不能对 p_m、p_a、p_l、p_v 施加影响。三个约束条件可以整合为一个，即

$$p_mX_m+p_lX_l=p_lT+\pi+E \tag{5-2}$$

$\pi=p_aQ_a(L,\ V,\ A,\ K)-p_lL-p_vV$ 是橡胶种植的利润。等式左边是总支出，等式右边为全收入(Full Income)(Becker，1965)。式(5-1)和式(5-2)是农户模型的核心。

农户被认为只有食物消费和闲暇消费，投入品只有劳动力和化肥，其他投入被忽略。天然橡胶生产属于劳动密集型产业，劳动力成本占直接成本的比重达到70%左右。通过一阶条件可得到：

$$p_a\frac{\partial Q_a}{\partial L}=p_l$$

$$p_a\frac{\partial Q_a}{\partial V}=p_v$$

劳动和化肥投入的边际产出等于各自的市场价格，农户投入要素结构由 p_l、p_v、p_a 决定，不受消费品价格所影响：

$$\frac{\partial U}{\partial X_l}\Big/\frac{\partial U}{\partial X_m}=\frac{p_l}{p_m}$$

家庭对闲暇和商品的边际效用之比为价格比，这个决策不会影响生产函数。

Deaton(1997)从理论上分析了泰国大米价格变动的分布效应。泰国很多农村家庭既是大米生产者又是消费者，在做福利分析时，很重要的环节是识别出家庭的角色。Deaton 建立了效用函数 $u_h=\psi_h(x_h,\ p)=\psi_h(m_h+\pi_h,\ p)$，其中 ψ 是间接效用函数，p 是消费品价格向量，π_h 是农业生产的净收入，m_h 是非农收入。他的调查数据并没有给出针对每个家庭的价格，假设所有家庭面对的价格与市场一致，不同家庭面对的价格差异不会影响分析。基本问题是给定价格向量 p，通过优化所有收入的支出结构来实现最大化效用。

根据劳动供给的比较静态分析，劳动相对工资率并不是一直呈上升趋势的。当家庭收入达到一定程度后，家庭对闲暇的需求增强。从图 5-2 中可以

看出，当无差异曲线 I_1 平移到 I_2 时，家庭的闲暇消费量从 l_1 提高到 l_2；但如果收入水平处于较低时，收入增加会使农户减少闲暇消费，即无差异曲线 I_0 平移到 I_1。对橡胶种植户而言，收入增加时的首选并不是增加闲暇消费。当橡胶价格收入增加时，排在第一位的家庭计划是修建房屋，其次是提升家庭生活水平和增加储蓄，接着是购买交通工具、进行生产性投资和教育投资（刘锐金、魏宏杰、杨琳，2013），只有很少一部分农户表示要增加旅游支出。这也说明，橡胶种植户收入整体上还处于较低的水平。

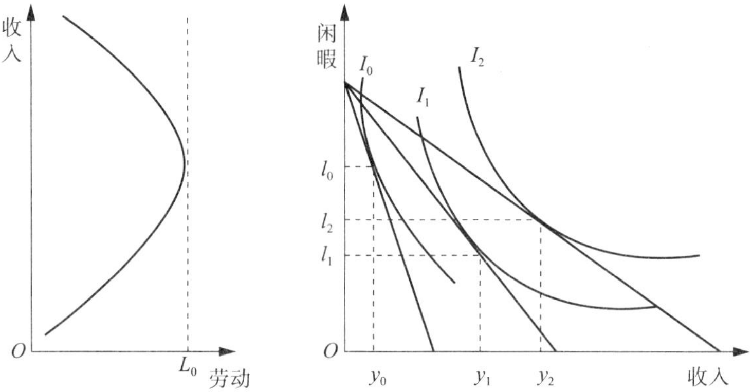

图 5-2　农户在劳动和闲暇之间的选择

在具有多种就业机会或种植多种作物的情况下，农户首先需要决策劳动时长，其次是如何分配劳动时间（见图 5-3）。家庭农业生产结构往往比较复杂，户均种植面积较小，地块数较多，海南的橡胶种植户一般都会种植槟榔、胡椒等作物。农户的生产决策是一个多投入、多产出的决策过程，价格是影

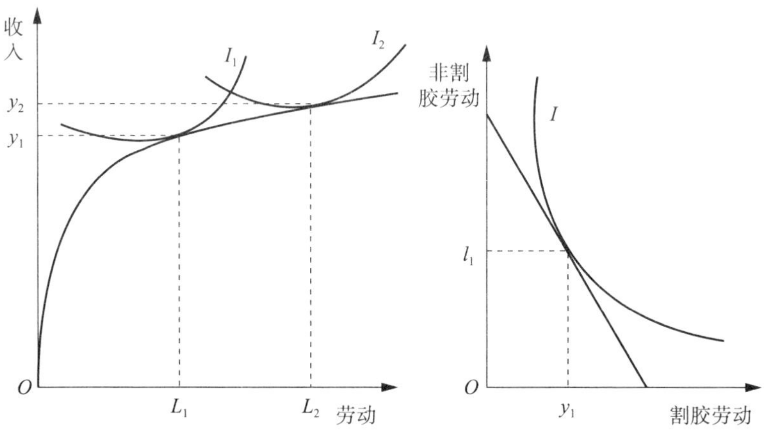

图 5-3　农户家庭劳动力配置示意图

响农户生产决策的一个重要因素。对于橡胶种植户而言，劳动力要在割胶和非割胶生产中进行分配。假设割胶生产的小时工资率为 w_1，其他可获取工作的小时工资率为 w_2，前者取决于橡胶园的规模及其产胶能力和价格水平。最优决策取决于 w_1 和 w_2 之比。2015 年天然橡胶价格持续低迷，而农村劳动力价格却在不断上升，不少农户选择减少割胶劳动时间。

5.2 技术扩散

一项农业技术通过各种渠道传递到农户，只是完成第一阶段的工作——认知，农户还需要对技术进行评估，以便确定是否予以采纳。图 5-4 给出了农户在考虑技术采用时的驱动力和阻碍力。农户需要考虑的因素很多，最重要的是成本效益分析，这其中又涉及对风险的判断。风险被认为是导致新技术采用率低的主要原因（Lindner et al.，1982；Lindner，1987；Tsur et al.，1990；Leathers et al.，1992；Feder et al.，1993），这点在低频割胶技术扩散中表现更为明显。除了农业风险外，家庭参与金融市场、商品市场的程度显著影响种植份额和家庭收入（Zeller et al.，1998）。采用低频割制会涉及刺激剂的使用，而使用刺激剂需要注意很多细节，也比较容易出现问题。部分农户在使用刺激剂时出现问题，加重了农户对使用刺激剂的不稳定预期，进而阻碍了该项技术的采用率。有些林下种植模式能够提高土地产出率，但由于缺乏市场信息，农户担心没有足够市场空间而放弃了该种模式。2006—2015 年我国实施的良种补贴政策较好地促进了橡胶树优良品种的扩散。[①]

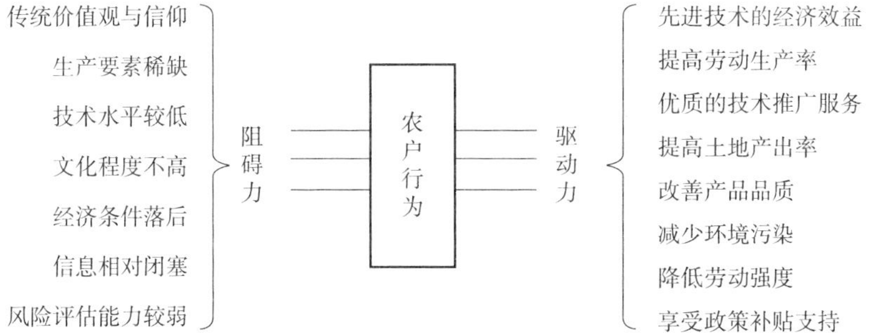

图 5-4　影响农户技术采用行为的阻碍力和驱动力

资料来源：高启杰（2000）。

① 海南省利用结余资金，2016 年仍在实施良种补贴。要独立识别出良种补贴的政策效应并不容易，天然橡胶良种补贴政策实施周期几乎与价格上涨周期重叠，该政策可能只是起到了“推波助澜”的作用。

橡胶园达到更新年限后，需要砍伐并整理土地，建设必要的基础设施；种植新橡胶树前需要准备种植材料和肥料等物质投入要素；种植时需要有一定的技术服务，设计好宽行窄行，以及种好防护林；种植后，还会涉及胶园抚管、割胶生产、胶园管理、灾害应对、病虫害防治等工作。橡胶种植的各个环节都涉及相关的技术，从 2016 年开展的橡胶种植户调研中可以发现，农村社会网络在热研 73397 的扩散中起着非常重要的作用。农户、村庄之间存在信息的传递，会相互推荐自己认为好的技术；糟糕的技术一样会在人际网络中传播，且传播速度更快，如刺激剂导致橡胶树死皮。图 5-5 是农村社会网络中农业技术扩散方式的示意图，主导农户（种植大户、示范户、能手、长者、具有较高威望的农户等）在扩散中有相对重要的作用，一项技术可以由主导农户均等地扩散开去，如村庄 A；也可能由主导农户开始连续地在不同农户之间传递，如村庄 B；或者两者相结合。村庄之间的技术扩散主要取决于两者之间的距离、联系紧密程度等。

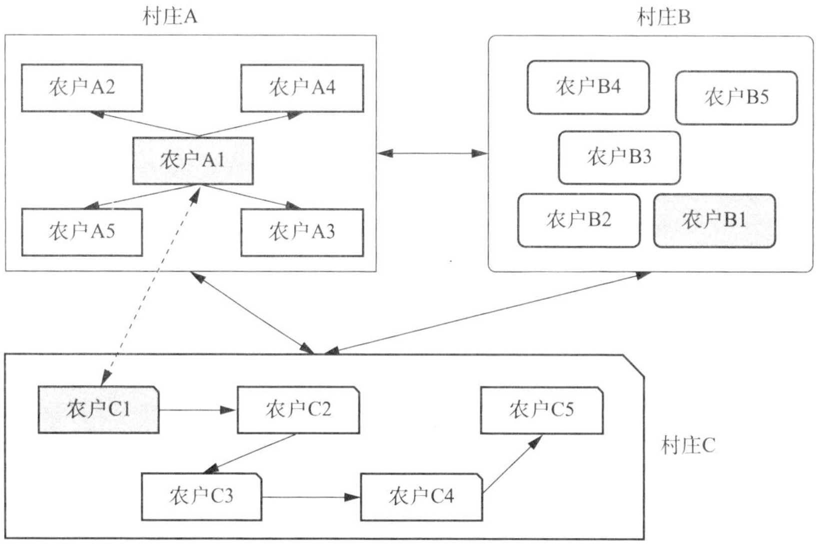

图 5-5　农村社会网络中农业技术扩散方式示意图

5.3　技术扩散理论模型

扩散是指项目发明通过特定渠道在社会系统成员中不断被交流的过程（Rogers，1983），因此，技术扩散是一种以社会科学中行为改变模型为背景的交流理论，代表一种更广泛的应用型观点（Valente & Rogers，1995）。创新扩散四大要素包括创新、沟通渠道、时间和社会系统。农业知识扩散的主要渠道是推广服务，农户从技术推广服务中获取信息，从常规培训和经常外出学习的农户那里获取建议，实地培训、农业电视广播节目、销售人员、当地政府部门官员、研究人员、杂志等均是扩散渠道。在农业行业中，关于新技术的信息往往是公共品，一部分知悉并不影响其他农户无成本获取，使用者数量不会影响新技术信息的价值(Feder & Slade，1985)。

对于农业创新来说，商业推广人员只适合在认知阶段和执行阶段(如农户会购买少量的种子进行尝试性种植)扮演沟通角色，在其他阶段是行不通的(Ryan & Gross，1943；Beal & Rogers，1957)。在认知和执行阶段，农户非常依赖推广人员提供的关于“如何使用”的知识，而推广人员的可信度可能止于此，无法扩大到转变农户对创新的态度上。具有说服力的可信度，更多源于周边农户的试验而不是商业性推广人员，以及其他非营利性的渠道。20世纪初，美国农业发展局的推广人员就在农村耕地上进行农业创新示范，例如在两块地上示范种植施肥和不施肥的玉米，收获季节，推广人员请农民帮忙收割，进行统计分析。农地现场示范被认为是最有效的扩散策略，特别是在可观测性创新的早期阶段。

示范有两种方式：一是实地示范(Experimental Demonstration)，在现实情况下评估创新的有效性；二是实例示范(Exemplary Demonstration)，针对创新在其他体系中其他成员进行推广(Myers，1978)。这两种方式的区别不是非常明显，有时一个示范可能同时包含两种方式。Conley 和 Udry(2010)针对加纳菠萝种植技术的推广过程，分析农户之间相互学习对农业技术扩散的重要性，Conley 和 Udry 利用农户交流方式来定义每个个体的信息邻居。农户会因为取得成功的信息邻居的经验，调整要素投入结构。这种调整过程显示了社会学习的存在，但如何定义社会学习有两个难题：一是很难界定哪些是信息邻居；二是不容易识别知识是从信息邻居身上学习到的，还是通过其他途径获取的。Conley 和 Udry 收集每个受访农户与谁交谈农业的详细信息，以此来定义信息关联。农户干中学也是农业技术推广的一种方式，农户在知悉相关技术之后，会自己摸索学习。

Lindner 等(1982)将农业技术扩散过程分为发现、评估、尝试三个阶段。农户使用一项技术之前首先要关注这项技术的存在，技术从发明到受到农户关注的阶段即为发现阶段。技术所蕴含的风险是导致新技术采用率低的主要原因。农户首先要关注相关的技术，即发现技术，其可通过培训、各种媒介宣传、邻居等渠道发现；其次是评价技术，评估使用新技术所带来的风险以及自己的可接受程度；最后是采纳使用。

关注阶段：

$$Y_{iAwa}=\begin{cases}1, & \beta'_{Awa}X_i+\gamma'_{Awa}PP_i+\varepsilon_{Awa}>0\\0, & otherwise\end{cases} \tag{5-3}$$

尝试阶段：

$$Y_{iTry}=\begin{cases}1, & \beta'_{Try}X_i+\gamma'_{Try}PP_i+\varepsilon_{iTry}>0, \text{ and if } Y_{iAwa}=1\\0, & otherwise\end{cases} \tag{5-4}$$

采纳阶段：

$$Y_{iAdo}=\begin{cases}1, & \beta'_{Ado}X_i+\gamma'_{Ado}PP_i+\varepsilon_{iAdo}>0, \text{ and if } Y_{iTry}=1\\0, & otherwise\end{cases} \tag{5-5}$$

其中，Y_{iAwa}、Y_{iTry}、Y_{iAdo}都是二元变量，显示农户是否实施相关的行动，X_i代表各解释变量，如信息获取渠道、金融资本、实物资本、人力资本、社会资本、地理位置以及其他可能影响农户技术采用过程的因素，P_i代表参与特定项目情况，如参加技术培训、示范项目、获取技术服务等方面的情况。

很多理论用于解释一项新技术的扩散速度。早期的理论认为技术扩散是一个不均衡过程，主要是因为潜在使用者的信息不对称（Mansfield，1968），但新的均衡模型假设关于新技术的存在和特性信息是完全的，企业是否采用新技术取决于净收益（Abdulai & Huffman，2005）。Karshenas 和 Stoneman（1993）将这些理论分为三类，分别为排序（Rank）、存储（Stock）和秩序（Order）效应。在排序模型中，新技术的潜在使用者存在异质性，有些企业能从新技术中获得更多的利润，如更早地采用新技术。存储效应模型认为，随着新技术采用者的数量不断增加，采用新技术的期望收益不断下降。当新技术被市场广泛采用时，没有使用新技术的企业将很难从市场中获利。秩序效应认为，企业在技术采用中的排序决定了使用新技术的净回报，排在前面的企业会有更好的回报。如果企业预期新技术未来会被广泛使用，最好的策略是尽早采纳新技术。

Marglin（1963）首次提供了针对投资时序的解决办法，最优时间为该投资项目净现值最大的时间点。Karshenas 和 Stoneman（1993）、Colombo 和 Mosconi（1995）总结归纳了不同技术扩散理论，构建了新的模型。假设行业 j 中的企业 i 在 t 时期支付价格 P_t 购买采纳一项新技术，向量函数 $g_{ij}(\tau)$代表企业内部对该项新技术的排序效应 C_i，S_{jt}表示 t 期间已经采用该项新技术的企业数量的存储效应，W_{jt}表示 t 时期后采用的企业数量的秩序效应。实际回报率依赖于企业采用新技术的情况。

$$g_{ij}(\tau)=f(C_i, S_{jt}, W_{jt}), \tau\geqslant t, f_S<0, f_W<0$$

t 时期采用新技术的实际收益的净现值：

$$R_{it} = -P_t + \int_t^{\infty} g(\cdot)\exp(-r(\tau - t))\mathrm{d}\tau$$

R 表示实际折现率，忽略技术资本的折旧。最优技术采用时间由必要充分条件决定，盈利条件要求采用新技术必须产生正的净收益，即 $R_{it} \geqslant 0$，且比使用传统技术产生更高的收益；套利条件要求新技术投资时间要使净收益为正，最优投资时间 t^* 保证利润最大化。采用新技术不仅比采用传统技术拥有更高利润，技术采用带来的收益超过了等待技术改进的价值。这意味着技术采用在时间维度上不能是递增的，套利条件可以表示为：

$$y_i(t) = \frac{\mathrm{d}(R_{it}\exp(-rt))}{\mathrm{d}t} \leqslant 0$$

盈利条件确定了潜在技术采用者的集合，套利条件则决定最优的采用时间 t^*。不等式考虑了角点解的存在。在实证过程中，上述的技术采用模型实际是一个区间或者风险函数。用不等式表示套利条件可以表示为：

$$y_i(t) + \mu \leqslant 0$$

其中，μ 是误差项，假设其分布不随时间而变化，并独立于 y。在一个小的时间区间 $[t, t+h]$ 中，企业不采用新技术，那么其 t 时刻的风险率为：

$$\lambda_i(t) = \mathrm{prob}(y_i(t) + \mu) \leqslant V(-y_i(t))$$

$V(\mu)$ 是随机误差项的分布函数。技术采用的无条件概率分布函数为 $f(\cdot)$，参数包括时间 t、其他影响因素，可以表示为 $f(t; X, \beta)$，累积分布函数为 $F(t; X, \beta)$。风险函数可以表示为密度函数 f 和累积分布函数 F 的组合式：

$$\lambda_i(t) = \lim_{h \to 0} \frac{F(t+h) - F(t)}{h} \cdot \frac{1}{1-F(t)} = \frac{f(t)}{1-F(t)} = \frac{f(t)}{S(t)}$$

$S(t) = \mathrm{prob}(h > t)$ 是生存函数，表示在 t 时刻仍未采用新技术的概率。

似然函数 $L(\beta)$ 可以表示为：

$$L(\beta) = \prod_1^n \{f(t; X_{it}\beta)^{\sigma}[1 - f(t; X_{it}\beta)^{\sigma}]\}$$

σ 是显示向量，1 表示采纳新技术，0 表示尚未采用。

比例风险函数表示为：

$$\lambda(t; X_{it}, \beta) = \lambda_0(t)\exp(X_{it}\beta)$$

其中，$\lambda_0(t)$ 是基线风险函数，X 是解释变量，β 是待估计参数。

关于解释变量的选择，有很多学者进行了研究。Rogers（1995）总结了 Ryan 和 Gross（1943，1945）的研究，发现年龄、正规教育程度、农业规模、组织参与程度、出席组织会议情况、政府农业政策、商业开发行为、阅读习惯等对农业技术认知和采用有影响。Feder、Just 和 Zilberman（1985）全面总结了发展中国家农业技术采用的情况，回顾了单个农户的技术采纳模型创新和应用，重点分析了种植规模、风险与不确定性、人力资本、劳动力市场、产权结构、供给约束等因素对农业技术采用的影响结果及其机制。Larson 等（2016）研究了激光校准器的节水技术在印度农业中的采用情况，发现虽然该技术有较高的私人回报率，但大部分农户并不采用这种技术，主要影响因素是资金约束和社会关系网。资本的逐利性使大多数农村成为资金的净流出地，农业发展对资本的需求难以得到满足。大多数农村还属于熟人社会，关系网在技术扩散中的作用不可忽略。

5.4 促进技术采纳的渠道

若传统技术产生的利润为 R 元/亩，一项新技术的成本为 c 元/亩，产出为 y，y 服从于均值为 y_0、方差为 σ 的分布。农户了解新技术收益的均值，对收入的不确定性很在意，即对方差的大小很关注，一般情况下可能会过度估计方差 $(1+\delta)\sigma$。完成认知后，农户会决定是否采纳此项技术。如果决定采纳，还需要决定用多少土地来采用新技术，假设采用新技术的土地面积为 L，土地总面积为 L_0，所生产农产品价格为 P，假设均值方差效用函数的风险规避参数为 $\rho/2$，目标函数可以表示为：

$$\underset{L}{\text{Max}}\left[(P\cdot y_0-c)L+R(L_0-L)-(\rho/2)\cdot(1+\delta)\sigma\cdot L^2\cdot P^2\right]$$

最优的选择为：

$$L^*=(P\cdot y_0-c-R)/\left[\rho\cdot(1+\delta)\sigma\cdot P^2\right]$$

实际最优选择为：

$$L^{**}=(P\cdot y_0-c-R)/\left[\rho\cdot\sigma\cdot P^2\right]$$

公共政策最重要的任务是加速信息扩散，以降低 δ，减少农户对收益不确定的预期，或者缓解农户对技术收益不确定的放大。

对新技术进行补贴，可以补贴新技术产出价格，补贴额等于价格乘以比例：$P\cdot y_0+(P^2\cdot y_0^2-4(P\cdot y_0-c-R)(c+R)(1+\delta)^5)/(2(1+\delta)(P\cdot y_0-c-R))-1$；或者补贴新技术成本，比重 $\delta(P\cdot y_0-c-R)/c$；或者农户预期的损失 $\delta(P\cdot y_0-c-R)$。

对新技术进行推广，要着力解决技术拥有单位与农户的信息不对称情况，可以开展技术宣传和示范。一方面，可以通过保险来降低技术采纳的风险，如 Cartera 和 Cheng（2016）发现，技术保险能提高优良农业技术的采用率。另一方面，可以让农户对技术收益分布的均值 y_0、方差 σ 有更加清晰的认识，对新技术的操作过程也有较为明晰的概念。但此方案面临以下问题：技术创新人员一般拥有良好的专业技术，甚至拥有硕士或博士学位，或具有其他专业技术资格，这些学历和专业知识反而造成其与农户存在沟通障碍，技术创新人员与农户在技术处理方面存在差异，在所使用的文化语言、社会经济地位、信仰和态度等方面也都存在差异。作为两个不同体系的沟通桥梁，基层农业技术推广人员像是一个边缘人，左右脚分别踏入两个截然不同的世界。推广人员必须处理信息过剩的问题，避免向农户或农场提供过多的信息，却有可能忽略某些重要的信息；推广人员可能无法消化、吸收和利用技术，导致农业技术推广失败。技术创新单位往往会向技术推广人员提供大量的信息，如何筛选出有效的信息推送给农户，是技术推广人员需做好的前期工作。

第6章
天然橡胶产业技术扩散现状

与其他农业生产一样，橡胶种植户需要选择种植品种、采收技术等，以应对各类自然灾害、病虫害，但橡胶种植的操作方式与其他作物有较大差异。本章首先给出橡胶种植的关键技术以及农户对技术的偏好与获取渠道，然后对品种、采收、林下资源开发利用、施肥、灾害防治等进行描述性分析。

6.1 橡胶种植业的关键技术

增强胶园生产潜力、提高劳动生产率、改善土地产出率是科技提升橡胶种植业发展的三个关键环节，提高优良品种的比重是增强胶园潜力的基础，低频割胶技术和适度规模经营是提高生产率的主要措施，开发橡胶林下资源是优化产出率的主要途径(见图 6-1)。

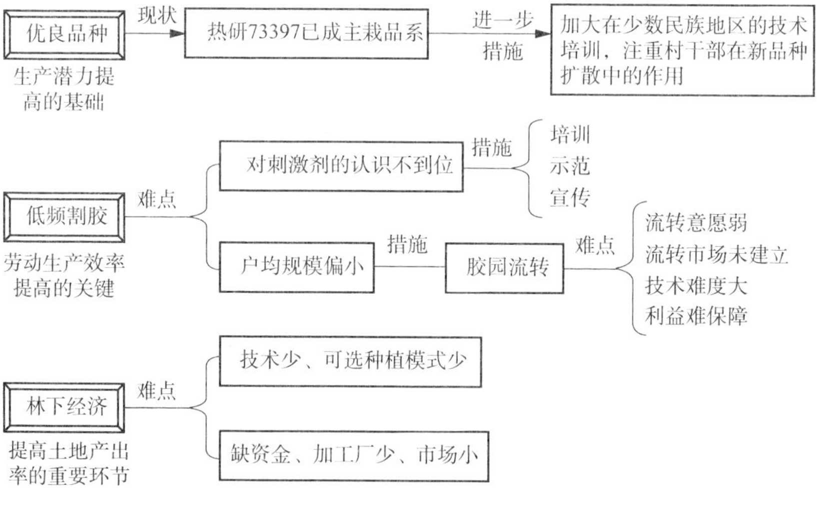

图 6-1 影响橡胶种植业发展的主要科技领域

胶园生产潜力。在气候和土壤条件近似的环境中，种植高产且抗性较好的品种能够增强胶园生产潜力。我国自主选育的热研 73397 已成为海南民营胶园的主栽品系，受到种植农户的普遍欢迎。但热研 73397 仍存在一些需要改进的问题，我国也需要培育和推广更多的新橡胶品种。少数民族农户对热研 73397 的知悉度低，技术培训是提高认知度、采纳率的有效手段，因此，相关部门应当充分重视村干部在品种技术扩散中的积极作用。

劳动生产率。适度规模是提高劳动生产率的前提条件，海南植胶区户均橡胶林面积约为 17.5 亩，仅为一个劳动力一次割胶生产的数量。如果采用 3 天 1 刀的割制，意味着农户有两天空闲。在割胶全自动化尚难以实现的情况下，采用低频割制是提高劳动生产率的主要手段。但低频割制的推广涉及两个关键的问题：一是民营胶园所采用割制的频率普遍偏高，即使在价格持续低迷的情况下，割制仍然没有明显的改善；二是降低割胶频率在技术操作层面会涉及刺激剂的使用，而农户对刺激剂的认识存在明显的偏差，纠正认识的偏差需要一个较长的过程。研究结果表明，提高农户的生产技术水平，将有助于提高低频割胶技术在民营胶园中的扩散效率。

土地产出率。橡胶价格低迷导致以胶乳为主要产品的胶园土地产出率严重下降，同时橡胶林下资源开发力度不够，无法弥补胶价低带来的产出下降。入户调查结果显示，在成熟胶园开展林下种养殖的农户寥寥无几，两个关键的影响因素是技术和资金。农户可选择的种养殖模式比较少，且开发林下资源不能大规模采用同一模式，需要按照“一村一品”的思路来发展；林下种植某种作物之后，配套的加工体系和市场开发亦是难题。如何充分开发利用橡胶林下资源，涉及多个方面的工作，相关部门需重视开发更多的林下种养殖模式，做好技术和市场分析，同时，需关注橡胶林相对于短期作物的生态功能及补偿机制。

6.2 种植户的技术偏好与技术获取渠道

6.2.1 技术偏好

6.2.1.1 海南植胶区

在新品种方面，品种能高产和抗风是农户最强烈的需求，76.39%的农户希望有更高产的品种，64.58%的农户希望新品种抗风性增强；在割胶技术方面，不伤害树、省工、高产是农户最关注的，所占比重分别为 47.92%、30.9%和 25.69%；农户在肥料及施肥技术方面最强烈的需求是提高产量（60.42%），其次是成本适中（31.25%），接下来是希望施肥技术简单实用

（20.83%）（见表6-1）。

表6-1　海南植胶区农户对新品种特性、割胶技术、施肥技术的现实考虑

新品种特性	户数/户	比重/%	割胶技术	户数/户	比重/%	施肥技术	户数/户	比重/%
抗风	186	64.58	不伤害树	138	47.92	简单实用	60	20.83
抗旱	11	3.82	不用刺激剂	10	3.47	提高产量	174	60.42
抗寒	13	4.51	省工	89	30.90	成本适中	90	31.25
高产	220	76.39	易学	48	16.67	符合当地环境	22	7.64
耐死皮	9	3.13	高产	74	25.69	不施肥	13	4.51
耐割	5	1.74	其他	10	3.47	其他	9	3.13
抗病虫害	7	2.43	没有考虑	25	8.68			
适应小环境	3	1.04						
苗木价格	8	2.78						
其他	15	5.21						
样本数	288		样本数	288		样本数	288	

数据来源：2013年入户调查。

6.2.1.2　云南植胶区

在184户对橡胶种植技术变化表达了诉求的农户中，61.41%的农户认为与2002年相比，2013年橡胶生产技术有明显改变，主要体现在割胶技术、肥料及施用方式上，品种的变化不明显。农户对新品种的高产诉求最为强烈，有62.25%的农户表达出该诉求；希望新品种能抗风的农户仅占22.55%。农户对新品种在抗寒、抗旱和适应小环境方面的考量差别不大，所占比重分别为16.18%、15.69%和19.61%。在抗病虫害、苗木价格方面，农户考量较少。农户对割胶技术的诉求强弱依次为：不伤害树（57.84%）、高产（21.08%）、省工（15.20%）、易学（9.80%）和不用刺激剂（8.33%），还有30户农户对割胶技术没有考量。农户在施肥技术方面最强烈的需求是提高产量（59.31%），其次为成本适中（24.02%），低于10%的农户希望技术符合当地环境和简单实用。有32户（15.69%）农户表示不想施肥或者对施肥技术没有兴趣。云南农户采用新技术时，最担心是否会伤树，其次是经济收益、技术质量问题，掌握难度和投入增加不是农户在新技术使用方面关注的主要问题（见表6-2）。

表 6-2　云南植胶区农户对新品种特性、割胶技术、施肥技术的现实考虑

新品种特性	户数/户	比重/%	割胶技术	户数/户	比重/%	施肥技术	户数/户	比重/%
抗风	46	22.55	不伤害树	118	57.84	简单实用	14	6.86
抗旱	32	15.69	不用刺激剂	17	8.33	提高产量	121	59.31
抗寒	33	16.18	省工	31	15.20	成本适中	49	24.02
高产	127	62.25	易学	20	9.80	符合小环境	19	9.31
适应小环境	40	19.61	高产	43	21.08	不施肥	7	3.43
苗木价格	3	1.47	其他	5	2.45	其他	6	2.94
没兴趣	16	7.84	没有考量	30	14.71			
抗病虫害	13	6.37						
稳产	8	3.92						
其他	6	2.94						
样本数	204		样本数	204		样本数	204	

数据来源：2013 年入户调查。

6.2.2　技术获取渠道

技术和信息是重要的生产要素，发挥着重要的作用。从品种的扩散来看，农村社会网络对农户的技术获取有重要的作用。生产技术和市场信息最主要的来源渠道是农技推广部门，基层农技推广人员一般具有较为丰富的实用技术，对市场信息也有一定的掌握，在农村具有一定的影响力。国有农场在技术、信息传播方面发挥着重要作用，民营胶园的发展大多是从国有农场周边扩散开来的，其种植规划、施肥、割胶技术等也大多是从农场学到的。示范户及农村社会网站也有重要的作用。农户从手机、电视等硬件媒介获取的技术和信息较少(见图 6-2)。有一部分农户在干中学，在代际传承中获取知识和技术。

2014—2016 年，约 60%的受访农户有参加技术培训，其中接近一半的农户参加了 2 次及 2 次以上培训。农户最关注的培训内容包括割胶技术(77.41%的农户有提及)、病虫害防治(52.72%)、施肥技术(45.61%)、品种选择(20.50%)、市场动态(12.56%)、灾后处理(8.79%)，有小部分农户想学如何防治死皮、磨刀等实用技术。现有采胶方式对技术要求较高，割胶技术是很多橡胶种植户学习的重点。如图 6-3 所示，现场示范指导是橡胶种植农户最喜欢的技术获取方式，农户能够直观地学习相关技术，有问题可以直接交

流。其次集中上课和一对一指导也是较好的技术获取方式，但专家一对一的技术服务方式往往成本高、覆盖面小，难以大规模实施。农户通过电视、网络等媒介获取技术的比重较小，因此，一方面需要加强农村信息化基础设施建设，另一方面要在农户培训中加入关于互联网运用的课程。种植户对技术培训的认可度较高，53.30%的农户认为培训的帮助很大，38.77%的农户觉得有帮助。主动咨询技术员的农户只有43户，平均咨询次数为2.5次；接受过技术人员上门指导的农户有75户，平均每户上门次数为2.4次。对于技术人员提供的技术培训和服务的工作，51.43%的农户表示很满意，22.86%的农户表示基本满意，也有个别农户表示不满意。

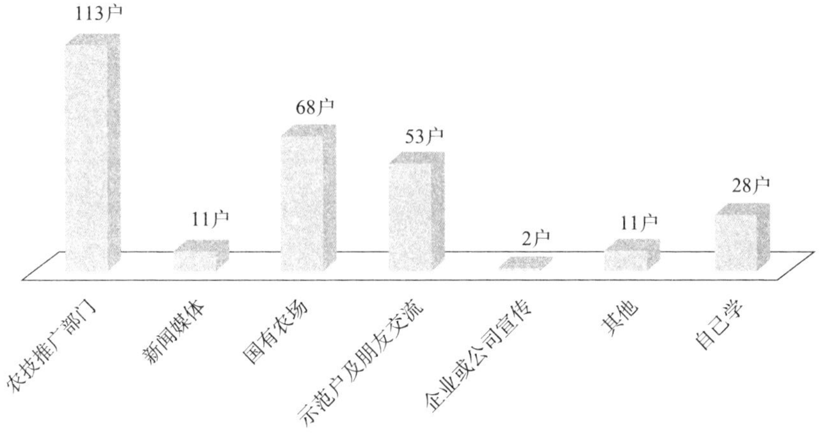

图 6-2　橡胶生产技术与市场信息的获取渠道

数据来源：2016年入户调查。

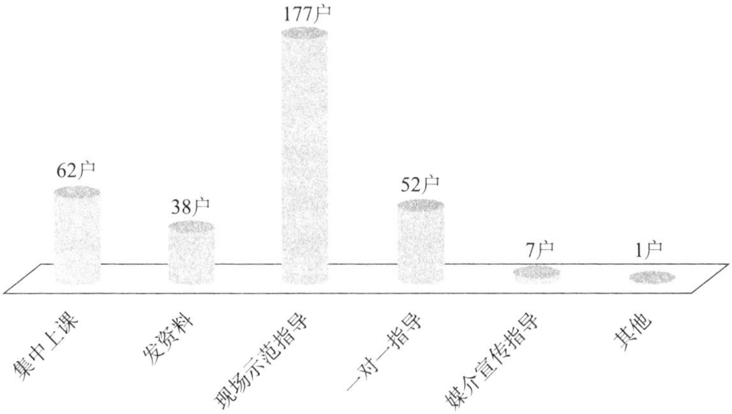

图 6-3　农户喜欢的技术获取方式

数据来源：2016年入户调查。

6.3 新品种扩散现状

6.3.1 品种结构

依据 2013 年海南和云南植胶区调研结果，两地主要橡胶树品种为 RRIM600、PR107、GT1、热研 73397、大丰 95、云研 772 和云研 774(见表 6-3和表 6-5)。在云南植胶区，RRIM600 和 GT1 仍占主导地位，种植比重达到 80%，我国自主选育的云研 772、云研 774 种植比重偏小；在海南植胶区，由中国热带农业科学院橡胶研究所选育的热研 73397 已成为民营橡胶园的首选，但国有农场仍是 PR107 和 RRIM600 占主导。

调查发现，农户种植橡胶的土地破碎化情况比较明显，平均每户拥有 2.23 片橡胶地，但每片地规模都不大，种植的品种也可能不一样。调研发现，部分农户对每片地块的面积不太清楚，却知道该片地块橡胶树的株数；部分农户对株数缺乏清楚的记忆，却知道种植面积。为保证结果的真实性，我们依据农户的回答分别统计了橡胶树各品种的种植面积或株数，计算各品种的面积比重和株数比重，然后根据地块数量折算加权比重。在不考虑混种的情况下，热研 73397 种植面积所占比重最大，超过 20%；植胶初期从国外引进推广的优良品种，如 RRIM600、GT1 和 PR107，同样占据较大种植比重；而国内自主选育推广的新品种，如大丰 95 和云研 772、云研 774 所占比重较小(见表 6-3 和表 6-5)。品种分布表现出明显的地域差异，海南植胶区台风频发，云南植胶区低温寒害比较严重，因此，抗风性较强的 PR107 在海南分布较多，抗寒性较强的 GT1 则仅分布在云南。自主选育的新品种地域差异更为明显，热研 73397 和大丰 95 仅分布在海南，而云研 772、云研 774 则仅分布在云南。

表 6-3 2013 年海南植胶区橡胶种植的品种结构

	地块数/块	RRIM 600(1)	PR107 (2)	GT1 (3)	热研 73397 (4)	大丰 95(5)	(1) (2)	(1, 2) (4)	(1) (4)	(2) (4)	(2) (5)	(4) (5)	其他*	不清楚**
亩数/亩	385	375.3	607.5	0	1536	258.2	38	43	0	149	41.3	24.7	42.5	230
株数/株	196	10010	7420	0	12515	7570	2400	0	2330	0	0	2100	110	6853
占比/按亩数/%	385	14.02	16.91	0.00	45.91	7.72	1.14	1.29	0.00	4.44	1.23	0.74	1.27	6.88
占比/按株数/%	196	11.22	18.16	0.00	24.39	14.75	4.68	0.00	4.54	0.00	0.00	4.09	0.21	13.36
加权比重/%	581	19.51	14.46	0.00	38.65	10.09	2.33	0.85	1.53	2.94	0.82	1.87	0.91	9.06

注：*包括热研 917、热研 8813、热研 879(43 号)；**表示不清楚的部分原因是扶贫苗、品种

很杂、自己育苗、亲戚自己育苗、时间久远等。

数据来源：2013 年入户调查。

为进一步分析海南省主要品种推广情况，本章对 2000 年以后海南样本农户种植的橡胶地块数进行统计分析。2000 年以来，RRIM600 的种植比重明显降低，而热研 73397 的种植比重明显提高，单一种植热研 73397 的胶园比重为 48.44%。在新种植或更新种植的胶园中，部分农户表示会选择热研 73397。PR107 占比没有发生变化，而大丰 95 的占比出现较大提升，说明 2000 年后采用大丰 95 品种的样本农户增加了（见表 6-4）。

表 6-4　2000—2012 年海南植胶区橡胶种植的品种结构

	地块数	RRIM 600(1)	PR107 (2)	GT1 (3)	热研 73397 (4)	大丰 95(5)	(1) (2)	(1, 2) (4)	(1) (4)	(2) (4)	(2) (5)	(4) (5)	其他*	不清楚**
亩数/亩	241	62.5	358.5	0	1119	236.2	5	16	0	93.5	41.3	7.7	32	101
株数/株	112	350	2550	0	11150	7220	600	0	1140	0	0	2100	0	5443
占比/按亩数/%	241	3.02	17.30	0.00	53.99	11.40	0.24	0.77	0.00	4.51	1.99	0.37	1.54	4.87
占比/按株数/%	112	1.15	8.35	0.00	36.49	23.63	1.96	0.00	3.73	0.00	0.00	6.87	0.00	17.81
加权比重/%	353	2.42	14.46	0.00	48.44	15.28	0.79	0.53	1.18	3.08	1.36	2.43	1.05	8.98

注：*包括热研 917、热研 8813、热研 879（43 号）；**表示不清楚的部分原因是扶贫苗、品种很杂、自己育苗、亲戚自己育苗、时间久远等。

数据来源：2013 年入户调查。

如表 6-5 所示，云南样本农户胶园种植的主要品种为 RRIM600 和 GT1，这两个品种单独和混种的胶园比重达 79.86%，其中同时种植两个品种的受访农户地块数占比高达 31.4%。云南橡胶种植户种植 PR107 的比例很小，地块占比仅为 1.22%，即便加上 PR107 与其他品种混种的地块，地块占比也不足 7%。云研 772 和云研 774 是两个不同的品种，但因两个品种性状差别不大，农户很难区分这两个品种，因此调研中将这两个品种列在一起统计。云研 772、云研 774 的种植地块数占比也较低，为 5.88%；加上与其他品种混合种植的地块，占比也仅有 11.1%。受访农户中，仍有一部分农户不清楚自己种植的橡胶树是什么品种，这些农户的地块总数占比为 6.41%。

表 6-5　2013 年云南植胶区橡胶种植品种结构

	地块数	RRIM 600(1)	PR107 (2)	GT1 (3)	云研 772/ 774(5)	(1) (2)	(1) (3)	(1) (5)	(1) (2)(5)	(2) (3)	(2) (5)	不清楚
亩数/亩	373	1271	54	1465	330	30	1639	114	15	65	40	163
株数/株	154	13680	970	8836	2780	250	18260	0	4680	0	1200	8467
占比/按亩数/%	373	24. 51	1. 04	28. 24	6. 36	0. 58	31. 61	2. 2	0. 29	1. 25	0. 77	3. 14
占比/按株数/%	154	23. 14	1. 64	14. 95	4. 70	0. 42	30. 88	0. 00	7. 92	0. 00	2. 03	14. 32
加权比重/%	527	24. 11	1. 22	24. 36	5. 88	0. 53	31. 40	1. 56	2. 52	0. 89	1. 14	6. 41

数据来源：2013 年入户调查。

对 2000—2012 年云南植胶区样本农户种植的橡胶地块数进行统计分析可以发现，2000 年开始种植的橡胶园中，样本农户更倾向于种植 GT1，RRIM600 和 GT1 仍占绝对的主导地位，这两个品种单独或组合种植的胶园比重达 69. 94%。云研 772、云研 774 所占的种植比重有所提升，但仅为 12. 46%（见表 6-6）。

表 6-6　2000—2012 年云南植胶区橡胶种植的品种结构

	地块数	RRIM 600(1)	PR107 (2)	GT1 (3)	云研 772/ 774(5)	(1) (2)	(1) (3)	(1) (5)	(1) (2)(5)	(2) (3)	(2) (5)	不清楚
亩数/亩	135	279	0	699	268	0	490	92	15	0	40	86
株数/株	48	3620	540	5595	2570	0	6660	0	2750	0	1200	4950
占比/按亩数/%	135	14. 18	0. 00	35. 51	13. 62	0. 00	24. 88	4. 68	0. 76	0. 00	2. 03	4. 34
占比/按株数/%	48	12. 98	1. 94	20. 06	9. 22	0. 00	23. 88	0. 00	9. 86	0. 00	4. 30	17. 75
加权比重/%	183	13. 86	0. 51	31. 46	12. 46	0. 00	24. 62	3. 45	3. 15	0. 00	2. 63	7. 86

数据来源：2013 年入户调查。

6. 3. 2　新品种热研 73397 的扩散过程

1995 年，我国自主选育的新品种热研 73397 和大丰 95 开始大面积推广，云研 772、云研 774 于 2002 年开始大面积推广。按照品种选育和推广的程序，大规模推广前需要先进行小规模和中规模推广实验，因此部分农户在新品种大规模推广之前就开始种植新品种。表 6-7 列出了样本市(县)的样本户数、采用新品种农户数及采用时间的分布情况。463 个样本农户中，采用新品种的有 225 户，占 48.60%。除万宁市外，海南其他市(县)样本户采用优良品种比重都超过 50%。云南景洪市、勐腊县农户采用新品种比重较小，分别为 16.79% 和 35.56%。从时间维度分析，1995 年后采用新品种的农户数量逐渐增加，并在 2004—2006 年达到最大值 51 户；之后明显减少，2010—2012 年采用新品种的样本户仅有 14 户。与此对应的是2000 年以来，民营橡胶种植面积的快速增长，从 2000 年的 368.85 万亩增加到 2012 年的 1033.80 万亩，年均增长率达 9.8%。

琼中县有 72.73%的样本农户采用了新品种，其境内的大丰农场是大丰 95 的培育基地，因此，采用该品种的农户主要分布在琼中县。海南其他样本市(县)采用的新品种主要为热研 73397，该品种在海南的种植面积接近 240 万亩，是海南橡胶种植户种植最多的新品种。儋州市样本户采用新品种比重最大，为 87.78%，也是采用新品种样本户数最大值出现最早的市(县)。选育并推广热研 73397 的科研机构中国热带农业科学院橡胶研究所位于儋州市境内。白沙县和屯昌县出现采用新品种农户数最大值时间为 2001—2003 年；琼中县和琼海市稍晚，是 2004—2006 年；万宁市采用新品种的农户数量较少，出现最大采用新品种户数时间也最晚。从空间距离判断，白沙县和屯昌县距离儋州市最近，琼海市次之，万宁市最远。说明新品种的传播速度受空间距离的影响。云南植胶区采用的新品种主要为云研 772、云研 774，该品种由位于景洪市的云南省热带作物科学研究所选育并推广，景洪市该品种采用户数最大值出现较勐腊县早 6 年左右，但勐腊县采用该品种的样本户的比重大于景洪市。

表 6-7 农户采用新品种的时间分布

地区	样本户数/户	采用户数/户	比重/%	1994 年以前	1995—1997 年	1998—2000 年	2001—2003 年	2004—2006 年	2007—2009 年	2010—2012 年
景洪市	131	22	16.79	3	2	3	7	2	3	2
勐腊县	45	16	35.56	1	0	0	3	3	9	0
儋州市	90	79	87.78	12	15	18	16	12	5	1
白沙县	28	19	67.86	1	0	5	6	3	4	0
琼中县	55	40	72.73	4	3	1	4	14	9	5
屯昌县	28	14	50.00	2	1	2	4	3	2	0
万宁市	28	5	17.86	0	0	1	0	0	2	2
琼海市	58	30	51.72	5	2	1	0	14	4	4
合计	463	225	48.60	28	23	31	40	51	38	14

数据来源：2013 年入户调查。

2016年入户调查发现，农户对热研73397的认知和采用都是发生在不同的时点上的，1980年就陆续有农户知悉并采用该品种。橡胶树生长周期长达40年，不像短周期作物那样便于更换品种。对于年轻的户主而言，橡胶园大多是从父辈手中接过来的，家中种植橡胶树时现任户主可能还未开始记事，因此其还不能对橡胶树品种做出选择。在做影响因素分析时，可能会存在变量之间实际时点不一致的情况(见图6-4)。本次受访的农户仅有10位户主年龄小于30岁，而民营胶园种植高峰期发生在2003年前后，因此大部分家庭的户主经历了品种选择过程。

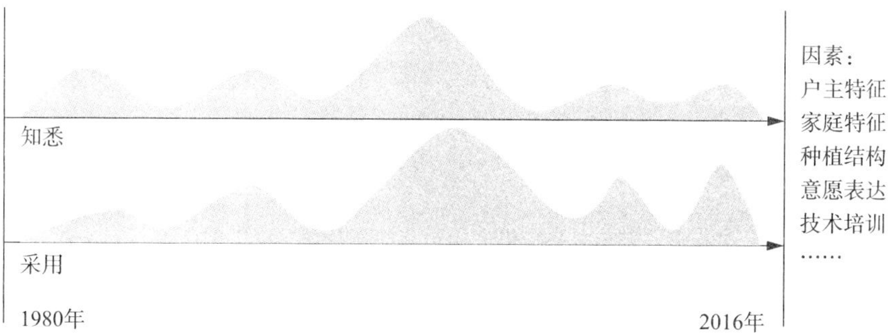

图6-4　品种知悉、采用时点与影响因素的关系

大部分样本的户主在知悉热研73397时已成年，只有9个受访农户户主知悉时的年龄小于18岁(见图6-5)。样本橡胶地块中的橡胶树品种，绝大部分是由户主选择的，且户主和家庭特征以及胶园结构都相对稳定。因此，时点错位的问题可能不会产生决定性的影响。从图6-5中可以发现，青年人选择种植热研73397的比较多。

全部样本农户中，219户农户表示听说过热研73397，占比为83.91%，有36户农户还未听说过该品种，占比为13.79%，还有6户农户未对此做出回应。听过热研73397的农户中，168户(76.71%)已经种植该品种，还有49户(22.37%)未种植该品种，主要是因为胶园还没到更新时间、没有多余土地或者种植时还不知道这个品种，部分农户则出于风险考虑对新品种不放心。

253户对是否种植热研73397做出回应的农户中，66.40%的农户已经种植该品种，但在品种纯度方面，有接近50%的农户表示不能确定所种植品种的纯度，只有1/3的农户确定表示种植的是纯正热研73397。已经种植该品种的农户中，约有15人忘记了知道品种的年份；在给出知道品种和种植年份的152户农户中，46.71%的农户在知道热研73397的当年就选择种植该品种，或者是种植当年了解种苗时，经人介绍就选择了热研73397；32.89%的农户

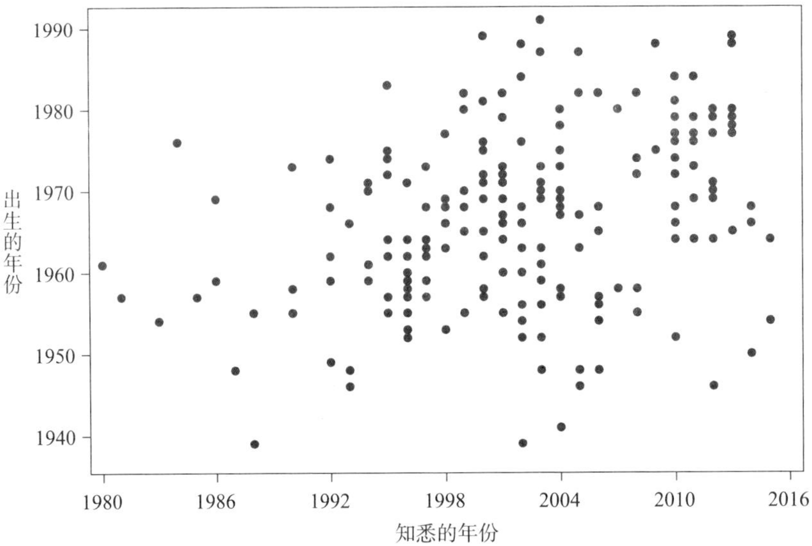

图 6-5　样本中户主出生年份与知悉热研 73397 的年份

数据来源：2016 年入户调查。

在知道热研 73397 的 5 年内选择种植该品种。只有 4 户农户的种植年份早于知道年份，因为种植的是帮扶苗，种植时不知道是该品种（见图 6-6）。

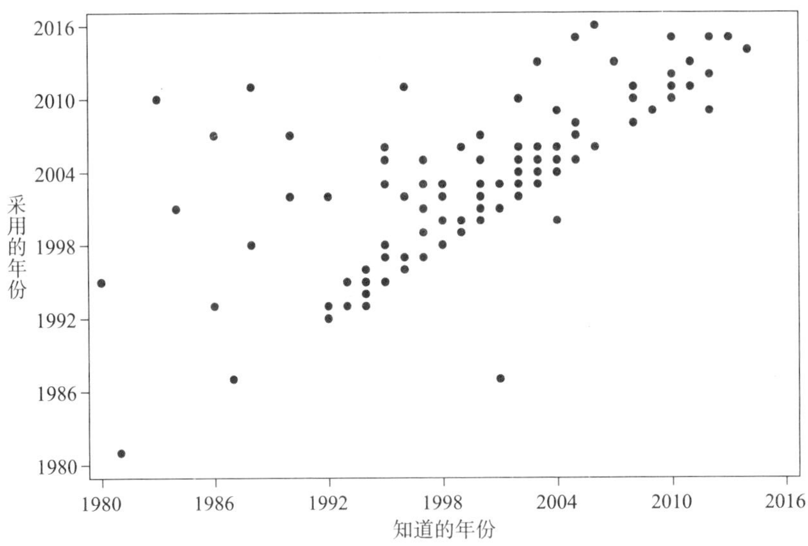

图 6-6　受访农户认知和采用热研 73397 的年份

数据来源：2016 年入户调查。

热研73397的种植户中有一半以上农户是经邻居或亲戚朋友推荐后种植的，说明农村社会网络在技术扩散中的重要性；其次是科研单位推荐(16.87%)、农技推广部门介绍(14.46%)，少部分农户是依据自己的经验来选择。橡胶树生长周期约为40年，在土地资源有限的情况下，农户难以靠自身积累很多关于品种的经验，并将这种经验运用到胶园品种结构中。热研73397品种来源最为集中的是“两院橡胶所”(41.42%)，其次是村庄附近的苗圃(25.44%)，部分是农户自己育苗(8.28%)。橡胶树种苗主要靠芽条繁殖，技术门槛不高，加上缺乏知识产权保护，热研73397品种培育机构中国热带农业科学院橡胶研究所(即“两院橡胶所”)周围有部分农户经营橡胶种苗生意。表示从“两院橡胶所”购买苗木的农户，实际可能并不是从橡胶研究所购买的，而是从周边苗圃购买的。157户农户对热研73397做出了相对其他品种的评价，其中65.61%的农户认为该品种好或者很好，只有9.56%的农户认为不太好或者不好。总体来看，热研73397的产量表现比较好，在投入基本一致的情况下，72.46%的农户认为热研73397更高产。但热研73397较突出的问题是易死皮(36.71%)，其次是后期产量低(8.23%)、不抗风(6.96%)等。

未种植热研73397的85户农户中，接近60%的农户表示听说过该品种，其中一半农户是2010年及以后了解到的。已知道热研73397但尚未种植的农户，主要是因为胶园还没到更新的时候或者种植时还不知道这个品种(45.00%)，但也有小部分农户表示对品种不太放心。对于未来胶园更新的时候是否会选择热研73397的问题，64.11%的农户明确表示会选择这个品种，21.77%的农户表示需要看具体的情况，如到时是否有更好的品种，只有14.11%的农户表示不考虑种植该品种。

分地区来看热研73397的采用率，儋州市90%以上样本农户已经种植热研73397(见表6-8)。儋州市的农户也是最早知道热研73397的，75户给出知悉年份的农户中，56%的农户在20世纪80年代至20世纪90年代就已经知道了该品种。在澄迈县和白沙县的样本中，热研73397的认知率和采用率也比较高。琼海市和万宁市相邻，距离儋州市的距离相近，但两个地区中样本农户的认知和采用情况却有很大不同。

表 6-8　样本市县热研 73397 的认知和种植情况

县市	热研 73397 种植情况			知道热研 73397 的年份				
	已种植/%	未种植/%	样本数/户	20 世纪 80 年代/%	20 世纪 90 年代/%	21 世纪 00 年代/%	21 世纪 10 年代/%	样本数/户
琼海市	60.00	40.00	30	4.76	19.05	61.90	14.29	21
儋州市	90.59	9.41	85	10.67	45.33	40.00	4.00	75
万宁市	18.18	81.82	22	0.00	0.00	20.00	80.00	10
屯昌县	47.06	52.94	17	0.00	20.00	60.00	20.00	10
澄迈县	78.26	21.74	23	0.00	31.82	54.55	13.64	22
白沙县	66.67	33.33	30	0.00	25.00	50.00	25.00	24
琼中县	47.83	52.17	46	2.78	11.11	38.89	47.22	36
合计	66.01	33.99	253	5.05	28.79	44.95	21.21	198

数据来源：2016 年入户调查。

本书按照受访者提供的家庭种植橡胶树的品种结构及年份情况，统计所有受访者每年种植橡胶树的总规模及热研 73397 占当年新种橡胶的比重（见图 6-7）。可以看出，2003 年之前所有样本农户每年橡胶种植规模总体上呈现波动上升的趋势，2004 年开始快速下降；但热研 73397 品种的种植面积所占比重整体上呈现波动上升的趋势。

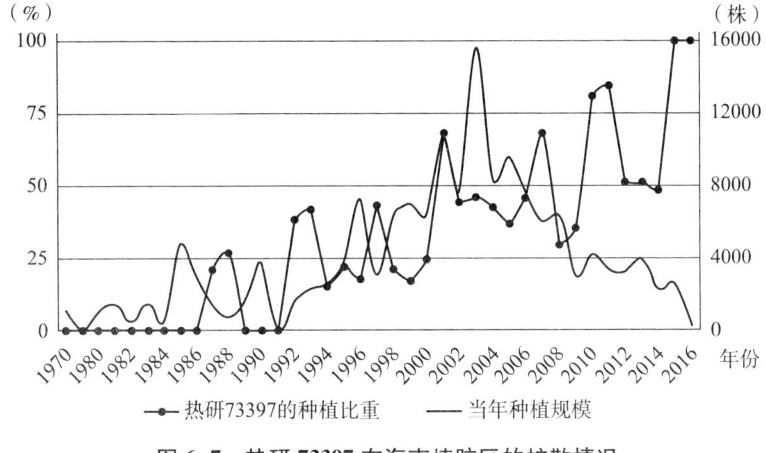

图 6-7　热研 73397 在海南植胶区的扩散情况

数据来源：2016 年入户调查。

6.4　割胶技术采用情况

6.4.1　割胶技术发展历程

早期人们通过用斧头砍掉树皮获取天然橡胶，在东南亚开展橡胶商业化种植之后，种植户开始寻求更加持久的生产方式。100 多年以来，种植户一直采用“V”形传统割胶刀，切削橡胶树皮来获取橡胶。传统的割胶生产模式始终没有被突破，生产方式没有根本性改变。1951 年我国开始大面积种植橡胶，目前种植面积处于全球第 3 位，产量居于第 5 位(2020 年 ANRPC 数据)，是世界上唯一在纬度 18 度以北范围内大面积成功种植橡胶的国家。由于纬度高，常年受风、寒、旱的困扰，我国每年橡胶树产胶时间比东南亚植胶国家少 2~4 个月。我国橡胶科技工作者经过不断的生产实践和科学研究，通过选择宜植胶地、选育抗性高产品种、研发抗风抗寒栽培技术和适应北移种植的采胶技术，基本上解决了上述问题。

刺激割胶技术是以乙烯利刺激为手段，以减刀、浅割、增肥、产胶动态分析、全程连续递进刺激割胶、低浓度短周期刺激割胶、复方乙烯利刺激割胶为主要内容的新割胶技术体系。20 世纪 70 年代，我国探索了橡胶树化学刺激、产胶动态分析割胶制度，① 并对乙烯利刺激橡胶树的增产机制、存在的问题展开了深入研究，将乙烯利刺激技术和“管养割”“三看割胶”先进经验结合起来，研究总结出高产稳产的割胶制度。② 当时使用乙烯利水剂、乳剂作为增产刺激剂这一技术在 2000 万株实生树上进行了全面推广。

20 世纪 80 年代，我国开始在中龄的芽接树上，采用低频、短线、少药、浅割、轮换、增肥、动态分析等措施，推广五种新型刺激割胶制度，③ 推广对象为 15 龄以上耐刺激品系。经大面积推广应用，新型割胶技术与常规割胶技术相比，减少割次 41%，省皮 20%~40%，省工 30%。1990—1992 年，我国在 104 个农场推广新型割胶技术，推广面积为 116 万亩，节省胶工 12000 人，胶工工资由 1800 元提高到 2800~3500 元。这一时期的技术扩散经济贡献显著，降低了农场人工成本。

PR107 是海南和云南垦区的四大主栽品系之一，该品种干胶含量较高，产胶潜力较大，但该品系初产期产量较低。20 世纪 90 年代，我国针对该品种初产期采用两种新割制，省工 30%，省皮 25%~30%。④ 经过跨省区、跨部门

---

① 刘松泉、郑学勤等完成的《橡胶树化学刺激、产胶动态分析割胶新制度》，1978 年获全国科学大会奖。

② 低频割胶技术和气刺短线割胶技术的原始资料由中国热带农业科学院橡胶研究所采胶团队提供。

③ 李乐平、许闻献等完成的《中龄橡胶芽接树割胶制度改革与推广》，1992 年获国家科学技术进步奖三等奖。

④ 许闻献、罗世巧等完成的《橡胶晚熟无性系 PR107 初产期刺激割胶制度研究》，1996 年获国家科学技术进步奖三等奖。

联合攻关，通过试验→总结→改进→提高→再改进→再提高→技术集成，我国完成了从实生树和国内低产芽接树到高产芽接树，从中老龄割胶树到幼龄割胶树，从较耐刺激品种到中等耐刺激品种的橡胶树割胶技术体系改进及应用，研究创建了“减刀、浅割、增肥、产胶动态分析、全程连续递进、低浓度短周期、复方乙烯利刺激割胶”等具有中国特色的割胶技术体系，并在我国橡胶树主栽区大面积推广应用。[①]

我国劳动力成本不断上升，其他行业与天然橡胶产业争夺劳动力的情况日益严峻，并且橡胶产业对年青一代缺乏吸引力。随着老一代橡胶种植户退出橡胶生产，产业面临着极大的劳动力缺口，并且这种缺口还将扩大，在可预见的短时间内不会得到有效缓解。大幅度提高割胶劳动效率，是吸引年青一代加入橡胶生产的主要手段之一。

6.4.2 种植户割制选择情况

2016 年入户调查显示，2015 年样本户均割胶天数为 95 天，最长为 240 天，最少的只割了 10 天。57.66%的农户选用 2 天 1 刀的割制，仍有 29.03%的农户选择高于 2 天 1 刀的割胶频率。但相比于 2013 年，割胶频率有所下降，2013 年采用 2 天 1 刀及以上割胶频率的农户占比大于 90%（见表 6-9）。提高劳动生产力的低频割制的推广应用进程非常缓慢。225 个报告割胶劳动力的样本中，有 6 户家庭有 3 个或 4 个劳动力参与割胶生产，52.65%的家庭只有 1 个人割胶，2 个人参与割胶的家庭占比为 44.69%。不少家庭是女性劳动力在家从事割胶生产，男性劳动力从事其他生产活动。

总体来看，在民营胶园，2 天 1 刀割制仍然占据主导地位，农户家庭割胶制度并没有发生明显的变化。随着技术的扩散，低频割胶甚至超低频割胶技术有零星的使用。

2013 年和 2019 年的调查中，超过 90%的样本农户采用 2 天 1 刀或者更高频率的割胶制度；2016 年调查的样本农户中这一比例低于 90%。2013 年接受访问的农户，基本都在割胶生产，且基本都采用高频率割胶制，采用 3 天 1 刀割制的农户比重不足 5%。2016 年已有 13.31%的农户开始尝试 3 天 1 刀和更低频率的割制，部分农户采用了 4 天或 5 天 1 刀，但数量很小。2019 年采用 2 天 1 刀割制的农户占比回升到 69.26%，这可能与样本村庄的差异有关；采用 3 天 2 刀割胶制度的农户占比相比 2016 年基本没有变化。总体来看，

---

① 许闻献、魏小弟等完成的《中国橡胶树主栽区割胶技术体系改进及应用》，2006 年获国家科学技术进步奖二等奖。

2013 年以来，民营胶园割胶制度基本没有发生大变化。

表 6-9　海南省民营胶园割制选择情况

2013 年 5 月调查数据			2016 年 8 月调查数据			2019 年 8 月调查数据		
割制	样本数/户	比重/%	割制	样本数/户	比重/%	割制	样本数/户	比重/%
3 天 1 刀	13	5.28	5 天 1 刀	1	0.4	6 天 1 刀	1	0.34
2 天 1 刀	168	68.29	4 天 1 刀	2	0.81	4 天 1 刀	2	0.78
3 天 2 刀	27	10.98	3 天 1 刀	30	12.1	3 天 1 刀	14	5.45
4 天 3 刀	17	6.91	2 天 1 刀	143	57.66	2 天 1 刀	178	69.26
5 天 4 刀	2	0.81	3 天 2 刀	41	16.53	3 天 2 刀	42	16.34
6 天 5 刀	2	0.81	4 天 3 刀	5	2.02	4 天 3 刀	9	3.50
1 天 1 刀	17	6.91	1 天 1 刀	26	10.48	1 天 1 刀	10	3.89
合计	246		合计	248		合计	257	

数据来源：2013 年、2016 年、2019 年入户调查。

6.5　林下资源开发与利用现状

橡胶收入显著下降，导致橡胶种植农户生活困难，农场经营陷入困境，部分胶园被废弃，我国亟须加强成龄胶园林下种养殖模式创新，并做好示范和推广。胶园林下经济模式主要是间作和养殖两种模式。[①] 海南省幼树胶园面积小，且基本都有间作生产；成龄胶园面积大，但间作等林下经济总面积不到 20 万亩，其中橡胶—益智约 10 万亩、橡胶—砂仁约 2 万亩，占全省 800 万亩胶园的比例很小，有大量的胶园林下资源未得到利用。

6.5.1　林下经济内涵与研究概况

林下经济是指以生态学、经济学和系统工程为基本理论，借助林地的生态环境以及景观资源，开展林下种植、林下养殖、林下产品初级加工、林下旅游等多重项目的复合生产经营活动（彭斌、刘俊昌，2013）。发展林下经济不仅有利于保护林地资源，还能有效增加低收入农户的家庭收入，推动地方“精准扶贫”（靳雅琪，2016）。为了将“绿水青山”变成“金山银山”，森林资源丰富的地区积极推动林下经济发展，2014 年全国林业产业总产值达到 59362.71 亿元，其中林下经济产值为 5403.94 亿元，占比为 9.10%；浙江、广西、四川林下经济发展较为突出，其中浙江林下经济产值达到 1497.71 亿

① 橡胶林下间作模式和全周期间作模式的资料由中国热带农业科学院橡胶研究所林下经济团队提供。

元，占全国的27.71%。[①] 从部分地区生产实践来看，林下经济发展有传统、有基础，政策推动和能人带动的作用比较明显；但因林下经济总体发展刚刚起步，各地发展还存在水平低、规模小、不规范等问题(集体林权制度改革监测项目组，2014)。林下经济的发展受诸多因素制约，主要体现在资金、市场、技术等方面(陈柯，2014；陈天仪，2014)。尽管2012年国务院出台《关于加快林下经济发展的意见》，提出在保护生态环境的前提下，以市场为导向，科学合理利用森林资源，大力推进专业合作组织和市场流通体系建设，着力加强科技服务、政策扶持和监督管理，促进林下经济向集约化、规模化、标准化和产业化发展，为林下经济发展提供政策支持，但从农户层面看，林下经济发展还受到诸多其他因素影响。廖灵芝、李显华(2012)对云南省大关县的调查发现，小农意识、林地流转困难、林权抵押贷款难以落实、产销脱节等因素是制约林下经济发展的重要因素。王团真等(2016)利用福建省三明市的农户数据，构建Probit模型分析农户发展林下经济的意愿，发现户主年龄、户主文化程度、林地面积、与县城的距离等因素对农户发展林下经济有显著影响；而对林下经济认知程度会正向影响农户发展林下经济的行为(王育平等，2015)。李娅、韩长志(2013)通过问卷调查了云南农户发展林下经济的意愿和需求，认为劳动力供应不足也是制约当地农户发展林下经济的因素。

海南省拥有森林面积3199.05万亩，其中人工林面积2203.95万亩，包含橡胶林813万亩。[②] 橡胶林属于人工经济林，橡胶树是落叶乔木，树高可达30米，种植密度一般为33株/亩，每行橡胶树之间有约4~8米的间距，为发展林下经济提供了足够的空间。海南省规模庞大的橡胶林，包含未开割的幼林约238.05万亩，为发展林下经济提供了广阔的空间和土地资源。但如何将橡胶林业经济单一发展转变为林业经济与林下经济并行发展一直是困扰产业发展的难题。现有研究从不同方面探索了诸多发展模式，比如橡胶林—南药、橡胶林—食用菌、橡胶林—家禽、橡胶林—草—家畜、橡胶林—花卉等(邓静飞、汪秀华，2013)。海南省国营龙江农场探索胶园林下经济，在1~2龄的中小苗林下大力发展香蕉种植，不仅让职工群众获得可观的收益，还促进橡胶中小苗快速生长(何泽华、周全，2008)。冀春花等(2010)分析了海南农垦广坝农场等实施的橡胶林—胶菌复合生态系统的成功经验，认为其实现了经济发展和生态效益的统一。程汉亭等(2014)从土壤养分含量、胶园杂草防控效率和胶园经济效益等方面综合评价了橡胶—益智间作模式，发现该模式能够

---

① 数据来源：《中国林业统计年鉴》(2015)。

② 数据来源：《海南统计年鉴》(2016)。

显著改善土壤含水量，抑制杂草生长，提高胶园经济收入，是拓展橡胶林下经济的新思路。从现有研究可以看出，国有农场在发展橡胶林下经济方面取得了一定成果，民营橡胶面积达 444.45 万亩，超过国有农场，但林下经济发展情况却鲜见报道，因此有必要对民营橡胶林下经济发展情况进行调查研究。

6.5.2 胶园林下经济发展现状

本节主要利用 2016 年海南省农户调查数据分析胶园林下经济发展情况。橡胶林下间作可以分为幼龄胶园间作和成龄胶园间作。幼龄胶园间作比较常见，因为幼苗期，胶树行距空间大，阳光充足，适于间作其他作物。常见的间作作物主要有香蕉、甘蔗、木薯、花生、瓜果等。成龄胶园林下间作是一个至今没有被很好解决的科研问题，常规胶园林下荫蔽度大，只适合种植一些比较耐荫的作物，如益智、砂仁、生姜等。橡胶价格低迷的情况下，发展林下经济是弥补家庭收入的有效方式之一。但调查发现，林下经济在民营橡胶园中发展的比例较低，大部分农户都没有发展林下经济的经历，且很多农户对发展林下经济存在认知不清晰的问题。

138 户(52.87%)受访者从来没有发展过林下经济，包括在新定植胶园间作其他作物(见表 6-10)。近四成未发展过林下经济的农户表示坡度大、胶园石块多或者水源缺乏导致地形环境不适合是他们未开发林下资源的主要原因，也是制约农户发展林下经济的最主要因素；其次是缺乏技术和缺少劳动力，这两个因素占比为 18.12%和 16.67%；有 17 户农户担心产品没有市场，种出来卖不掉，可能赚不到钱而放弃发展林下经济，所占比例为 12.32%；12 户农户因为橡胶地太小或者土地太少，难以形成规模经营而拒绝发展林下经济；另外还有 8 户农户担心开展林下种植会影响橡胶树生长而没有发展林下经济；7 户农户认为发展林下经济太辛苦而拒绝发展林下经济。选择其他的样本有 18 户，其中有少量农户表示缺乏资金、担心被偷是他们未发展林下经济的主要原因，少量农户表示从未考虑过林下经济问题，甚至未听过林下经济(见图 6-8)。

90 户(34.48%)的受访者家庭曾经或正在新定植胶园间作其他作物，间作作物主要以花生、木薯等油料作物和饲料作物为主，还有部分蔬菜、玉米等维持家庭生活的作物(见表 6-10)。在新定植胶园间作其他作物，一方面可以弥补橡胶树非生产期的经济收入，另一方面新定植胶园行距大，光热条件好，间种作物的选择范围大，收益较好。只有 3 户农户表示间种是亏本的。非生产期发展林下经济还能有效抑制杂草生长，有助于橡胶树生长。

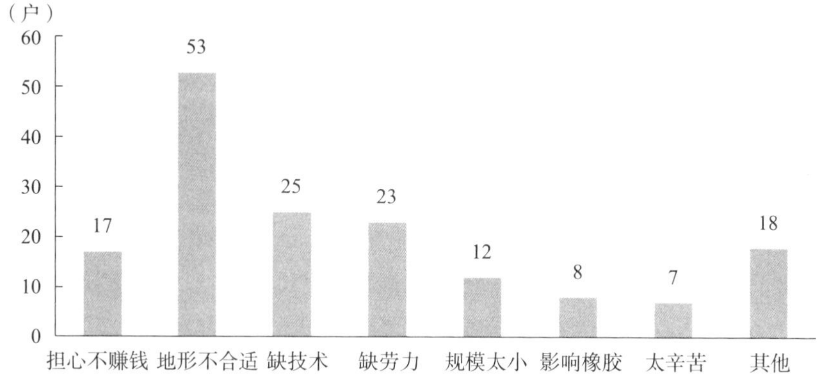

图 6-8 海南橡胶种植户未开发林下资源的原因

数据来源：2016 年入户调查。

成龄胶园荫蔽程度高，可选间作作物少，且市场具有较大的不确定性，但橡胶林下资源开发是提高土地产出率的重要因素。所调查农户中只有 31 户正在或曾经在成龄胶园间作过，占比非常低，但基本上都是有赚钱的。20 户给出间种作物的农户中 19 户选择的是益智，其中 11 户在琼中县，此外白沙县、万宁市、儋州市和琼海市有少量农户在橡胶林下间作益智。技术和资金是农户发展林下经济最为缺乏的两个要素。

表 6-10 海南植胶区样本农户发展林下经济情况

林下经济	样本量/户	比重/%
没有发展林下经济	138	52.87
新种植胶园间作	90	34.48
开割胶园间作	31	11.88
未回应	8	3.07

数据来源：2016 年入户调查。

调查发现，海南民营橡胶生产已经形成了一个比较成熟的产业链条，但是胶园林下经济发展缓慢。一方面农户对林下经济及林下经济模式缺乏认知，现有的技术并未惠及广大橡胶种植户；另一方面家庭内部资源和胶园所处的自然环境对发展胶园林下经济形成了一些制约。

海南主要橡胶种植区域，林下经济发展较为滞后，资源没有得到充分利用，特别是成龄胶园间作比例仅占调查样本的 12% 左右；益智因为其喜阴特性和药用价值，被认为是成龄胶园间作比较理想的作物，其种植区域主要分布在琼中县。成龄胶园发展林下经济是一个长期以来没有得到很好解决的科研问题，海南、云南植胶区都曾在生产上做过尝试，在局部地区取得了一些经济效益，比如云南德宏林下间作咖啡(彭中人等，2012)、海南广坝农场曾与公司合作在林下种植竹荪(林运萍等，2008)，但在更大范围内难以找到成功的模式。合适的作物、产品市场、劳动力资源的投入等问题一直没有得到很好的解决。

选择在幼龄胶园间作的农户比例高于在成龄胶园间作的农户比例，主要因为幼龄胶园适合种植的作物种类较多，进行间作时选择范围较大；且幼龄胶园处于非生产期，不用投入劳动从事割胶生产，有利于集中劳动力发展胶园间作。甘蔗曾经是海南比较常见的幼龄胶园间作作物，但由于利润低、榨糖产业萎缩等原因，种植甘蔗的农户急剧减少。海南农垦部分国有农场尝试在幼龄胶园间作香蕉、菠萝、木瓜、木薯等作物，不仅让职工获得了可观的经济收益，部分间作还促进了橡胶小苗的快速生长(何泽华等，2008；林运萍等，2008)。但对于普通农户家庭而言，胶园分散且面积小，难以形成规模，经济效益不突出。出于充分利用土地资源、防止杂草生长等原因，部分农户会选择在幼龄胶园间作，比如种植花生用于榨油，种植木薯喂猪、喂鸡等，以维持家庭日常开支为主，经济目的性不强。

除了资金和技术支撑外，农户发展橡胶林下经济还受到诸多因素制约，胶园地形条件、家庭劳动力数量、橡胶种植规模、产品市场等问题也是制约农户发展林下经济的重要原因。海南属于丘陵性低山地形，四面环海，受台风影响较大。胶园地形以山地、坡地为主，部分胶园土壤条件较差，不适合发展林下间作；部分地区因为缺少充足的水源，也在一定程度上阻碍了胶园林下经济的发展。

2014 年以来橡胶价格持续低迷，农户从事橡胶生产的积极性不高。2016 年农户调查发现，仅有约一半的农户仍然正常割胶，占样本量 24.52%的农户家庭完全放弃割胶。因橡胶树的排胶特性，割胶生产需要夜间开展，且劳动强度大，家庭年轻劳动力从事橡胶生产的意愿低，多选择外出务工。261 户受访者中 159 户家庭有劳动力外出务工，占比为 60.92%。留在家继续从事橡胶生产的劳动力多为缺乏一技之长、年龄偏大的，其从事橡胶生产已经十分艰难，没有更多精力投入到胶园林下经济生产。

2016 年入户调查显示，受访者平均种植橡胶树 653 株，包含开割树和未开割树，平均每户地块数为 2.67 片，平均每片地块种植橡胶 245 株。有农户甚至表示，家里有1000余株橡胶树，但分散在15片橡胶地，每片仅有60~80株。种植户普遍为小规模经营，地块分散，林下经济难以实现规模化生产，增加了管理的难度；如果林下作物产值不高，则难以对农户家庭经济形成有力支撑，达到分散单一经营风险的目的，导致农户发展林下经济积极性不高。

发展林下经济，经济效益必然是考虑的主要因素，但是部分产品市场空间小，部分产品配套的加工体系建设不完善，销售问题得不到解决，农户出于理性考量和对风险的厌恶，从而不敢尝试规模种植。部分地区曾出现过政府主推林下经济，最后产品集中上市，相互压价，卖不出去的情况。

6.5.3 橡胶种植户对全周期间作模式的认知

全周期间作模式是指从橡胶树定植后到更新时均可以开展间作生产的间作模式。最初是在胶园种植形式中宽行窄株的基础上，经过改良而发展起来的一种胶园种植形式（林福宇，2014），该模式的策略是在主作橡胶树不大幅减产的前提下让出部分空间，将株行距调整为2米×4米×20米，选择直立型橡胶树品种作为主作物，间种其他农作物（林位夫，2011）。曾宪海等（2012）的研究表明，全周期间作模式胶园比常规胶园拥有更多的林下可间作土地资源和光照资源，为胶园长期间作提供了一个新的平台。林位夫等（2015）经过多年生产研究，认为一定范围内采用全周期间作模式有利于降低天然橡胶单一生产经营的风险。该模式已经成为橡胶林下间作比较被认可的模式。

当问及橡胶种植户是否听说过全周期间作模式时，受访者中有11户未对此做出回应；91户受访者表示听说过，约占样本总数的1/3；有159户表示没有听说过，占样本总量的60%以上（见表6-11）。从地区分布来看，无论是绝对量还是相对量，儋州市橡胶种植户听说过全周期间作模式的农户数量都高于其他市县。白沙县、澄迈县和万宁市听说过全周期间作模式的农户比例均超过30%，而琼中县和琼海市听说过全周期间作模式的农户比例分别为22.22%和13.33%，屯昌县的调查样本都没有听说过全周期间作模式。值得注意的是，儋州市是中国热带农业科学院橡胶研究所的所在地，全周期间作模式便是从这里开始进行试验并推广的。白沙县、琼中县、澄迈县与儋州市接壤，但万宁市是个例外，屯昌县的特殊情况可能与样本量的大小有一定关系。

表 6-11　各市县受访者对全周期间作模式的认知情况

市县	各市县样本量/户	听说过		未听说过	
		样本量/户	比重/%	样本量/户	比重/%
儋州市	83	48	57.83	35	42.17
白沙县	31	12	38.71	19	61.29
琼中县	45	10	22.22	35	77.78
澄迈县	23	8	34.78	15	65.22
琼海市	30	4	13.33	26	86.67
万宁市	23	9	39.13	14	60.87
屯昌县	15	0	0.00	15	100.00
总样本量	250	91	34.86	159	60.92

数据来源：2016 年入户调查。

从图 6-9 中可以看出，约 40%的受访者因为没有亲身体验该种植模式，对其评价为不确定，整体上正面评价多于负面评价。但听说过全周期间作模式的农户中，正面评价和负面评价的比例基本一致，分别为 28.57%和 29.67%。对未听说过的农户，调查员都会用“全周期间作主要是指留出宽大的行间距，比如 20 米左右，降低种植密度，牺牲部分橡胶产量换取间作物的收成，可以一定程度防范橡胶收入低的风险”的解释向受访者描述全周期间作模式，或许是出于信任，抑或是出于对风险的厌恶，正面评价比例为 38.36%，远高于负面评价的 21.38%。

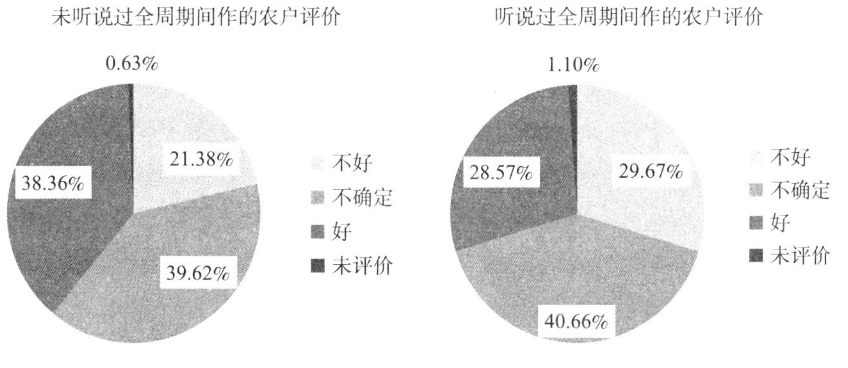

图 6-9　农户对全周期间作模式的评价

数据来源：2016 年入户调查。

全周期间作模式是发展橡胶林下经济较为被认可的模式之一，现有研究也表明这种模式能够显著降低橡胶单一经营的风险，但其还没有被大量推广，农户对该模式缺乏清晰的认知。胶园间作模式的推广不同于新品种或者新技术的推广，其受制于土地的不可移动性，推广时只能组织对发展林下经济有需求的农户到示范基地参观。技术推广难度大，因此出现靠近全周期间作模式科研单位的农户认知程度高，而距离远的农户认知程度低的现象。

尽管全周期间作模式在中国热带农业科学院橡胶研究所经过多年试验，取得一定的成效，但调查发现农户实际生产过程中几乎没有采用全周期间作模式的。农户对全周期间作模式的评价并非基于生产实践，而是基于认知情况及访谈过程中调查人员对全周期间作模式的解释。可能受橡胶价格下降，家庭收入低的影响，橡胶种植户有通过发展林下经济提高收入的意愿，对全周期间作模式的正面评价多于负面评价，但更多受访者没有实际观察到该种植模式的效果，因此持观望态度。适合发展全周期间作模式的橡胶树品种有热研 917 和热垦 628，这两个品种树干笔直、树冠比较舒朗；但海南民营胶园橡胶树品种以热研 73397、PR107、RRIM600 为主，采用传统 4 米×6 米或者 3 米×7 米的种植模式，短期内种植模式还难以改变。农户家庭橡胶种植面积一般比较小，空出 20 米的大行距可能许多农户暂时难以接受。因此，不论从农户认知、种植模式推广，还是农户家庭生产实践和资源条件来看，全周期间作模式还难以被种植户接受。

6.5.4 胶园林下经济发展的前景与建议

政府部门可以考虑将发展林下经济与乡村振兴结合起来，带动农户发展林下经济，实现产业振兴。首先，对民营胶园面积和类型进行核查，核定可以发展林下经济的土地规模和资源类型，调查贫困地区农户橡胶生产情况，制定发展林下经济的统一规划，确保林下资源合理开发。其次，在政策上对发展林下经济倾斜，联合科研部门主动为贫困户提供技术支持和培训，适当地给予资金、种苗扶持。最后，各地政府根据区域优势，合理布局，引导农户发展橡胶林下经济，同时努力搭建平台，建立产供销服务体系，让贫困户发展林下经济时“种得起，管得好，卖得出”，逐步形成规模，并结合生态、有机农业和“互联网+”形成地区品牌。

政府部门应鼓励、支持有条件的农户发展橡胶林下经济，对于缺少条件或者不愿意发展林下经济的农户，可以尝试推动其胶园土地流转，通过引入农业企业、建立合作组织或者发展种植大户等方式发展橡胶林下经济，形成一定的规模，发展适度规模经营。或者还可以考虑采用林下经营与橡胶树生产管理分离的方式，将集中连片的且适合发展林下经济的胶园统一出租或者承包给企业、合作社或者大户经营，这些经营主体专门从事林下作物种植和管理，农户则负责橡胶生产管理，农户在获得橡胶收入的同时还能获得一份地租收益。

科研部门则结合自身科研优势，制定精细化的科研目标，认真考察海南省各个地区地形、资源、气候条件和社会经济发展情况，以此为基础，研究符合不同地形、资源禀赋和经济社会条件的种植模式或者方案，确保形成的林下经济模式与地区发展需求相匹配。同时，科研部门还要加大科研力度，筛选更多适合发展林下经济的橡胶树品种和林下作物品种；选育更多树形直、树冠小、透光性好的橡胶树品种，以适应林下经济的需求；或者在现有橡胶树主栽品种基础上，结合品种生长特性，探索适合的林下经济发展模式；积极筛选适合林下经济发展的作物，尽量选择劳动力消耗少、管理粗放、潜在价值高的林下经济作物品种，防范劳动力短缺和市场风险。

科研机构与政府主管部门联合，积极开展林下经济信息咨询和技术培训等服务工作，宣传、引导农户发展林下经济，提高农户对林下经济的认知程度。对于已经开发成功的林下经济模式，比如全周期间作模式，可以尝试在各个市县选择合适的地区建立生产示范区，通过示范推广，提高农户对新模式的理解和认知程度，推动橡胶种植户采纳这种模式。

6.6 施肥技术现状

6.6.1 农户胶园施肥总体情况

施肥是胶园管理过程中非常重要的环节，在胶园物资要素投入中所占比重最大，肥料主要包括有机肥和化肥。按照生产技术规程的要求，给橡胶树施肥需要挖肥沟，将化肥、有机肥施在肥沟内，并简单覆盖；胶园内的杂草、枯枝落叶也可以作为橡胶树的肥料，在生产上叫作压青。由于橡胶树属于高大乔木，在土壤不是严重缺肥的情况下，施肥与否对橡胶树生长的影响不是特别明显，而且通常胶园施肥的效果不会立刻显现出来，有一定的滞后性。因此，生产上，民营橡胶园施肥往往不够规范，施肥量、施肥次数往往与生产技术规程的要求存在差距，甚至有部分农户长期不施肥。

2013 年入户调查询问了受访者上一年(2012 年)胶园施肥的情况，海南省 6 个市县 289 户受访者中有 287 户回应了施肥问题，其中 210 户受访者回答了施肥投入的金额，139 户受访者回答了施肥量，86 户受访者同时回答了施肥金额和施肥量的问题，26 户受访者没有施肥。在给出了每亩施肥金额的 210 个样本中，施肥金额在 25～50 元/亩、50～75 元/亩、75～100 元/亩、100～150 元/亩的样本所占比重基本相当，都在 18%～20%，每亩施肥金额超过 150 元的样本占比约为 20%。从施肥量来看，每亩施肥 25～50 千克的样本占比达 42.45%，施肥量在 50～100 千克的样本占比为 20.86%（见表 6-12）。

表 6-12　海南植胶区样本农户化肥施用情况（2012 年）

每亩施肥金额/元	0	≤25	25～50	50～75	75～100	100～150	150～200	>200	合计
户数/户	26	10	38	40	38	41	17	26	210
比重/%		4.76	18.10	19.05	18.10	19.52	8.10	12.38	
每亩施肥量/千克	0	≤10	10～15	15～20	20～25	25～50	50～100	>100	合计
户数/户	26	6	9	12	19	59	29	5	139
比重/%		4.32	6.47	8.63	13.67	42.45	20.86	3.60	

数据来源：2013 年入户调查。

云南西双版纳州景洪市和勐腊县的 207 户入户调查样本中，8 户没有回应施肥的问题，25 户样本农户施肥量为 0，174 户样本农户回答了每亩肥料使用量，68 户农户同时回答了肥料投入金额和数量。在给出施肥金额的 68 户样本中，每亩施肥金额为 50～75 元的农户占比最大，为 25%；每亩施肥金额为 100～150 元的农户占比为 16.18%。给出每亩施肥量的 174 户样本中，每亩施肥量为 25～50 千克的农户占比高达 22.41%；每亩施肥量小于等于 10 千克的农户占比为 18.39%；每亩施肥量为 15～20 千克的农户占比为 17.82%；每亩施肥量大于 100 千克的农户占比最小，仅为 4.02%（见表 6-13）。

表 6-13　2012 年云南植胶区样本农户化肥施用情况

每亩施肥金额/元	0	≤25	25～50	50～75	75～100	100～150	150～200	>200	合计
户数/户	25	5	10	17	9	11	7	9	68
比重/%		7.35	14.71	25.00	13.24	16.18	10.29	13.24	
每亩施肥量/千克	0	≤10	10～15	15～20	20～25	25～50	50～100	>100	合计
户数/户	25	32	26	31	18	39	21	7	174
比重/%		18.39	14.94	17.82	10.34	22.41	12.07	4.02	

数据来源：2013 年入户调查。

肥料在橡胶种植户生产成本中所占比重最高，但农户之间的化肥施用量差别较大。图 6-10 为海南省样本农户化肥施用投入金额与橡胶种植面积散点图。农户橡胶种植规模普遍较小，面积在 20 亩以下的胶园居多；肥料投入金额以 2000 元以下为主。本书对样本农户种植规模和施肥金额进行线性回归，结果显示，2012 年胶园化肥的边际投入金额为 88 元/亩。如果按照平均亩产 80 千克橡胶计算，当干胶价格低于 10 元/千克时，每亩边际投入占总产值的比重超过 10%。

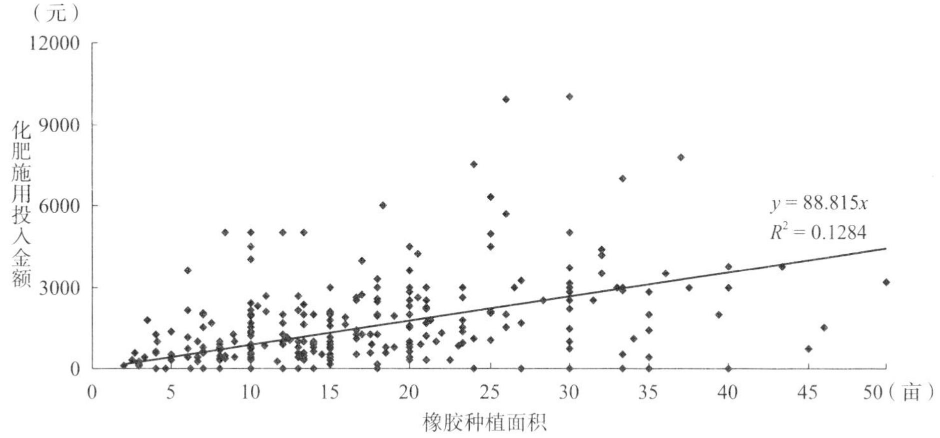

图 6-10　海南省样本农户化肥施用投入金额与橡胶种植面积散点图

数据来源：2013 年入户调查。

本书利用 2013 年云南植胶区入户调查数据，对农户橡胶种植面积与肥料施用量的关系进行回归分析，结果显示 2012 年农户化肥边际投入量为 23 千克/亩。图 6-11 为云南植胶区样本农户化肥施用量与橡胶种植面积散点图。胶园化肥的投入强度约为 107 元/亩、32 千克/亩。云南植胶区施肥强度比海南植胶区低，但产量相对高，凸显了云南种植条件的优越。

6.6.2　橡胶种植户施肥变化情况

为进一步了解橡胶种植户施肥结构和施肥决策，2016 年作者团队在海南再次针对橡胶种植户施肥问题进行了入户调查。与 2013 年入户调查不同，2016 年调查时，对上一年（2015 年）的施肥种类、施肥方式、施肥时间、施肥对象都进行了区分。

2016 年调查数据显示，149 户受访农户家庭有未开割胶园，其中 88 户 2015 年给未开割胶园施肥，61 户没有给未开割胶园施肥。261 户样本中，14 户样本未对开割胶园施肥情况进行回应，4 户无开割胶园，剩余 243 户样本农

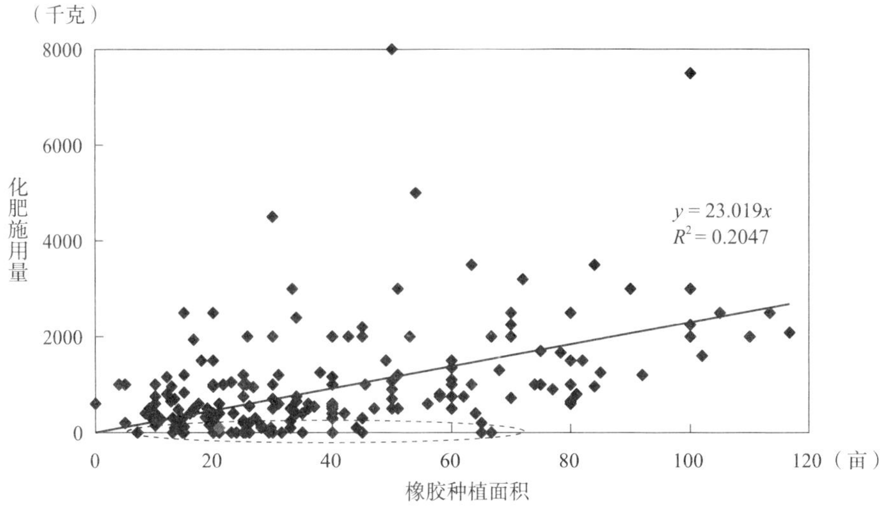

图 6-11　云南植胶区样本农户化肥施用量与橡胶种植面积散点图

数据来源：2013 年入户调查。

户有开割胶园，其中 138 户样本农户给开割胶园施肥，占总样本量的 52.87%，105 户样本农户没有给开割胶园施肥，占总样本量的 40.23%（见表 6-14）。与 2013 年相比，放弃给胶园施肥的农户比例大幅上升。

表 6-14　2015 年海南样本农户胶园施肥情况

未开割胶园	样本量/户	比重/%	开割胶园	样本量/户	比重/%	施肥种类	样本量/户	比重/%
施肥	88	33.72	施肥	138	52.87	橡胶专用肥	72	27.59
不施肥	61	23.37	不施肥	105	40.23	普通复合肥	88	33.72
无此项	106	40.61	无此项	4	1.53	氮肥	56	21.46
未回应	6	2.30	未回应	14	5.36	磷肥	8	3.07
合计	261	100.0	合计	261	100.0	钾肥	4	1.53
						有机肥	20	7.66
						未施肥/未回应	99	37.93

数据来源：2016 年入户调查。

有 146 户受访农户给出了肥料投入的费用，本书根据肥料投入的总费用情况及橡胶种植总规模，计算得出 146 户受访农户每株橡胶一年肥料投入金额为 2.7 元。施肥过程比较费工，如果按照一个人工 120 元每天计算，每棵树施肥的人工成本约为 1.13 元，因此每株橡胶树的施肥成本接近 4 元。从施肥种类来看，受访者家庭使用普通复合肥、橡胶专用肥和氮肥的居多，占比分别为33.72%、27.59%和21.46%；有20户受访者还施用有机肥或农家肥，占比为7.66%。还有99户受访者未对施肥种类情况做出回应或者并未施肥。同时施用3种肥料的农户有11户，同时施用2种肥料的农户有75户，仅施用1种肥料的农户有76户。

6.6.3 农户对施肥技术的认知

2016年入户调查结果表明，施肥的农户大部分使用肥坑或肥沟，主要依靠自己的经验来选择施肥量、方式、时间等，有专家指导的农户占比低于10%。对于橡胶树的养分需求，农户还是比较了解的，3/4以上施肥的农户认为施肥的效果好或很好。

在胶园生产管理中，施肥和除草是两个重要的环节。橡胶树属于热带乔木，种植地区一般都降水充分，林间杂草生长快，除草是胶林管护的主要工作之一。虽然2015年正常割胶的农户占比仅为52.85%，但农户都比较重视胶园管理，放弃割胶的农户中仍然有一半农户选择施肥，反而正常割胶农户施肥的占比较低，不足1/3。与施肥相比，农户更重视除草，有197户农户对是否打草甘膦或百草枯等除草剂做出回应，其中80%以上农户都使用除草剂（见表6-15）。2015年只有52户农户同时有除草和施肥行为；只施肥、不用除草剂的农户有22户，使用除草剂但不施肥的农户有110户。拥有未开割胶园的农户有149户，其中只有约60%的农户有选择施肥，对开割胶园施肥的农户占比为56.79%，农户对未开割胶园还不够重视。

102户给出不施肥原因的农户，基本都是由于价格低迷而不愿意投入或家里资金不足。没有农户因为“施肥与不施肥差别不大”而选择不施肥。接近100%的农户表示，橡胶价格好转了就会给橡胶树施肥，当然在肥料免费的情况下也可以考虑施肥。在精准扶贫行动中，肥料、种子及其他生产物资常常作为扶贫物资，免费发放给贫困户。

表6-15 2015年胶园施肥、除草情况 （%）

是否使用除草剂	施肥	不施肥	总体
使用	26.40	55.84	82.24
不使用	11.17	6.60	17.77
总体	37.57	62.44	197户

割胶与施肥、除草	施肥	不施肥	总体	使用除草剂	不使用除草剂	总体
正常割胶	16.12	36.78	52.89	47.03	4.86	51.89
选择性	9.92	16.53	26.45	18.38	6.49	24.86
放弃割胶	11.16	9.50	20.66	16.76	6.49	23.24
总体	37.2	62.81	242户	82.17	17.84	185户

数据来源：2016年入户调查。

6.7 自然灾害应对技术

6.7.1 自然灾害发生情况

自然灾害是农业生产无法回避的问题。我国属于自然灾害频发的国家，水、旱、虫、风、震等灾害不断发生，给农业生产带来巨大损失。2014年由于自然灾害我国农作物受灾面积达到37336.5万亩，其中绝收4635万亩（民政部国家减灾办，2015）。我国橡胶树主要种植区域为热带北缘，频繁受到台风、寒流、干旱和病虫害等自然灾害的影响。2005年"达维"台风登陆，给海南农垦橡胶种植业造成巨大经济损失，统计数据显示，受风害3级以上开割橡胶树达3372万株，受害率为51.0%，风害3级以上未开割橡胶树为789.9万株，受害率为33.9%，直接经济总损失达24亿元（余伟等，2006）。2008年1月中旬开始，海南进入持续40多天的低温、阴雨天气，受平流型寒害影响，海南垦区开割橡胶树死亡超过100万株，未开割橡胶树死亡达到117万株；低温寒害还导致海南垦区橡胶树开割时间普遍推迟1~2个月，造成约2.71万吨的干胶损失，直接和间接经济损失达16亿元以上（梁云强，2008）。与此同时，寒害的蔓延还诱发小蠹虫等次生灾害，海南垦区约500万株开割橡胶树发生小蠹虫害，占开割橡胶树面积的10%（符耀彩等，2008）。2009—2010年，云南出现了罕见的秋冬春连旱，省内各植胶区无一幸免，均遭受到不同程度的旱灾，导致云南农垦干胶减产10%以上，约1.2万吨，经济损失达2.5亿元（云南省农垦总局，2010）。2011年1月，云南滇东南红河、文山植胶区出现低温寒害，12℃低温持续了48天，使橡胶、香蕉等热带、亚热带经济作物遭受严重的寒害，企业和农户遭受了较大经济损失（阿红昌等，2011）。

自然灾害频繁发生造成了不可挽回的经济损失，严重影响我国植胶业的发展。针对各类自然灾害，学者们给出了不同的解决思路。有研究评估了自然灾害对橡胶产业造成的损失（梁运强，2008），分析灾害发生的原因（陈瑶，2010），提出防灾、减灾和灾后自救的办法（刘绍凯、许能锐，2008）。海南植胶区属于台风多发区，符方雄等（2010）对海胶集团橡胶树风灾保险理赔过程和风害评估提出了更加务实的改进建议；魏宏杰等（2009）建立海南农垦橡胶树风害损失分布函数，为讨论橡胶种植业保险的各种精算问题奠定基础；刘晓光等（2012）构建天然橡胶种植业灾害脆弱性评价指标体系，运用数学模型，对不同时间尺度下海南各市县天然橡胶种植业的灾害脆弱性进行定量评估；

刘少军等(2013)基于ArcGIS平台开发天然橡胶风害评估系统，对风害的防灾减灾决策起到积极作用。天然橡胶纳入农业保险的中央险种，为生产主体应对灾害提供了支撑。

2013年入户调查数据显示(见表6-16)，有67.75%的橡胶种植户认为近5年的自然灾害给他们带来了严重的损失(包括非常严重的情况)，有22.52%的橡胶种植户认为近5年的自然灾害给他们带来了一定程度的损失，仅有9.74%的橡胶种植户认为橡胶种植基本没有受自然灾害影响。海南和云南植胶区农户对自然灾害认知程度差异不大，认为橡胶严重受自然灾害影响的比重最大，分别为39.58%和43.90%；基本没有损失的比重均最小，分别为13.19%和4.88%。云南农户认为受到非常严重和严重影响的比重高于海南，但实际上海南橡胶种植条件要比云南差，出现这种情况可能是因为云南种植户对灾害的容忍程度较低。

表6-16　2013年样本农户遭遇自然灾害的情况

受灾情况	海南植胶区		云南植胶区		合计	
	户数/户	比重/%	户数/户	比重/%	户数/户	比重/%
非常严重	68	23.61	62	30.24	130	26.37
严重	114	39.58	90	43.90	204	41.38
一般	68	23.61	43	20.98	111	22.52
基本没损失	38	13.19	10	4.88	48	9.74

数据来源：2013年入户调查。

依据自然灾害的成因和特点，自然灾害大致可以分为气象灾害、地质灾害、海洋灾害和生物灾害四种类型。为了更清楚地体现自然灾害发生情况，本书将自然灾害分为气象灾害和生物灾害两类，台风、寒害和干旱导致的灾害为气象灾害，白粉病、炭疽病、小蠹虫、根病等病虫害为生物灾害。2016年海南省橡胶种植户入户调查数据显示，7.69%的农户认为近三年气象灾害非常严重，39.27%的农户认为气象灾害严重，还有53.03%的农户认为气象灾害造成的损失不大或者基本没有损失。生物灾害方面，认为受灾非常严重的农户仅有13户，占比为5.31%；认为受灾严重的农户占比为28.57%；认为生物灾害影响一般和基本没有损失的农户占比分别为29.80%和36.33%(见表6-17)。可以看出，农户认为气象灾害对橡胶树产生的破坏比生物灾害更严重。2013年的入户调查，将气象灾害和生物灾害统一纳入自然灾害类，比较2013年和2016年入户调查数据发现，自然灾害对橡胶树的危害程度有所降低，更多受访者认为自然灾害造成的橡胶树损失可以忽略不计。

表 6-17　2016 年海南样本农户遭遇自然灾害的情况

受灾情况	气象灾害		生物灾害	
	户数/户	比重/%	户数/户	比重/%
非常严重	19	7.69	13	5.31
严重	97	39.27	70	28.57
一般	71	28.74	73	29.80
基本没损失	60	24.29	89	36.33

数据来源：2016 年入户调查。

6.7.2　自然灾害认知情况

基于我国橡胶树的地区分布及其农业生产特性，危害橡胶树的自然灾害可分为气象灾害和生物灾害两大类型，其中气象灾害主要有风害、干旱、寒害和冰雹，生物灾害主要包括白粉病、炭疽病、根病、介壳虫、小蠹虫和红黄蜘蛛等。按自然灾害影响橡胶树的显著程度，受访农户根据其胶园发生的自然灾害进行排序，选择出危害较严重的 3 种自然灾害。

整体而言，海南橡胶种植户和云南橡胶种植户对自然灾害发生情况认知较为一致。风害是橡胶种植户公认的对橡胶树影响最为严重的自然灾害，尤其是在海南，其次是白粉病（见表 6-18）。在对灾害影响的显著性评价中，海南有 254 户种植户第一选择为风害，占样本量的 88.19%，只有 15 户认为白粉病是对橡胶树影响最为严重的自然灾害，占样本量的 5.21%；云南植胶区的数据显示，有 107 户种植户认为影响最为显著的是风害，占样本量的 52.20%，有 58 户的第一选择是白粉病，占样本量的 28.29%。第二选择中白粉病所占比例最大，海南有 32.99%的农户认为白粉病是仅次于台风的自然灾害，云南这一比例同样高达 32.68%。第三选择中，海南有 71 户做出回应，白粉病和小蠹虫灾害受到橡胶种植户更多关注，分别占调查样本数的 5.56%和 3.47%；云南有 90 户做出回应，尽管仍然认为白粉病、风害和干旱是影响橡胶种植的主要自然灾害，但是相对于第一和第二选择而言，比例和顺序都发生变化，干旱成为第三选择的主要自然灾害，白粉病次之，风害较弱。其他灾害主要指因为雨水过多导致橡胶树停割带来的损失或者因为山体滑坡导致部分橡胶树报废。

表 6-18　样本农户对植胶区自然灾害认知情况

灾害类型	第一选择				第二选择				第三选择				合计			
	海南		云南		海南		云南		海南		云南		海南		云南	
	户数/户	比重/%	户数/户	比重/%	户数/户	比重/%	户数/户	比重/%	户数/户	比重/%	户数/户	比重/%	户数/户	比重/%	户数/户	比重/%
风害	254	88. 19	107	52. 20	13	4. 51	41	20. 00	9	3. 13	16	7. 80	276	95. 83	164	80. 00
寒害	1	0. 35	5	2. 44	1	0. 35	9	4. 39	8	2. 78	3	1. 46	10	3. 47	17	8. 29
干旱	2	0. 69	26	12. 68	7	2. 43	39	19. 02	7	2. 43	23	11. 22	16	5. 56	88	42. 93
冰雹	0	0. 00	0	0. 00	0	0. 00	9	4. 39	0	0. 00	5	2. 44	0	0. 00	14	6. 83
白粉病	15	5. 21	58	28. 29	95	32. 99	67	32. 68	16	5. 56	19	9. 27	126	43. 75	144	70. 24
根病	3	1. 04	6	2. 93	19	6. 60	7	3. 41	4	1. 39	9	4. 39	26	9. 03	22	10. 73
介壳虫	1	0. 35	2	0. 98	14	4. 86	2	0. 98	6	2. 08	6	2. 93	21	7. 29	10	4. 88
六点始叶螨	1	0. 35	1	0. 49	7	2. 43	1	0. 49	6	2. 08	1	0. 49	14	4. 86	3	1. 46
小蠹虫	7	2. 43	0	0. 00	24	8. 33	1	0. 49	10	3. 47	1	0. 49	41	14. 24	2	0. 98
其他	0	0. 00	0	0. 00	11	3. 82	2	0. 98	5	1. 74	7	3. 41	16	5. 56	9	4. 39

注：海南植胶区 4 户样本农户因为种植经历较短或种植面积较小，认为没有受自然灾害影响。该问题为不定项选择。

数据来源：2013 年入户调查。

在海南省，影响橡胶树生产的主要自然灾害分别为风害、白粉病和小蠹虫；而在云南省，影响橡胶树生产的主要自然灾害为风害、白粉病和干旱。从农户对灾害类型做出回应的比重可以推断，海南橡胶种植户对灾害类型的认知较为集中，对风害做出回应的比重高达95.83%，而对第三严重的灾害小蠹虫做出回应的比重仅为14.24%（见表6-18）。云南橡胶种植户对灾害类型的认知较为分散，对风害、白粉病和干旱做出回应的比重分别为80.00%、70.24%和42.93%。寒害、冰雹、根病、介壳虫、六点始叶螨所占比重均偏低，在橡胶种植户看来这些都不是影响橡胶树生长的主要自然灾害。

尽管风害和白粉病均为制约两大植胶区橡胶种植最为严重的自然灾害，但是因为云南省和海南省地理位置、气候和橡胶树品种的差异，两大植胶区之间自然灾害分布情况还是存在较大差异。海南植胶区冰雹灾害发生率为0，而云南植胶区偶尔会发生冰雹灾害，因而有6.83%的云南橡胶种植户对冰雹灾害有较深刻的印象（见表6-18）。海南植胶区四面环海，属于热带季风气候，每年都会有强度不等的台风登陆海南，而且台风破坏性强，恢复时间较长，因此超过95%的橡胶种植户对风害记忆深刻；云南植胶区属于热带雨林气候，风害发生主要由阵风引起，与台风相比持续时间短，且影响范围小，影响程度较弱。但是云南植胶区旱季可长达7个月，近年来，罕见干旱天气使得部分橡胶种植户受损严重，因而该地区选择干旱的橡胶种植户比重远高于海南。

白粉病的流行与橡胶树抽叶物候期的长短、越冬菌量大小及冬春气候条件有密切关系，是一种典型的气候型病害（黄贵修、许灿光，2012）。白粉病已成为我国植胶区常年暴发的重要病害之一，海南和云南两大植胶区橡胶种植户对白粉病的认知差异在一定程度上与地区的气候条件和病虫害防治水平相关。另外，受自身认知结构的限制，橡胶种植户对小蠹虫、六点始叶螨、介壳虫等生物灾害难以做出确切判断，但这不会对调查问卷的结果产生显著影响。

6.7.3 自然灾害应对措施

6.7.3.1. 风害

现代卫星和遥感技术越来越发达，人们对台风等气象灾害能够提前做出预测，从而使得灾前风害防范成为可能。据调查，受台风影响较为严重的海南植胶区橡胶种植户更加偏向于风害的灾后处理，而忽视风害灾前防范工作。调查结果显示（见表6-19），在台风来临前，有181户种植户选择不采取任何防范措施，占调查样本数的62.85%；有53户种植户会选择清理部分枯枝，占调查样本数的18.40%；少部分橡胶种植户为预防风害采取了积极措施，比如选择检查胶园排水情况、修剪幼树和砍掉部分枝叶等，分别占调查样本数的6.25%、6.60%和2.78%；有极少数橡胶种植户因为担心台风吹倒橡胶树而提高割胶频率和割胶强度；少数种植户选择少施肥等其他应对措施，约占样本数的3.47%。

风害过后，大部分橡胶种植户都会根据风害情况做出适当处理，其中有234户种植户选择根据自己的经验处理风害树，占调查样本数的81.25%，主要措施为砍掉断倒橡胶树或者枝条，开割时间较短、较小的未开割橡胶树人工扶起；9户橡胶种植户因为不懂风害处理方法，只能仿效周边农户的做法采取风害自救工作，占到调查样本数的3.13%；仅有5户橡胶种植户选择请专家指导，依照专家建议进行风害自救工作；仍有40户橡胶种植户采取基本不管的做法，占调查样本数的13.89%。

表6-19　海南植胶区样本农户的风害应对措施

风害应对措施	风害之前		风害应对措施	风害之后	
	户数/户	比重/%		户数/户	比重/%
提高割胶频率和强度	2	0.69	请专家指导再处理	5	1.74
检查胶园排水情况	18	6.25	根据自己的经验处理	234	81.25
清理部分枯枝	53	18.40	仿效周边农户处理	9	3.13
不采取措施	181	62.85	基本不管	40	13.89
修剪幼树	19	6.60			
砍掉部分枝叶	8	2.78			
其他	10	3.47			

注：该问题为不定项选择。

数据来源：2013年入户调查。

6.7.3.2 寒害

据了解，应对低温寒害的措施主要有冬季除草培土、增施钾肥、锯枯枝、用烟熏胶园、提前停割或者降低割胶频率等。调查结果显示（见表6-20），在海南，积极利用这些措施的橡胶种植户仅有27户，不到调查样本数的10.00%。其中有12户采取提前停割或减刀等应对措施，占调查样本数的4.17%；9户采用冬季除草、培土的方法，占调查样本数的3.13%；少数橡胶种植户采用增施钾肥、烟熏胶园和锯枯枝等办法。大部分橡胶种植户未采取措施，占调查样本数的86.46%，其中115户明确表示因为没有低温寒害或者寒害不严重而没有采取应对措施。此外，调查发现有 12 户橡胶种植户采用割面涂保护剂和对幼苗采用覆盖保温的方法避免寒害影响。

云南植胶区每隔几年都会发生低温寒害，部分地区受损严重，如 2011 年初云南红河地区曾遭遇低温寒害。调查发现(见表 6-20)，云南西双版纳州橡胶种植户应对低温寒害采取的主要措施为用烟熏胶园，占调查样本数的 22.93%；少数橡胶种植户采用冬季除草培土、给树根涂药和锯枯枝等应对办法，没有农户因寒害增施钾肥；近七成橡胶种植户未采取任何措施，其中 39 户明确表示因为寒害少而未采取措施。这可能与调研区域选取有关，此次调研未能覆盖西双版纳州以外的其他胶区。

表 6-20　样本农户的寒害应对措施

低温寒害应对措施	海南		云南	
	户数/户	比重/%	户数/户	比重/%
冬季除草、培土	9	3.13	4	1.95
增施钾肥	3	1.04	0	0.00
锯枯枝	1	0.35	2	0.98
用烟熏胶园	2	0.69	47	22.93
提前停割或减刀	12	4.17	2	0.98
未采取措施	249	86.46	142	69.27
其他	12	4.17	1	0.49

注：云南有 8 户种植户未对寒害应对措施做出回应。

数据来源：2013 年入户调查。

6.7.3.3　旱害

海南有明显的旱季和雨季，少部分地区干旱严重，会对橡胶树生长及产胶产生不利影响。大多数种植户认为干旱气候没有或很少对橡胶生产带来不利影响，不足 10%的种植户认为自己的胶园受干旱影响严重，少部分橡胶种植户未对干旱问题做出回应。云南植胶区有近一半的橡胶种植户认为近几年胶园受干旱影响严重，37.56%的橡胶种植户认为胶园受干旱影响一般，只有很少一部分种植户的胶园基本没有受到干旱的影响(见图 6-12)。

从表 6-21 中可以看出，海南大部分橡胶种植户没有针对干旱采取应对措施，或者因为干旱发生不严重而未做出回应，这可能与海南不是干旱频发区有关。严重干旱会显著影响橡胶树的产胶能力，当干旱发生时部分橡胶种植户会采取降低割胶强度或暂停割胶的措施，此部分种植户占样本数的 24.31%。海南植胶区大部分位于山地或者丘陵，干旱发生时没有合适的水源

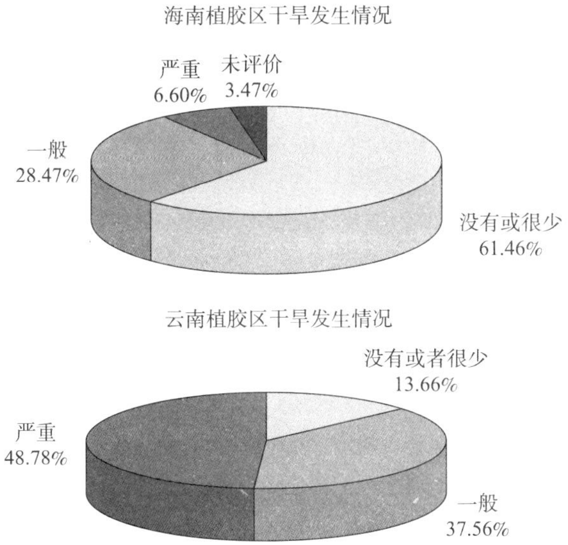

图 6-12　植胶区干旱发生情况

数据来源：2013 年入户调查。

来灌溉，仅有 11.46%的橡胶种植户能利用周边水资源抽水灌溉橡胶树。云南植胶区应对干旱的措施仅有一种，即降低割胶强度或者停割，这部分橡胶种植户占调查样本数的七成以上，还有不到三成的橡胶种植户可能因为干旱不严重而未采取措施。

表 6-21　样本农户的干旱应对措施

干旱应对措施	海南		云南	
	户数/户	比重/%	户数/户	比重/%
降低割胶强度，严重时暂停割胶	70	24.31	145	70.73
利用周边的水源进行抽水灌溉	33	11.46	2	0.98
定植时使用“围洞抗旱”	2	0.69	0	0.00
未采取措施	89	30.90	58	28.29
其他	4	1.39	0	0.00

注：海南有 96 户种植户未对干旱应对措施做出回应。

数据来源：2013 年入户调查。

6.7.3.4　病虫害应对措施

我国主要植胶区几乎每年都会发生病虫害，其中比较典型的是白粉病、小蠹虫。白粉病通过危害嫩叶影响橡胶树生长，小蠹虫通过危害树干影响橡胶树生长，严重时会造成橡胶树减产或者死亡。在海南，50%以上的橡胶种植户都会采取药物防治措施；15.28%的橡胶种植户会选择适当降低割胶强度或者暂停割胶，以维持橡胶树生长；有36户种植户同时选择以上两种防治措施；有104户橡胶种植户不采取任何防治措施，占调查样本数的36.11%，其中有15户种植户不懂得如何防治，少数种植户因为设备问题而没有防治（见表6-22）。

表6-22　样本农户的病虫害应对措施

病虫害应对措施	海南		云南	
	户数/户	比重/%	户数/户	比重/%
降低割胶强度，严重时暂停割胶	44	15.28	59	28.78
喷洒硫磺粉、农药等	153	53.13	188	91.71
没有任何防治措施	104	36.11	5	2.44
仿效周围的农户	5	1.74	0	0.00
其他	21	7.29	2	0.98

数据来源：2013年入户调查。

云南植胶区橡胶种植户应对病虫害的积极性明显高于应对干旱、寒害的积极性。在白粉病等病虫害来临时，90%以上橡胶种植户都会选择喷洒硫磺粉或者使用其他药物进行防治，说明在病虫害防治方面种植户具备基本常识。部分橡胶种植户会采取降低割胶强度，严重时甚至停割的措施，占调查样本数的28.78%；有49户种植户采取了降低割胶强度和药物防治结合的办法（见表6-22）。

6.7.3.5　政府救济措施

在长期生产过程中，橡胶种植户积累了一些应对自然灾害的经验，但是作为单一的生产经营主体，其承担自然风险的能力有限，特别是应对较严重自然灾害时，显得十分脆弱。如果政府提供适当的公共服务和物资，可以帮助农户应对自然灾害，进行生产自救。特别是对于贫困地区的农户，政府救济是他们走出灾难的希望。

两大植胶区调查结果显示（见图6-13），政府的灾后救济措施十分有限。云南橡胶种植户灾后得到救济的比例略高于海南，云南有不到14%的橡胶种植户受灾之后得到过政府在资金或者救灾物资方面的救济，而海南这一比例不到8%。救灾方式上，政府救济措施以提供救灾所需物资为主、提供救济资金为辅。从农场长期承包橡胶树的农户，每年会根据定产标准上缴承包费。受严重自然灾害影响后农场会适当给承包人降低定产标准，减少承包费，但这部分橡胶种植户占调查样本比重也很低。绝大多数橡胶种植户没有享受到政府部门的灾后救济措施。

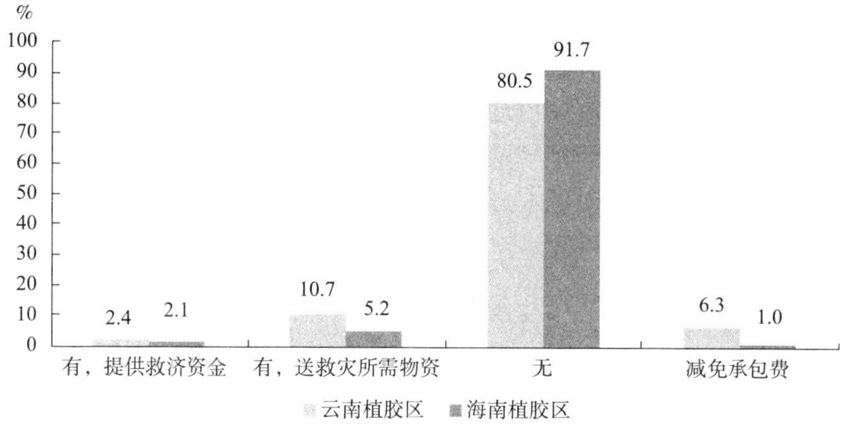

图 6-13　两大植胶区政府灾后救济措施

数据来源：2013 年入户调查。

第 7 章 橡胶树新品种的认知与采纳

国以农为本，农以种为先。《全国现代农作物种业发展规划(2012—2020年)》将天然橡胶纳入 15 种重要经济作物范围，要求开展相关种质资源搜集、保存、评价和利用。我国已经建立国家级和部级橡胶树种植资源圃，搜集保存橡胶树种质资源 8000 余份。经过橡胶科技育种工作者坚持不懈的努力，选育出热研 73397、热研 917、热研 879、云研 774、云研 772、热垦 628 等一系列优良品种，并逐步在橡胶主产区推广。种子是农业的芯片，我国橡胶树实现大规模垦殖的重要基础就是引进和选育的一批优良品种。橡胶树生长周期可长达 40 年，通过切割树皮获取产品，特殊的采收方式和超长的生命周期导致橡胶树品种更新缓慢。本章利用 2013 年和 2016 年农户调查数据，以热研 73397 为重点，探索新品种的扩散过程。

7.1 新品种扩散研究进展

随着资源环境约束加剧，依靠要素投入实现农业增长的空间变得极其有限，确保农产品长期有效供给，根本出路在于科技。科技进步是实现农业可持续发展的重要推动力量，而技术扩散则直接决定科技成果能否最终转化为现实生产力。农户是农业技术采用的主体，其技术采用行为实质上是一个动态的心理过程，包括认知、兴趣、评估、试验、应用 5 个阶段(Bell，1972；Rogers，1962)，每个阶段都会受到各类因素影响。优良品种是农业发展的基础，对提高单位面积产量、提升产品质量、增加农民收入有着关键作用。但证据表明，农户在新品种采用上往往表现迟缓或者比较谨慎，因为新品种可能带来生产风险增加(马小勇、白永秀，2013)。国内关于新品种或优良品种的研究成果丰硕，但大多数研究关注其中某一个阶段，而忽略了对过程的研究。

本书对现有研究梳理发现，关于新品种(优良品种)认知、选择意愿、采用行为方面的研究较为集中。黄庆节(2016)基于湖北、山东及安徽三省七市

385户农户数据，实证分析农户对新品种供需匹配状况感知及其影响因素，认为种子技术特性认知对农户供需匹配状况感知和对新品种采用意愿都有显著影响，农户的心理禀赋特质对农户种子技术特性认知与新品种采用意愿之间的正向关系起调节作用。奚超(2011)，李用鹏、孙剑(2013)基于农户调查数据，分析了农户对转基因水稻和水稻新品种保护制度的认知程度及其影响因素。陈会英(2010)利用山东省203份调查问卷，综合运用归纳总结和频数统计法，实证分析农民对植物品种权的认知程度。王志刚等(2007)在全国抽取452户农户进行调研，讨论了我国农户对植物新品种保护制度的认知及其原因，发现我国农户对植物新品种保护制度的认知程度较低。

赵峥(2016)基于线索理论，以农户新品种购买意愿作为因变量，将新品种创新性感知和接触动机作为调节变量，构建了"熟人社会"中的产品线索对农户新品种购买意愿的影响模型，分析了调节变量对因变量和自变量的调节作用与关系。部分学者用Logistic回归模型对花卉(张媛等，2012)、水稻(李冬梅等，2009)、小麦(牟爱州，2016)新品种需求意愿展开分析，发现户主特征、外部环境、技术本身特征及制度环境不同程度对新品种的选择意愿产生影响。农户在选择新品种时，主要希望新品种抗性改善，产量较以往品种有所提高，收入能增加，并且价格幅度应在一定的范围内(张献国，2015)。关于新品种采用方面的研究更为集中，祝文锦(2015)、徐湧泉和刘国勇(2015)、谢嫦等(2014)运用Logistic模型对不同地区农户水稻新品种采用行为影响因素进行实证分析，证明了农技培训对采用行为的重要性。部分研究对花生(黄武等，2012；朱国美，2011)、玉米(朱丽娟，2013；陈燕、许朗，2016)、小麦(何震天，2005)、油菜(曹熔琨，2011)、梨树(张湘，2009)新品种采用行为及其影响因素展开分析，不同类型作物，影响农户采用行为的因素存在差异，但也存在一定的共性，技术本身特性和家庭收入特征对采用行为有显著影响。吴炳灿(2013)的研究发现，兼业化程度与德化县黄花梨种植户新品种的采用概率呈倒"U"形关系。马小勇、白永秀(2013)从风险的角度考察了农户新品种采用行为与生产风险、风险态度的关系，新品种采用引致的生产风险与农户风险厌恶程度对采用行为有显著的负向影响。任克双(2008)分析了农户品种采用意愿和采用过程，发现种植规模、经销商提供的促销服务、农户对经销商的信任、农户对农业行政事业部门的信任、农户年龄是农户采用意愿和采用过程中的重要影响因素。李楠楠等(2014)分析了定西市马铃薯技术扩散过程中影响农户采用行为的因素，并探讨了各个因素之间的层次关系。

现有研究侧重于对新品种采用行为进行分析，少有对过程的研究。橡胶树属于高大乔木，其品种研发与更新周期很长，一般生长周期达 40 年左右。在我国橡胶产业 60 多年的发展历程中，橡胶树品种经历了实生树—初生代—次生代—三生代的品种改良路径，平均单产从最初的 30 千克/亩提升到 84 千克/亩，部分优良品种亩产可达 120 千克以上（李维国，2008；和丽岗等，2010）。经过科研工作者的不懈努力，我国自主选育出一批橡胶树优良品种，其中比较突出的有热研 73397、热研 917、热研 879、大丰 95、云研 772、云研 774 等品种。

7.2 计量模型与数据来源说明

计量经济分析中，寻求建模的数据可以是连续或离散的。当被解释变量为连续数据时，一般采用 OLS 进行线性回归分析；当被解释变量用离散数据表示时，需要引入离散选择模型。如果被解释变量只有两种选择，事件发生和事件不发生，往往选择 0~1 品质变量赋值，宜选择二元回归模型分析。Logistic 模型属于累积分布函数，不要求变量具有正态连续性，适合二元选择分析。分析农户新品种采用决策时，采用二元 Logistic 模型，其表达式为：

$$p = F(\alpha + \sum \beta_i x_i) = \frac{1}{1 + e^{-(\alpha + \sum \beta_i x_i)}} \tag{7-1}$$

其中，p 为农户采用橡胶树新品种的概率，其区间在[0，1]，Logistic 模型将概率问题转化为机会比问题，即采用新品种为不采用新品种的 $p/(1-p)$ 倍，对其取对数得到：

$$\ln(\frac{p}{1-p}) = F(y) = \alpha + \sum_{i=1}^{n} \beta_i x_i + \mu \tag{7-2}$$

其中，p 表示农户采用橡胶树新品种发生的概率，$1-p$ 表示农户未采用橡胶树新品种发生的概率；y 为被解释变量，表示农户采用新品种的情况；α 为回归方程的常数项，表示回归截距；$\beta_i(i=1, 2, \cdots, n)$ 为各影响因素的回归系数，表示该变量对被解释变量的影响程度；$x_i(i=1, 2, \cdots, n)$ 为解释变量，μ 为随机扰动项。

在分析橡胶树品种扩散过程时，本书参考现有研究，将橡胶树优良品种扩散过程分为认知、采用和采用比例三个阶段进行分析。橡胶树优良品种培育出来时，农户首先要关注和知道该品种，这一阶段为认知阶段。农户通过渠道了解该品种后对其进行评价，同时结合自身资源禀赋进行决策，决定是否采用；橡胶树属于长周期经济林木，产品为切割树皮的次生代谢产物，品种试种需要经过 8 年左右非生产期，要掌握更全面的品种信息，需对割胶生产过程中 10 年以上的产量、性状进行观察，短期内不可能对品种做出全面评价，因此其试用实质就是采用阶段。农户在采用品种过程中，逐步掌握品种性状，最后形成对品种采用比例的决策。

认知阶段，以农户是否知道热研 73397 品种为因变量，其属于二元变量。模型形式为：

$$Y_{iknowif} = \ln(\frac{p_{ik}}{1 - p_{ik}}) = \beta_{k0} + \sum_{m=1}^{m} \beta_{km} x_m + \varepsilon_k \tag{7-3}$$

采用阶段，以农户是否采用热研 73397 品种为因变量，其属于二元变量。模型形式为：

$$\begin{cases} Y_{iadoptif} = \ln(\frac{p_{ia}}{1 - p_{ia}}) = \beta_{a0} + \sum_{m=1}^{m} \beta_{am} x_m + \varepsilon_a \\ if \cdots Y_{iknowif} = 1 \\ if \cdots Y_{iknowif} = 1 and Y_{iknowif} = 0 \end{cases} \tag{7-4}$$

采用比例分析阶段，以农户实际采用热研 73397 品种占家庭所有橡胶树的比重为因变量，其属于连续变量。模型形式为：

$$\begin{cases} Y_{icatasshare} = \beta_{c0} + \beta_{c1} x_1 + \cdots \beta_{cm} x_m + \varepsilon_c \\ Y_{iadoptif} = 1 \end{cases} \tag{7-5}$$

其中 $i=1$，2，…，n 表示样本个数，$p_i = P(Y=1 \mid x_{1i}, x_{2i}, \cdots, x_{mi})$ 表示给定系列自变量时事件发生的概率。x_m 代表各解释变量，比如户主年龄、受教育程度、是否为村干部、技术培训、橡胶规模、所在市县以及其他可能影响农户品种采用过程的因素，β 表示影响因素的回归系数，m 表示影响因素的个数，ε 表示随机扰动项。

为了对橡胶树品种扩散过程进行深入研究，作者团队于 2013 年和 2016 年开展入户调查，对农户新品种认知、采用等情况进行调查。调研的具体情况介绍见第四章。我国天然橡胶产业在发展初期，通过引进国外优良品种与适应性试种，筛选出 PR107、RRIM600、GT1、PB86、RRIM712 和 IAN873 等品种进行大面积推广应用，使植胶业提前 30 年实现了良种化。根据海南、云南和广东三省农垦系统不完全统计，1995 年年末，全国 549. 15 万亩橡胶园中，国外无性系种植面积为 484. 35 万亩，占 88. 2%，其中 RRIM600 种植面积为 242. 4 万亩，开割面积为 159. 45 万亩；PR107 种植面积为 123. 75 万亩，开割面积为 111. 75 万亩；GT1 种植面积为 65. 55 万亩，开割面积为 55. 95 万亩（黄华孙，2005）。但由于我国地处热带北缘，植胶区经常受风灾、寒灾侵袭，整体产量不高。

中国热带农业科学院橡胶研究所、云南热带作物科学研究所和其他各生产单位选育种专家及工作者经过长期的科研攻关，在国外优良无性系和国内初生代无性系基础上，通过亲本组配和子代优选，选育出一大批抗逆性更强、产量更高、更适合我国植胶区环境特点的橡胶树新品种，其中的热研 73397、热研 917、云研 772、云研 774、热研 879 等优良新品种最有代表性，此外，我国还引进了热垦 525、热垦 628、热垦 523 等优良品种。通过多年的多点试种示范、科技培训和精心指导，新品种推广面积逐年扩大，热研 73397 在海南植胶区的种植面积占比接近 30%，在广东植胶区的种植面积占比超过 50%，总应用面积超过 300 万亩；云研 774 和云研 772 在云南植胶区种植面积占比超过 30%，总应用面积超过 250 万亩。这些品种的推广情况也在入户调查中得到进一步印证。

7.3 橡胶树新品种采用行为研究

7.3.1 研究假说

依据现有研究成果，本书将影响农户采用橡胶树新品种的因素分为内部因素和外部因素，具体表现为农户特征、种植情况和外部环境三个方面。农户特征通过受教育程度、性别 2 个变量体现，种植情况通过家庭农业劳动力数量、种植面积和橡胶收入比重 3 个变量体现，外部环境则通过是否担心销售和是否参加过培训 2 个变量体现。本书针对各变量提出以下研究假说：

(1)户主受教育程度是技术采用决策的重要影响因素，尽管少数研究认为受教育程度并不一定与技术采纳程度呈正相关(宋军等，1998)，但一般而言，户主受教育程度越高，其视野越开阔，对新技术认知能力越强，越容易接受新鲜事物，采用新技术的可能性越大。因此，预期受教育程度高的农户采用新品种的可能性越大。

(2)性别差异对农户采用新技术也会有一定影响，靖飞(2008)认为水稻种植过程中，女性生产决策者普遍较为细致，对于生产环节中的细节较男性更为注意，使得男性在品种选用方面的认知低于女性；而有研究却认为稻农中男性对新技术的选择意愿比女性要更强烈些(齐振宏等，2009)，这与男性在中国农村文化中在家庭大事决策中起支配作用的传统有关。我国植胶区主要分布在海南和云南山区，尽管割胶生产男性和女性都参加，但决策上更多以男性为主。预计性别与新品种采用呈正相关。

(3)家庭农业劳动力多，意味着劳动力要素丰富，采用新品种获得最大收益的可能性越大；家庭劳动力少的情况下，采用新品种可能会存在与劳动力要素不匹配的情况。刘涵等(2010)调查认为，家庭务农人数比例越大，该农户对农业生产越重视，采纳一项新技术的可能性也相应增加。预期劳动力越多，采用新品种可能性越大。

(4)理论上橡胶收入占家庭收入比重大，说明橡胶对农户家庭经济比较重要，农户通过技术途径实现收入增加的可能性更大。而关于荔枝农户技术采用行为的分析却表明，荔枝收入比重较低的农户采用间伐改造技术、水肥药一体化技术的概率反而较高(贺梅英、庄丽娟，2014)。孔祥智等(2005)认为，家庭经济状况较差的农户具有最强烈的采用可持续农业技术的欲望，而经济状况较好的农户对保护土地技术和新品种技术不感兴趣。我国植胶区主要位于偏远山区，农民家庭经济状况普遍较差。综合以上分析，暂且提出假说：橡胶收入比重越大，采用新品种的可能性越大。

(5)研究表明，农户家庭水稻种植面积越大，采用新技术的可能性越大(陈波，2005)。种植规模大，可能对家庭经济影响越大，并且采用新技术的效果可能越容易显现出来。预期种植面积与采用新品种呈正相关。

(6)齐振宏等(2012)的研究认为，预期收益对农户采用水稻新品种有决定性作用。是否担心销售反映了市场环境对农户决策的影响。如果产品的销售渠道不通畅，价格不理想，则意味着预期收益得不到保障，农户采用新技术的意愿就会减弱。预期是否担心销售与采用新品种呈负相关。

(7)农业技术培训是新品种推广的有力渠道之一，农业技术推广人员向农户讲解新品种生产情况及技术配套情况，可以让农户对品种有更为深刻的认知。技术培训作为一个经验交流平台，通过个别成功农户的示范，有利于提高农户对技术的信心，促进技术的采用(唐博文等，2010)。预期参加过培训的农户采用新品种的积极性更高。

7.3.2 变量设置

农户采用橡胶树新品种受多重因素影响，本书依据调研结果选择相应的变量，分为户主特征、生产情况和外部环境三类，表7-1列出了这些变量的均值、标准差。

表 7-1 影响农户采用橡胶树新品种的变量说明（2013 年）

变量类型	变量	变量定义	均值	标准差	假说
被解释变量	是否采用新品种（*variety*）	是＝1，否＝0	0.47	0.499	
户主特征	受教育程度（*educ*）	小学以下＝1，小学＝2，初中＝3，高中＝4，高中以上＝5	2.90	0.854	+
	性别（*gender*）	男＝1，女＝0	0.86	0.351	+
生产情况	农业劳动力数量（*agrlabor*）	实际值	2.34	0.945	+
	橡胶收入比重（*rubratioi*）	≤25%＝1，25%～50%＝2，50%～75%＝3，>75%＝4	2.79	1.145	+
	种植面积（公顷）（*rubarea*）	<0.67＝1，0.67～1.33＝2，1.33～2.00＝3，2.00～3.33＝4，≥3.33＝5	2.85	1.254	+
外部环境	是否担心销售（*salworry*）	不担心＝1；不担心，只是价格低＝2；担心，价格太低难以接受＝3；担心可能会滞销＝4	1.91	0.692	-
	是否参加过培训（*train*）	是＝1，否＝0	0.59	0.492	+

7.3.3 农户采用新品种的影响因素分析

二元 Logistic 模型回归结果见表 7-2，对农户调研数据进行二元 Logistic 回归估计，采用 Enter 进入法得到 Model Ⅰ。Model Ⅰ中解释变量橡胶种植面积与被解释变量新品种采用之间呈显著负相关，与预期不一致，也与大部分研究结论相悖。考虑可能存在适度规模经营的情况，即农户采用新品种的概率随橡胶种植面积增大而增加，但当达到某一特定值时，随种植面积增大而减少。本书引入解释变量种植面积的平方，并采用 Enter 进入法进行回归分析得到 Model Ⅱ。

表 7-2 影响农户采用橡胶树新品种的因素的回归结果

变量	Model Ⅰ		Model Ⅱ	
	回归系数/β	发生比/Exp(β)	回归系数/β	发生比/Exp(β)
受教育程度（*educ*）	0.394***	1.482	0.355***	1.426
性别（*gender*）	0.284	1.329	0.323	1.381
农业劳动力数量（*agrlabor*）	0.050	1.051	0.074	1.076
橡胶收入比重（*rubratioi*）	-0.215**	0.806	-0.231**	0.794
种植面积（*rubarea*）	-0.183**	0.833	0.582	1.789

续表

变量	Model Ⅰ		Model Ⅱ	
	回归系数/β	发生比/Exp(β)	回归系数/β	发生比/Exp(β)
种植面积平方（*rubarea*^{2}）			−0.129 *	0.879
是否担心销售（*salworry*）	−0.329 **	0.719	−0.312 **	0.732
是否参加过培训（*train*）	0.295	1.343	0.310	1.364
常数项（constant）	−0.009	0.991	−0.919	0.399
Chi-square	44.098 ***		47.751 ***	
Hosmer and Lemeshow test	0.458		0.303	
Predicted	62.6		65.9	

注：*、**和***分别表示在10%、5%和1%的水平上显著。

综合模型回归结果可知，受教育程度、橡胶收入比重、是否担心销售3个变量Wald统计值能通过显著性检验；种植面积在Model Ⅰ中能通过显著性检验，但在Model Ⅱ中不能，并且对被解释变量的作用方向发生改变，种植面积的平方能通过显著性检验；其余变量在10%的显著水平下不能通过检验。

7.3.3.1 户主特征

受教育程度与被解释变量之间显著正相关，与预期结果一致；户主性别与预期一致，但不显著。受教育程度对新品种采用有显著影响且正相关，说明受教育程度高的农户采用新品种的可能性越大。受教育程度高的农户信息获取渠道较多，对新品种认知和接受能力较强，更愿意采用新品种。户主性别对新品种采用有一定影响，说明大部分家庭男性对新品种采用有决定性作用，女性可能受教育程度较低同时承担更多家务，决策地位较低，但女性也是橡胶生产特别是割胶的主要劳动力，她们对新品种采用也有一定影响。

7.3.3.2 种植情况

家庭农业劳动力数量与被解释变量正相关，与预期方向一致，但结果不显著；橡胶收入比重与被解释变量之间显著负相关，与预期方向相反；引入种植面积的平方后，种植面积与被解释变量由显著负相关性变为不显著的正相关，种植面积的平方与被解释变量呈显著负相关关系。家庭农业劳动力数量与新品种采用概率正相关，说明农业劳动力较多的农户家庭采用新品种的可能性更大。橡胶生产属于劳动密集型产业，特别是割胶生产环节，需要有充足的劳动力支撑。农业劳动力较多的家庭对橡胶生产可能更为重视，更愿意通过采用新品种实现家庭收益最大化。橡胶收入比重与采用新品种之间呈显著负相关，意味着橡胶收入占家庭收入比重大的农户家庭，采用新品种的概率较小。可能的解释为橡胶树属于长期经济作物，从种植到投产有7~8年的非生产期，投产后生产周期可以长达30年左右。在长期的生产实践中，农户对现有品种可能会有较强的认同感，并形成依赖。橡胶收入占家庭收入比重大，说明原有品种对家庭收入贡献较大，而更换新品种需要经历非生产期，同时面临着较大的风险，从而使得采用新品种意愿降低。也有可能农户对收入问题比较敏感，调研中不愿意透露自己真实的收入情况，导致橡胶收入与实际存在差距。理论上种植规模越大，农户采用新品种的概率越大，规模优势与优良品种结合，更容易形成规模经济，提高经济效益。但农业生产中，土地要素需要与劳动力、资本投入相匹配，才能实现收益优化。调研发现，种植规模偏大的农户对胶园管理比较粗放，加之部分地区，信息闭塞，缺乏技术指导和服务，可能对新品种缺乏认知；种植规模较小的家庭采用新品种的比较收益较低，新品种对增加收入效果不明显，因而采用新品种概率较小。种植规模居中的农户家庭采用新品种收益增加较为明显，采用新品种的可能性更大。正如回归结果所显示的，随着种植规模的扩大，农户采用新品种呈现先增后降的变化趋势。

7.3.3.3 外部环境

是否担心销售与被解释变量显著负相关，是否参加过培训与被解释变量正相关但不显著，均与假说方向一致。是否担心销售反映了农户对市场销售渠道和收益的预期。国内产量远不能满足需求，需要大量从国外进口。随着产业发展，各类加工厂在海南、云南相继成立，农户的胶乳由收胶站收购或者直接卖到加工厂。大部分农户表示，基本不存在卖胶难的问题，但价格偏低时，会出现惜售的情况。不担心销售问题的农户往往对橡胶种植有良好的预期，更愿意采用新品种技术，以提升单位面积产出，提高生产效率，实现家庭收益最大化。是否参加过培训与农户采用新品种呈正相关，说明参加过技术培训的农户采用新品种比例更大，技术培训对新品种采用有一定的推动作用。热区建立了较完善的生产技术培训体系，各地都设有农业技术推广部门或专门的橡胶技术推广单位。但由于农户自身认知水平有限，对橡胶生产技术的接受程度有限，从而导致出现参加技术培训对新品种采用有一定的促进作用，但结果不显著的现象。

在海南和云南植胶区，国外优良无性系品种PR107、RRIM600和GT1的种植面积所占比例仍然较大，特别是RRIM600和GT1在云南占据主导地位；国内自主培育的新品种热研73397在海南的推广比较成功，大丰95推广面积则较少；离技术发源地较近的农户采用新品种的比例更高，采用新品种的时间也更早。

回归结果表明，受教育程度高的农户更倾向于采用新品种；不担心销售的农户对橡胶市场有较好的预期，采用新品种的可能性也更大；而橡胶收入占家庭收入比重大的农户可能因为对风险偏好更保守，采用新品种的概率较低。农户采用新品种的概率与种植面积之间呈倒“U”形关系，种植面积较大的农户采用新品种比例较小；种植规模较小的农户采用新品种比例也较小，规模适中水平下采用新品种农户比例较大。

7.4 橡胶树优良品种热研 73397 扩散过程研究

2013 年，作者团队在不完全掌握品种分布的情况下，将国内自主选育的优良品种定义为新品种，将国外引进品种定义为传统品种，并对农户采用新品种的行为展开研究。调查发现，热研 73397 是推广面积最大的新品种并且主要分布在海南省。2016 年的调查重点区域在海南省主要橡胶种植市县，作者团队对农户的橡胶树品种认知、采用、采用比例等进行了深入分析。

7.4.1 研究假说

农户从认知到采用优良品种的过程中，首先必须知道这个品种及其相关信息，然后才能对品种进行评价，进而形成是否种植的决策，之后才涉及品种采用及采用比例的问题。本书依据现有研究成果，结合研究目标，从个体特征、家庭特征两个层面研究影响农户品种认知及采用行为的因素。橡胶种苗主要有三种形式：裸根苗、袋装苗和籽苗芽接苗，而同种形式的不同品种橡胶树种苗之间价格并无差异。2006 年国家开始实施橡胶树良种补贴政策，大部分农户都享受到良种补贴政策的实惠，但调查却发现农户普遍对良种补贴政策缺乏认知。另外，橡胶树有相当长的生长周期，部分农户的橡胶树可能是从父辈那里继承的。因此，本书未将种苗价格、国家政策、年龄等归为影响农户品种认知及采用的因素进行分析。

个人特征主要包括户主性别、民族、受教育程度、是否为村干部、从事橡胶生产的意愿和是否参加过技术培训。家庭特征则包含家庭农业劳动力数量、家庭全年支出、橡胶收入比重、橡胶地块数、橡胶树规模及农户家庭所在市县。

(1)性别差异对农户技术认知与采用会有一定影响，靖飞(2008)认为水稻种植过程中，女性生产决策者普遍较为细致，对于生产环节中的细节都要较男性更为认真，使得男性在品种选用方面的认知低于女性，而有研究却认为稻农中男性对新技术的选择意愿比女性要更强烈些(齐振宏等，2009)，这与男性在中国农村文化中向来就有在家庭大事决策中往往起支配作用的传统有关。海南橡胶种植区，男性女性都参与橡胶生产管理，但在品种认知和采用方面，男性作用可能大于女性。

(2)海南少数民族以黎族为主，大多聚居在中西部贫困山区，长期以来少数民族居住地相对集中、封闭，少数民族农户在信息获取方面较汉族农户滞后，受教育程度普遍较低。因而其在新品种认知和采用方面可能不及汉族农户。

(3)户主受教育程度是技术认知与采用决策的重要影响因素，尽管少数研究认为受教育程度并不一定与技术采纳程度呈正相关(宋军等，1998)，但一般而言，户主受教育程度越高，信息获取的渠道越多，越容易接受新鲜事物，采用新技术的可能性越大。

(4)村干部一般是农村社会的精英，起上传下达的作用，信息获取渠道多而迅速，接收理解信息能力较强；其在发展生产、带动农民致富方面一般能够起带头作用。因此，村干部家庭对新品种认知能力较强，采用新品种的可能性更高、比例更大。

(5)从事橡胶生产的意愿直接体现为农户从事橡胶生产的积极性，2014年以来，天然橡胶价格急剧下降并保持低迷，农户收入锐减，农户的生产积极性受挫。愿意继续从事橡胶生产的农户往往缺乏其他收入来源，一般会更加关注新品种、新技术。因此继续从事橡胶生产的意愿可能与新品种认知与采用呈正相关。

(6)农业技术培训是新品种推广的有力渠道之一，农业技术推广人员向农户讲解新品种生产情况及技术配套情况，可以让农户对品种有更为深刻的认知。技术培训作为一个经验交流平台，通过个别成功农户的示范，提高了农户对技术的信心，促进了技术的采用(唐博文等，2010)。

(7)家庭农业劳动力多，意味着劳动力要素丰富，采用新品种获得最大收益的可能性越大；家庭劳动力少的情况下，采用新品种可能会存在与劳动力要素不匹配的情况。刘涵等(2010)认为，家庭务农人数比例越大，该农户对农业生产越重视，采纳一项新技术的可能性也相应增加。预期劳动力越多，对新品种认知程度越深，采用新品种的可能性越大。

(8)理论上橡胶收入占家庭收入比重大，说明橡胶对农户家庭经济比较重要，农户通过技术途径实现收入增加的可能性更大(贺梅英、庄丽娟，2014)。孔祥智等(2005)认为，家庭经济状况较差的农户具有强烈的采用可持续农业技术的欲望，而经济状况较好的农户对新品种不感兴趣。海南植胶区主要集中在海南中西部地区，此区域农民家庭经济状况普遍较差。综合以上分析，提出假说：橡胶收入比重越大，对品种认知越强，采用新品种的可能性越大。

(9)橡胶树生产周期很长，其产品采集方式特殊，即通过切割树皮生产胶乳，这一特征决定了其品种更新只能待现有橡胶园更新或者有新的土地时才能进行。因此，橡胶地块数多的农户，采用新品种的可能性更大。

(10)橡胶树规模大的农户，有条件同时采用不同的品种。因此，橡胶种植规模越大，农户对新品种认知能力越强，采用新品种的可能性更大。

(11)对优良品种空间扩散的研究(刘笑明等，2011)表明，农业技术扩散中的近邻效应，有助于提升靠近技术发源地的农户认知水平，其采用新品种的可能性越高、比例越大。中国热带农业科学院橡胶研究所是热研 73397 的选育单位，位于儋州市，因此预计越靠近儋州的农户知道和采用该品种的可能性越大，采用比例越大。

7.4.2　变量选择

依据以上假说内容，本书从决策者个体特征和家庭特征两个层面设置解释变量，个体特征包含体现决策者素质的变量，即性别、民族、受教育程度、是否为村干部、技术水平 5 个变量，以及体现决策者生产经验态度的变量，即是否参加培训、风险态度、是否加入合作社、继续种胶意愿 4 个变量(见表 7-3)。家庭特征主要包含体现家庭资源拥有及收支情况的变量，即农业劳动力数量、橡胶地块数、橡胶规模、家庭年支出、橡胶收入比重和家庭所在市县 6 个变量。热研 73397 品种扩散过程的第一阶段为品种认知，以农户是否听说过热研 73397 品种作为判断依据，0 表示没有听过，1 表示听说过；第二阶段为品种采用，以农户是否种植热研 73397 品种为判断依据，0 表示未采用，1 表示已采用；第三阶段为品种采用比例，指农户家庭种植热研 73397 品种的株数占家庭全部橡胶树株数的比例，为农户采用该品种比例的实际值。

表 7-3　影响热研 73397 扩散的变量说明

变量	代码	变量定义	均值	标准差	假说 1	假说 2
品种认知	*knowif*	0=没听过，1=听过	0.759	0.429		
品种采用	*adoptif*	0=未采用，1=已采用	0.660	0.475		
采用比例	*catas_share*	实际值	0.749	0.292		
性别	*gender*	0=女性，1=男性	0.857	0.351	+	+
民族	*ethnic*	0=汉族，1=少数民族	0.459	0.499	-	-

续表

变量	代码	变量定义	均值	标准差	假说 1	假说 2
受教育程度	*educ*	1=小学及以下，2=初中，3=高中及以上	2.163	0.647	+	+
是否为村干部	*cadre*	0=群众，1=村干部	0.374	0.485	+	+
技术水平	*skill*	1=不懂技术，2=懂一点，3=技术一般，4=较好，5=技术骨干	2.818	1.037	+	+
是否参加培训	*train*	0=近 3 年未参加，1=参加过	0.594	0.492	+	+
风险态度	*attitude*	0=风险厌恶，1=风险偏好	0.278	0.449	+	+
继续种胶意愿	*will*	0=不愿意继续种胶，1=愿意	0.788	0.410	+	+
是否加入合作社	*coop*	0=未加入合作社，1=已加入	0.137	0.345	+	+
农业劳动力数量	*agrlabor*	1=1 人，2=2 人，3=3 人以上	1.984	0.627	+	+
家庭年支出	*expend*	1=0~18000 元，2=18001~27600 元，3=27601~43320 元，4=43320 元以上	2.478	1.136		
橡胶收入比重	*rubber_inc*	1=0，2=不足一半，3=约一半，4=一半以上	2.412	1.064	+	+
橡胶地块数	*rubber_land*	1=1 块，2=2 块，3=3 块，4=4 块，5=5 块及以上	2.504	1.337	+	+
橡胶规模	*rubber_area*	1=0~350 株，2=351~700 株，3=701~1050 株，4=1051~1400 株，5=1400株以上	2.220	1.208	+	+
家庭所在市县	*danzhou*	0=其他市县，1=儋州	0.326	0.470	+	+

7.4.3 热研 73397 品种扩散过程实证分析

本书运用 STATA14.0 软件在品种扩散的各阶段建立 Logistic 模型方程或多元线性回归方程进行实证研究。第一阶段分析影响农户对热研 73397 认知的因素，对全样本进行回归分析；第二阶段分析影响农户采用该品种的因素，首先对已经知道该品种的样本进行回归分析，然后对全部样本进行回归分析，并将农户认知纳入解释变量；第三阶段通过多元线性回归分析，判断影响农户采用热研 73397 品种比例的因素。

7.4.3.1 第一阶段：农户对热研 73397 的认知

认知阶段，本书建立了 5 个回归方程，其中方程 Ⅰ ~ Ⅳ 为 Logistic 模型方程，方程 Ⅴ 为多元线性回归方程。方程 Ⅰ 引入包含个体特征和家庭特征的全部相关变量，方程Ⅱ只引入决策者个体特征相关的变量，方程Ⅲ只引入决策者家庭特征相关的变量，方程Ⅳ引入经过筛选后的变量，方程Ⅴ引入经过筛选后的变量，回归结果见表 7-4，其中方程Ⅳ的卡方检验统计量 LR chi^2 = 46.31 且 Prob>chi^2 = 0.0000，说明方程有效性非常显著。

表 7-4 热研 73397 的认知回归结果

变量	方程Ⅰ	方程Ⅱ	方程Ⅲ	方程Ⅳ	方程Ⅴ
性别(*gender*)	-0.394 (0.680)	-0.260 (0.519)			
民族(*ethnic*)	-1.062** (0.452)	-0.847** (0.377)		-0.863** (0.408)	-0.112* (0.058)
受教育程度(*educ*)	-0.322 (0.345)	-0.276 (0.289)		-0.515* (0.331)	-0.063 (0.042)
是否为村干部(*cadre*)	1.084** (0.468)	1.000** (0.411)		1.292*** (0.436)	0.156*** (0.055)
技术水平(*skill*)	0.175 (0.215)	0.315* (0.176)			
是否参加培训(*train*)	1.236*** (0.420)	1.145*** (0.362)		1.317*** (0.384)	0.183*** (0.054)
风险态度(*attitude*)	0.133 (0.474)	-0.021 (0.386)			
继续种胶意愿(*will*)	-0.297 (0.534)	0.272 (0.421)			
是否加入合作社(*coop*)	0.512 (0.731)	0.645 (0.679)		0.883 (0.708)	0.037 (0.076)
农业劳动力数量(*agrlabor*)	-0.429 (0.335)		-0.221 (0.274)	-0.360 (0.303)	-0.044 (0.042)
家庭年支出(*expend*)	0.102 (0.179)		0.131 (0.150)	0.110 (0.165)	0.017 (0.023)
橡胶收入比重(*rubber_inc*)	0.275 (0.220)		0.307* (0.185)	0.340* (0.196)	0.043 (0.026)
橡胶地块数(*rubber_land*)	-0.029 (0.162)		-0.063 (0.143)		
种植规模(*rubber_area*)	0.741 (0.788)		1.381** (0.637)	0.237 (0.165)	0.033 (0.024)
种植规模的平方项 ($rubber\_area^2$)	-0.074 (0.144)		-0.207* (0.112)		

续表

变量	方程Ⅰ	方程Ⅱ	方程Ⅲ	方程Ⅳ	方程Ⅴ
家庭所在市县(*danzhou*)	0.562 (0.534)		0.853* (0.466)	0.859* (0.461)	0.097* (0.058)
常数项	0.421 (1.507)	0.449 (0.930)	-1.044 (0.956)	0.627 (1.055)	0.634*** (0.140)
样本量	212	230	240	234	234
LR chi^2	37.62	27.04	21.89	46.31	
Prob>chi^2/F	0.0017	0.0014	0.0026	0.0000	0.0000
Pseudo R^2/Adj-R^2	0.1807	0.1122	0.0873	0.1907	0.1314

注：*、**、***分别表示在10%、5%和1%的显著性水平；括号中为标准差，下同。

回归结果显示，方程Ⅳ中民族、受教育程度、是否为村干部、技术培训、橡胶收入比重和家庭所在市县6个变量统计值能通过显著性检验，仅受教育程度与预期方向相反；其余变量在10%的显著水平下不能通过检验，合作组织、种植规模与预期方向一致。单独考察决策者个体特征对品种认知的影响时，除民族、是否为村干部、是否参加培训等3个变量外，技术水平对农户品种认知有显著正向影响；单独考察家庭特征对品种认知的影响时，除橡胶收入比重和家庭所在市县外，种植规模、种植规模的平方分别对品种认知有显著的正向、负向影响，说明种植规模与品种认知呈倒“U”形关系。具体分析如下：

（1）个体特征。决策者个体特征中，民族与被解释变量之间显著负相关，与预期方向一致；说明少数民族农户对新品种认知程度较低。黎族是海南最大的少数民族，主要聚居在经济较不发达的中西部地区，在热研73397品种推广示范过程中，由于语言文化障碍，一般会先在沟通障碍较小的汉族地区示范推广，因此新品种在汉族地区被知晓的速度和数量要好于少数民族。是否为村干部与被解释变量之间显著正相关，与预期方向一致；说明村干部家庭对新品种认知水平较普通农户更高。村干部是村民和上级农业技术服务部门、技术推广单位连接的纽带，起着上传下达的重要作用，在信息获取、技术认知方面好于普通农户。受教育程度与被解释变量显著负相关，与预期相反；这一点可以在户主受教育程度与家庭橡胶收入比重的关系中得到解释，家庭收入比重反映了农户兼业化程度，受教育程度较高的农户兼业化程度较高，在海南，橡胶种植的比较效益低于热带水果和冬季瓜菜，可能受教育程度较高的农户更为关注其他作物。技术培训与农户新品种认知呈显著正相关，说明参加过技术培训的农户对新品种认知水平更高。热研 73397 的培育单位中国热带农业科学院橡胶研究所积极与各地农业主管部门合作，合力推广新品种。这表明，农业服务体系的建立对提升农户新品种认知程度发挥了积极的作用，培训达到了预期的效果。是否加入合作社与被解释变量正相关，与预期方向一致，但不显著，说明是否加入合作社在提升农户品种认知方面发挥着积极作用，但是海南合作社发展比较混乱，部分合作社“合而不作”，难以发挥其技术培训功能。

户主性别与被解释变量负相关，与预期方向相反且不显著，说明性别差异对热研 73397 品种认知影响很小，女性可能对家庭关注较多，对外界信息关注较少，信息获取渠道较为单一。技术水平反映农户生产上技术掌握情况，技术水平与被解释变量正相关，与预期方向一致，但不显著，说明生产技术较好的农户对品种的关注程度也较高，毕竟新品种也属于农业创新技术。风险态度和继续种胶意愿在方程Ⅰ和方程Ⅱ中作用方向相反。

(2)家庭特征。受访者家庭特征中，橡胶收入比重与被解释变量显著正相关，与预期方向一致，说明橡胶收入占家庭收入比重大的农户更关注热研 73397 品种。橡胶收入比重大意味着橡胶对家庭经营的重要性强，农户更有动机去获取更多优良品种信息。家庭所在市县与被解释变量显著正相关，与预期方向一致，说明靠近优良品种热研 73397 发源地儋州市的农户对该品种认知程度更高。技术往往从核心向边缘扩散，随着距离的增加，扩散的速度和效率逐渐降低，靠近品种发源地的农户信息获取的成本更低，渠道更便捷。农业劳动力数量与被解释变量之间呈不显著的负相关，与预期方向相反；可能的解释为形成品种认知时劳动力状况可能与现有劳动力存量不匹配，入户调查数据显示约 45%的农户知道品种的时间为 2000—2010 年，而调研掌握的农业劳动力数量为 2016 年的情况。家庭年支出与被解释变量之间呈不显著的正相关，说明家庭消费较多的农户可能对新品种更为关注。可能的解释为：橡胶在海南大部分市县为农业支柱产业，而且橡胶每割胶一次就能够迅速交易兑现，对于维持农户家庭生活支出有重要意义。橡胶规模与被解释变量正相关但不显著，与预期方向一致，说明种植规模较大的农户更倾向于了解新品种的信息，与实际情况吻合。橡胶生长周期长达 40 年之久，品种的选择关乎后续几十年的家庭收入，种植规模越大，品种决策对未来发展的影响越大；品种选择失误对一个家庭而言特别是种植大户，存在很大的风险。因而种植规模大的农户更有意愿了解优良新品种信息。在单独考察家庭特征对农户品种认知的影响时发现，种植规模与品种认知呈倒“U”形关系。

橡胶地块数与被解释变量呈负相关且不显著，与预期相反；一种可能的解释为地块少的农户可以选择新品种的机会少，地块多的农户可以在不同地块种植不同品种，所以对新品种关注度较低；另一种可能的解释为农户平均地块数量为 2.5 块，大部分农户的地块数量为 2~3 块，对品种认知情况缺乏解释力。

7.4.3.2 第二阶段：热研 73397 品种采用行为分析

对于品种采用阶段，本书分两种情况展开分析：一是对已经知道该品种的样本进行回归分析；二是对全部样本进行回归分析。对于已经知道热研 73397 品种的样本，本书建立了 5 个回归方程，其中方程Ⅰ~Ⅳ为 Logistic 模型方程，方程Ⅴ为多元线性回归方程。方程Ⅰ引入包含个体特征和家庭特征的全部相关变量，方程Ⅱ只引入决策者个体特征相关变量，方程Ⅲ只引入决策者家庭特征相关变量，方程Ⅳ引入经过筛选后的变量，方程Ⅴ引入经过筛选后的变量，回归结果见表 7-5，方程Ⅳ的卡方检验统计量 LR chi^2 = 47.28 且 Prob>chi^2 = 0.0000，说明方程有效性非常显著。

表 7-5 热研 73397 采用行为的回归结果（知道品种的样本）

变量	方程Ⅰ	方程Ⅱ	方程Ⅲ	方程Ⅳ	方程Ⅴ
性别(*gender*)	-0.570 (0.736)	-0.559 (0.633)			
民族(*ethnic*)	-1.174** (0.533)	-0.912** (0.421)		-1.227*** (0.479)	-0.163** (0.063)
受教育程度(*educ*)	-0.607 (0.403)	-0.494 (0.334)		-0.450 (0.383)	-0.047 (0.049)
是否为村干部(*cadre*)	0.567 (0.476)	0.441 (0.420)		0.595 (0.458)	0.075 (0.062)
技术水平(*skill*)	-0.015 (0.240)	0.247 (0.203)			
是否参加培训(*train*)	0.204 (0.483)	0.573 (0.402)			
风险态度(*attitude*)	-0.939* (0.492)	-0.585 (0.412)		-1.039** (0.464)	-0.137** (0.067)
继续种胶意愿(*will*)	0.504 (0.593)	0.491 (0.470)			
是否加入合作社(*coop*)	-0.056 (0.660)	-0.149 (0.591)			

续表

变量	方程Ⅰ	方程Ⅱ	方程Ⅲ	方程Ⅳ	方程Ⅴ
农业劳动力数量(*agrlabor*)	-0.267 (0.375)		-0.376 (0.331)	-0.432 (0.358)	-0.041 (0.048)
家庭年支出(*expend*)	0.102 (0.204)		0.146 (0.174)		
橡胶收入比重(*rubber_inc*)	-0.162 (0.237)		-0.080 (0.202)	-0.193 (0.213)	-0.021 (0.029)
橡胶地块数(*rubber_land*)	0.597** (0.238)		0.594*** (0.221)	0.539** (0.222)	0.064** (0.025)
种植规模(*rubber_area*)	1.038 (0.906)		0.536 (0.752)	1.242 (0.841)	0.148 (0.116)
种植规模平方项($rubber\_area^2$)	-0.133 (0.154)		-0.066 (0.130)	-0.149 (0.142)	-0.016 (0.020)
家庭所在市县(*danzhou*)	1.540** (0.638)		1.654*** (0.571)	1.644*** (0.606)	0.181** (0.070)
常数项	0.658 (1.622)	1.872* (1.082)	-0.743 (1.165)	0.717 (1.399)	0.606*** (0.184)
样本量	169	178	186	179	179
LR chi^2	41.54	13.69	36.01	47.28	
Prob>chi^2/F	0.0005	0.1339	0.0000	0.0000	0.0000
Pseudo R^2/Adj-R^2	0.2306	0.0731	0.1790	0.2454	0.1732

本书建立6个回归方程，对全部样本进行分析，其中方程Ⅰ~Ⅴ为Logistic模型方程，方程Ⅵ为多元线性回归方程。方程Ⅰ引入包含个体特征和家庭特征的全部相关变量，方程Ⅱ只引入决策者个体特征相关变量，方程Ⅲ只引入决策者家庭特征相关变量，方程Ⅳ引入经过筛选后的变量，方程Ⅴ是在方程Ⅳ的基础上引入品种认知变量，方程Ⅵ的变量与方程Ⅴ所有变量一致，但采用OLS回归，结果见表7-6，方程Ⅳ的卡方检验统计量LR chi^2=81.29且Prob>chi^2=0.0000，说明方程有效性非常显著。

表7-6 热研73397采用行为的回归结果(全部样本)

变量	方程Ⅰ	方程Ⅱ	方程Ⅲ	方程Ⅳ	方程Ⅴ	方程Ⅵ
性别(*gender*)	-0.552 (0.610)	-0.143 (0.453)		-0.783 (0.590)	-0.778 (0.623)	-0.0.075 (0.082)
民族(*ethnic*)	-1.261*** (0.463)	-1.133*** (0.336)		-1.241*** (0.395)	-1.003** (0.418)	-0.145** (0.057)

续表

变量	方程Ⅰ	方程Ⅱ	方程Ⅲ	方程Ⅳ	方程Ⅴ	方程Ⅵ
受教育程度(*educ*)	-0.493 (0.325)	-0.314 (0.254)		-0.452 (0.312)	-0.345 (0.326)	-0.039 (0.044)
是否为村干部(*cadre*)	0.749* (0.411)	0.674** (0.339)		0.751 (0.403)	0.559 (0.432)	0.063 (0.058)
技术水平(*skill*)	0.029 (0.196)	0.199 (0.153)				
是否参加培训(*train*)	0.339 (0.392)	0.578* (0.318)		0.368 (0.378)	0.027 (0.411)	-0.015 (0.058)
风险态度(*attitude*)	-0.426 (0.422)	-0.120 (0.333)		-0.353 (0.405)	-0.486 (0.426)	-0.060 (0.061)
继续种胶意愿(*will*)	0.353 (0.483)	0.338 (0.367)				
是否加入合作社(*coop*)	0.127 (0.571)	0.092 (0.501)				
农业劳动力数量(*agrlabor*)	-0.253 (0.309)		-0.274 (0.270)			
家庭年支出(*expend*)	0.160 (0.171)		0.175 (0.148)	0.144 (0.161)	0.171 (0.170)	0.024 (0.024)
橡胶收入比重(*rubber_inc*)	-0.001 (0.197)		0.091 (0.168)			
橡胶地块数(*rubber_land*)	0.552*** (0.175)		0.533*** (0.162)	0.557*** (0.169)	0.674*** (0.186)	0.083*** (0.022)
种植规模(*rubber_area*)	1.301* (0.745)		1.090* (0.616)	1.489** (0.718)	1.326* (0.758)	0.179 (0.109)
种植规模平方项($rubber\_area^2$)	-0.177 (0.130)		-0.161 (0.107)	-0.205 (0.127)	-0.198 (0.134)	-0.025 (0.020)
家庭所在市县(*danzhou*)	1.646*** (0.538)		1.820*** (0.485)	1.810*** (0.502)	1.675*** (0.515)	0.187*** (0.064)
是否知道该品种(*knowif*)					1.911*** (0.500)	0.332*** (0.071)
常数项	-1.037 (1.387)	0.712 (0.825)	-2.377** (0.959)	-1.350 (1.101)	-2.894** (1.241)	0.056 (0.164)
样本量	209	227	234	219	219	219
LR chi^2	69.66	22.45	64.51	81.29	97.96	
Prob>chi^2/F	0.0000	0.0075	0.0000	0.0000	0.0000	0.0000
Pseudo R^2/Adj-R^2	0.2689	0.0783	0.2187	0.2931	0.3532	0.3292

对比表 7-5 和表 7-6 的回归结果可以发现，民族、橡胶地块数和家庭所在市县 3 个变量对品种采用都有显著影响，且作用方向没有改变，变量的系数差异也较小。表 7-5 中方程Ⅳ的回归结果显示，风险态度的统计值也能通过显著性检验，但与预期方向相反，其余变量不显著；是否为村干部和种植规模与预期方向一致，受教育程度、农业劳动力、橡胶收入比重与预期方向相反。表 7-6 中方程Ⅴ回归结果显示，种植规模和新引入的变量是否知道该品种对农户品种采用都有显著正向作用；性别、受教育程度、风险态度、种植规模平方项与被解释变量呈不显著负相关，是否村干部、是否参加培训、家庭年支出与被解释变量呈不显著正相关。表 7-5 和表 7-6 的回归结果都显示，种植规模对品种采用有正向影响，种植规模的平方对品种采用有负向影响，但均未达到显著水平。

(1)决策者个体特征中，民族与被解释变量显著负相关，与预期方向一致，说明少数民族农户采用新品种的概率较低。品种采用必须以认知为前提，第一阶段分析表明少数民族农户对新品种认知程度较低。再者海南民营橡胶发展起步于 20 世纪 80 年代，当时橡胶树以传统品种 RRIM600、PR107 为主，少数民族地区由于技术扩散慢和品种认知不清晰，可能知道热研 73397 品种的时间较晚，种植概率较低。

风险态度在方程Ⅳ(见表 7-5)和方程Ⅴ(见表 7-6)中与被解释变量均为负相关关系，与预期方向相反，但前者显著，后者不显著，说明风险态度对知道热研 73397 品种的农户影响更强。理论上新技术的采用都可能面临一定风险，风险偏好的人更容易采用新技术。橡胶树生长周期长，超过 70%的农户在 2010 年以前采用热研 73397 品种，这段时间正是橡胶价格上扬的阶段，橡胶初加工产品价格从 2001 年的 8189 元/吨上升到 2010 年的 26075 元/吨，价格预期推动规模扩大；而 2017 年前后橡胶价格维持在 12000 元/吨左右，品种采用时的风险态度与调研时期的风险态度存在较大反差。受教育程度与被解释变量负相关但不显著，与预期相反；由于户主年龄偏大，受教育程度普遍较低，在长期的“干中学”影响下，受教育程度的影响力下降。农业生产实践经验可能才是农户做出决策的重要原因。是否为村干部与被解释变量呈正相关但不显著，与预期方向一致，说明村干部家庭在技术采纳方面有一定的优势，但不明显。村干部家庭在新技术、新品种信息获取方面较普通农户更有优势，但是将信息优势转化为直接品种采用行为可能还受其他因素影响，村干部家庭较普通农户差别不明显。

方程Ⅴ(见表 7-6)中，性别与被解释变量负相关且不显著，与预期方向不一致，说明性别差异对热研 73397 品种采用的影响很小，海南女性参与橡胶生产的比例较大，随着女性家庭地位和决策能力的提升，品种采用行为受性别的影响已经很大程度上被弱化。技术培训与被解释变量正相关但不显著，与预期方向一致，说明技术培训在信息传播方面影响较大，但品种采用事关农户切身利益，农户采用优良品种较为谨慎，仅仅依赖培训难以改变农户决策和生产行为。

技术水平在表 7-5 的方程Ⅰ和方程Ⅱ中作用方向相反，且均不显著，在表 7-6 的方程Ⅰ和方程Ⅱ中与被解释变量均为正相关关系且不显著，说明技术水平较高的农户，可能更容易接受优良品种，但可能存在一些不确定的因素影响。继续种胶意愿在表 7-5 和表 7-6 的方程Ⅰ和方程Ⅱ中，与被解释变量均为不显著的正相关关系，与预期方向一致，说明愿意继续种胶的农户在一定程度上还会选择热研 73397 品种，但是受天然橡胶市场行情低迷影响，生产积极性下降。是否加入合作社在表 7-5 的方程Ⅰ和方程Ⅱ中与被解释变量负相关且不显著，在表 7-6 的方程Ⅰ和方程Ⅱ中与被解释变量正相关且不显著，说明是否加入合作社对提升农户品种认知和采用有一定促进作用。

(2)受访者家庭特征中，橡胶地块数与被解释变量之间呈显著正相关关系，与预期方向一致，说明地块多的农户采用热研 73397 品种的概率更大，地块多意味着可以选择品种的机会更多。农村地区地块往往小且分散，受家庭劳动力和资金的制约，大部分农户不会选择同一年将所有地块统一种植同一个品种的橡胶，因此地块数多的农户种植热研 73397 品种的概率更大。家庭所在市县与被解释变量之间显著正相关，与预期方向一致，说明儋州地区农户采用橡胶树新品种的概率高于其他地区，与品种认知的情况类似，靠近儋州市的农户品种采用和甄别成本更低。将品种认知变量引入方程Ⅴ(见表 7-6)后，研究发现品种认知与被解释变量显著正相关，说明农户认知对推动品种采用作用明显。

种植规模在方程Ⅳ(见表 7-5)和方程Ⅴ(见表 7-6)中与被解释变量正相关，与预期方向一致，前者不显著，后者显著；种植规模的平方与被解释变量负相关且均不显著，说明种植规模与品种采用呈倒“U”形关系，随着种植规模的扩大，农户采用热研 73397 品种的概率增加，但达到一定程度后农户可能出于风险考量会降低品种采用的概率。

农业劳动力数量在方程Ⅳ(见表 7-5)中与被解释变量呈不显著的负相关关系，与预期方向相反；可能的解释为农业劳动力数量较多的家庭存在可供选择的外出打零工的机会，或者可能调整家庭种植业结构，降低对橡胶树品种甚至优良品种的采用概率，在农户产业选择能力弱，缺乏有效引导的情况下，农户调整产业结构难度较大，进展较慢。橡胶收入比重在方程Ⅳ（见表 7-5）中与被解释变量呈不显著的负相关关系，与预期方向相反；可能的解释为品种采用主要在 2010 年以前价格好的时候，而近年橡胶价格低迷，橡胶收入占农户家庭收入的比重可能大幅减小，不能真实反映橡胶收入比重与品种采用行为的关系。

家庭年支出在方程Ⅴ（见表 7-6）中与被解释变量呈正相关关系且不显著，说明家庭支出多的农户采用优良品种的概率相对较高，尽管橡胶价格低迷，橡胶收入锐减，但许多农户家庭日常生活支出仍要依赖橡胶。

7.4.3.3 第三阶段：热研 73397 采用比例情况

针对品种采用比例分析阶段，本书采用 OLS 回归，建立 4 个多元线性回归方程。方程Ⅰ引入包含个体特征和家庭特征的全部相关变量，方程Ⅱ只引入与决策者个体特征相关的变量，方程Ⅲ只引入与决策者家庭特征相关的变量，方程Ⅳ引入经过筛选后的变量，回归结果见表 7-7，方程Ⅳ Prob>F = 0.0000，说明方程有效性非常显著。

表 7-7 品种采用比例的回归结果

变量	方程Ⅰ	方程Ⅱ	方程Ⅲ	方程Ⅳ
性别（*gender*）	0.014 （0.072）	-0.026 （0.070）		
民族（*ethnic*）	0.044 （0.058）	-0.003 （0.058）		
受教育程度（*educ*）	-0.019 （0.042）	-0.015 （0.042）		
是否为村干部（*cadre*）	0.010 （0.056）	-0.002 （0.057）		
技术水平（*skill*）	0.011 （0.026）	0.018 （0.025）		
是否参加培训（*train*）	-0.005 （0.055）	-0.053 （0.054）		
风险态度（*attitude*）	-0.012 （0.059）	-0.033 （0.058）		
继续种胶意愿（*will*）	-0.019 （0.063）	-0.005 （0.062）		
是否加入合作社（*coop*）	-0.072 （0.076）	-0.061 （0.079）		

续表

变量	方程Ⅰ	方程Ⅱ	方程Ⅲ	方程Ⅳ
农业劳动力数量(*agrlabor*)	-0.018 (0.040)		-0.015 (0.037)	
家庭年支出(*expend*)	0.006 (0.023)		0.005 (0.020)	
橡胶收入比重(*rubber_inc*)	0.033 (0.026)		0.044* (0.023)	0.043** (0.022)
橡胶地块数(*rubber_land*)	-0.066*** (0.019)		-0.061*** (0.017)	-0.063*** (0.017)
种植规模(*rubber_area*)	-0.205* (0.105)		-0.211** (0.087)	-0.206** (0.083)
种植规模平方项($rubber\_area^2$)	0.029 (0.019)		0.030* (0.015)	0.029** (0.015)
家庭所在市县(*danzhou*)	0.116** (0.058)		0.119** (0.052)	0.127** (0.050)
常数项	1.123*** (0.168)	0.824*** (0.131)	1.060*** (0.132)	1.045*** (0.110)
样本量	134	142	147	151
Prob>F	0.0165	0.9659	0.0000	0.0000
Adj-R^2	0.1102	-0.0451	0.1687	0.1873

回归结果显示，橡胶收入比重、橡胶地块数、种植规模、种植规模的平方、家庭所在市县对农户采用热研73397品种的比例有显著影响；农户个体特征相关变量对被解释变量影响不显著。

橡胶收入比重与被解释变量显著正相关，说明橡胶收入占家庭收入比重越大，农户采用热研73397品种的比例越高。橡胶收入对家庭经济越重要，农户就越有动机去改良品种，橡胶品种改良不能像短期作物那样一次性全部调整，也不能像杧果、荔枝、龙眼等水果那样高位嫁接换种，只能等待逐步更新采用优良品种。橡胶地块数与被解释变量显著负相关，说明地块数量多的农户采用热研73397品种的比例较低。橡胶属于长期作物，农户不同地块可能栽种橡胶树的时间不同，地块数越多的农户在品种选择方面更有空间，为保险起见可能不会将“鸡蛋放在一个篮子里”。种植规模与被解释变量显著负相关，而种植规模平方与被解释变量呈显著正相关，说明新品种采用比例与种植规模存在一个临界值，种植规模较小的农户，土地资源有限，倾向于采用更多优良新品种，而种植规模中等的农户可能考虑风险的情况会采用不同品种，而规模继续扩大到一定程度后，为实现规模效益，农户采用优良新品种的比例又会扩大。家庭所在市县与被解释变量显著正相关，说明儋州市橡胶种植农户采用热研 73397 品种比例更高。这与儋州市为热研 73397 品种培育单位所在地有关，农户在品种认知、采用方面优于其他市县，而且儋州市是海南省橡胶种植规模最大的市县，橡胶种植面积超过 100 万亩，产量为 7.65 万吨。橡胶种植是儋州市农业支柱产业，其在技术和品种方面较其他市县更有优势，因而农户采用优良品种比例显著高于其他市县。

从以上分析可以看出，在品种认知阶段，户主特征变量作用更明显；在品种采用阶段，影响采用新品种的因素较少，但包含户主特征及家庭特征变量；在采用比例分析阶段，家庭特征变量作用更突出。橡胶地块数在采用和采用比例方面的作用存在差异，劳动力数量、风险态度与受教育程度与假说不一致，一定程度上反映了长期作物和短期作物在新品种扩散过程中的差别，但具体情况还有待进一步讨论。

(1)农户在热研 73397 的认知和采用方面，表现出明显的民族和地域差异。该品种在少数民族农户中的认知程度和采用概率低于汉族农户，可能与信息传播过程中文化、语言和习俗障碍有关。儋州市农户在该品种认知程度和采用概率方面优于其他市县，采用比例也更高；该品种的培育单位位于儋州市，因此儋州市成了信息和种苗的重要来源地，随着距离增加，技术扩散速度和效率逐渐降低，而儋州市农户在信息获取和品种获得方面的成本更低，因此在技术扩散过程中表现更为突出。

(2)在热研 73397 橡胶树品种扩散的过程中，社会服务体系和基层政府在品种认知阶段能够较好发挥作用，但在采用决策阶段影响有限。在品种认知阶段，村干部家庭和技术培训对农户品种认知有显著影响，但在品种采用阶段，村干部身份对品种采用决策影响不显著，技术培训对已经知道该品种的农户做出采用决策更是难以发挥作用。海南省与橡胶相关的技术培训主要由政府主管部门或者科研单位开展，海南省已经建立了较为完善的技术培训体系，比如“农业科技 110”；相比较而言，由农民自己组织的农村合作社在提升农户品种认知和采用概率方面效果更差，主要与合作社数量少、经营混乱、成立目的不纯有关。

(3)橡胶种植规模在一定程度上对提升农户品种认知与采用概率有积极作用，农户品种采用与种植规模呈倒“U”形关系，但采用比例与种植规模呈显著的正“U”形关系。农户对热研 73397 品种的认知和采用与种植规模呈正相关，但达不到显著水平；而与种植规模的平方呈不显著的负相关，说明种植规模大的农户对品种信息更为关注，但在实际采用过程中，农户还是会考虑品种采用的风险问题。具体表现就是品种多元化，在某个临界点以内种植规模越大热研 73397 品种采用比例越低，跨越临界点后采用比例随着规模扩大而升高。

(4)橡胶收入比重与热研 73397 品种认知呈显著正相关，与品种采用呈不显著负相关，与品种采用比例呈显著正相关，说明橡胶收入占家庭收入比重大的农户，更为关注品种信息，但在采用决策方面表现谨慎，而一旦决定采用就会十分信任该品种，以较大的比例采用。橡胶地块数对品种认知影响较小，对品种采用有显著正向影响，而对采用比例则有显著负向影响，说明地块分散程度高有利于增加农户采用品种的概率，但不能提高农户采用品种的比例。

(5)农户采用热研 73397 品种的比例，受决策者个体特征影响较小，受农户家庭经营特征影响较大。品种认知对农户品种采用行为有显著影响，说明提升农户品种认知水平能够提高农户采用概率。

7.5 本章小结

在优良品种或者其他农业技术推广过程中，相关部门要考虑地区、民族和文化差异。要想技术推广在少数民族地区取得成功，不仅要关注技术本身的效果，还要考虑文化差异、人员素质、语言沟通等方面的问题，尽可能融入少数民族地区，增强农户对所传播新品种、新技术的信任感。农业技术推广部门要结合地区需要，有针对性地开展技术培训，提升农户认知水平，为新品种、新技术的采用打好基础。考虑到不同受教育程度的农户对新品种认知和采纳程度存在明显差异，相关部门可以在加大橡胶生产技术培训力度的同时，针对不同受教育程度的农户进行分类指导，特别是受教育程度较低的农户，尽量用他们可以接受的方式对其进行指导，提升他们对新品种的认知程度。

在技术扩散的不同阶段，采用不同的推广策略。技术推广初期，主要以提升农户认知为主，依托基层村级组织大力宣传、开展技术培训是较好的方式。采纳阶段，仅仅通过技术培训宣传难以达到效果，可以考虑建立生产基地进行示范等，让农户确认品种或技术的优势，降低农户对采用风险的担忧，促进农户采用。

技术推广过程中，还要考虑农村基层组织建设、地区经济发展水平、农户资源禀赋特征等因素，有针对性地开展宣传、培训和示范。充分发挥村干部、技术推广部门的作用，积极引导和规范农民合作社的发展。鼓励农户发展适度规模经营，推动农村土地流转或者农户合作经营。通过合理的经营规模，优化农户家庭内部资源配置，降低新技术、新品种采用的成本，提升农户采用新品种的积极性。

橡胶价格波动较为明显，容易对农户种植橡胶的积极性产生负面影响。为了避免因为橡胶收入占家庭收入比重过大，形成对橡胶收入的过度依赖，有必要指导农户多元化种植或者发展橡胶林下经济，减少农户对橡胶收入的依赖并促进其积极采用新品种。

第8章 割胶生产技术的认知与采纳

在橡胶生产过程中，割胶技术是一项关键技术，因为割胶是从橡胶树中获取胶乳的唯一途径，属于有较高技巧性的手工劳动，需要使用特制的割胶工具(胶刀)从树干割口处切割树皮使胶乳从割口流出。从早期的砍树皮获取天然橡胶到切割树皮、化学刺激配合切割、气刺割胶、电动割胶，割胶工具、技术、方式发生了深刻变化，并且仍将继续发生变化。这些科技成果不断被运用到生产实践中，促进了农民割胶生产方式的不断改进和优化，对农民橡胶收入产生了重要影响。由于农户具有异质性，在割胶制度选择、刺激割胶认知与采纳等方面存在较多差异。本章利用 2013 年和 2016 年农户入户调查数据，对橡胶种植户割胶生产情况及割胶技术认知与采用进行实证分析，探讨影响农户割胶技术采用的因素。

8.1 割胶技术研究进展

1887 年，新加坡植物园主任芮德勒(H. N. Ridely)发明了不伤橡胶树形成层组织的在原割口上复割的连续割胶法，使橡胶树能几十年连续割胶，纠正了巴西原产地用斧头砍树取胶因而伤树、不能持久产胶的旧方法。在凌晨使用胶刀在巴西橡胶树上通过切割树皮来获取天然橡胶的生产模式，一直延续至今。橡胶树原生皮厚度一般在 0.5～1 厘米(黄华孙，2005；何康等，1987)，《橡胶树割胶技术规程》(以下简称《规程》)规定常规割胶的深度应该控制在 0.16～0.24 厘米。如此精细的要求对割胶劳动力而言是一项严峻的挑战，割胶不能割得太浅，否则橡胶树不排胶，也不能割得太深，否则会对橡胶树产生伤害。《规程》依据相关指标将不同割胶技术水平的胶工分为一、二、三等和等外四个等级。生产实践的研究显示，割胶技术与产量有着显著的相关性，割胶技术每差一级，产量相差 5%～15%(何康等，1987)。割胶深度过深不一定增加产量，却容易导致死皮病的发生(蒋桂芝等，2012)，影响橡胶树后续排胶和经济寿命。因此，要想获得较高的产量同时保证橡胶树的持续产胶能力，割胶劳动力必须具备良好的割胶技术。然而，我国橡胶主产区农户对技术接受比较被动，割胶技术总体上处于中等偏下水平(祁栋灵等，2013)。

Rogers(1983)将农业技术的采用过程分为认知、说服、评价、试用和确认5个阶段，农户对技术的认知是其采用技术的基础。对于割胶劳动力而言，要想提高橡胶树产出效率，就必须具备优良的割胶技术，前提则是对割胶技术有清晰的认知。现有研究侧重于对割胶技术本身进行研究，而对农户的技术认知、采用情况的研究较少。割胶技术采用方面，黄学全(2009)总结和分析了气刺割胶技术在海南垦区的推广示范工作及存在的问题。祁东灵等(2011)调查分析了农户对新割胶技术的采用情况，但未展开深入分析。

科研人员和生产技术工人不断对割胶技术体系进行创新和修正，气刺微割技术，电动化、智能化割胶技术的研究都取得了不同程度的进展和突破。气刺微割技术的试验证据表明其可以实现劳动力的更大幅度减少，科研工作者从刺激位置、割线长度、气体浓度、橡胶树品系等方面对气刺微割展开研究(牛静明等，2012；麦全法等，2012；杨文凤，2012)，但该技术要求高，还存在一些问题没有解决，有较大的副作用(杨文凤等，2013；校现周，2014)。刺激剂是低频割胶技术的重要部分，也是改进割胶制度的一个瓶颈(校现周，2015)。在单方乙烯利的基础上添加多种微量元素及产胶促进剂并改进载体，如乙烯灵①，减少副作用，是未来研究方向。

手握电动化胶刀的研发主要是为了降低割胶对工人的技术要求，我国科研工作者从20世纪70年代末就开始了电动割胶刀的研究(Abraham et al.，1987；闫喜强等，2013)，直到最近几年才有较大突破，中国热带农业科学院橡胶研究所于2017—2019年研发并推出4GXJ型系列电动胶刀(操戈，2017)，4GXJ系列电动胶刀操作简单易学，作业功能与传统胶刀几乎无差异。该产品已实现批量生产，在中国、泰国、马来西亚、越南、印度尼西亚等12个橡胶主产国开始推广应用。但该项技术和产品仍无法显著降低割胶对劳动力的依赖，无法改善劳动者的工作环境；其依然需要操作者做出相应的技术判断，无法大幅减少割胶时间。

近年来，我国劳动力成本快速上升，橡胶种植业对年青一代劳动力的吸引力下降。随着老一代橡胶种植户退出橡胶生产，劳动力缺口不断增大。在智能化采胶技术难以突破的情况下，劳动力短缺难以在短时间内得到缓解。割胶劳动占天然橡胶生产成本的比重约为70%，受限于初级产品的市场行情，

① 罗世巧、校现周等完成的《乙烯灵刺激割胶技术在橡胶生产中的推广应用》，2013年获全国农牧渔业丰收奖农业技术推广成果奖一等奖。

通过提高收入来吸引年轻劳动者的难度增大。提高割胶效率可以从两个方面入手：一是提高人均日割株数，受割胶工具的限制，人均日割株数不可能有大幅度提高，但可以改进割胶工具，如电动割胶刀，加快割胶速度，降低割胶难度，扩大劳动力市场供给范围。各类研究机构相继研发出便携式电动针采机、电动割胶机，4GXJ 系列电动割胶刀已经逐步在国内外植胶区推广使用。该款电动割胶刀不仅加快了橡胶种植户割胶的速度，还降低了割胶的技术难度，能够减轻劳动强度 40%~50%（曹建华等，2020）。二是增加人均总割株数，民营胶园人均总割株数保持在 500 株左右，如果采用“4 天 1 刀”或者“5 天 1 刀”低频割制，人均总割株将达到 1000~1250 株。如果再配合气刺短线割胶技术，人均割株数将达到 2000 株以上，人均产出和人均收入将翻倍。当前及今后一段时期内，低频割胶技术仍是提高劳动生产率的主要途径。

在国营农场生产中，其通常以树位作为管理单元，一个树位一般为 10~12 亩，割胶株数为 330 株左右；海南省民营胶园普遍采用 2 天 1 刀的割制，年割胶刀数约为 100 刀，人均总割株的范围较大。现假设人均割株为 400 株，单株年产量为 3 千克，橡胶价格按 8 元/千克算，如果采用 2 天 1 刀，每株每刀收入约为 0. 24 元，每次割胶收入约为 96 元；如果 5 天 1 刀或更低频的割制，年割胶刀数约为 30 刀，根据中国热带农业科学院橡胶研究所的试验结果①，减产幅度约为 15%，每株每刀收入约为 0. 68 元，每次割胶收入为 272 元。如果一个家庭有 800 株橡胶树，采用 5 天 1 刀的割制，一个星期可以空余出 3~5 天时间来从事其他经济活动。对于种植大户，如果 400 株橡胶树每次割胶收入达到 240 元以上，支付 120 元的工钱，与当地普通劳动力务工收入相当，经济上基本可行。对于大规模种植的种植户或农场，人均总割株达到 1500 株以上，胶工年产干胶可达 4. 5 吨以上，胶工工资在 3. 2 万元左右，在经营上基本可行。但低频刺激割胶技术在民营胶园中的推广应用却不尽如人意，绝大部分农户仍采用 2 天 1 刀甚至更高频率的割制，因此，急需对低频割胶技术的扩散过程进行仔细的分析。

8. 2 理论分析与实证模型

农户接受一项新技术首先需要学习和了解该技术，因此第一个阶段是获取关于低频割胶技术的信息，渠道有很多，如与邻居或亲朋好友谈论、报纸、

---

① 广东省火星农场 2015 年开展 7 天 1 刀超低频割制技术试验，比对照 4 天 1 刀割胶制度，干胶增产幅度少了 6. 9 个百分点；平均干含为 32. 2%，比试前和对照区分别高了 4. 2% 和 4. 5%，还有较大增产潜力；割胶劳动生产率提高了 100%，即人均割株增加了 100%。

电视、广播、参加技术培训，等等，现实中第一个渠道往往是最重要的。农户所能获取的信息量是信息获取和收集成本的函数，同时与其受教育程度和年龄有关。信息处理能力也是一个重要的方面，有些农户更善于归纳总结。当信息积累到一定程度，农户就会认为自己听说过低频割胶技术。[①] 新的割胶技术主要集中在割胶制度改变和刺激剂的使用上，其本质是“以药代工”，降低单位面积的劳动投入量。如果采用低频割制而不使用刺激剂，就会导致橡胶树乳管堵塞，使产量明显下降。刺激剂作为生产调节剂，过量使用会使短期产量明显上升，但后期产量降低，甚至引起橡胶树死皮，提前报废。刺激剂的使用还需要考虑橡胶树品种、树龄、产胶潜力等因素，一旦使用不恰当，就会产生负面影响。面对大量的信息，农户在第一阶段需要确定一个最后的信息水平，将其转化为最大化问题。

$$i^* \equiv i(d) \tag{8-1}$$

其中，i^* 表示最优信息水平，d 是个向量，包含农户相关经济和特征变量。农户对新技术能够达到了解，需要满足：

$$i^*(d) > i^0 \tag{8-2}$$

其中，i^0 是信息的临界值。第一阶段和第二阶段是相对独立的，但第二阶段预期收益的分布特征依赖于此阶段的信息收集和分析程度。对于刺激剂使用不规范导致负面结果的信息，可能会导致农户对低频割胶技术的预期收益降低，并增加预期收益的方差。

在了解低频刺激割胶技术之后，会对是否采用做出决策，这是第二阶段。进行成本收益分析是这个阶段最重要的环节，只有预期的净收益大于零，农户才会采用新技术。这一阶段还需要评估风险。风险也被认为是导致新技术采用率低的主要原因，这点在低频割胶技术扩散中表现更为明显。橡胶树产胶周期具有一定的分布形态，如果在生产周期内某个时期过分采胶，就会导致后期产量减少。部分农资企业和销售商将刺激剂作为增产剂来推销，信以为真的农户高频率割制下在橡胶树上涂刺激剂，或者使用浓度过高的刺激剂，这样会导致当期产量高，而后期产量低，更为重要的是可能造成死皮，这意味橡胶树要提前报废。这些因不恰当使用造成的后果，往往被归集到刺激剂本身上，让农户形成使用刺激剂导致死皮的预期，对使用刺激剂来降低割胶频率的做法不信任。负面信息对农户的影响是显著的，一旦低频割制以增产

---

① 使用刺激剂和低频割胶是一项技术的两项内容，部分农户使用刺激剂，但没有降低割胶频率，特别是对于老龄橡胶树。一般来说，3 天 1 刀或更低频率的割胶技术，都需要采用刺激剂，否则就会产生新的问题。

为目的，就容易导致由于过量使用乙烯利而造成死皮或割面干涸。

决定是否使用低频刺激割胶技术可转化为最大化随机收益$\widetilde{W}$的预期效用。

$$\max_{m,z} H \equiv E(U(\widetilde{W}) \mid i^*) = E\{U[p(f(m)+g(z)\tilde{e})-w(m+z)-rz] \mid i^*\} \quad (8-3)$$

$$\text{s. t.}: m+z=x$$

E 是期望算子，$Q=f(m)+g(z)\tilde{e}$ 表示农户的产量，m 为采用传统割制的橡胶树数量，z 则为采用低频刺激割胶的数量，总的橡胶树规模为 x，$f(\cdot)$是生产函数。采用低频刺激割胶可能导致产量小幅度下降，但可以节省劳动力，产量的不确定性通过$g(z)\tilde{e}$来表示，$\tilde{e}$是随机变量。假设$g(\cdot)=0$，这意味着在不采用低频刺激割胶技术的情况下，农户就不用承担相应的风险。w 设为传统割制下每棵树的可变成本，r 是使用低频刺激割胶带来的新增成本减去节约的成本，主要是购买乙烯利和相关物质材料及涂药所需的人工成本；节省的成本主要是由割胶劳动力投入减少带来的，如原来采用 2 天 1 刀，现在采用的是 4 天 1 刀，那么每棵树所分摊的劳动力成本就会降低一半。p 是胶乳的价格。

式(8-3)中最大化问题的一阶条件为：

$$E_{i^*}[\dot{U}(\cdot)(pf_m(\cdot)-w)]=0 \quad (8-4a)$$

$$E_{i^*}[\dot{U}(\cdot)(pg_z(\cdot)\tilde{e}-(w+r))]=0 \quad (8-4b)$$

假设最大化问题的二阶充分条件是满足的，设 w^*、z^* 分别是式(8-3)的内部解。从式(8-4a)和式(8-4b)可以发现，m 和 z 的解是相互独立的，因此可以将重点放在 z 上。如果 z 的最优解 z^* 为零，意味着农户未采用低频割制。要使 z^* 严格为正，则要保证期望净收益大于边际成本，或者由于产量降低带来的损失要小于成本的减少，即 $g_z(z=0)\bar{e}(i^*)>(w+r)$，其中 $g_z(z=0)\bar{e}(i^*)\equiv E_{i^*}(g_z(0)\tilde{e})$。产量的不确定性取决于农户所掌握的信息水平，以及对信息的甄别和分析能力，还包含农户的风险态度，如风险中性或风险规避型。

农户决定多大比例的橡胶树投入到低频刺激割胶中为第三个阶段。本书利用“均值保持展形”(Mean Preserving Spread，MPS)的概念①，设参数 $\gamma^e(i^*)$来刻画 $\tilde{e}$ 概率分布的 MPS。对于常数绝对风险规避者，$\tilde{e}$ 分布的均值保持展形会导致新技术采纳强度的降低，如$\partial z^*/\partial \gamma^e<0$。这表明，如果农户意识到使用低频刺激割胶的风险降低，可能诱导其提高接纳程度。对于临近更新的橡胶树，农户一般会进行强刺激割胶，以便在砍伐之前获取尽可能多的产量，

① 更详细的信息可参见 https：//en. wikipedia. org/wiki/Mean-preserving_ spread。

不需要考虑风险。农户如果觉得在中龄树或成龄幼树使用刺激剂，风险也是可控的，那么其可能会扩大刺激剂使用范围。

由于割胶属于小众生产劳动，大部分学者比较陌生，相关研究十分缺乏。但研究者对其他农业技术或服务认知的研究为割胶技术和服务研究提供了有益的借鉴。农产品期货市场是农产品价格发现与农业市场风险规避的重要场所，但在我国，农民参与利用期货规避市场风险尚未起步。徐欣等(2010)利用北京、河北等5省市的调研数据分析发现，农户对期货认知程度很低，认知渠道非常单一，而农户对农产品期货的认知受到对市场风险的感知、种植规模、有无外出务工经历、所在地区距离期货交易所的远近等因素影响。明确农民对农业技术的认知程度，有助于促进农业技术的推广和革新(郭文、范书菡，2012)。刘雪芬等(2013)采用Logistic模型证明了养殖户生态认知能显著影响其生态行为决策。黄玉祥等(2012)对农户节水灌溉技术认知的研究也表明，认知程度直接影响节水灌溉技术的扩散，而影响农户对节水灌溉技术的认知水平的因素则是对节水灌溉技术的已有认知、对现有灌溉方法的满意度、政策补贴的方式和力度、灌水成本、受教育程度、是否为干部、技术培训经历和种植经验等因素。赵肖柯、周波(2012)则认为除了农户个体特征和技术诉求因素外，亲友乡邻、政府宣传、农业示范户、大众媒体、企业宣传推广等信息渠道因素也显著影响种稻大户的农业新技术认知程度。随着科技的进步，转基因技术在农业生产中的应用也被纳入研究范畴，徐家鹏、闫振宇(2010)分析了农民对转基因技术的认知，发现农民十分缺乏转基因技术相关知识，对转基因技术的认知十分有限，对转基因主粮的潜在生产意愿较低。储成兵、李平(2013)运用Heckman选择模型对农户关于转基因生物技术的认知进行了实证分析，发现户主文化程度、社会资本、与村民交流的频率、国家良种补贴项目县、参加转基因生物技术培训等因素显著促进农户对转基因生物技术的认知，而户主年龄对农户的认知呈负面影响。此外，技术创新环境也能对农户技术认知产生影响，王静、霍学喜(2014)运用二层次结构方程模型分析了技术创新环境对苹果种植户劳动密集型技术和劳动节约型技术认知的影响，发现技术创新环境是诱发苹果种植户不同群体以及同一群体内不同个体对劳动密集型技术和劳动节约型技术的认知产生分化的关键因素。

借鉴现有研究方法，我们对橡胶主产区海南省和云南西双版纳州的农户进行了问卷调查，了解长期生产实践中农户割胶技术改进情况和对割胶技术发展趋势的考虑，并重点分析农户对割胶技术的认知及其影响因素。

为了分析影响农户对割胶技术认知的因素，我们以农户割胶技术认知作为衡量指标及被解释变量。该变量为(0，1)品质型变量，1 表示农户对割胶技术有清晰认知，0 则表示缺乏认知。影响农户对割胶技术认知的因素中，多数变量也不是连续数值，而是以(0，1)赋值的品质型变量或者多元选择的分类变量。本书选择二元 Logistic 模型进行研究，模型如式(7-1)和式(7-2)所示。

8.3 农户割胶技术认知的实证分析

8.3.1 研究假说

对农户割胶技术认知的评价源自农户对自己近 10 年来割胶技术提升的评价，认为割胶技术显著提升的农户表示，割胶出现的伤树情况减少或者割胶速度更快了，并且割同一片胶园产量有所提升。因此这部分农户可以被认为是割胶技术认知水平较高。认为自己割胶技术没有明显改善或者停滞不前的农户，往往在割胶速度、产量提升方面都没有明显变化，这部分农户被认为割胶技术认知水平较低。本书根据农户自身因素和橡胶生产环境设置了 7 个变量来分析割胶技术认知的影响因素。

户主自身因素包含年龄、性别、是否为干部和受教育程度 4 个变量。一般认为随着年龄增长，农户对新技术的认知和接受的能力下降，储成兵、李平(2013)研究农户对转基因生物技术的认知，认为户主年龄对农户技术的认知呈负面影响。割胶技术对胶农而言是一项必须使用的技术。农户通过割胶实践练习，技术逐步提升，同时其对技术本身的认知也逐步清晰。年龄较大的割胶劳动力往往参与割胶劳动的时间越长，经验越丰富，对技术认知程度越高。因此，预期年龄与农户割胶技术认知正相关。

农业生产决策中，性别通常会对农户的技术认知或采纳意愿产生显著影响。靖飞(2008)认为水稻种植过程中，女性生产决策者普遍较为细致，对于生产环节中的细节较男性更为认真，使得男性在品种选用方面的认知低于女性。割胶技术也是一项需要细致和耐性的生产技术，调查发现女性参与割胶的比例不亚于男性，局部地区甚至高于男性。预期女性户主对割胶技术认知程度较高。

受教育程度高的农户视野更开阔，信息获取渠道更多，容易接受新鲜事物，对新技术认知能力越强。储成兵、李平(2013)认为户主受教育程度能够显著促进农户对转基因生物技术的认知。受教育程度是农户技术认知和采用的重要影响因素，预期受教育程度高的农户对割胶技术认知水平更高。

村干部容易接受新事物，在村里有示范带头的作用，在技术认知面有一定的前瞻性。我国橡胶主要分布在相对偏远的山区，技术培训服务难以全面覆盖。村干部通常负责本村与上级乡镇或外部技术服务机构的联系，其信息获取、参加培训的机会会更多。因此，预期村干部对割胶技术的认知水平较高。

橡胶生产经营环境包含种植规模、对产品价格是否满意、是否加入合作社 3 个变量。徐欣等(2010)从规避风险的角度指出农户生产规模越大，规避市场风险的需求越大，了解期货的可能性就越大。从收益角度出发，经营规模越大的农户获得的规模效益越大，从而对技术的需求就越强烈，进而促进其对技术的认知。橡胶种植户割胶技术越好，其劳动产出效率也越高。因此，预期种植面积大的农户割胶技术认知水平更高。

农业技术采纳的实现机制就是利益机制，而这一机制的实现需要以合理价格为前提(夏永祥，1998)。天然橡胶价格受关联行业、期货市场、原油市场影响较大，市场价格波动剧烈。对价格波动表示能够接受的农户可能对橡胶收益比较满意，或者对未来橡胶市场充满信心，对割胶技术往往给予更多关注；相反，农户对橡胶价格难以接受，说明橡胶收益达不到预期，其生产积极性受挫，对技术投入的意愿可能降低。因此提出假说，对价格的接受程度与对割胶技术认知呈正相关。

农业合作社是发展农村经济的新型实体，通过农民专业合作组织来推广、扩散、普及农业技术，具有更强的实用性，费用也更低，影响更大，能够为农民所接受(国鲁来，2003)。农民专业合作社通过为社员提供专门的生产知识讲解与技术培训指导，能在“学用结合”的过程中促进社员素质的提升，促进植橡胶种植户对割胶技术的认知。因此提出假说，加入合作社与割胶技术采纳呈正相关关系。

8.3.2 变量选择

本书结合现有研究，从农户个体特征和经营环境两个方面选取户主年龄、受教育程度、户主性别、是否为村干部、种植面积、对价格波动接受度、是否加入合作社为解释变量，用于分析对被解释变量割胶技术认知的影响，并依据假说标注各变量预期作用方向(见表 8-1)。

表 8-1　影响割胶技术认知的变量设计

变量类型	变量	定义	均值	标准差	假说
因变量	割胶技术认知(*tapping*)	认知水平较好=1，缺乏认知=0	0.23	0.423	
个体特征	户主年龄(*age*)	<30 岁=1，30~39 岁=2，40~49 岁=3，50~59 岁=4，≥60 岁=5	3.18	1.059	+
	受教育程度(*educ*)	小学以下=0，小学=1，初中=2，高中和中专=3，高中以上=4	2.92	0.863	+
	是否为村干部(*status*)	是=1，否=0	0.20	0.400	+
	户主性别(*sex*)	男=1，女=0	0.85	0.358	-
经营环境	种植面积(*rubarea*)	<10 亩=1，10~19 亩=2，20~29 亩=3，30~49 亩=4，≥50 亩=5	2.85	1.246	+
	对价格波动接受度(*accept*)	可以接受=1，难以接受=0	0.17	0.380	+
	是否加入合作社(*cooperation*)	是=1，否=0	0.04	0.188	+

数据来源：2013 年入户调查。

样本农户具有以下基本特征(见表 8-2)：①受访农户年龄主要集中在 40~60 岁，符合橡胶种植业的劳动力供应现状，割胶劳动力年龄偏大，年轻劳动力供给不足。户主受教育程度以初中为主，超过一半农户都接受过初中及以上的教育。调研对象中，村干部与普通农户比例为 4∶1。户主以男性居多，女性户主仅占 15.05%。②农户橡胶种植规模普遍较小，面积为 10~19 亩的有 155 户，占样本的 33.33%；超过 50 亩的农户仅有 64 户，不到样本的 15%。2013 年调研期间，橡胶价格相对 2011 年下降幅度较大，农户对这样的价格波动普遍难以接受，仅有约 17%的表示能够接受。橡胶种植区合作组织发展比较缓慢，加入合作社的农户仅有 17 户，不足样本量的 5%，其他农户均表示未加入合作社，甚至有农户未听过合作社；部分挂牌的合作组织运行不规范，对农户缺乏吸引力。总体而言，调查样本反映出农户老龄化趋势明显，种植规模偏小，村级合作组织发展缓慢等特点，具有较强的代表性。

表 8-2　影响割胶技术采用的变量的统计描述

变量	定义	样本数/户	比例/%	变量	定义	样本数/户	比例/%
户主年龄（N，岁）	N<30	35	7.53	户主性别	女	70	15.05
	30≤N<39	77	16.56		男	395	84.95
	40≤N<49	166	35.70	种植面积（M，亩）	M<10	61	13.12
	50≤N<59	143	30.75		10≤M<20	155	33.33
	N≥60	44	9.46		20≤M<30	108	23.23
受教育程度	小学以下	40	8.60		30≤M<50	77	16.56
	小学	98	21.08		M≥50	64	13.76
	初中	236	50.75	对价格波动接受度	难以接受	384	82.58
	高中	91	19.57		可以接受	81	17.42
	高中以上	12	2.58	是否加入合作社	否	448	96.34
是否为村干部	否	372	80.00		是	17	3.66
	是	93	20.00				

数据来源：2013 年入户调查。

8.3.3　实证分析结果

本书将全部变量直接纳入方程，得到运行结果（见表 8-3）。回归结果给出了回归系数（β）、回归系数标准误差（S. E.）、Wald 显著性检验的统计量（Wald）、自由度（*df*）、Wald 检验统计量的概率（Sig）、发生比［Exp（β）］。*Exp*（β）可以测量自变量每变化一个单位给原来的发生概率所带来的变化。*Sig* 用于判断 Wald 检验的显著性水平，在零假设条件下（即 H_0：$\beta_k=0$）时，单个变量 Wald 统计量为自由度等于 1 的渐近χ^2 分布，显著水平为 0.05 的χ^2 临界值为 3.841，显著水平为 0.10 的χ^2 临界值为 2.706。

回归方程显著性检验显示卡方检验结果为 26.194，自由度为 7，在 0.01 的水平下显著，说明模型统计上显著。方程拟合优度检验显示，Hosmer-Lemeshow 指标卡方检验结果为 5.161，自由度为 8，显著性水平大于 0.05，说明模型不能拒绝原假设，即模型实际值的分布与预测值的分布不存在显著差异，拟合效果较好，模型预测正确的概率为 76.1%。

表 8-3　割胶技术认知的模型回归结果

变量	β	S. E.	Wald	Sig.	Exp(β)
户主年龄（*age*）	0.094	0.111	0.718	0.397	1.099
受教育程度（*educ*）	0.287**	0.142	4.077	0.043	1.332

续表

变量	β	S. E.	Wald	Sig.	Exp(β)
是否为村干部(*status*)	0.863***	0.271	10.150	0.001	2.369
户主性别(*sex*)	−0.591*	0.310	3.622	0.057	0.554
种植面积(*rubarea*)	0.187*	0.095	3.843	0.050	1.205
对价格波动接受度(*accept*)	0.410	0.284	2.080	0.149	1.506
是否加入合作社(*cooperation*)	−0.532	0.678	0.615	0.433	0.587
常数项/*constant*	−2.377***	0.617	14.863	0.000	0.093

注：***表示1%的显著水平，**表示5%的显著水平，*表示10%的显著水平。

8.3.3.1 农户个体特征变量

户主年龄与被解释变量正相关，与假说一致，但不显著，说明年龄较大的农户对割胶技术认知较为清晰，年龄小的缺乏认知。尽管随着年龄的增长，农户的体力和视力逐渐退化，但长期参与生产实践形成的经验积累，促进了农户割胶技术的提升，增强了他们对割胶技术的认知水平。此外，因为割胶工作十分辛苦而收入却较低，很多年轻农户不愿意从事割胶生产，他们相对年龄较大的农户有更多选择的空间，因而在改善割胶技术方面投入的精力较少，从而缺乏对割胶技术的认知。

受教育程度、是否为村干部与被解释变量呈显著正相关关系，与假说一致，说明受教育程度高的农户对割胶技术认知更为清晰，村干部比普通农户对割胶技术认知水平更高。户主受教育程度在一定程度上影响着农户对新事物、新技术的认知水平，受教育程度高的农户对割胶技术认知能力较强。村干部在我国农村社会往往发挥着引导、协调功能，是橡胶生产技术示范的主力军。村干部可以较好连接和协调农业技术服务部门和普通农户，在橡胶技术信息获取渠道和速度方面比普通农户更具优势，使得村干部家庭对割胶技术认知概率更大。

户主性别与割胶技术采纳呈显著负相关，与假说一致，说明女性比男性对割胶技术认知更为清晰，长期生产实践中女性相对男性的割胶技术进步概率更大。割胶技术中讲求“稳、准、轻、快”，并且要做到手脚相互协调才能割好胶。调查发现，橡胶主产区女性从事割胶生产的比例很大，海南天然橡胶产业集团股份有限公司的胶工队伍中，女性胶工占51.6%，略高于男性胶工[①]。女性天生细致、协调性好，在割胶技术采纳方面能发挥性别优势。许多家庭从事割胶生产的主要是女性劳动力，长期生产实践中她们割胶技术水平明显提升，对技术认知水平更高。

8.3.3.2　橡胶生产经营环境变量

橡胶种植面积与割胶技术认知呈显著正相关关系，与假说一致，说明种植规模大能提升农户割胶认知水平。橡胶种植面积越大，农户割胶技术水平提升的边际效益越大，所产生的经济效益就越显著，农户自然会增加对割胶技术的投入，重视割胶技术的规范使用，从而提升对割胶技术的认知水平。

对价格波动的接受程度与被解释变量正相关，与假说一致，但结果不显著，说明对价格波动接受程度较高的农户对割胶技术认知水平也相对较好。近年来，我国天然橡胶价格波动较大，对价格波动的态度反映了农户风险承受能力。一般而言，能够承受较大价格波动的农户，其种植意愿可能较强，对技术的重视程度更高，通过提升割胶技术来提升单位产出效益的意愿更为强烈。不能接受价格波动的农户，橡胶生产的意愿和积极性可能较低，不愿意思考割胶技术的改进，缺乏对割胶技术的认知。

是否加入合作社与被解释变量负相关，与假说不一致且不显著，但这并不意味着合作社在提升农户技术认知水平和农业技术推广中起反作用。农村基层组织化程度对农业生产的积极作用仍然是被普遍认可的。橡胶主产区合作社数量少，云南很多农户没有听说过合作社，更不知道合作社的功能；海南成功运行的合作社数量较少，农户对合作社技术推广和产品销售的功能普遍表示认可。海南省农业厅的调查显示，在海南农业生产中，真正运行的合作社仅占合作社总量的1/3，存在大量“合而不作”的合作社。部分农户可能因为周边合作社运行不规范、作用不明显而未选择加入合作社，其对合作社缺乏了解和认知，更不清楚合作社对提升农户技术的作用。

8.4　低频采收技术扩散的实证分析

8.4.1　低频割胶技术的扩散

根据农户调查数据可知，农户采用低频割制的占比非常低，本书关于低频割胶技术的探讨主要集中于刺激剂的认知、采纳和使用规模决策。乙烯利为主的刺激剂正确使用是低频和超低频割胶技术的关键环节。

---

① 邓光辉，黄学全．提高海南垦区劳动生产率的紧迫性及思路和做法[R]. 2013年割胶生理专业委员会会议报告。

8.4.1.1 认知阶段

割胶是天然橡胶生产的日常性工作，每个种植橡胶的家庭都需要掌握割胶技术，几乎所有的农户都对选择割制进行充分的考虑，如会考虑家庭橡胶树的规模、劳动力、经济状况、橡胶树的产胶潜力等；几乎没有农户不知道刺激剂的存在，农村市场中充满着各类刺激剂产品。低频刺激割制是一个复杂的系统工程，涉及两个主因：一是刺激强度，如使用药剂类型、浓度、剂量、涂药面积、施药周期；二是割胶强度，包括割线数量、长度、频率和深度等。大部分农户都掌握有两个维度的大量信息，且认为过去十年间并没有显著的变化。

虽然 2015 年采用低频割制的农户有所增加，但整体上割制却没有太大改观。由于采用 3 天 1 刀以及更低频率割胶技术的样本太少，因此没有办法从统计上识别出影响农户选择该技术的因素。使用低频割胶技术需要使用刺激剂，低频割制下橡胶树排出的胶乳浓度较高，如果不用刺激剂容易造成橡胶树乳管堵塞；但使用刺激剂后仍采用常规割制无异于强割(徐闻献等，2000)。因此，虽然低频割胶技术中包含刺激剂的使用，但是可能使用刺激剂却与低频割制的采用没有直接的联系。橡胶树株数大于 700 且给出割制的 82 个样本农户中，有 16 个采用 3 天 1 刀割制，有 2 个采用 4 天 1 刀割制。采用低于 3 天 1 刀割制的农户寥寥无几。从 2013 年海南植胶区的调研结果来看，农户最为关注的是割胶技术会不会伤树，剩余的技术需求强弱依次为省工、增产、易学和不用刺激剂，还有小部分农户对割胶技术没有考虑(见图 8-1)。

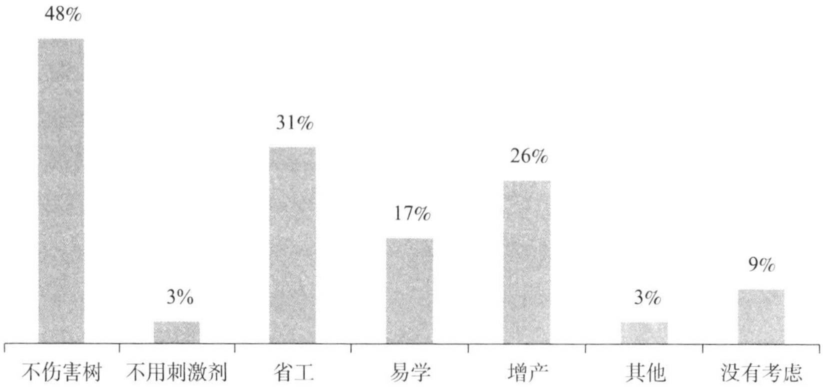

图 8-1　2013 年海南省橡胶种植户对割胶技术的现实考虑

数据来源：2013 年入户调查。

总体来看，农户还没有形成使用刺激剂能省工的理念，60.78%的农户认为刺激剂的好处是增产，有部分农户认为使用刺激剂省工且增产(25.49%)，有 13. 24%的农户为了省工使用刺激剂。3/4 以上的受访者认为使用刺激剂需要增加施肥，以保证橡胶树的养分平衡。不足一半的农户认为使用刺激剂需要考虑品种的差异，1/3 的农户对不同品种橡胶树耐刺激程度不同没有清晰的概念。对刺激割胶，农户最担心的是死皮（64. 13%）、胶乳浓度降低（14. 13%）、效果不明显、需要连续使用等问题。刺激剂使用过程需要特别注意调节浓度以及涂药周期，如果掌握不好，就容易出现伤树死皮的情况。

8. 4. 1. 2　采纳阶段

农户对于刺激剂的使用几乎都采取比较保守的态度，海南的 261 份样本中，有 98 户（39. 20%）表示曾经使用过刺激剂。82 户使用过刺激剂的农户报告了开始使用的年份，如图 8-2 所示。已采用刺激剂的农户中接近 60%是在高产期使用，这与大部分农户认为刺激剂的作用主要是增产的结论相对应。使用乙烯利刺激之后，割胶劳动力数量几乎没有变化（91. 92%），产量总体上是增加（89. 80%）的。只有大约 1/3 的使用者因刺激割胶降低了劳动强度和割胶频率。最早使用刺激剂的户主出生于 1949 年，其 1970 年就开始使用刺激剂。56. 11%的户主是从 2010 年开始使用刺激剂的。2011 年国内外橡胶名义价格达到历史最高峰，随后开始下降，2014 年后持续低迷，极端价格可能诱导农户改变原来的割胶行为。价格持续低迷时，部分农户通过调整劳动力配置，如放弃割胶，而不是通过改变割胶技术来实现收支平衡。

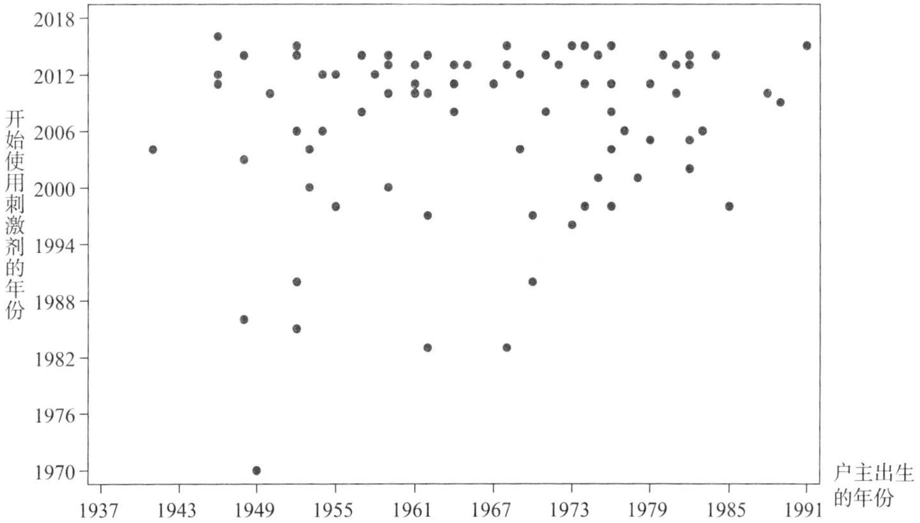

图 8-2　农户首次使用刺激剂的年份与户主出生年份

数据来源：2016 年入户调查。

8.4.2 影响低频采收技术的变量选择

乙烯利的使用在一定程度上反映了农户对于割胶新技术的采纳意愿，在无法直接分析农户采用低频刺激割胶技术的情况下，本书研究橡胶种植户对刺激割胶技术的采纳情况，未使用过刺激剂设为0，使用过则设为1。设计的回归因子包括户主、家庭、生产三个方面的变量(见表8-4)。

表8-4 影响农户低频割胶技术采用的自变量

变量	变量赋值
风险态度(*attitude*)	0=风险规避型，1=风险偏好
性别(*gender*)	0=女性，1=男性
年龄(*age*)	1=≤30岁，2=≤40岁，3=≤50岁，4=≤60岁，5=>60岁
民族(*ethnic*)	0=汉族，1=少数民族
文化程度(*educ3*)	1=小学及以下，2=初中，3=高中及以上
政治面貌(*CPC*)	0=非中共党员，1=中共党员
干部身份(*cadre*)	0=没有担任过，1=担任过村干部
健康状况(*health*)	1=差，2=一般，3=好，4=非常好
技术水平(*skill*)	1=不懂，2=懂点，3=一般，4=较好，5=很好
生产意愿(*will*)	0=不愿意，1=愿意
农业劳动力(*agrlabor*)	1=1个，2=2个，3=3个及以上
家庭支出规模(*expend*)	1=≤18000元，2=≤27600元，3=≤43320元，4=>43320元
技术培训(*train*)	0=近3年没有参加，1=有参加
参加合作社意愿(*coop*)	0=不愿意，1=愿意或已参加
橡胶收入比重(*rubber_inc*)	1=零，2=不足一半，3=约一般，4=一半以上
橡胶地块数(*rubber_land*)	1~4为实际地块数，5表示5块及以上
橡胶株数(*rubber_area*)	1=≤350株，2=≤700株，3=≤1050株，4=≤1400株，5=>1400株
株数平方($rubber\_area^2$)	橡胶株数(*rubber_area*)的平方
是否有老龄橡胶树(*old_tree*)	0=没有2000年以前开割的橡胶树，1=有

表8-5给出了各变量的描述性统计结果。男性户主比例超过85%，而女性户主比例则不足15%，家庭生产经营主要由男性成员决定。年龄小于40岁的户主比例不足25%，而50岁以上的户主比例超过40%。汉族、黎族、苗族和回族是海南四个主要少数民族，受访者民族以汉族和黎族为主，其中汉族

受访者占比 54.79%，黎族受访者占比 42.91%。户主中党员比例不高，受访者中有 100 人曾经或者正在当村干部，占 38.31%；没有当过村干部的受访者有 159 人，占 60.92%。受访者受教育程度以初中为主，占 57.47%(150 人)；其次为高中，占 25.29%(66 人)；高中以上的仅有 10 人，而小学以下的受访者仅有 2 人，不足 1%。受访者普遍认为自己的健康状况比较好，认为自己健康状况不好或者非常差的约为 13%(33 人)，认为健康状况一般的占 31%，而认为健康状况好和非常好的占比约为 56%(146 人)。受访者家庭人口规模平均为 5.5 人，家庭人口最少的仅 2 人，最多的达到 17 人，4~6 人的家庭单位居多，占总样本的 67.82%，家庭劳动力平均为 3.26 人，农业劳动力平均为 2.04 人。

表 8-5　影响农户低频割胶技术采用的变量统计描述

变量	样本数	均值	标准差	最小值	最大值
是否使用过刺激剂(*use_stimulus*)	250	0.392	0.489	0	1
风险态度(*attitude*)	248	0.278	0.449	0	1
性别(*gender*)	259	0.857	0.351	0	1
年龄(*age*)	254	3.307	1.074	1	5
民族(*ethnic*)	259	0.459	0.499	0	1
文化程度(*educ*3)	257	2.163	0.647	1	3
政治面貌(*CPC*)	258	0.314	0.465	0	1
干部身份(*cadre*)	257	0.374	0.485	0	1
健康状况(*health*)	259	2.560	0.835	1	4
生产意愿(*will*)	250	0.788	0.410	0	1
技术水平(*skill*)	258	2.818	1.037	1	5
技术培训(*train*)	249	0.594	0.492	0	1
参加合作社意愿(*coop*)	245	0.690	0.464	0	1
农业劳动力(*agrlabor*)	255	1.984	0.627	1	3
家庭支出规模(*expend*)	253	2.478	1.136	1	4
橡胶收入比重(*rubber_inc*)	260	2.412	1.064	1	4
橡胶地块数(*rubber_land*)	252	2.504	1.337	1	5
橡胶株数(*rubber_area*)	259	2.220	1.208	1	5
株数平方($rubber\_area^2$)	259	6.382	6.719	1	25
是否有老龄橡胶树(*old_tree*)	259	0.2414	0.4287	0	1

数据来源：2016 年入户调查。

8.4.3 实证分析结果

表 8-6 给出了 Logit 模型的估计结果，效果并不理想，5 个模型都没有整体通过检验，但还是可以提供一些解释。统计上显著的变量有文化程度、干部身份、生产技术水平以及技术培训，除了文化程度对是否使用刺激剂是负向影响，其他三个变量都是正向影响。橡胶种植园结构对是否使用刺激剂在模型中没有显著影响，是否有老龄橡胶树却有显著影响，这表明农户选择在老胶园里使用刺激剂的概率大。在老龄橡胶树上进行强割，主要是因为没有后顾之忧，不用担心刺激剂对未来产量造成影响。

村干部能够接受的信息要比其他村民多，且对信息的分析处理能力也相对强一些，因此他们有更大概率选择刺激割胶技术。刺激剂的使用需要掌握好浓度和涂药频率，掌握不好，容易造成橡胶树资产加速折旧，造成较大经济损失。生产技术水平较高的农户，对刺激割胶技术使用有较强的信心，对技术细节也了解相对全面，所以其倾向于采纳该技术。如果在不降低割胶频率的情况下使用刺激剂，还需要注意橡胶树的养分平衡，这时需要户主很好地把握。技术培训对刺激割胶技术的采用有积极的影响，农户通过参加技术培训，了解刺激割胶技术的基本原理及技术要求，进而加大农户采用该技术的概率。受教育程度越高的农户，越不倾向于使用刺激剂，一个可能的解释是文化程度较高的农户会更加注意到使用刺激剂的负面影响，进而影响其采纳行为。

表 8-6 关于刺激剂使用的 Logit 模型回归结果

变量	模型(1)	模型(2)	模型(3)	模型(4)	模型(5)
风险态度(*attitude*)	0.007 (0.379)	0.078 (0.344)		0.042 (0.340)	
性别(*gender*)	0.436 (0.504)	0.358 (0.487)	0.217 (0.423)	0.212 (0.468)	
年龄(*age*)	−0.020 (0.182)		0.071 (0.150)		
民族(*ethnic*)	−0.155 (0.373)	−0.188 (0.330)		−0.022 (0.328)	
文化程度(*educ3*)	−0.499* (0.275)	−0.420 (0.261)	−0.431* (0.235)	−0.410 (0.264)	−0.432* (0.250)
政治面貌(*CPC*)	0.109 (0.427)		0.472 (0.325)		

续表

变量	模型(1)	模型(2)	模型(3)	模型(4)	模型(5)
干部身份(*cadre*)	0.620 (0.415)	0.617* (0.335)		0.542 (0.332)	0.602* (0.325)
健康状况(*health*)	-0.069 (0.216)		-0.021 (0.193)	-0.057 (0.197)	
生产意愿(*will*)	0.178 (0.410)	0.031 (0.390)		-0.019 (0.371)	-0.062 (0.374)
技术水平(*skill*)	0.178 (0.165)	0.262* (0.155)	0.255* (0.145)	0.207 (0.157)	0.193 (0.153)
技术培训(*train*)	0.474 (0.353)	0.455 (0.334)	0.212 (0.310)	0.619* (0.328)	0.359 (0.324)
参加合作社意愿(*coop*)	-0.375 (0.373)	-0.406 (0.358)		-0.426 (0.352)	-0.286 (0.342)
农业劳动力(*agrlabor*)	-0.190 (0.266)	-0.162 (0.253)	-0.066 (0.232)	-0.121 (0.247)	-0.132 (0.247)
家庭支出规模(*expend*)	0.069 (0.147)	-0.004 (0.137)		0.012 (0.137)	0.013 (0.139)
橡胶收入比重(*rubber_inc*)	0.109 (0.166)		0.076		0.088 (0.155)
橡胶地块数(*rubber_land*)	-0.020 (0.124)	-0.002 (0.118)	0.039 (0.111)		0.025 (0.117)
橡胶株数(*rubber_area*)	-0.064 (0.649)	0.107 (0.139)	-0.128 (0.554)		0.028 (0.596)
株数平方($rubber\_area^2$)	0.021 (0.114)		0.035 (0.098)		0.007 (0.104)
是否有老龄橡胶树(*old_tree*)	0.828** (0.382)			0.788** (0.359)	0.681* (0.357)
常数	-0.613 (1.383)	-0.685 (0.982)	-0.934 (1.145)	-0.456 (0.980)	-0.582 (1.042)
样本数	195	199	223	206	207
卡方检验统计量	17.91	12.90	11.85	17.13	15.45
显著性	0.53	0.45	0.45	0.19	0.28
准 R^2	0.0684	0.0483	0.0394	0.0620	0.0556

注：括号中的数字为标准差；***表示 $p<0.01$，**表示 $p<0.05$，*表示 $p<0.1$。

数据来源：2016 年入户调查。

8.4.4 采纳比例

不少农户出于对橡胶树资产的爱惜而拒绝使用刺激剂。150 个受访者给出了不使用或不信任刺激剂的原因，主要还是担心死皮(42.67%)，橡胶树一旦发生死皮，就难以恢复割胶生产；32.00%的农户表示自家胶园的树龄偏小，还不能使用刺激剂；11.33%的农户因为还没有对刺激割胶有全面而深入的了解，而不使用；仅有 12 户农户考虑到当前的割制，选择 2 天 1 刀或更高频率的割制，就没有必要使用刺激剂，也不能使用。70%以上的农户表示会在老龄胶树或胶园更新时使用刺激剂。有 96 户农户给出了刺激剂使用的树龄范围，仅 3 户农户表示新开割树和老龄树都使用刺激剂，但仍有 15 户选择幼林树使用刺激剂(见图 8-3)。决定使用刺激剂的农户考虑使用比例时，树龄结构是最重要的考虑因素。

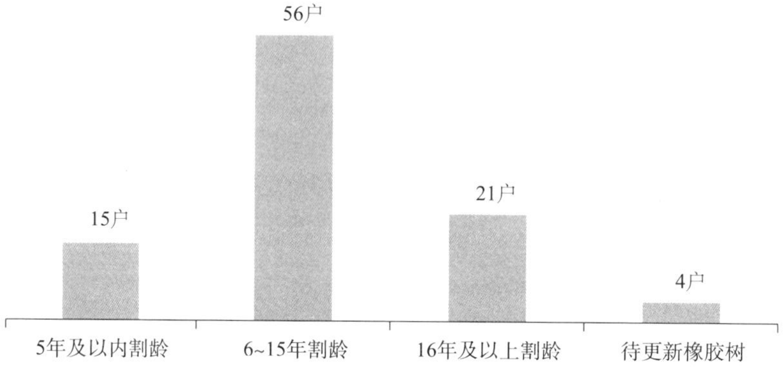

图 8-3　农户使用刺激剂的橡胶树树龄结构

数据来源：2016 年入户调查。

8.5 本章小结

虽然低频刺激技术是提高天然橡胶劳动生产率的关键，也经过了近 50 年的试验示范和推广，但其在海南省民营胶园的应用效果并不明显。采用 3 天 1 刀以及更低频率割制的农户占比非常低，但使用刺激剂的农户却有一定的比例。低频和刺激本是一体的技术，却被分离开来，刺激剂在某种程度上被用作增产的一种手段。在割胶技术研发和推广的相关科技奖励中，增产也作为其中一个指标，这可能造成了认知上的混乱。这在一定程度上反映了在国内供需缺口大的情况下，整个行业都在追求产量，忽略了低频刺激割胶技术的真正目的是提高劳动生产率。因此，在割胶技术培训中要逐步转变农户的观念。首先是改善农户对刺激剂使用和低频割胶的认识，强化技术的一体性和边界；其次是有效提高农户的生产技术水平，降低农户对使用刺激剂的预期方差；最后是更好地发挥村干部在技术扩散中的积极作用。加强村干部在割胶技术培训方面的纽带作用，重视村集体内部的技术交流与切磋。基层管理干部可以加强与农业技术推广部门和科研机构的联系，邀请割胶技术能手和专家定期对农户进行割胶技术培训，通过持续系统培训提升农户对割胶技术的认知水平。鼓励年轻橡胶种植户多与有经验的老橡胶种植户、割胶能手相互交流、取经，促进农户割胶技术认知整体水平的提升。另外，相关部门要规范刺激剂相关产品市场，建立严格的准入机制和负面清单制度，防范不合格产品流入市场，以免造成负面影响。

低频割胶技术面临着种植规模小的问题，规模化种植可以在一定程度上细化分工和优化割胶制度，利于农户内部劳动力资源分配，促进技术提升。基层管理部门有必要建立合理的规范和制度保障，积极引导农户建立合作关系，允许和鼓励农户对橡胶相关资产进行流转，提高农户橡胶种植的规模化水平，提升农户对割胶技术的认知。此外，低频割胶的规模服务是低频割胶技术扩散的重要渠道之一。

第9章

橡胶种植户生产决策与种植意愿

2014年以来，天然橡胶价格持续走低，农户生产积极性减弱，弃割弃管现象增多，部分橡胶种植户不愿意种植橡胶树，甚至砍伐橡胶树种植其他作物。农户放弃橡胶种植或者改变橡胶生产决策势必对我国天然橡胶供应安全产生不利影响。了解橡胶种植户种植意愿与生产决策变化，根据产业发展环境和国家战略需求，出台合理的产业支持政策激励农户继续种植橡胶树，有利于提前布局产业发展，稳定国家战略物资安全。

9.1 生产决策的研究进展

"道义小农"是传统意义上自产自销的农户，橡胶种植户生产的天然橡胶只能用作工业原料，无法自己消费，因此橡胶种植户已不属于"道义小农"。作为非传统小农，橡胶种植农户具备理性经纪人特征，能够对市场价格的变动做出迅速而正确的反应(舒尔茨，1964)。农户以追求利润最大化为目标，需要根据已有资源和信息以及自身认知、社会规范等条件，调整农产品生产结构和生产方式，以应对市场需求与自身生活需要，并适应区域农业产业发展要求。农户决定是否扩大某种农作物生产规模或调整种植结构的主要原因包括外出务工劳动、农地流转市场发育、作物产量、本期价格变动、售粮难易程度、上期销售价格、预期价格、比较收益等。预期价格变动对橡胶种植户生产行为产生显著影响。闵师等(2017)对云南西双版纳州橡胶种植户的研究表明，预期价格变动幅度越大时选择生产调整行为的可能性越高，并且在预期价格上升时调整生产行为的概率显著大于下降时，说明橡胶种植户家庭生产决策受预期价格变动影响明显。

南印度联合种植协会在一个声明中称，因为橡胶价格低和生产成本增加使得印度橡胶种植户无利可图，许多中、小种植户已经停止割胶(郑淑娟，2014)。现有文献对橡胶种植意愿的研究较少，李达、张绍文(2021)利用西双版纳州农户调查数据，分析了农户橡胶种植意愿的影响因素，发现在适宜橡胶种植的低海拔地区政府补贴对农户放弃橡胶种植产生了较小的抑制作用，在不宜橡胶种植的高海拔地区政府补贴未产生明显作用；低海拔地区农户放弃橡胶种植的意愿更为强烈，极有可能加剧橡胶进口依赖局面并威胁国家橡胶安全。现有文献对其他作物种植意愿的研究却比较丰富，价格成为研究关注的重点。农户生产决策中价格信号与农户认知、生产行为是紧密相关的，稻谷价格与水稻播种面积有长期均衡关系(方福平、李凤博，2010)。在粮食市场上，价格信号与计划信号均对农户行为具有一定的影响，对于不同种植结构、不同种植规模以及不同类型的农户，影响程度是不一样的(罗峦，2000)。但经济因素并非考量农户种植意愿的唯一指标。研究(宋金田等，2012；刘朝旭等，2012；陶雪娟等，2013)显示，种植意愿还会受到农户的年龄、文化程度和劳动年限等个体特征的影响。宋金田等(2012)对柑橘种植的研究表明，农户年龄越大，种植柑橘的意愿越弱，对小麦(朱慧，2011)以及油茶(刘芳等，2010)的种植意愿的研究也得到相似的结论。教育会在一定程度上影响农户的认知水平，进而影响他们的种植意愿。一般而言，受教育程度高的农户对新事物的接受能力强，对订单农业模式下的作物(朱慧，2011)和双季稻(刘朝旭等，2012)种植意愿表现就会更加强烈；但在水稻种植中，李维(2010)的研究却表明，教育对种植意愿影响的曲线呈倒“U”形。劳动年限反映了农户生产过程中经验和技术的积累，受教育程度对种植意愿有显著的影响(宋金田等，2012；陶雪娟等，2013)。有关学者对水稻、大豆和芝麻种植意愿的相关研究指出，种植规模越大，种植收入占总收入的比重越大，农户种植意愿越强(李维，2010；马翠等，2011；徐振华，2012)。而劳动力人数、地块位置等因素与种植油料作物的意愿却是负相关的(朱慧等，2012)。此外，良好的技术培训有利于提高农户的生产管理水平，增强农户的种植信心。陈艳红、胡胜德(2014)的研究表明，农户是否接受过技术培训与优质稻米种植意愿呈正相关关系。

9.2 橡胶种植户种植决策分析

2013 年入户调查掌握了橡胶种植户继续种植橡胶的决策情况，本章分别分析海南和云南橡胶种植户如何选择其他作物。

9.2.1 海南植胶区

海南样本农户的种植决策调查分为更新林地决策和新有土地决策。调查结果显示，在更新林地上橡胶种植户更加愿意继续种植橡胶，在新有土地上橡胶种植户种植橡胶的意愿有所减弱；但是整体上大部分橡胶种植户还是愿意继续种植橡胶的。

2013年海南入户调查数据显示（见表9-1），在更新橡胶林地上，有89.2%的农户愿意继续种植橡胶；在新有土地上，有72.47%的农户愿意种植橡胶。在不打算继续种植橡胶的农户中，槟榔成为农户的种植首选，其次是热带水果，以及牛大力、花梨木、马占相思、油茶等。

表9-1　海南样本农户种植决策

继续种植橡胶	更新林地		新开荒土地	
	户数/户	比重/%	户数/户	比重/%
是	256	89.20	208	72.47
否	28	9.76	55	19.16
不确定	3	1.05	3	1.05
合计	287	100	266	92.68

数据来源：2013年入户调查。

不论在更新林地还是在新有土地上，橡胶种植户选择继续种植橡胶的原因基本相同，说明土地来源不会影响农户种植橡胶的意愿。因为橡胶树是一种长期经济作物，能够带来稳定收益，稳定收益被认为是影响海南橡胶种植户种植决策的最重要因素。长期相对稳定的收益，也为农村安定提供保障，只要割胶就能满足农户基本生活开支，这对储蓄意识相对薄弱的农户尤其重要。种植一次性收获的作物，如槟榔、胡椒、杧果等，农户销售作物之后的收益可能会在较短时间内被消费完，农户之后的生活很难得到保障，甚至可能会导致一系列的社会问题。一般情况下，地方政府鼓励农户种植一定量的橡胶树，如万宁市建设槟榔之乡，却没有过分鼓励农户种植槟榔，因为槟榔一年只收获一次，且黄化病比较严重。有农户将橡胶树比喻为“摇钱树”。橡胶种植户长期种植橡胶积累的丰富的经验也被认为是海南橡胶种植户选择继续种植橡胶的重要原因之一。此外，缺乏其他作物的种植技术、种植其他作物的收益问题以及橡胶价格都是影响海南橡胶种植户种植决策的因素，但不是主要因素（见表9-2）。

表 9-2 海南样本农户种植决策影响因素

种植决策影响因素	更新林地		新有土地	
	户数/户	比重/%	户数/户	比重/%
长期经济作物，能常年带来相对稳定的收益	221	77.00	144	50.17
具有较丰富的橡胶种植及生产经验、技术	44	15.33	30	10.45
受周围的农户或农场影响	15	5.23	11	3.83
热带水果价格波动大，风险大	21	7.32	14	4.88
没有其他作物的种植技术	26	9.06	22	7.67
对橡胶价格有信心	22	7.67	6	2.09
其他	21	7.32	14	4.88

数据来源：2013 年入户调查。

在不打算继续种植橡胶的农户中，槟榔成为海南橡胶种植户的首选经济作物。事实上，因为橡胶价格持续走低，有很多农户都开始考虑种植槟榔。此外，因为优良的地理和气候环境，热带水果种植也是海南橡胶种植户的重要选择，还有部分橡胶种植户选择种植牛大力、花梨木、马占相思、油茶等特色经济作物。极少数橡胶种植户选择将土地丢荒或者出租(见表 9-3)。

表 9-3 海南样本农户选择种植其他作物的种类

作物种类	户数/户	比重/%
槟榔	39	13.54
果树	10	3.47
其他作物	13	4.51
丢荒	3	1.04
出租	3	1.04
合计	68	23.6

注：其他作物包括牛大力、花梨木、马占相思、油茶。

数据来源：2013 年入户调查。

海南样本农户之所以选择种植其他经济作物，主要考虑因素仍然是经济效益，大部分不愿意继续种植橡胶的橡胶种植户都认为其他经济作物价格高，收益会比橡胶好；考虑种植其他作物的另一个原因是劳动强度，因为橡胶种植太辛苦，农户希望种植其他省工、省力的作物。还有部分橡胶种植户认为橡胶种植风险高于其他经济作物，因为其非生产期较长(见表 9-4)。

表 9-4　海南样本农户选择种植其他作物的原因

种植其他作物的原因	户数/户	比重/%
该作物产品价格高，收益比种植橡胶好	28	9.72
以前种植过，有技术	3	1.04
比种植橡胶树省工、省力	18	6.25
种植橡胶树要 7~8 年以后才有收入，风险大	3	1.04
对新作物感兴趣	1	0.35
其他	3	1.04
合计	56	

数据来源：2013 年入户调查。

9.2.2　云南植胶区

云南样本中，有 179 户愿意继续种植橡胶，占调查样本数的 89.5%；21 户不愿意继续种植橡胶，仅占调查样本数的 10.50%。调查显示，影响农户是否继续种植橡胶的主要因素依次为：橡胶能够带来长期稳定的经济收益、丰富的橡胶种植生产经验和技术、缺乏其他作物的种植技术。仅有少数橡胶种植户因看好未来橡胶市场价格而选择继续种植橡胶(见表 9-5)。

表 9-5　云南样本农户种植决策影响因素

种植决策影响因素	户数/户	比重/%
长期经济作物，能常年带来相对稳定的收益	107	53.50
具有较丰富的橡胶种植及生产经验、技术	56	28.00
受周围的农户或农场影响	11	5.50
热带水果价格波动大，风险大	2	1.00
没有其他作物的种植技术	25	12.50
对橡胶价格有信心	16	8.00
其他	10	5.00
合计	227	

数据来源：2013 年入户调查。

选择不继续种植橡胶的种植户，会优先选择种植澳洲坚果、果树、石斛或玉米等其他作物，极少部分农户选择将土地出租(见表 9-6)。

表 9-6　云南样本农户选择种植其他作物的种类

作物种类	户数/户	比重/%
果树	6	3.00
石斛	6	3.00
澳洲坚果	7	3.50
其他作物	11	5.50
出租	1	0.50
合计	31	

数据来源：2013 年入户调查。

选择种植其他作物的农户中，收益是优先考虑的因素。云南橡胶种植户认为，种植其他作物的产品价格高，收益比橡胶好，另外，比橡胶种植省工省力，此外就是橡胶种植风险较高。拥有其他种植技术和对其他作物感兴趣对橡胶种植户种植决策也有一定影响(见表 9-7)。

表 9-7　云南样本农户选择种植其他作物的原因

种植其他作物的原因	户数/户	比例/%
该作物产品价格高，收益比种植橡胶好	15	7.50
以前种植过，有技术	1	0.50
比种植橡胶树省工、省力	6	3.00
种植橡胶树要 7~8 年以后才有收入，风险大	4	2.00
对新作物感兴趣	1	0.50
其他	3	1.50
合计	30	

数据来源：2013 年入户调查。

本书通过分析海南和云南植胶区样本农户种植决策，以及是否种植橡胶的主要考虑因素，发现大部分种植户还是愿意继续种植橡胶的，因为橡胶属于长期经济作物，能够带来长期稳定的经济收益，橡胶种植的经验和技术积累，以及其他作物种植技术的缺乏，也是引致农户选择继续种植橡胶的主要因素。影响农户种植其他作物的因素主要是收益问题和劳动强度问题，橡胶种植户会自行选择自认为收益比橡胶好的作物种植。海南橡胶种植户偏向于种植槟榔，云南橡胶种植户则会考虑石斛兰、澳洲坚果等。

9.3 农户种植意愿情况

橡胶树属于长周期经济作物，考虑到前期较大的生产投入和后期相对稳定的收入，农户一般不会轻易砍伐橡胶树改种其他作物。2011 年天然橡胶价格达到历史高位后开始连续下降，理性的农户往往不会因为价格下跌而考虑砍伐橡胶树，但可能会暂时停割。调查结果表明（见表 9-8），近九成农户还愿意继续种植橡胶，约 10%的农户表示不愿意，并会砍伐橡胶树种植其他经济作物或者外出务工。海南的调查情况和云南基本一致。海南选择种植其他经济作物的农户以种植槟榔、热带水果为主。云南放弃种植橡胶的多数农户考虑改种玉米等粮食作物，少数农户种植澳洲坚果、石斛或果树。整体而言，农户种植橡胶意愿较为强烈，这就意味着橡胶种植业规模短期内可能不会发生显著变化。

表 9-8 样本农户种植意愿分布情况

是否会继续种植橡胶	海南		云南	
	户数/户	比重/%	户数/户	比重/%
是	257	89.24	181	89.50
否	31	10.76	25	10.50

数据来源：2013 年入户调查。

农户继续种植橡胶的影响因素可归纳为收益、风险、技术和环境。橡胶树属于长期经济作物，进入投产期后就能够带来相对固定的收入，尽管这种收益会随着胶乳产量和橡胶价格而发生变化，但对于维持家庭日常生活支出具有较好的效果。因此，能够带来相对稳定的收益成为农户选择继续种植橡胶最重要的原因，海南植胶区有 77%的农户看中橡胶带来的稳定收益，云南这一比例为 53.50%。

技术因素对农户种植意愿的影响程度仅次于收益因素。海南和云南分别有 15.33%和 28.00%的农户认为，长期从事橡胶生产形成的技术积累是继续种植的主要原因；两地分别有 26 户和 25 户橡胶种植户，因为缺乏种植其他作物的技术而被动选择继续种植橡胶。随着生产过程中劳动力的长期投入，以及橡胶生产技术的不断学习和积累，农户容易出现技术上的“资产专用性”。长期从事橡胶种植的农户，在面对技术性较强的其他作物时，可能因“技术壁垒”而不得不被橡胶种植束缚。

风险因素主要体现为其他热带农产品与橡胶价格的对比上。海南和云南分别有7.67%和8.00%的农户表示，因对橡胶价格有信心而愿意继续种植橡胶；海南有7.32%的农户因考虑到其他热带农产品价格波动大，所以愿意继续种植橡胶，而云南这一比例仅为1.00%(见表9-2和表9-5)。海南热带水果种类丰富，但因为信息不对称，农户易蒙受损失。2011年海南香蕉“乙烯利”事件和2013年槟榔口腔癌事件，分别让香蕉和槟榔的价格迅速跌入谷底，导致农民有苦难言。橡胶不同于食用农产品，价格波动虽然较大，但受突发事件影响较小，而且不存在滞销情况，在一定程度上增强了农户的种植意愿。

海南与云南均有约5.50%的调查对象表示继续种植橡胶是受周围环境影响(见表9-2和表9-5)。研究发现，农户经营的橡胶园破碎化程度较高，而且彼此相连。相邻胶园农户种植行为不一致，不仅会增加生产成本，而且还会削弱作物生产过程中统防统治的效果。为了避免作物交叉种植产生的负外部性，部分农户只能被动选择继续种植橡胶。

9.4 种植意愿影响因素实证分析

9.4.1 研究假说及模型设定

农户的种植意愿受自身因素、种植情况和产品销售环境共同影响。本书以现有研究成果为基础，结合橡胶树种植环境和生产特性，提出以下研究假说：

(1)户主是家庭生产经营的决策者，其年龄、受教育程度以及是否为村干部可能都会对种植意愿产生影响。户主年龄越大越趋于保守，种植习惯和生产行为容易形成路径依赖；橡胶生产能够带来相对稳定的收益，而种植其他作物的机会成本和潜在风险较大。因此年龄越大，橡胶种植意愿可能越强。受教育程度高的农户，信息理解和获取能力强，对新知识、新技术的接受能力相对较强，生产决策会更为理性。在橡胶收益符合心理预期的前提下，受教育程度高的农户种植意愿较强。

一方面，村干部是连接基层农民和农业生产管理、服务部门的桥梁，有成员担任村干部的农户家庭在信息获取和生产技术培训方面有较大的优势；另一方面，村干部接触的信息更为广泛，种植结构方面可选择的集合更大，更有机会选择种植其他作物。因此是否为村干部可能是影响农户种植意愿的重要变量。

(2)橡胶在家庭收入中的占比显示了农户对橡胶种植的依赖度，比重越大依赖度越高。橡胶收入占比高的农户，改种其他作物的机会成本较大，会影响家庭生产经营。因此橡胶收入占比大的农户种植意愿会更强烈。

掌握新技术的前提下，种植面积大，有利于发挥规模效应，节约单位劳动成本，提升劳动生产效率。橡胶面积越大，橡胶收入越显重要，农户放弃种植的可能性越低。考虑规模效应，种植面积对种植意愿的影响方向为正。

橡胶资产权属是指橡胶林地及地面资产是否为自家所有。如果土地为自家从集体承包的，在种植决策上可以相对自由一些；租赁土地种植橡胶的农户改变种植决策需要考虑土地承包期和发包方的态度，还需承担决策的机会成本，受到外部阻碍因素较多。因此选择租赁土地种植橡胶的农户种植意愿更为强烈。

（3）销售价格直接影响农户收益，进而影响种植橡胶的意愿。进入割胶期后，橡胶收入取决于每次交易的价格，价格波动不明显的情况下，最低销售价格高，农户收入会较多。农户种植意愿变化相对橡胶价格变动存在一定滞后性。因此提出假说，上期最低销售价格越高，农户种植意愿越强烈。

从事经济作物种植的农户，产品销售渠道非常关键。“丰产不丰收”的情况是价格问题，但如果产出的产品没人要而只能烂在地里，则是销售渠道的问题。是否担心销售反映了农户对市场的预期，不担心销售说明对未来市场有信心，种植意愿较强；反之，担心滞销的农户种植意愿较弱。

（4）农业技术培训一般由科研单位或基层农业管理部门组织，主要为农户提供生产管理技术、病虫害防治技术培训和市场信息服务。橡胶生产的技术性比较强，通过专家的指导，农户生产管理水平能有所提高，信息获取会更为充分，有利于增强农户种植信心。因此，预期参加过技术培训的农户种植意愿更强。

以农户种植橡胶的意愿为被解释变量，将农户“愿意继续种植橡胶”赋值为1，“不愿意继续种植橡胶”赋值为0；p 表示农户愿意继续种植橡胶的概率，其取值在0~1。本书通过构建二元 Logistic 模型来识别影响农户橡胶种植意愿的因素。本书以农户种植橡胶的意愿为被解释变量，以户主年龄、受教育程度、是否为村干部、橡胶收入比重、橡胶种植面积、橡胶资产权属、近两年销售橡胶的最低价格、是否担心销售、是否参加过培训等为解释变量（见表9-9）。

表 9-9　农户橡胶种植意愿影响因素的变量定义及假说

变量类型	变量	变量定义	均值	标准差	假说
因变量	种植意愿(*plant*)	是=1，否=0	0.90	0.306	
个体特征	年龄(*age*)	小于30岁=1，30~39岁=2，40~49岁=3，50~59岁=4，60岁以上=5	3.21	1.056	+
	受教育程度(*educ*)	小学以下=1，小学=2，初中=3，高中和中专=4，高中以上=5	2.91	0.856	+
	是否为村干部(*status*)	是=1，否=0	0.20	0.403	
生产情况	橡胶收入比重(*rubratioi*)	小于等于25%=1，25%~50%=2，50%~75%=3，大于75%=4	2.83	1.122	+
	种植面积(*rubarea*)	小于10亩=1，10~20亩=2，20~30亩=3，30~50亩=4，大于等于50亩=5	2.82	1.224	+
	资产权属(*right*)	承包=0，自有=1	0.76	0.427	-
销售环境	近两年销售橡胶最低价格(minprice)	实际值	16.26	3.368	+
	是否担心销售(salworry)	不担心=1；不担心，只是价格低=2；担心，价格太低难以接受=3；担心可能会滞销=4	1.89	0.690	-
技术培训	是否参加过培训(train)	未参加=0，参加过=1	0.59	0.492	+

9.4.2　实证分析

本章数据来自2013年入户调查，运行结果见表9-10，Exp(β)可测量自变量每变化一个单位给原来的发生概率所带来的变化。在零假设条件下(即H_0：$\beta_k=0$)，单个变量Wald统计量为自由度等于1的渐近χ^2分布。自由度等于1，显著水平为0.05的χ^2临界值为3.841；显著水平为0.10的χ^2临界值为2.706。

Model Ⅰ卡方检验结果为28.428，自由度为9，在5%水平下显著。当自变量数量较大时，皮尔逊χ^2(Pearson chi-square)和偏差(Deviance)不再适用于估计拟合优度，Hosmer-Lemeshow成为回归模型拟合优度检验的最佳指标。Model Ⅰ中Hosmer-Lemeshow卡方检验结果为6.518，自由度为8，显著性水平大于0.05，说明模型不能拒绝原假设，即模型实际值与预测值的分布不存在显著差异，拟合效果较好，预测正确率为89.6%。

表 9-10　农户橡胶种植意愿影响因素模型的回归结果

变量	Model Ⅰ			Model Ⅱ		
	β	Wald	Exp(β)	β	Wald	Exp(β)
年龄(*age*)	0.201	1.771	1.222	0.198	1.736	1.219
受教育程度(*educ*)	-0.548**	6.434	0.578	-0.571***	7.042	0.565
是否为村干部(*status*)	-0.177	0.188	0.838	-0.153	0.14	0.858
橡胶收入比重(*rubratioi*)	0.019	0.014	1.019	0.017	0.010	1.017
种植面积(*rubarea*)	-0.346**	5.490	0.707	0.447	0.435	1.563
种植面积的平方($rubarea^2$)				-0.127	1.421	0.881
资产权属(*right*)	-1.283**	5.839	0.277	-1.237**	5.317	0.290
销售最低价格(*minprice*)	0.136***	8.411	1.146	0.134***	8.039	1.144
是否担心销售(*salworry*)	-0.146	0.359	0.865	-0.115	0.223	0.892
是否参加过培训(*train*)	0.719**	4.176	2.052	0.728**	4.281	2.071
常数项	2.973**	3.964	19.555	1.956	1.307	7.073
Chi-square	28.428			29.815		
Hosmer-Lemeshow	6.518			9.163		
Predicted	89.6			89.6		

注：***表示1%的显著水平，**表示5%的显著水平。

Model Ⅰ中种植面积与预期方向不一致，并且缺乏合理的解释，因此考虑可能存在适度规模经营的情况，并引入种植面积的平方值作为解释变量进行验证。本书采用Enter进入法回归得到Model Ⅱ的结果见表9-10。模型卡方检验结果为29.815，自由度为10，在0.05的水平下显著，模型统计上显著；Hosmer-Lemeshow卡方检验结果为9.163，自由度为8，显著性水平大于0.05，不能拒绝原假设，模型实际值与预测值的分布不存在显著差异，拟合效果较好；预测正确率为89.6%。

综合Model Ⅰ和Model Ⅱ的结果可知，受教育程度、资产权属、最低销售价和是否参加过培训4个变量Wald统计值能通过显著性检验；种植面积在Model Ⅰ中能通过显著性检验，但在Model Ⅱ中不能，并且对被解释变量的作用方向发生改变；其余变量在10%的显著水平下不能通过检验。

（1）户主年龄对被解释变量的作用方向为正，是否为村干部对被解释变量的作用方向为负，但均达不到显著水平；受教育程度与种植意愿呈显著负相关关系，与假说不一致。

年龄与种植意愿正相关，说明年长的农户更愿意种植橡胶，而年轻人的种植意愿较弱。年龄越大在生产行为和种植习惯方面越容易形成路径依赖，对改种其他作物的风险越发谨慎；年轻农户可选择的机会更多，他们对风险的承受能力更强，橡胶种植意愿较弱。由于割胶生产劳动强度较大，随着年龄增长，农户体力开始下降，其种植意愿可能被削弱，影响结果的显著性。有研究表明橡胶在热带主要经济作物中单位产出最低，利润率最低（戴俊，2013）。村干部家庭可能倾向于适当改善种植结构，种植其他作物。是否为村干部对种植意愿影响不显著，可能是因为现代信息技术发达，普通农户可以通过其他途径获取信息，普通农户信息获取能力与村干部差异不大，村干部在技术信息获取方面的优势难以显现。户主受教育程度高，种植意愿反而较弱，可能的原因是橡胶收益达不到他们的心理预期。由于天然橡胶市场不景气，橡胶价格从2011年开始下降，农户收益下滑。受教育程度高的农户对新知识、新技术的接受能力强，橡胶收益达不到预期的情况下，他们可能倾向于选择经济效益更好的作物替代橡胶，因此种植意愿减弱。

（2）橡胶收入比重与种植意愿正相关，与假设相符，但不显著；引入种植面积的平方进行验证后，种植面积与种植意愿由显著负相关性变为不显著的正相关，种植面积的平方与种植意愿负相关，与假说存在差异；资产权属与种植意愿显著负相关，与假说一致。

橡胶收入比重越大，家庭对橡胶收入依赖度越高，农户改变种植决策的机会成本和风险较大，而小农经营应对风险的能力有限，没有其他保障的情况下，他们会偏向于继续种植橡胶，尽可能避免风险。但低迷的橡胶价格和难以预料的市场前景使得农户必须考虑分散价格风险，部分农户陷入两难境地，影响结果的显著性。理论上种植规模大，越容易形成规模经济，从而提高劳动生产率。但种植业的规模经营不同于工业，其表现为以土地规模为中心的规模变化，而土地的不可移动性使得扩大经营规模的难度加大。我国橡胶树主要种植在热带地区，以山地为主，种植地块比较分散，阻碍了橡胶种植的规模化发展。在种植环境和农户家庭资源的约束下，橡胶种植可能更适合适度规模经营，即适当面积的土地与劳动力、资金匹配，从而获取最佳效益的经营。正如回归结果所显示的，随着种植规模的扩大，种植意愿呈现先增后降的变化趋势。种植橡胶的土地为自有的情况下，农户种植意愿较弱可能与比较收益有关，自有土地的橡胶种植户不用考虑土地合约问题，在生产决策上更容易选择收益更好的作物；租赁土地的橡胶种植户需要考虑前期投入的成本以及合约时间限制，贸然改变种植决策会增加风险，因而种植意愿更强。

（3）2011—2012年，橡胶销售的最低价格与种植意愿呈显著正相关，与假说一致；是否担心销售与假说方向一致，但不显著。农户一般会对最低销售价比较敏感，最低销售价越高，农户收益越大，种植意愿越强。是否担心销售反映农户对市场的预期，不担心销售的农户认为销售渠道不存在问题，没有滞销的风险，因而继续种植的意愿较强。调查发现，农户对橡胶的销售渠道不担心，但担心价格低或者收购商在干含测定中存在欺诈行为。这可能降低了农户对市场的预期，导致变量解释力不足。

(4)是否参加过培训与种植意愿呈显著正相关关系，与假说一致。为了将科研成果转化为生产力，科研单位和各级农业管理部门都加大了科技推广力度。海南省率先建立了“农业科技 110”服务体制，及时为农户提供技术服务。科研单位也派出了专家为农户提供橡胶割胶、施肥、病虫害防治等技术培训。有 59%的被调查农户都参加过技术培训，其生产管理水平和信息获取能力得到了一定提升，技术培训增强了农户种植橡胶的信心。

9.5 本章小结

本章对橡胶种植户的种植意愿进行研究，发现愿意继续种植橡胶的农户仍然占多数，销售价格、橡胶树资产权属、户主受教育程度和是否参加过培训对种植意愿有显著影响。2011—2012 年的橡胶销售最低价格越高，农户种植橡胶的意愿越强烈；橡胶林地及地面资产为自家所有情况下，农户种植意愿相对较弱；受教育程度较高的农户倾向于种植其他作物，来分散家庭收入风险；参加过培训的农户比没有参加过培训的农户的种植意愿强烈。同时，研究还发现，农户种植意愿随着种植面积的扩大呈先增后降的变化趋势，验证了农户种植橡胶存在适度规模经营的特征。为提升橡胶产业发展水平，提高橡胶种植户从事橡胶种植的意愿，建议相关部门推动农村合作组织建设，加快土地流转，加强技术研发，完善技术培训体系。

第3篇

价格与生产

生产可认为是一个价格函数，农户生产决策受市场价格波动、市场信息的影响。一方面，市场价格作为信号传递给农户后，影响农户后续的生产决策和行为；另一方面，农户的生产决策行为也影响农产品价格，农户生产什么、生产多少影响农产品的供给，进而影响农产品的价格。本篇研究天然橡胶价格变动对植胶农户生产行为、橡胶总产量的影响，以及农户参与价格稳定机制的意愿。本篇包括四章，第10章分析价格波动对橡胶种植户行为的影响；第11章分析橡胶种植户参与价格稳定基金的意愿，第12章对天然橡胶生产成本和价格稳定基金参数进行了测算；第13章对价格波动与全球天然橡胶生产进行了探讨。

第 10 章

价格波动与橡胶种植户行为

价格机制是市场经济的核心。经过充分竞争的价格信号，不仅是商品和服务相对稀缺性的体现，还是生产者调整生产行为的关键信号。一般情形下，农户是生产要素和产品的价格接受者，其根据价格变化情况，通过调整生计活动，来重新配置劳动力、土地等资源。Femeniaf、Latruffel、Ghavasip 在欧洲农业经济学家协会第 15 次代表大会上的报告 *Responsiveness of farm investment to price changes: an empirical study of the French crop sector* 指出，理解农户如何对价格做出反应对于政策制定有积极意义。

价格波动不仅反映供求关系的变化，还体现商品和服务的稀缺性，影响供求双方的行为。天然橡胶作为一种重要的工业原料，近年来其市场价格波动剧烈。天然橡胶价格从 2001 年开始进入上涨通道，2011 年最高峰时接近 40 元/千克，2015 年下跌到不足 10 元/千克，2016 年末回升至接近 20 元/千克，但很快又开始下降。橡胶种植户作为天然橡胶的生产主体之一，剧烈的价格波动对其生产行为有何影响？如何影响？本章利用海南和云南植胶区 2013 年、海南植胶区 2016 年的入户调查数据，对价格波动与植胶农户生产、销售行为关系进行详细研究。

10.1 价格低迷时农户的生产行为

据统计，2011 年国内天然橡胶年平均价格为 34086 元/吨，当年 2 月的月平均价格达到了 41908 元/吨，为历史最高；2013 年全年橡胶平均价格为 20053 元/吨，比 2011 年下跌 41.1%；2016 年全年橡胶平均价格为 12737 元/吨，仅为 2011 年的 37.4%，下跌了 62.6%。海南植胶区入户调研数据显示，价格的剧烈波动使植胶农户家庭收入和橡胶生产决策行为发生了明显改变。根据 2013 年和 2016 年对海南植胶区农户的抽样调查，2012 年 259 户农户的平均橡胶收入为 2.13 万元，2015 年 195 户农户的平均橡胶收入为 1.25 万元，减幅为 41.3%；2012 年 287 户农户的平均农业收为 2.93 万元，2015 年 249 户农户的平均农业收入为2.05万元，减幅30.03%，与此同时，家庭总开支却增加了9.85%。2016年的调查发现，几乎所有受访者都对过去两年的橡胶价格表示不满，卖胶乳的受访者印象中最低价格的平均值为7.38元/千克，最高价格仅为11.35元/千克；2016年最近一次交易平均价格为8.73元/千克（见表10-1）。2013年的调查数据表明，2011—2012年农户销售价格的最低和最高平均值分别为16.73元/千克、29.04元/千克。

表10-1　2015年海南样本市县农户的胶乳销售价格

市县	样本量/户	2015年最低价		2015年最高价		2016年8月最近一次成交价*	
		平均价格/元/千克	样本量/户	平均价格/元/千克	样本量/户	平均价格/元/千克	样本量/户
琼海市	33	5.73	21	9.01	19	7.23	22
儋州市	85	8.11	81	12.43	81	9.47	74
万宁市	24	8.18	11	12.25	11	10.90	10
屯昌县	17	6.50	4	8.75	4	8.00	3
澄迈县	23	5.23	21	8.29	20	5.95	21
白沙县	31	8.09	10	11.78	9	9.27	11
琼中县	48	7.99	14	12.46	14	9.70	12
合计/平均值	261	7.38	162	11.35	158	8.73	153

注：*代表最近所指的时点是2016年8月。

数据来源：2016年入户调查。

2013年入户调查结果表明，价格低迷时，14.54%的农户预计会减少投入，29.08%的农户会降低割胶强度。2016年入户调查结果显示，2015年约有20%的样本农户因价格低迷而放弃割胶生产，部分农户2014年就已放弃。表10-2给出了2015年海南省样本县市的割胶生产情况。正常割胶生产的农户比重为52.85%，高于2013年预期价格低迷下正常割胶生产的比重（47.87%）。正常割胶农户占比最高的是儋州市，85户有开割胶园的农户中71.76%都在正常割胶；其次是白沙县、屯昌县和澄迈县，正常割胶农户占比超过50%。万宁市18户有开割胶园的农户中，仅有4农户正常割胶，有11户农户已经弃割；琼中县42户有开割胶园的农户中，接近40%已经弃割。红毛镇什卓村委会什卓村小组，几乎全部农户都已经放弃割胶，留在村中的农户大多从事种桑养蚕；长征镇新寨村新丰村小组从割胶生产转向养鸡，建立了养鸡合作社。这可能与地区种植业结构有关，弃割比例较大的市县为槟榔种植较多或者种植结构比较多元化的市县。特别是2015年槟榔价格很好，很多同时种植橡胶和槟榔的农户，可能会选择将更多的精力放在槟榔种植上。

表10-2　2015年海南省样本县市的割胶生产情况

县市	2015年实际行为					2013年预期价格低迷下的行为				
	正常/%	部分/%	间断性/%	放弃/%	开割户数/户	增加强度/%	保持不变/%	降低强度/%	放弃/%	样本数/户
琼海市	43.75	3.13	28.13	25.00	32	0.00	38.60	28.07	33.33	57
儋州市	71.76	2.35	20.00	5.88	85	10.23	76.14	13.64	0.00	88
万宁市	22.22	0.00	16.67	61.11	18	0.00	64.29	21.43	14.29	28
屯昌县	52.94	11.76	11.76	23.53	17	3.57	75.00	14.29	7.14	28
澄迈县	52.17	8.70	30.43	8.70	23					
白沙县	65.52	13.79	6.90	13.79	29	14.29	64.29	17.86	3.57	28
琼中县	26.19	9.52	26.19	38.10	42	18.87	56.60	15.09	9.43	53
合计/平均值	52.85	6.10	20.73	20.33	246	8.51	62.41	18.09	10.99	282

数据来源：2013年入户调查、2016年入户调查。

10.1.1　不同橡胶种植规模农户价格低迷时的生产行为

对样本数据进行分析后发现，只拥有1块橡胶林的农户更倾向于弃割，拥有1块胶林的农户中有1/3的样本选择弃割。地块数为3块或4块的农户，选择间断性或部分割胶的比例更高。地块数大于等于5块的31户农户中，接近70%的农户都选择正常割胶。种植规模对割胶生产的影响呈现准倒“U”形，中等规模的农户在价格低迷时，更倾向于进行正常割胶，而规模较小或者偏大的农户则更有可能选择弃割，这在一定程度上反映出适度规模经营的重要性(见表10-3)。

表10-3　2015年地块分布、种植规模与割胶生产情况

地块数/块	正常割胶/%	部分割胶/%	间断性割胶/%	放弃割胶/%	样本数/户
1	55.56	1.59	9.52	33.33	63
2	53.95	5.26	21.05	19.74	76
3	44.74	13.16	26.32	15.79	38
4	33.33	13.33	46.67	6.67	30
≥5	67.74	3.23	16.13	12.90	31
合计/平均值	52.10	6.30	21.43	20.17	238

续表

种植规模(Y)/株	正常割胶/%	部分割胶/%	间断性割胶/%	放弃割胶/%	样本数/户
Y≤350	53.57	2.38	16.67	27.38	84
350<Y≤700	48.75	5.00	25.00	21.25	80
700<Y≤1050	57.50	12.50	17.50	12.50	40
1050<Y≤1400	62.50	4.17	25.00	8.33	24
Y>1400	47.06	17.65	17.65	17.65	17
合计/平均值	53.06	6.12	20.41	20.41	245

注：不含未开割胶园的样本。

数据来源：2016 年入户调查。

10.1.2 不同特征农户在价格低迷时的生产行为

在价格低迷时，不同特征农户的生产行为具有明显差异。女性受访者更倾向于放弃割胶，男性受访者更倾向于正常割胶。户主的年龄越大越倾向于正常割胶生产，这主要是由年龄对就业可选择集合的负向影响决定的。样本中，民族身份是少数民族的农户在价格低迷时，选择弃割的比例明显高于汉族的农户。样本中，户主为党员的农户正常割胶的比例低于为非党员的农户；同时，户主是村干部的农户，弃割的比例高于非村干部的农户，这可能与村干部除自家农业劳动外，还担负着村集体事务，工作比较忙有关。户主的文化程度也对生产行为有影响，文化程度越低的农户，在价格低迷时，弃割的比例越高，文化程度为高中及以上的农户正常割胶的比例高于文化程度为初中的农户，而初中文化的农户正常割胶比例又高于小学及以下文化程度的农户，弃割比例则反之。不同割胶技术水平的农户生产行为也不同，11 户割胶技术掌握良好的农户有 10 户选择正常割胶，而不懂技术的 21 户中只有 5 户正常割胶。在价格低迷的情形下，橡胶生产技术越好的农户越倾向于选择正常割胶生产。户主的健康状况与种植规模的影响曲线比较类似，健康状况较差和很好的农户，选择正常割胶生产的比重相对较低(见表 10-4)。

表 10-4　2015 年割胶行为选择与部分影响因素的列联表

受访者的风险态度	正常割胶/%	部分割胶/%	间断性割胶/%	放弃割胶/%	样本数/户
规避型	55.03	8.28	18.34	18.34	169
偏好型	50.00	1.52	22.73	25.76	66
合计/平均值	53.62	6.38	19.57	20.43	235

续表

户主的性别	正常割胶/%	部分割胶/%	间断性割胶/%	放弃割胶/%	样本数/户
男性	54.03	6.16	21.33	18.48	211
女性	45.45	6.06	18.18	30.30	33
合计/平均值	52.87	6.15	20.90	20.08	244
户主的年龄(N)	正常割胶/%	部分割胶/%	间断性割胶/%	放弃割胶/%	样本数/户
N≤30	44.44	11.11	22.22	22.22	9
30<N≤40	40.91	6.82	29.55	22.73	44
40<N≤50	51.85	3.70	19.75	24.69	81
50<N≤60	58.21	7.46	22.39	11.94	67
N>60	57.89	7.89	10.53	23.68	38
合计/平均值	52.30	6.28	20.92	20.50	239
户主的民族身份	正常割胶/%	部分割胶/%	间断性割胶/%	放弃割胶/%	样本数/户
汉族	59.71	5.76	20.14	14.39	139
少数民族	43.81	6.67	21.90	27.62	105
合计/平均值	52.87	6.15	20.90	20.08	244
户主的政治身份	正常割胶/%	部分割胶/%	间断性割胶/%	放弃割胶/%	样本数/户
中共党员	50.00	6.76	22.97	20.27	74
群众	54.44	5.92	19.53	20.12	169
合计/平均值	53.09	6.17	20.58	20.16	243
户主的干部身份	正常割胶/%	部分割胶/%	间断性割胶/%	放弃割胶/%	样本数/户
村干部	50.57	5.75	20.69	22.99	87
非干部	54.14	6.37	21.02	18.47	157
合计/平均值	52.87	6.15	20.90	20.08	244
户主受教育程度	正常割胶/%	部分割胶/%	间断性割胶/%	放弃割胶/%	样本数/户
小学及以下	45.71	5.71	22.86	25.71	35
初中	51.85	5.93	21.48	20.74	135
高中及以上	58.33	6.94	19.44	15.28	72
合计/平均值	52.89	6.20	21.07	19.83	242

续表

户主的健康状况	正常割胶/%	部分割胶/%	间断性割胶/%	放弃割胶/%	样本数/户
差	42.86	0.00	14.29	42.86	7
较差	52.38	4.76	28.57	14.29	21
一般	59.74	10.39	12.99	16.88	77
较好	49.56	4.42	23.01	23.01	113
好	50.00	3.85	30.77	15.38	26
合计/平均值	52.87	6.15	20.90	20.08	244
户主橡胶生产技术的熟练程度	正常割胶/%	部分割胶/%	间断性割胶/%	放弃割胶/%	样本数/户
不懂	23.81	14.29	23.81	38.10	21
懂一点	52.70	8.11	22.97	16.22	74
一般	46.75	7.79	20.78	24.68	77
较好	65.00	0.00	18.33	16.67	60
良好	90.91	0.00	9.09	0.00	11
合计/平均值	53.09	6.17	20.58	20.16	243
继续从事橡胶生产劳动的意愿	正常割胶/%	部分割胶/%	间断性割胶/%	放弃割胶/%	样本数/户
愿意	59.24	7.07	19.57	14.13	184
不愿意	35.29	3.92	25.49	35.29	51
合计/平均值	54.04	6.38	20.85	18.72	235
家庭农业劳动力数量	正常割胶/%	部分割胶/%	间断性割胶/%	放弃割胶/%	样本数/户
1	54.90	3.92	25.49	15.69	51
2	52.74	8.22	20.55	18.49	146
≥3	53.33	2.22	17.78	26.67	45
合计/平均值	53.31	6.20	21.07	19.42	242
家庭支出水平(Y)/元	正常割胶/%	部分割胶/%	间断性割胶/%	放弃割胶/%	样本数/户
Y≤18000	50.00	6.06	27.27	16.67	66
18000<Y≤27600	61.82	5.45	18.18	14.55	55
27600<Y≤46320	49.15	10.17	20.34	20.34	59
Y>46320	77.42	9.68	12.90	0.00	62
合计/平均值	52.85	6.10	20.73	20.33	246

续表

橡胶收入占比	正常割胶/%	部分割胶/%	间断性割胶/%	放弃割胶/%	样本数/户
接近于零	0.00	0.00	2.44	97.56	41
不足一半	50.47	6.54	34.58	8.41	107
大约一半	77.78	5.56	13.89	2.78	36
一半以上	77.42	9.68	12.90	0.00	62
合计/平均值	52.85	6.10	20.73	20.33	246

数据来源：2016年入户调查。

从表10-4中可以看出，受访农户家庭农业劳动力数量只有1个时，即使价格低迷，其正常割胶的比例也明显高于家庭农业劳动力数量多于1个的农户比例，弃割比例随着家庭农业劳动力数量增加而提高；间断性割胶比例随着劳动力数量增加而减小。橡胶收入在家庭收入中占比高的农户更倾向于正常割胶，而橡胶收占比接近零的样本农户有97.56%概率选择弃割。

10.2 农户橡胶销售价格的影响因素

随着市场化改革的进一步深入，农户与市场的联系越来越紧密。价格信号作为市场的风向标，已成为农户生产经营决策的重要依据。在信息化、市场化的时代背景下，受有限理性及趋利心理的影响，农户易受价格信息左右。价格信号已悄然渗透到农户的经营管理决策中，成为农户进行资源配置的关键参考因素。

从大农业的视角看，国内关于农产品销售价格与农户行为关系的研究已形成了初步的成果，主要集中在销售价格对农户行为的影响力度的讨论上。有学者认为农户种植决策行为对价格信号的反应存在一定的滞后效应(方福平等，2010；宋雨河等，2014)，价格的波动对于农户实际播种面积的增减影响较弱(何子阳等，1993)。对农户的产品储备行为来说，价格信号也并非唯一的决定性因素(万广华等，2007)。但也有不同的观点，有学者认为种植粮食作物和经济作物的农户对价格波动的反应是不一样的，作为粮食作物的薯类作物，其价格波动对实际播种面积的影响是微乎其微的，而经济作物的价格信号对播种面积则有直接影响(冯华，2014)。农户的生产投资行为易受市场价格信号的影响(王春晓等，2006)，农户在进行价格风险管理时会根据农产品价格波动的特点采取相应的措施(徐秋慧，2005)。就特定产业来说，关于价格信号与农户行为关系的研究相对较少。天然橡胶是重要的战略物资，其价格的波动一直备受国内学者的关注，相关研究成果颇丰。大致可分为以下几点：一是供求关系与气候因素是影响天然橡胶价格波动的主要因素(陈中涛，2008；朱继米，2007；张晓丽等，2013)；二是国际局势、经济增长及主要国家的政策变动等宏观因素的变化是天然橡胶价格波动的重要推手(陈克新，2011；邢民，2009；张玉等，2006)；三是合成橡胶作为天然橡胶的替代品，其价格的波动会给天然橡胶价格带来一定的冲击(王钰棋等，2012；刘锐金等，2012)；四是天然橡胶期货与现货价格存在长期均衡关系，期货与现货价格互为影响(冯娟等，2009；桂俊煜等，2013)；五是原油价格跌涨是天然橡胶价格涨跌的动力(李钧立等，2011)。关于天然橡胶价格波动影响因素的研究大多基于宏观视角，从微观经济主体来分析天然橡胶价格的成果相对较少。小农户是橡胶种植的主力军，受人、财、物等方面的限制，对价格风险的抵御能力相对较弱。调研发现，虽然农户所面临的天然橡胶市场大环境是一致的，但是橡胶种植户在市场行为决策方面的异质性导致了橡胶销售价格的差异化，有部分农户能够较为有效地规避价格风险，最小化价格波动带来的损失。

10.2.1 研究对象界定及数据初步分析

10.2.1.1 研究对象界定

相对于其他农产品来说，天然橡胶价格波动较为剧烈。蔬菜价格变化具有较强的季节性，波动幅度较大；除蔬菜价格外，畜禽产品、食用油、棉花在部分年份波动剧烈，但大部分年份农产品价格相对平稳(见图 10-1)。而从天然橡胶价格指数来看，其波动比其他作物更为剧烈，特别是 2008 年以来，天然橡胶价格经历了几番大涨大落，给橡胶种植户的生产经营带来了极大的不确定性，影响了农户的生产积极性，甚至可能危及产业的可持续发展。

严格来讲，我们所要研究的价格与上述的价格存在不一样的界定，市场价格是参与者通过相互竞争、竞价、议价而得到的，会受到参与者自身的偏好、信息源、风险态度等因素的影响。而本节研究的价格实际上是农户销售天然橡胶初加工原料所获得的价格。由于农户获取价格的能力属于主观行为，不能很好地进行量化分析，故拟以农户所获得的销售价格为评价指标来衡量农户的价格获取能力。本书基于信息质量、交易成本、农户特征等因素构建指标体系，并就这些指标对农户的橡胶销售价格的影响因素进行实证分析。

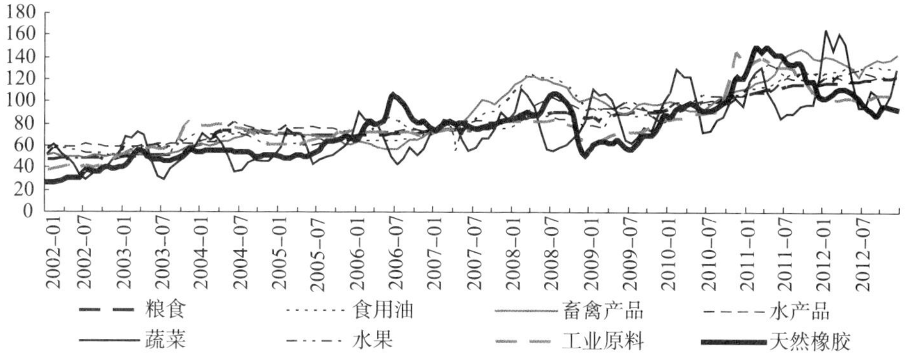

图 10-1　2002—2012 年农产品集贸市场批发价格指数(2010 年=100)趋势

数据来源:《中国农产品价格调查年鉴》(2003—2013 年)、中国橡胶工业协会统计数据。

10.2.1.2　数据初步分析

天然橡胶初加工原料的商品形式较为多样，主要有胶块、胶片、胶乳、胶包、胶坨等。由于地域、销售对象及商品形式的不同，这些初加工原料的销售价格存在差异。干胶价格和含量是一定量原料产品销售收入的关键变量，部分农户销售原料产品时，并不清楚干胶的价格，收购商直接针对其所销售产品的形式给出价格。为了得到相对统一的价格，本书将不同类型产品的价格折算为统一的干胶价格，具体的折算比例为胶片的干含按 70%计算，胶块、胶乳则分别按 50%和 35%的干含折算。由于问卷中仅调查了橡胶种植户 2011—2012 年中最高售价和最低售价，为了保证数据的平稳性，拟选用橡胶种植户年度平均销售价格作为研究对象，即按销售均价=(最高售价-最低售价)/2 的公式换算。样本农户的销售价格呈现近似右偏态分布，售价集中在 21~27 元/千克的水平段，其中，销售价格为 24 元/千克的农户最多，有 57 户，其次是售价在 27 元/千克的农户，占总样本量的 11.80%(见图 10-2)。

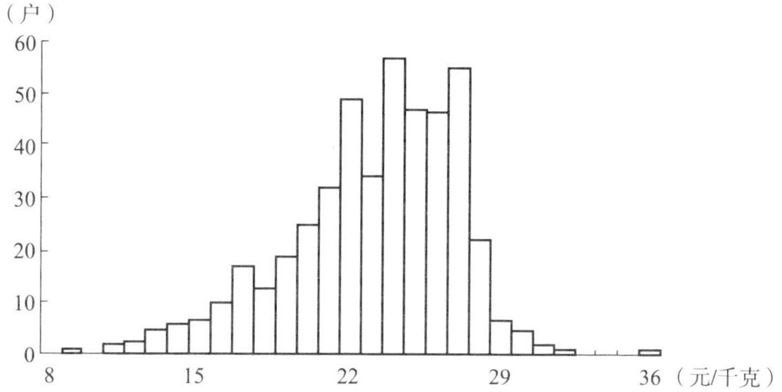

图 10-2　样本农户橡胶销售均价分布

2013 年入户调查问卷中设计了市场方面的调查内容，主要有农户组织化程度、销售形式、交易环境、交易距离、议价能力、交易对象以及基本特征等(见表 10-5)。

表 10-5 样本农户及市场交易基本情况分布

指标	选项	样本数/户	指标	选项	样本数/户
受教育程度	小学及以下	136	组织化程度	参加	17
	初中	232		知道，未参加	340
	高中及以上	98		没听说过	105
橡胶收入	Y≤3 万元	260	销售形式	胶坨/胶包	36
	3 万元<Y≤5 万元	99		胶块	47
	5 万元<Y≤10 万元	67		胶片	127
	Y≥10 万元	40		胶乳	256
种植面积占比	小于等于 90%	230	交易环境	不太熟悉	91
	90%以上	236		熟悉	375
地区变量	海南	268	交易距离	3 公里以内	328
	云南	198		大于 3 公里	138
议价能力	还价	151	信息途径（多选）	村干部	105
	不还价	315		电视	35
交易对象	胶厂来收	19		好友	157
	农村经纪人	59		科技服务员	184
	收胶点	288		示范户	18
	合作社	17		农技人员	232
	亲自送胶厂	83		其他	41

10.2.2 研究假说与分析方法

本书基于农户行为理论和交易成本理论，构建了信息质量、交易成本、农户特征与销售价格关系评价体系，共分为 3 个部分 11 个指标，具体指标、变量设计及影响预测见表 10-6。

表 10-6 样本农户销售价格影响因素的变量设计与方向预测

指标	变量属性	变量设计	代码	假说
销售均价	因变量	销售均价=(最高售价-最低售价)/2	*Price*	
信息途径	信息质量变量	1=农技人员；0=其他	*Inform*	+

续表

指标	变量属性	变量设计	代码	假说
销售形式	交易成本变量	1=胶块；2=胶乳；3=胶片；4=胶坨或胶包	*Form*	+/-
交易对象	交易成本变量	1=经纪人；2=收胶点；3=胶厂来收；4=送胶厂；5=合作社	*Object*	+/-
交易距离	交易成本变量	1=3公里以内；0=大于3公里	*Distance*	+
交易环境	交易成本变量	1=熟悉；0=不熟悉	*Setting*	+/-
议价能力	交易成本变量	1=还价；0=不还价	*Bargain*	+/-
组织化程度	交易成本变量	1=参加；2=知道，未参加；3=没听说过	*Hzs*	+/-
受教育程度	农户特征变量	依学历转换为具体年限	*Educ*	+
橡胶收入	农户特征变量	橡胶收入取对数值	Log(*inc*)	+
种植比例	农户特征变量	橡胶种植面积与农户所拥有的农地面积之比	*Rubtio*	+
地区变量	农户特征变量	1=云南；0=海南	*ID*	+/-

第一，信息质量变量。丰富的信息能帮助人们更好地进行分析与预测，而信息质量、信息获取的便利度等因素都将对农户的生产经营决策产生影响，进而影响农户的商品销售价格。本书采用橡胶种植户信息获取途径作为衡量信息质量的评价指标。为便于分析，本书选取被选择最多的途径，即向农技推广员获取价格信息的样本农户为对象来进行评价，取值为1，其他信息途径的取值为0。农技推广员文化程度相对较高，对市场行情有一定的把握，而且与橡胶种植户联系密切，其所提供的信息质量较高，可能会对农户的市场决策有一定的帮助。

第二，交易成本变量。交易成本变量的评价指标主要有橡胶种植户对产品销售形式、交易对象、交易距离、对所处交易环境的熟悉程度及组织化程度。在销售形式、交易对象变量的设计上，本书运用方差分析方法，对不同销售形式、不同交易对象的农户在销售价格上的差异进行比较分析，结合描述性统计结果及事后比较的结论，对销售形式、交易对象的变量按照价格由低到高进行排序。就销售形式而言，橡胶种植户销售产品形式选择对销售价格的影响存在不确定性。一是因为不同橡胶初加工原料产品的加工程度不同，在给种植户带来差别收益的同时，也会产生一定的生产成本差异；二是由于销售价格变量的数值是基于不同商品形式，按照一定比例转换的干胶价格，存在一定的误差风险，可能会导致该变量对销售价格的影响方向出现一定的偏差。

就交易对象而言，橡胶种植户交易对象的选择对价格的影响方向也难以判别。一方面，农户为了获取较高的价格，往往会咨询多个买家的报价后才做出决定，特别是销售胶片的农户，在询价的过程中会产生一定的搜寻成本，可能会在一定程度上抵消或减弱所能获得的收益。另一方面，对于一些采取就近或定点销售的农户来说，其与收购商建立了相对稳定的交易伙伴关系，能够减少搜寻成本获得相对平稳的价格，但由于不健全的市场机制以及熟人效应，可能又会使其承受潜在的道德风险。

从成本收益的角度来看，交易距离的选择关系着橡胶种植户的成本控制与管理。一般情况下，就近交易能够减少运输成本，间接地对橡胶销售价格有正向的推动，特别对以胶乳为主要销售形式的农户来说，选择就近交易能够减小橡胶商品在运输途中的风险，无形中增加了农户的收益。

一般情况下，橡胶种植户对交易环境的熟悉程度较高越有利于其争取到更高的价格，但是在市场交易中也存在潜在的熟人效应风险，可能给种植户带来一定的损失，故种植户对交易环境的熟悉程度与价格的关系有待进一步探讨。

就议价能力来说，本书选取了橡胶种植户议价频率作为评价指标。理论上讲，农户与收购商还价频次越高，就越有可能争取到较好的价格。但由于橡胶现货交易市场缺乏相对统一的交易准则，收购商报价和干含测定标准不一，收购商存在缺斤少两或者欺诈性营销的行为，也有可能导致还价行为对价格的影响弱化。而关于组织化程度的评价是以农户是否参加合作社作为衡量标准，由于在调研区域内，合作社的发展仍处于起步阶段，其与销售价格的关系表现仍有待观察。

第三，农户特征变量。在农户特征变量中，本书选取橡胶种植户受教育程度、橡胶收入、橡胶种植比例、地区变量作为评价指标。基于农户行为理论的基本假说认为，农户受教育程度、收入水平、种植专业化程度越高将给产品销售价格带来正效应。而不同地域的销售价格存在较大的差异，但是具体影响方向如何有待进一步判定。

依据表 10-6 的指标体系，列出回归模型的表达式：

$$price=\beta_0+\beta_1 Inform+\beta_2 Form+\beta_3 Object+\beta_4 Distance+\beta_5 Setting+\beta_6 Bargain+\beta_7 Hzs+\beta_8 Educ+\beta_9 \mathrm{Log}(inc)+\beta_{10} Rubtio+\beta_{11} ID+\varepsilon \tag{11-1}$$

其中，销售形式 *Form* 包含 3 个以选择销售胶块的农户为参照组来划分的虚拟变量，分别用 Form_D1、Form_D2、Form_D3 表示；销售对象 Object 也依据选择收胶点进行销售的农户为参照组划分为 4 个虚拟变量，分别以 Object_D1、Object_D2、Object_D3、Object_D4 命名；组织化程度变量为离散变量，通过设置“知道，未参加”的农户为参照组，分别用 Hzs_D1、Hzs_D2 两个虚拟变量进行处理。

10.2.3 结果与分析

本章采用异方差稳健方差—协方差矩阵法进行模型估计。经检验，模型不存在多重共线性和内生性的问题，F 统计量在 0.1%的水平下达到显著，R^2 等于 0.225，模型的拟合度较为理想(见表 10-7)。

表 10-7 样本农户橡胶销售价格影响因素模型估计结果

指标	变量	系数	标准差	指标	变量	系数	标准差
信息途径	Inform	0.975**	0.341	交易环境	Setting_D	−0.713	0.482
销售形式	Form_D1	3.474***	0.851	议价能力	Bargain	−0.979*	0.462
	Form_D2	3.246***	0.749	组织化程度	Hzs_D1	−1.856*	0.886
	Form_D3	3.291***	0.684		Hzs_D2	−0.663	0.410
销售对象	Objest_D1	−0.384	0.998	橡胶收入	Log(inc)	1.399**	0.521
	Object_D2	−0.539	0.654	种植比例	Rubtio	0.029**	0.010
	Object_D3	3.363***	0.952	受教育程度	Edu	0.071	0.065
	Object_D4	1.248*	0.520	地区变量	ID	−0.326	0.507
交易距离	Distance	0.283	0.437	常数项	_cons	11.073***	2.247

注：*、**、***分别表示估计参数在 10%、5%和 1%的显著性水平下显著。

10.2.3.1 信息质量变量

信息途径在 5%的显著性水平下通过检验，其对价格的影响为正向。随着信息技术的不断发展，橡胶种植户获取信息的渠道也呈现多样化的趋势。从实证结果来看，相较于其他信息途径来说，从农技人员处获取价格信息是较为有效的信息获取途径。受地域、自身文化素质及人际关系等条件的限制，农户虽有搜寻信息的动机，却无法获得充分信息，农户对橡胶市场的了解并不全面。而农技人员与橡胶种植户联系密切，交往频繁。大多数农技人员的知识水平相对较高，信息获取途径较广，对信息的理解和分析能力较强。橡胶种植户从农技人员处了解信息，不仅可以有效降低信息噪声，提高信息质量，同时也能降低橡胶种植户的信息搜寻成本，有助于其更好地对橡胶市场行情进行把握，农户也能通过调整自身的生产经营决策从而获得较高的销售价格。

10.2.3.2 交易成本变量

就交易成本变量而言，销售形式的选择对销售价格的影响呈现正相关关系，与出售胶块的农户相比，选择出售其他形式产品的农户将更有可能以高价位成交，这与现实情况是相符的。胶块的杂质含量高，卖相较差，而其他商品形式在销售中颇具比较优势。胶乳是橡胶种植户主要的商品销售形式，由于胶乳销售方便、快捷，可直接从产地到收购点，资金变现快，且因其适用于加工厂标准化生产的特点而备受橡胶种植户的青睐，胶乳所生产的浓缩乳胶和全乳胶有一定的溢价空间。胶包色泽较白，卖相较好，在市场上有一定的竞争力。胶片的特殊初加工工艺使其适用性增强，在云南西双版纳州，胶片是重要的产品销售形式，占云南产区样本量的40.90%，当然，这与云南市场孕育程度较低、山地多，以及交通便利程度低有关。

收胶点是农户主要的销售对象，收胶网点较多，一般依村而设，农户可以就近交易。初加厂和收胶点的报价都相对比较公允，一般采用挂牌价的收购方式，关键差异在于干旱度的测定。在云南产区，部分农户会亲自将产品送到胶厂销售，产品销售形式以胶片为主。农村经纪人或者是其他中间商，可能存在价格欺骗的风险。橡胶专业合作社处于起步阶段，在海南产区有分布，但仅有3.6%的农户将产品销售给合作社。研究结果表明，相较于选择收胶点作为销售对象的橡胶种植户来说，选择销售给合作社和亲自送到胶厂的农户更易获得高价位，这与橡胶市场交易情况以及市场特点相符，减少了中间环节。

在交易距离和交易环境的选择问题上，就近交易、定点交易是橡胶种植户的主流选择。短距离的运输以及熟悉的交易环境能够减少运输途中的潜在风险和促使交易快速达成，有利于农户获得较高的销售价格。但在模型中，交易距离和交易环境没有通过统计检验。可能的原因是无论是种植户还是收购商，其所面临的市场大环境是大致相同的，而且收购商的进入门槛较低，定价相对自主，同一产区的收购商间既存在一定的竞争关系，又保持着某种潜在的定价默契。在给天然橡胶定价时，收购商可能会相互参照、相互影响，因此弱化了交易距离与交易环境带给农户的潜在差异。

议价能力通过了显著性检验，但值得注意的是，其对销售价格的影响为负。相较于采取不还价策略的橡胶种植户来说，采取还价策略的种植户更易获得较低的价格。可能的原因：一是收胶点和胶厂作为农户的主要选择，其销售一般采取挂牌的形式，价格相对比较公允与透明，农户可以根据自身对价格的预期与判断来做出交易决策。但农户本身仅是被动的价格接受者，故对销售价格的影响力微乎其微，即便农户对交易环境熟识度高、选择较近的销售点或者进行还价也不一定能获取较高的销售价格。二是与橡胶初加工原料交易市场的现状有关。收购商报价与干含测定共同决定了农户的销售收入，由于收胶点缺乏统一的干含测定标准，各地也没有形成统一的定价机制，部分收购商可以在报价和干含之间进行调整来吸引橡胶种植户，存在送干含压价格的现象。收购商对市场价格有一定的操作空间，特别是农村经纪人，其市场交易活动较为灵活。讨价还价可能不仅不能给农户带来预期收益，而且还要承受潜在的欺诈等道德风险。

组织化程度变量 *Hzs_D*1 在 10%的水平下达到显著，并且与销售价格呈现负相关关系，即参加合作社的橡胶种植户比不参加合作社的橡胶种植户获得的价格要低。*Hzs_D*2 没有通过统计检验，可能的解释有：一方面，合作社是农户规避价格风险的方式之一，根据儋州石屋橡胶合作社的经验来看，由于合作社有年底分红的福利，即便社员当下获得的价格较低，但加上年底分红，在低迷的市场环境下，收益还是能有所改善的。但是现实中，大多数合作社的运营情况较差，运行寿命较短，而且组织者大多为村干部或种植大户，仍无法摆脱小农特征的束缚，在对橡胶产业价格的分析和预测中缺乏足够的信息量和专业知识支撑，大多数情况下也只是按照市场价格进行销售，对提高农户收益的贡献较小。另一方面，可能与不健全的市场机制以及收购商潜在的道德风险有关。

10.2.3.3 农户特征变量

在农户特征变量中，橡胶收入和种植比例对销售价格的影响达到了显著水平，二者对销售价格的影响为正向。高水平的橡胶收入和高比例的橡胶种植说明橡胶种植户的专业化程度较高，能够更充分地发挥规模效应，给农户带来收益。受教育程度变量没有达到统计意义上的显著，可能的原因：一是橡胶种植户价格信息获取渠道较为单一，信息面较窄，信息量较为不足；二是受种植户自身知识结构的限制，即便橡胶种植户有充分的价格信息，其也无法进行专业的分析与预测，这就导致了受教育程度对售价的作用被弱化；三是样本农户整体受教育程度较低，文化程度为小学的农户经过多年“干中学”与高中文化程度的农户在家庭生产经营管理方面可能不存在较大的差异。

虽然不同地区的价格存在差异性，但是地区变量在模型中未通过统计检验，可能的原因：一方面，由于销售均价是经过转化而得，可能对现实情况的反映有一定的偏差，在一定程度上弱化了地区变量的影响。另一方面，虽然云南西双版纳州和海南的农户行为存在差异，但总体而言，他们对价格的认知、对更高销售价格的追求以及获取和分析价格信息的方式是基本一致的，因此，不存在较大的差异。

在所选取的11个评价指标中，作为信息质量衡量指标的信息途径变量与销售价格呈正相关关系；在交易成本变量中，产品销售形式、橡胶收入和种植比例对销售价格有正向推动作用，而议价能力则呈现负向态势；组织化程度和交易对象对销售价格有一定的影响，交易环境的熟识度以及交易距离的远近变量被弱化，影响并不显著；农户特征变量中的受教育程度、地区变量均未达到理论预期。

10.3 农户生产意愿和实际行为选择

橡胶种植对于海南和云南部分山区的农户来说，是非常重要的现金收入来源。天然橡胶价格剧烈波动，相关价格风险平抑机制的缺失，对橡胶种植农户和农场造成了很大的影响。极端价格下，农户可能会采取一些极端生产行为，如高价位时提高生产的强度以获取更多的产品；低价位时不再施肥，降低割胶的频率，甚至可能放弃割胶生产。本节对极端价格对农户生产意愿和实际行为的具体影响及其路径进行分析。

研究价格波动对橡胶种植农户行为选择的影响，会受到研究方法、数据等方面的限制，存在一定的技术难点。一是截面数据难以满足研究要求，一个时期内虽然不同农户所能获得的价格是有差异的，但面临的市场大环境一致；二是即使有面板数据，也需要价格在不同时期的差异要大到一定程度，足以影响主体做出行为变化；三是如何控制其他因素的影响。2013年和2016年的入户调查结果显示，2015年橡胶平均价格相比2012年下降幅度超过50%；同时农户的生产行为有明显变化，2012年几乎所有种植户都在进行割胶生产，而2015年部分农户放弃了割胶生产，或者将割胶作为副业来对待。上述两次调研数据为研究价格波动对农户行为选择的影响提供了可能。

10.3.1 文献回顾

理解农户如何对价格做出反应对于政策制定有积极意义。Femenia等(2017)利用2002—2014年法国农作物种植户的数据，研究投资行为对市场价格的调整，估计结果显示，不同时期投资行为有显著的差异，2006 年以前，种植户对产出价格比较敏感，从 2007 年开始则是对投资品价格比较敏感。由于价格信号的多变以及转换成本的存在，农户的生产决策行为往往具有一定的滞后性(宋雨河，2014)，对产品储备行为也有一定的影响。橡胶种植户通过割胶获得胶乳后，不管是直接销售还是制成生胶片再销售，价格都不是唯一的决定性因素(万广华等，2007)。天然橡胶的预期价格变动方向不同，生产行为调整的幅度亦会不同。预期价格上升时，农户调整生产行为的概率要大于预期价格下降时(闵师等，2017)。有学者运用 2015 年的调研数据，探析了橡胶价格低迷背景下影响农户生产行为的因素，选择割胶频率作为生产行为的指标(崔美龄等，2017)，但没有学者将天然橡胶价格对生产的意愿与行为的影响结合起来研究。关于行为与意愿的研究中，城市居民参与生活垃圾分类机制的意愿主要受认知、态度、个体特征等影响，而影响行动的主要因素是便利性(陈绍军等，2015)；农户合作建设小型水利设施的意愿和行为存在背离现象，合作意愿远高于合作行为(王格玲等，2013)。在农地流转过程中，情形有所不同，有土地流转意愿的农户占比与实际流转的差别相对较小，意愿越强的农户越容易发生流转行为，但仍有部分农户只有意愿而没有行动(钟晓兰等，2013)；而未流转出土地的农户对交易费用的事前认知要明显高于已流转出土地的农户的经验认知，改变这种认知是有积极意义的(罗必良等，2012)。

国内关于农产品价格与农户行为关系的研究已形成了初步的成果，主要集中在价格对农户行为的影响力度的讨论上。就特定产业来说，运用微观主体数据来分析价格信号与农户行为关系的研究相对较少。

价格波动的福利影响。Anderson 等(2012)利用来自包含全球 3/4 贫困人口的 30 个发展中国家的样本，考察了低收入家庭的收入来源与消费特征的关系，发现大部分国家贫困家庭是食物的净购买者。农村贫困家庭所生产农产品及所购买食物价格变动，是贫困地区农户收入和价格的两个方面，是影响食物消费水平提高的重要因素，增加收入、控制价格波动幅度可以显著提高贫困地区农户食物消费份额，并对改善其食物安全水平有利(高帅，2013)。大米是中国两大口粮之一，供给弹性和需求弹性都比较小，价格波动影响面广，苗珊珊(2014)发现价格变化引起农户收入与大米消费支出变化的相对值决定农户总福利效应，与农户生产福利变动具有正向作用关系，与农户消费福利变动是负向的作用关系。蔬菜亦是城乡居民必要的日常消费品，蔬菜价格变化与城镇居民长短期福利变动呈反向关系（姜雅莉，2013）。蔬菜的成本、效益对蔬菜价格波动都有非常显著的影响，其驱动蔬菜生产农户调整蔬菜供给，进而影响蔬菜的价格（宋雨河，2015）。研究者分析了农产品价格与农户行为的个案，指出生产者对价格信号的反应行为成为农产品生产与供给的问题核心，实际播种面积的变动往往不取决于价格波动，研究者特别强调了市场主体的作用。

农产品的供给反应。农产品价格的变化对农产品供给所产生的反作用是农户经济行为主体的结果（何子阳等，1993）。在双轨制下，定购数量和定购价格都对农户粮食供给产生显著影响（王德文等，2001）。农产品生产者和消费者的双重身份可能导致农户在同一个农产品市场上得到或付出不同的价格，农户所在地区的粮食可获性对其生产决策也存在一定程度的影响（刘帅等，2011）。对于玉米而言，不论从短期还是长期来看，面积弹性都要优于单产弹性（邵飞等，2011），短期内，玉米播种面积对价格的影响较小，长期来看则较大，但存在滞后效应（范垄基等，2012）。甘蔗和甜菜是糖料生产的两种主要作物，甘蔗主产区主要分布在广西和云南，司伟、王秀清（2006）发现甜菜比甘蔗对价格变动更为敏感。在畜产品生产方面，牛肉短期价格波动对产品供应的影响不大，但长期来看是具有弹性的（杨春等，2015），这可能是由于投资的调整成本造成的。大蒜的长短期供给弹性都偏小，特别是对种植大户来说，更是如此（姚升，2013）。

10.3.2 研究对象概况

相比于猪肉和籽棉，天然橡胶价格波动更为剧烈，2012 年籽棉和猪肉停止了下跌趋势，而天然橡胶价格还在继续下滑；1 千克天然橡胶在 2011 年大约可以买到 12 千克粳稻，而 2015 年 12 月只能买到 3.2 千克（见图 10-3）。如果农户天然橡胶产出基本不变，那么其所能获得的食物能量将会发生大幅度波动。天然橡胶价格剧烈波动严重影响到生产和消费决策，农户和企业都依据自身情况和判断做出行为选择，这为考察价格变动对行为选择提供了很好的素材。不同主体做出不同的选择，形成不同的经营绩效。2011 年前后，天然橡胶价格高位时，有些农户选择扩大种植面积，而有些农户则利用高价带来的收入开始多样化经营；价格下跌和持续低迷期间，部分种胶农户选择外出打工，国有农场的割胶工人选择离职，留下来的农户和职工生活水平大多都有所下降。

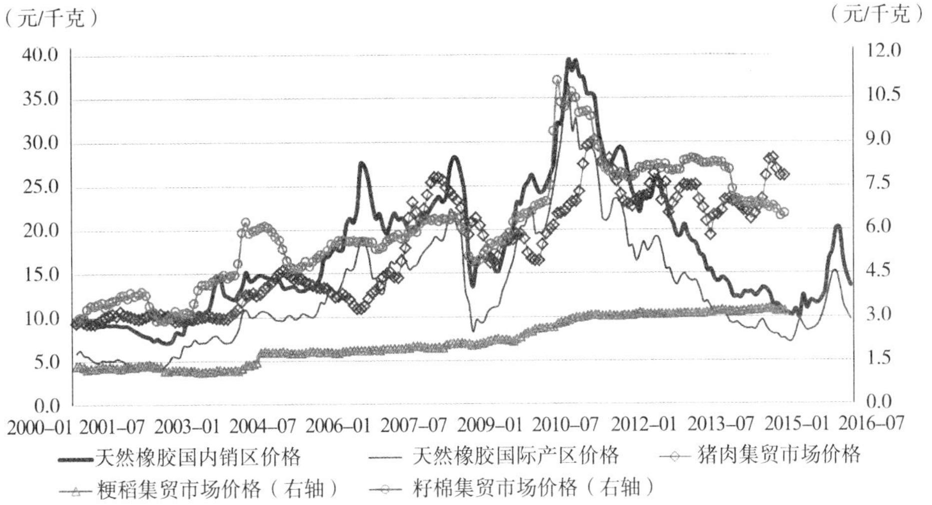

图 10-3　天然橡胶与其他重要农产品的月度价格比较

数据来源：天然橡胶价格数据来自中国橡胶工业协会，为主销区的报价；其他农产品价格数据来自《中国农产品价格调查统计年鉴》。

橡胶价格低迷对胶农收入的影响前文有详细介绍，不再赘述。前文中橡胶种植户固定观察点的数据更加清晰地反映了橡胶价格对单个农户橡胶收入造成的影响。其中海南儋州市兰洋镇农户割胶面积基本不变，每次割胶的平均收入从 2011 年的 633 元降到了 2015 年的 192 元。

10.3.3　理论分析及计量模型

橡胶树进入生产期后，农户可以通过割胶频率和刺激强度(如果使用刺激剂的话)来调节产量和劳动投入量。一般情形下，农户对胶乳、生胶片等加工原料的意愿供给量是随价格提高而增加的，但这取决于农户依据家庭目标效用函数和约束条件做出选择。橡胶种植户生产的原料产品通过初级加工厂才能进入市场，流通到橡胶制品行业。在价格剧烈波动时，农户容易通过调整自己的生产行为来应对价格波动带来的冲击。本节运用普通线性回归模型、二值选择模型、(有序)多值选择模型等微观计量模型来识别影响农户对价格变动的生产意愿和实际行为选择的因素。

10.3.4　数据来源及基本情况

本节采用 2013 年和 2016 年入户调查数据开展研究。2013 年的数据主要涉及农户在极端价格下的生产意向，由于刚经历 2011 年名义价格达到历史高位，因此高价位的意愿更接近实际行为。2014 年价格开始持续低迷，2016 年入户调查侧重掌握低价位对农户生产行为的实质性影响。

户主特征、家庭特征和农业生产结构可能对行为意愿与结果产生影响，结合问卷调查数据，本书选择了21个因素进行分析。户主一般是家庭生产决策者，其风险态度、性别、年龄、社会身份、务农年限、种植意愿等特征对决策前的信息采集与处理、决策过程以及决策结果产生较大的影响。教育对行为选择非常重要，受教育程度会对户主的知识集合大小产生影响（Bruffee，1999），这一点体现更为明显的是在技术采纳（Goldin & Katz，2009）和提高生产效率的技能掌握中（Middleton，1993）。受教育程度对农民就业范围会有一定的影响，如外出就业行为（崔智敏等，2010）。户主受教育程度较高且相对比较年轻的橡胶种植户，可能会更倾向于对价格变动做出反应。农业劳动力和家庭支出反映了农户家庭规模，技术培训和知悉合作社则是反映农户家庭与外界沟通的强弱。技术培训对于纠正生产中的不理性行为具有重要的作用，例如农药过量施用（朱淀等，2014；李昊等，2017）；参与技术培训行为一方面决定于农户所掌握的信息、个人特征和家庭因素（曹建民等，2005），另一方面反映出对待新事物的态度。关于橡胶种植本书设置了4个变量，橡胶收入比重是量化橡胶在家庭经济中的相对重要性的变量，地块数反映橡胶林地细碎化程度，另外还有种植规模及其平方项，用于考察适度规模的情况。

两次入户调查分别在2013年和2016年，调查侧重点不一样，回归因子的选择也存在一定的差异。在2016年入户调查中，问卷访谈正式开始之前，作者团队设计了一个小游戏来判断受访者的风险态度。假设面前有1000元，第一种方式是直接取走500元，第二种是通过扔硬币来决定，要么得到1000元，要么是0元。两种方式的期望收益都是500元，选择第一种方式的农户被认为是风险规避型，选择第二种方式的农户被认为是风险偏好型，但部分农户可能隐藏了风险的类型。2013年实施的问卷调查中，未直接设置关于风险态度的内容，但有两种替代方法：一是使用农户对往年价格变动的评价，由于不同农户面临的价格波动程度是基本一致的，不同的评价能反映出对风险的不同态度（何长辉等，2016；刘锐金等，2015）。但由于2013年之前的几年正好处于价格剧烈波动的时期，绝大部分农户认为难以接受价格波动。二是利用农户对价格稳定基金上限和下限触发价格的差额来表示。大部分农户给出了对价格稳定基金的上限触发价格和下限触发价格，这两个价格的差额可以作为衡量农户对市场风险态度的一种衡量标准。受访农户报告的2011—2012年最高价和最低价的差额平均值为13.09元/千克，标准差为5.68。本书将针对价格稳定基金上下限触发价格差额大于13的农户设置为风险偏好型，剩余为风险规避型。由于价格稳定基金属于设计情形下的问题，496份有效问卷中只有287份对上下限触发价格做出回应，样本量偏小。

关于合作社的变量设计也有不同，2016年调查的是合作社的参与意愿，如果受访者不悉知合作社，调查员将对其进行必要的解释；而2013年调查的是农户对合作社的知悉情况，云南的样本中近80%的农户不知悉。

实际行为选择的影响因子中加入了民族、政治面貌、健康状况、技术水平，能更加全面地反映户主特征（见表10-8）。

表10-8　影响行为意愿的自变量设计

变量	变量赋值	代码	样本量		均值		标准差	
			2013年	2016年	2013年	2016年	2013年	2016年
风险态度	0=风险规避型，1=风险偏好	X_1	487	248	0.177	0.278	0.382	0.449
性别	0=女性，1=男性	X_2	496	259	0.857	0.857	0.351	0.351
年龄	1=≤30岁，2=≤40岁，3=≤50岁，4=≤60岁，5=>60岁	X_3	496	254	3.024	3.307	1.054	1.074
民族	0=汉族；1=少数民族	X_4	—	259	—	0.459	—	0.499
文化程度	1=小学及以下，2=初中，3=高中及以上	X_5	494	257	1.935	2.163	0.701	0.647
政治面貌	0=非中共党员；1=中共党员	X_6	—	258	—	0.314	—	0.465
干部身份	0=没担任过，1=担任过村干部	X_7	495	257	0.200	0.374	0.400	0.485
务农年限	1=≤10年，2=≤20年，3=≤30年，4=>30年	X_8	492	—	2.809	—	1.027	—
健康状况	1=差；2=一般；3=好；4=非常好	X_9	—	259	—	2.560	—	0.835
技术水平	1=不懂；2=懂点；3=一般；4=较好；5=很好	X_{10}	—	258	—	2.818	—	1.037
种植/生产意愿	0=不愿意，1=愿意	X_{11}	488	250	0.893	0.788	0.309	0.410
农业劳动力	1=1个，2=2个，3=3个及以上	X_{12}	495	249	2.176	1.984	0.613	0.627
家庭支出规模（元）	1=≤20000，2=≤34520，3=≤62000，4=>62000	X_{13}	478	253	2.477	2.478	1.138	1.136
技术培训	0=2012年没有参加/近3年没有，1=有	X_{14}	480	249	0.588	0.594	0.493	0.492
知悉合作社的情况	0=未听说过，1=了解	X_{15}	489	—	0.264	—	0.441	—
参加合作社意愿	0=不愿意；1=愿意或已参加	X_{16}	—	245	—	0.690	—	0.464

续表

变量	变量赋值	代码	样本量		均值		标准差	
			2013年	2016年	2013年	2016年	2013年	2016年
橡胶收入比重	1=零，2=不足一半，3=约一般，4=一半以上	X_{17}	471	260	2.794	2.412	1.144	1.064
橡胶地块数	1~4为实际地块数，5表示5块及以上	X_{18}	494	252	2.599	2.504	1.300	1.337
橡胶种植规模（公顷）	1=≤0.8，2=≤1.6，3=≤2.4，4=>2.4	X_{19}	494	259	2.344	2.220	1.063	1.208
株数平方	橡胶种植面积的平方	X_{20}	494	259	6.623	6.382	5.411	6.719
省份虚拟变量	0=云南西双版纳，1=海南省	X_{21}	496	—	0.583	—	0.494	—

数据来源：2013年、2016年入户调查。

10.3.5 结果与分析

10.3.5.1 极端价格下农户的行为意愿地区差异大

2013年开展入户调查时，天然橡胶价格刚刚经历2011年名义价格历史最高点，仍处于较高的水平，开展入户调查过程中，未发现有弃割的现象。2013年，云南植胶区超过80%的农户表示不管价格处于高位还是低位，都保持生产现状不变；价格高低是影响农户施肥的重要因素，当价格提高时，增加施肥量的农户占41.18%（见表10-9）。海南植胶区农户在价格高位时预期提高割胶强度的比重明显高于云南，但增加施肥的比例却相对低，这反映了两个植胶区农户对橡胶树资产维护的努力程度不一样。总体上看，海南植胶区农户生产行为意愿受价格的影响程度较高。多个农户表示在低价位时会做胶片，但这部分农户尚未意识到储存胶片的风险，例如干胶价格的持续下降以及质量下降。

表10-9　样本农户在极端价格下的生产行为意愿

低于保本价时农户的生产行为意愿					处于高价位时农户的生产行为意愿				
指标	云南		海南		指标	云南		海南	
	户数/户	比重/%	户数/户	比重/%		户数/户	比重/%	户数/户	比重/%
提高割胶强度	12	5.83	24	8.36	提高割胶强度	40	19.61	81	28.13
减少施肥	24	11.65	52	18.12	保持不变	164	80.39	178	61.81
降低刺激强度	1	0.49	3	1.05	增加施肥	84	41.18	105	36.46
保持不变化	165	80.1	151	52.61	加强胶园建设	17	8.33	9	3.13

续表

低于保本价时农户的生产行为意愿					处于高价位时农户的生产行为意愿				
停割	9	4.37	33	11.5	其他				
依经济状况而减少割胶	14	6.8	55	19.16	样本数	204		288	
其他	2	0.97	7	2.44					
样本数	206		287						

数据来源：2013 年入户调查。

10.3.5.2 价格持续低迷下的实际行为结果与预期不同

上文已经分析了海南样本市县胶农 2013 年预期价格低迷下的生产行为和 2015 年实际生产行为。2015 年正常割胶生产的胶农比重为 52.85%，低于 2013 年预期价格低迷下正常割胶生产比重的 62.41%，弃割率明显高于意愿表达。

10.3.5.3 户主个人与家庭特征影响农户的意愿表达

2013 年入户调查中，在拥有开割树的情形下，询问农户当一段时间内干胶销售价格低于保本价时，会如何选择生产行为，主要包括割胶和施肥两个方面的内容。由于侧重于研究割胶生产行为，将预期在价格低迷时会停割的农户设置为 2，将降低刺激强度和减少割胶的设置为 1，将保持不变或者仅仅是减少施肥的设为 0，将提高割胶强度的设为-1。如果农户同时选择减少割胶和减少施肥，将其设置为 1。488 个样本报告了在市场价格低于成本价时的行为意愿，70.49%的农户选择保持不变，13.93%的农户会降低割胶频率或刺激强度，8.20%的农户打算放弃割胶，转向其他工作。云南植胶区农户相对比较保守，这可能与地理位置和橡胶收入相对重要性有关。云南植胶区农户接受的外界信息相对较少，就业机会相对较少，橡胶种植的重要性大，很大一部分农户的生活完全依赖于橡胶种植。

表 10-10 和表 10-11 分别是基于全部样本和海南省①样本得到的回归分析结果，各个变量的显著性水平和方向基本一致。为了与下一部分实际行为选择进行比较分析，对海南省的样本进行再次回归分析，分析结果中门限值参数(cut2)是统计显著的，表明放弃割胶组和降低强度割胶组不应被归为一类。海南省样本得到的系数绝对值要大于全部样本，这反映了海南种植户对价格

① 只对海南省的样本进行再次回归分析，主要是为了与下一部分实际行为选择进行比较分析。

变动的改变意愿要强于云南省。全样本情况下，地区虚拟变量的估计系数也说明这一点(见表 10-10)。受教育程度较高的农户更倾向于对价格低迷做出行为改变，可能因为预期能够寻求更多的就业机会。家庭支出规模大、橡胶收入占比大的农户预期不因价格低迷而改变生产规律，其中最为主要的原因可能是调整成本大。多项选择 Logit 模型估计结果表明，对市场风险承受能力较强的农户预期在价格低迷时更不愿意降低割胶强度，而女性户主更可能会去减少割胶或降低刺激强度，但这仅仅是降低强度而不是弃割；放弃割胶组与保持不变组相比，接受过技术培训和对合作社知悉程度较高的农户倾向于不放弃割胶，加强技术培训和提高生产组织化程度可能有助于稳定农户的生产预期。

表 10-10 价格低迷情形下生产意愿的影响因素回归结果(全样本)

变量及代码	OLS 估计	有序 Logit	有序 Probit	多项选择 Logit	
				降低强度	放弃
风险态度 X_1	−0.091 (0.083)	−0.550 (0.363)	−0.223 (0.193)	−1.036** (0.476)	−0.216 (0.522)
性别 X_2	0.079 (0.089)	0.525 (0.388)	0.247 (0.212)	1.107** (0.561)	0.065 (0.524)
年龄 X_3	−0.028 (0.042)	−0.110 (0.163)	−0.076 (0.094)	−0.140 (0.201)	−0.157 (0.280)
文化程度 X_5	0.125** (0.051)	0.502** (0.203)	0.273** (0.115)	0.474** (0.237)	0.657** (0.331)
干部身份 X_7	−0.075 (0.083)	−0.188 (0.332)	−0.107 (0.191)	−0.103 (0.375)	−0.516 (0.636)
务农年限 X_8	0.025 (0.045)	0.069 (0.173)	0.049 (0.099)	0.065 (0.208)	0.148 (0.301)
种植意愿 X_{11}	−0.069 (0.099)	−0.192 (0.357)	−0.135 (0.207)	−0.181 (0.435)	−0.324 (0.542)
农业劳动力 X_{12}	0.045 (0.053)	0.227 (0.209)	0.106 (0.119)	0.407 (0.253)	0.031 (0.341)
家庭支出规模 X_{13}	−0.080** (0.031)	−0.313** (0.124)	−0.181*** (0.070)	−0.147 (0.142)	−0.543** (0.217)
技术培训 X_{14}	−0.124* (0.066)	−0.330 (0.262)	−0.231 (0.150)	0.134 (0.317)	−1.003** (0.432)
知悉合作社的情况 X_{15}	−0.110 (0.074)	−0.438 (0.303)	−0.268 (0.173)	−0.011 (0.337)	−1.374** (0.682)

续表

变量及代码	OLS 估计	有序 Logit	有序 Probit	多项选择 Logit	
				降低强度	放弃
橡胶收入比重 X_{17}	-0.076** (0.032)	-0.269** (0.124)	-0.153** (0.072)	-0.103 (0.148)	-0.480** (0.209)
橡胶地块数 X_{18}	-0.014 (0.027)	-0.027 (0.110)	-0.033 (0.063)	0.089 (0.126)	-0.289 (0.208)
橡胶种植规模 X_{19}	-0.100 (0.159)	-0.526 (0.620)	-0.349 (0.354)	-0.676 (0.743)	-0.095 (1.006)
株数平方 X_{20}	0.034 (0.031)	0.165 (0.125)	0.106 (0.071)	0.142 (0.150)	0.166 (0.207)
省份虚拟变量 X_{21}	0.164* (0.089)	0.890** (0.384)	0.492** (0.216)	0.864* (0.456)	0.807 (0.664)
Constant cut1		1.206 (1.084)	0.452 (0.618)		
Constant cut2		2.581** (1.095)	1.223** (0.620)		
Constant	0.500* (0.285)			-3.395** (1.372)	-0.690 (1.785)
Observations	407	407	407	407	
F/LR chi^2	3.37	51.14	52.43	79.27	
Prob>F/chi^2	0.000	0.000	0.000	0.000	
R-squared/Pseudo R^2	0.121	0.086	0.088	0.133	

注：***、**、*分别表示在1%、5%、10%的水平上显著。下同。

表 10-11　价格低迷情形下生产意愿的影响因素回归结果(海南省样本)

变量及代码	OLS 估计	有序 Logit	有序 Probit	多项选择 Logit	
				降低强度	放弃
风险态度 X_1	-0.170 (0.115)	-0.787* (0.418)	-0.357 (0.226)	-1.448** (0.582)	-0.353 (0.588)
性别 X_2	0.135 (0.124)	0.630 (0.437)	0.318 (0.243)	1.252* (0.652)	0.247 (0.576)
年龄 X_3	-0.007 (0.062)	-0.028 (0.189)	-0.020 (0.112)	-0.071 (0.238)	-0.065 (0.321)
文化程度 X_5	0.150** (0.073)	0.512** (0.239)	0.293** (0.140)	0.561** (0.282)	0.618 (0.381)

续表

变量及代码	OLS 估计	有序 Logit	有序 Probit	多项选择 Logit	
				降低强度	放弃
干部身份 X_7	-0.044 (0.123)	-0.113 (0.397)	-0.053 (0.236)	-0.066 (0.451)	-0.389 (0.757)
务农年限 X_8	0.035 (0.065)	0.089 (0.200)	0.051 (0.117)	0.124 (0.246)	0.119 (0.344)
种植意愿 X_{11}	-0.016 (0.137)	0.027 (0.422)	0.020 (0.253)	0.102 (0.538)	-0.150 (0.612)
农业劳动力 X_{12}	0.046 (0.076)	0.169 (0.241)	0.087 (0.142)	0.335 (0.293)	0.144 (0.393)
家庭支出规模 X_{13}	-0.097** (0.042)	-0.310** (0.139)	-0.188** (0.080)	-0.092 (0.160)	-0.633** (0.253)
技术培训 X_{14}	-0.193** (0.098)	-0.524* (0.306)	-0.322* (0.180)	-0.156 (0.377)	-0.963** (0.485)
知悉合作社的情况 X_{15}	-0.105 (0.105)	-0.286 (0.344)	-0.196 (0.204)	0.229 (0.391)	-1.603* (0.826)
橡胶收入比重 X_{17}	-0.102** (0.043)	-0.324** (0.138)	-0.200** (0.081)	-0.125 (0.165)	-0.586** (0.236)
橡胶地块数 X_{18}	-0.024 (0.040)	-0.050 (0.130)	-0.044 (0.077)	0.064 (0.148)	-0.350 (0.262)
橡胶种植规模 X_{19}	0.123 (0.257)	0.261 (0.810)	0.126 (0.476)	-0.017 (0.985)	0.760 (1.290)
株数平方 X_{20}	-0.014 (0.058)	-0.009 (0.181)	-0.001 (0.107)	0.010 (0.220)	-0.045 (0.291)
Constant cut1		1.304 (1.260)	0.591 (0.742)		
Constant cut2		2.675** (1.273)	1.385* (0.745)		
Constant	0.372 (0.400)			-3.893** (1.624)	-0.743 (2.008)
Observations	247	247	247	247	
F/LR chi^2	1.91	26.56	27.63	54.88	
Prob>F/chi^2	0.023	0.032	0.024	0.003	
R-squared/Pseudo R^2	0.110	0.063	0.065	0.130	

在农户对高位价格的行为意愿表达中，将预期保持原来的割胶规律设置为0，提高割胶强度设置为1。在高价情形下生产意愿的影响因素全样本回归结果见表10-12，虽然模型整体都通过了显著性检验，但统计上通过检验的变量数却很少。提高割胶强度可通过提高割胶频率或使用刺激剂来调节，由于2013年刚刚经历2011—2012年的高价位，意愿表达在很大程度上反映了行为选择结果。440个样本报告了高价位下行为意愿，接近1/4(24.85%)的农户会选择提高割胶强度，以获取更高的利润收入，海南橡胶种植户更倾向于这种行为。虽然OLS、Logit和Probit模型整体都通过了显著性检验，但统计上通过检验的变量数却很少。

回归结果显示，在市场价格处于高位情形下，户主担任村干部的家庭更倾向于不改变原来的割胶规律，而家庭农业劳动力较多的农户则更愿意提高割胶强度，主要是因为割胶生产对劳动力投入的依赖程度高，且对技术有一定的要求。村干部所掌握的信息一般要比村民多，技术条件也相对较好，可能更“沉得住气”。民营胶园一般采用2天1刀的割胶频率，如果再进一步提高割胶频率或使用刺激剂，可能会造成橡胶树资产加速折旧，进而缩短其经济寿命。

地区虚拟变量的系数显著为正，表明海南橡胶种植户有较大概率去增强割胶强度，以便趁高价位时，获取足够的收入。海南橡胶种植条件整体不如云南西双版纳，而且时有台风侵袭。橡胶树一旦被台风折断，意味着后期收益损失了，所以海南橡胶种植户希望能够尽快收回前期投资。部分农户会在橡胶树未达到开割标准时，就开始采收。在实际生产中，甚至有部分农户的橡胶树刚达到开割标准，便被台风吹断，从而造成严重损失。

表10-12　价格处于高位情形下生产意愿的影响因素回归结果(全样本)

变量	OLS	Logit	Logit(Robust)	Probit	Probit(Robust)
风险态度 X_1	0.031 (0.055)	0.176 (0.297)	0.176 (0.302)	0.106 (0.176)	0.106 (0.177)
性别 X_2	0.048 (0.060)	0.301 (0.348)	0.301 (0.338)	0.186 (0.203)	0.186 (0.197)
年龄 X_3	0.005 (0.028)	0.031 (0.161)	0.031 (0.164)	0.013 (0.094)	0.013 (0.095)
文化程度 X_5	-0.027 (0.034)	-0.165 (0.192)	-0.165 (0.188)	-0.085 (0.113)	-0.085 (0.110)
干部身份 X_7	-0.106* (0.055)	-0.654* (0.340)	-0.654* (0.350)	-0.366* (0.192)	-0.366* (0.196)

续表

变量	OLS	Logit	Logit(Robust)	Probit	Probit(Robust)
务农年限 X_8	0.010 (0.030)	0.056 (0.172)	0.056 (0.173)	0.036 (0.100)	0.036 (0.099)
种植意愿 X_{11}	-0.049 (0.068)	-0.260 (0.360)	-0.260 (0.352)	-0.138 (0.217)	-0.138 (0.210)
农业劳动力 X_{12}	0.067* (0.035)	0.406** (0.201)	0.406* (0.212)	0.236** (0.116)	0.236* (0.121)
家庭支出规模 X_{13}	-0.025 (0.021)	-0.144 (0.117)	-0.144 (0.116)	-0.082 (0.069)	-0.082 (0.067)
技术培训 X_{14}	0.063 (0.044)	0.387 (0.255)	0.387 (0.263)	0.214 (0.148)	0.214 (0.151)
知悉合作社的情况 X_{15}	-0.030 (0.050)	-0.191 (0.287)	-0.191 (0.284)	-0.115 (0.167)	-0.115 (0.164)
橡胶收入比重 X_{17}	-0.033 (0.022)	-0.196 (0.120)	-0.196* (0.118)	-0.113 (0.071)	-0.113 (0.069)
橡胶地块数 X_{18}	-0.019 (0.018)	-0.107 (0.106)	-0.107 (0.110)	-0.068 (0.061)	-0.068 (0.062)
橡胶种植规模 X_{19}	0.020 (0.107)	0.071 (0.607)	0.071 (0.589)	0.051 (0.358)	0.051 (0.344)
株数平方 X_{20}	0.005 (0.021)	0.043 (0.120)	0.043 (0.117)	0.023 (0.071)	0.023 (0.068)
省份虚拟变量 X_{21}	0.112* (0.060)	0.694* (0.359)	0.694** (0.352)	0.402* (0.206)	0.402** (0.202)
Constant	0.154 (0.189)	-1.820* (1.065)	-1.820 (1.110)	-1.116* (0.620)	-1.116* (0.634)
Observations	440	440	440	440	440
F/LR chi^2	1.790	29.64	26.45	29.44	27.42
Prob>F/chi^2	0.030	0.019	0.048	0.021	0.037
R-squared/Pseudo R^2	0.063	0.60	0.060	0.060	0.060

10.3.5.4 橡胶种植园特征会影响农户的实际生产决策

将2015年农户割胶生产变量中正常割胶设置为0，部分割胶、间断性割胶设为1，弃割设为2。在价格持续低迷情形下，实际生产选择的影响因素（191个样本）回归结果见表10-13。有序Logit模型和有序Probit模型估计结果的门限值参数(cut1 和 cut2)统计上达到极显著水平，这说明不应当将三个分类整合成两个。性别、生产技术水平、生产意愿、橡胶收入比重、地块数量对割胶行为改变都具有显著的负向影响，民族、橡胶种植规模具有明显的正向影响。户主为女性的家庭倾向于不对价格持续低迷做出行为改变，这可能是因为农村女性劳动力的就业可选择集较小，其参与约束条件中的保留效用较低，使得她们更愿意继续按照原来的规律割胶生产。少数民族地区农户选择割胶行为改变的概率较大，可能与他们的种植结构有关，黎族的样本大多分布在琼中、万宁等地，这些地区的家庭大多种植有槟榔、胡椒等作物，而儋州、澄迈、屯昌等地橡胶种植户的农业生产结构则相对比较单一。

生产技术水平较高的农户所拥有的技术专用性更强，其在割胶技术学习上下的功夫也较多，在形成良好生产技术上投入更多，更不愿意改变正常割胶规律。橡胶生产技术越好的农户在价格低迷的情形下，越倾向于选择正常割胶生产。生产意愿与行为本身存在一定的相关性，继续从事橡胶生产意愿更强的农户更倾向于不去改变生产行为。家庭经济对橡胶依赖程度越高，农户越倾向于不改变原来的割胶规律。虽然价格下降导致橡胶收入减少，但收入流仍然在，要调整家庭经济主要收入来源需要时间和成本，因此这部分农户更可能选择继续正常割胶。根据已掌握的知识，我国从来没有出现过农户橡胶滞销的现象，这使得橡胶种植户只要进行割胶生产，就可以获得现金收入，这是短期收获作物难以比拟的优势。

橡胶园规模越大，农户越有可能选择改变原来的割胶规律，转而采用部分或间断性割胶行为，甚至有可能弃割。种植规模达到一定程度之后，如果不采用低频割胶技术，就会涉及雇佣劳动力的问题。在胶价低迷的情况下，家庭外用工是不划算的。根据调查问卷，2015 年海南村庄建筑小工的工资约为 120 元/天，按这个标准，如果雇工每天割胶 300 株，每株每刀费用为 0.40 元。按照 2016 年海南省单产水平，株产约为 3 千克，假设年割胶 100 刀，每株每刀产量为 0.03 千克，只有价格达到 13.3 元/千克才仅能弥补雇工的成本，而 2015 年大部分时间橡胶价格都低于这个数。种植规模平方项的估计系数为负数，成倒“U”形影响，但该系数并不显著。橡胶地块数对割胶行为的影响是负向的，即地块数越多的农户有更大的概率选择保持原来生产行为不变。地块数与橡胶树数量大体呈正相关关系，但它们的影响方向却不一样(见图 10-4)。一种可能的解释是，橡胶林细碎化程度较高的农户开垦种植橡胶所付出的成本较大，珍惜程度更高，橡胶在家庭农业生产中的相对重要性也较大，因此，农户更倾向于维持割胶生产。

表 10-13　价格持续低迷情形下实际生产选择的影响因素回归结果

变量及代码	OLS 估计	有序 Logit	有序 Probit	多项选择 Logit	
				降低强度	放弃
风险态度 X_1	0.004 (0.098)	0.024 (0.412)	-0.041 (0.235)	-0.141 (0.481)	1.145 (1.541)
性别 X_2	-0.296** (0.132)	-1.158** (0.582)	-0.727** (0.318)	-0.359 (0.698)	-6.137** (2.405)
年龄 X_3	-0.010 (0.047)	0.063 (0.196)	0.030 (0.112)	-0.166 (0.237)	0.774 (0.708)
民族 X_4	0.235** (0.096)	0.967** (0.412)	0.556** (0.236)	0.187 (0.479)	3.605* (1.865)
文化程度 X_5	-0.078 (0.069)	-0.368 (0.305)	-0.170 (0.170)	-0.146 (0.350)	-1.476 (1.332)
政治面貌 X_6	-0.109 (0.112)	-0.377 (0.485)	-0.261 (0.280)	-0.587 (0.552)	1.567 (1.696)
干部身份 X_7	0.137 (0.108)	0.516 (0.465)	0.370 (0.264)	0.780 (0.539)	-3.712 (2.403)
健康状况 X_9	0.043 (0.056)	0.214 (0.235)	0.138 (0.134)	0.187 (0.290)	0.531 (0.686)
技术水平 X_{10}	-0.105** (0.042)	-0.474*** (0.184)	-0.265** (0.104)	-0.478** (0.212)	0.326 (0.569)
生产意愿 X_{11}	-0.335*** (0.106)	-1.350*** (0.446)	-0.777*** (0.252)	-0.897 (0.554)	-2.638* (1.378)
农业劳动力 X_{12}	-0.003 (0.070)	-0.220 (0.307)	-0.110 (0.176)	-0.301 (0.370)	0.672 (1.116)
家庭支出规模 X_{13}	-0.007 (0.038)	-0.040 (0.164)	-0.023 (0.095)	-0.234 (0.199)	0.567 (0.657)
技术培训 X_{14}	0.029 (0.090)	0.050 (0.393)	0.057 (0.223)	0.385 (0.466)	-0.355 (1.237)
参加合作社意愿 X_{16}	-0.066 (0.096)	-0.383 (0.393)	-0.250 (0.227)	-0.802* (0.471)	-1.149 (1.363)
橡胶收入比重 X_{17}	-0.445*** (0.042)	-1.901*** (0.253)	-1.054*** (0.129)	-1.061*** (0.271)	-8.848*** (2.579)
橡胶地块数 X_{18}	-0.067** (0.031)	-0.290** (0.142)	-0.157** (0.080)	-0.014 (0.157)	-0.487 (0.458)
橡胶种植规模 X_{19}	0.356** (0.166)	1.444** (0.729)	0.878** (0.413)	1.404 (0.855)	3.282 (2.479)

续表

变量及代码	OLS 估计	有序 Logit	有序 Probit	多项选择 Logit	
				降低强度	放弃
株数平方 X_{20}	-0.038 (0.029)	-0.144 (0.125)	-0.093 (0.071)	-0.151 (0.146)	-0.360 (0.397)
Constant cut1		-6.831*** (1.631)	-3.668*** (0.885)		
Constant cut2		-4.295*** (1.559)	-2.227*** (0.858)		
Constant	2.227*** (0.363)			4.107** (1.770)	13.660** (5.647)
Observations	191	191	191	191	
F/LR chi^2	10.95	133.45	133.24	183.16	
Prob>F/chi^2	0.000	0.000	0.000	0.000	
R-squared/Pseudo R^2	0.534	0.356	0.355	0.489	

注：括号中的数字为标准差，***表示 p<0.01，**表示 p<0.05，*表示 p<0.1。

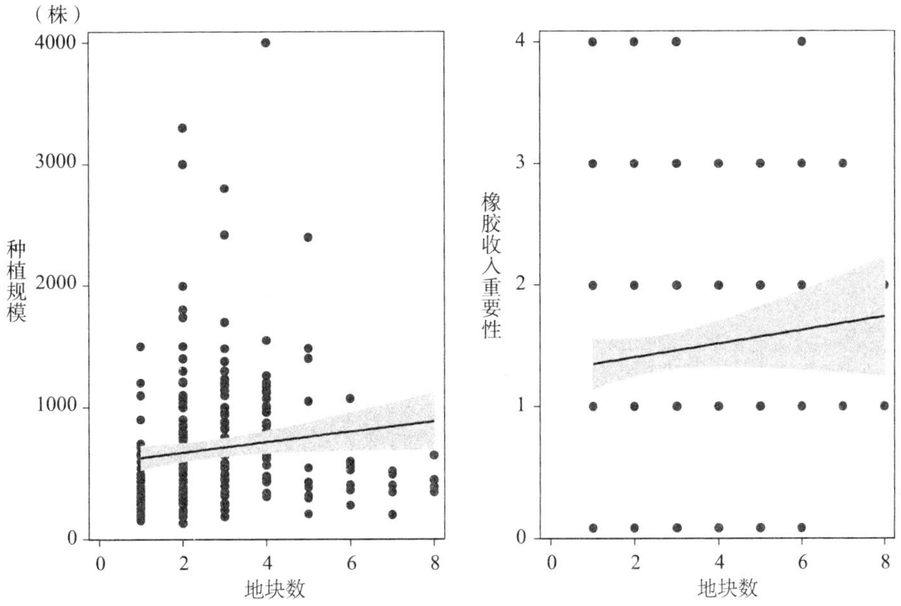

图 10-4　橡胶树种植规模与地块数

数据来源：2016 年入户调查。

10.3.5.5 影响意愿表达与实际行为选择的因素不同

总体来说，在价格低迷的情形下，农户的实际生产行为比意愿表达更为强烈，主要的原因包括：一是价格下跌幅度大，持续时间长，超出了大部分种植户的预期；二是长时间的价格低迷，让种植户有较多时间去做出调整；三是城镇化进程加快，使得农民有更多的就业机会，且工资率上升，在一定程度上提高了割胶生产的影子价格。

影响意愿表达和行为选择的因素有所不同。橡胶占家庭收入比例较大的农户，价格低迷下的意愿表达和实际行为选择都是比较保守的，在估计方程中该变量都是显著的负影响(见表 10-14)。橡胶种植需要平整土地、挖穴、购买种苗、施肥等，种植后第二年开始，每年都需要施肥、除草等抚管作业，大约在第 8 年开始割胶生产。如果严格按照橡胶种植规程，达到开割标准，所需的投资额约 8.40 万元/公顷。非生产期抚管期间橡胶树不能提供任何收入，只能通过间种香蕉、粽叶、益智、菠萝等作物来提高土地利用率。高额的前期投入使农户对橡胶树资产倍加珍惜，部分农户即使不割胶生产，仍然进行胶园管理，如除草等。橡胶收入在家庭中的重要性大，反映了家庭收入结构相对单一，结构调整需要更长的时间，并承担更大的风险。当前尚未有合适的作物来大规模替代橡胶树。种植和割胶技术专用性也是一个影响意愿表达与实际行为选择的重要因素，户主技术水平越高，改变割胶生产规律的概率越小。

在价格低迷的情形下，受教育程度对预期生产行为改变有显著影响，对实际行为选择的影响却是负的向，但不显著(见表 10-14)。2013 年海南植胶区受访农户户主平均年龄为 46.92 岁，2016 年为 48.79 岁，所受正规教育以初中为主，经过长年累月的“干中学”，使得教育程度只是在预期的生产行为中有显著影响，对实际生产行为的影响弱。家庭支出规模和技术培训在预期行为和实际行为模型中都是负向影响，但在后者中是不显著的；橡胶地块数和种植规模的系数分别为负数和正数，在实际行为模型中是显著的，而在预期行为模型中却不显著。

表 10-14 意愿表达与行为结果不一致的影响因素回归结果

变量	意愿表达	实际行为	变量	意愿表达	实际行为	变量	意愿表达	实际行为
X_1	-	±	X_8	-	/	X_{15}	-	/
X_2	+	-**	X_9	/	+	X_{16}	/	-
X_3	-	±	X_{10}	/	+**	X_{17}	-**	-***

续表

变量	意愿表达	实际行为	变量	意愿表达	实际行为	变量	意愿表达	实际行为
X_4	/	+	X_{11}	±	-**	X_{18}	-	-**
X_5	+**	-	X_{12}	+	-	X_{19}	+	+**
X_6	/	-	X_{13}	-**	-	X_{20}	-	-
X_7	-	-	X_{14}	-**	-			

进一步考察两次都参与调查且对价格低迷有表达的79户样本农户，只有34户(43.04%)农户对价格低迷的意愿表达与实际行为一致，13户农户预期在极低价格时会继续保持割胶生产但实际却放弃了，10户农户实际中间断性或部分割胶。本书运用实际行为选择的回归因子，利用这79个样本进行回归分析发现，技术水平、技术培训和橡胶收入占比3个变量通过5%显著性水平检验，模型整体通过检验(见表10-15)。在价格低迷发生且持续较长的情形下，橡胶生产技术水平较高、橡胶收入占比较大的农户做出的选择与意愿表达更倾向于一致，这可能与专用性技术资产和橡胶树资产投资的相对重要性有关。投资越大的农户对待橡胶生产行为的意愿表达和行为选择都会比较谨慎，会经过较为谨慎的思考，所以一致性程度较高。愿意参加技术培训的农户往往更愿意接受新的信息，当价格持续低迷时，积极的心态可能使得他们以更大的概率去改变原来的意愿表达。

表10-15 价格持续低迷下OLS估计、有序多项选择模型的估计结果比较

变量	OLS估计	Logit模型	Logit(Robust)	Probit模型	Probit(Robust)
X_{10}	-0.148**	-1.133**	-1.133**	-0.652**	-0.652**
X_{14}	0.312**	2.551**	2.551	1.313**	1.313**
X_{17}	-0.165**	-1.170***	-1.170***	-0.693***	-0.693***
p值	0.050	0.009	0.013	0.010	0.001

10.3.6 结论与讨论

第一，意愿表达具有较大的地区差异，海南橡胶种植户对价格变动的敏感程度要明显高于云南西双版纳州的橡胶种植户，主要原因是气候条件、地理位置和就业机会不同。西双版纳州远离省会城市和东部沿海城市，当地种植户受教育程度较低，使得非农就业机会少，良好的气候条件和较高的林地占有率，使得人均橡胶林面积较大，造成了种植户对橡胶收入的依赖程度高，调整成本也就相对高。

第二，海南橡胶种植户对低价格的行为改变要强于意愿表达，价格下降的幅度大、持续时间长、机会成本高是主要原因。一方面，海南户均橡胶种植规模偏小，户均 17.5 亩，现行价格下橡胶年收入低于 1.2 万元，难以维持不断上涨的生活成本；另一方面，雇工工价不断上升，改变了农户割胶生产的激励相容条件，进而体现在行为选择上。

第三，在价格低迷情形下，不管是意愿表达还是实际行为选择，橡胶收入占比始终是农户采取保守谨慎态度的主要原因之一。这是“因为重要所以谨慎”的决策思路，要调整对家庭收入预算有重要影响的生计活动，需要考量的因素很多，橡胶种植户的生计活动往往具有高风险和脆弱性，但随着时间的推移，生计策略可能会做出调整。

第四，对价格低迷的意愿表达主要受文化程度、家庭支出规模和技术培训等户主及其家庭特征的影响，家庭橡胶种植园规模、地块数等产生的影响不大，但在实际做出决策时却发挥着重要作用。这在一定程度上反映了意愿表达可能相对随意，可能脱离实际情况，利用意愿外推至现实的过程应当非常谨慎，特别是在意愿与自身利益关切不大的情形。

第五，生产技术水平较高和橡胶收入占比较大的农户，生产意愿和实际行为显著地趋于一致。在专用技术和橡胶林上的投资较大使得这部分农户对割胶生产的考虑更加周全，技术专用性的强化也可能会限制农户选择种植其他作物或寻求非农就业的机会。

第六，高价位时的意愿表达主要是受户主干部身份和家庭农业劳动力数量的约束，海南橡胶种植户更偏向于在高价时提高生产强度，以便在更短时期内收回投资成本，降低自然灾害带来的不确定性。

本节将价格作为静态比较的事件条件，2012 年价格处于高位，种植户都选择割胶生产，受访农户给出极端价格下的生产行为预期。2015 年价格持续低迷，部分农户调整了生产行为。由于两次调研针对的分别是行为预期和行为选择结果，有较大的差异，因此没有将其作为混合面板数据来处理，而只是静态地比较影响因素之间的差异。2016 年调研数据没有覆盖云南省植胶区，且没有完全按跟踪调查的方式进行；在问卷中关于 2015 年生产行为的问题，未设置提高割胶强度的选项，与意愿表达的选项设计不一致。相关部门应当充分关注价格持续低迷对农户生活和生产的影响，特别是对橡胶依赖程度较高的农户。不同人群的意愿表达和实际行为可能存在较大的差别，在关于支付意愿、政策参与意愿等的研究中，研究者应当注意到可能的风险。

10.4 本章小结

本章分析价格波动对橡胶种植户生产、销售的影响，发现价格剧烈波动使橡胶种植户家庭收入和橡胶生产决策行为发生了明显改变。在价格低迷时，种植规模、受访农户特征、家庭构成及经济状况等因素都影响了农户的生产行为；中等规模农户更倾向于正常割胶，规模较小或偏大的农户更有可能选择弃割；女性农户、少数民族农户、自身是党员或村干部的农户、文化程度较低的农户、橡胶生产技术较差和身体健康状况较差或很好的农户，更倾向于弃割，而男性农户、汉族农户、非党员或干部农户、文化程度高的农户、技术好的农户、身体健康为一般的农户正常割胶的比例更高；只有 1 个家庭农业劳动力的农户、橡胶收入占比高的农户，正常割胶的比例要明显高于家庭农业劳动力多、橡胶收入占比低的农户。

农户信息获取途径、产品销售形式、橡胶收入和种植比例、组织化程度、交易对象、交易环境熟识度、交易距离等都对农户天然橡胶初加工原料销售价格有影响。信息获取途径、产品销售形式、橡胶收入和种植比例与销售价格正相关；而议价能力与销售价格则呈负相关，组织化程度和交易对象对销售价格有一定影响，而农户对交易环境熟识度、交易距离、农户受教育程度及家庭所在地区等则对售价影响不显著。在价格低迷时，农户的实际生产行为比意愿表达更为强烈，并且意愿表达在海南和云南植胶区具有较大的地区差异。

在价格低迷情形下，农户的实际行为比意愿表达更为强烈。意愿表达具有较大的地区差异，海南橡胶种植户对价格变动的敏感程度要明显高于云南西双版纳的橡胶种植户。海南橡胶种植户对低价格的行为改变要强于意愿表达。在价格低迷情形下，不管是意愿表达还是实际行为选择，橡胶收入占比始终是农户采取保守谨慎态度的主要原因之一。

第 11 章 橡胶种植户参与价格稳定基金的意愿

价格稳定基金是平抑价格波动、降低价格风险的方法之一，它以平抑农户跨期收入为目的，是一种价格风险规避手段，可以在一定程度上减轻价格大幅变动的负面效应。本章通过构建价格稳定基金的理论分析框架，运用2013 年入户调查数据，分析农户对参与价格稳定基金的认知，在此基础上对影响农户参与价格稳定基金的因素进行实证分析，以期为设计和实施价格稳定基金提供一些依据。

11.1 关于价格稳定的文献综述

相对稳定的价格信号对于农业生产和农民收入都是非常重要的，剧烈的价格波动将会对农民的收入产生较大的影响，迫使其改变种植结构，而这一改变可能使农户面临更大的风险。如果农户能够很好地通过储蓄、投资等渠道来平抑不同期间的收入波动，价格波动对农户的影响就会降低，但并不是大多数农户都能这样做，特别是在山区。对于主要依赖种植橡胶获得收益的农户而言，持续价格低迷可能会导致他们无法获得充足的食物，而其所生产的产品又无法提供能量。在橡胶价格处于高价位时，如 2011—2012 年，家庭收入增加，农户可能会进行家庭固定资产投资，并形成贷款，而不是储蓄。2014 年以来，天然橡胶价格持续在低价位徘徊，给部分种植户的生活造成了困难，同时，价格剧烈波动也会使家庭无法进行正常的预算安排。

商品价格稳定的方式，一般包括对相关主体进行支付(如价格稳定基金)、缓冲存储机制、带直接支付的存储机制、政府对存货进行补贴等，不同学者的研究得出的结论不一致。政府通过市场购买和销售来支持和稳定商品价格的计划，不仅会降低长期市场价格，还会造成生产者收入的不稳定(Miranda et al.，1988)，且没有明显地减缓价格波动(Harbury et al.，1951)。有学者对维持美国大豆市场稳定的四种观点进行了比较分析，发现建立库存的计划虽然增加了生产者的福利，但是损害了消费者福利；缓冲库存机制和包含直接支付、缓冲库存的方式，加剧了准租金波动(Glauber et al.，1989)。在分析澳大利亚木材产品的缓冲存储机制后，学者发现生产、加工厂商从价格稳定中获取了好处(Hinchy et al.，1988)。从国际商品市场上来看，在价格扭曲情形下，通过低成本的缓冲存储机制比自由贸易获得更多的福利(Devadoss，1992)。大部分学者都认为稳定价格能够产生正向的福利，但需要依赖一定的条件。在自适应和理性假说的价格期望下，价格稳定所带来的福利要大于供给(Stephen，1974)。在价格扭曲情形、剩余需求函数高度非线性的情形下，国际价格稳定机制会给不同国家的生产者带来一定损失，而消费者则会受益，这与线性假设的情况不相同(Just et al.，1977)。谷物价格稳定的福利分布严重依赖于价格波动的来源(Konandreas et al.，1978)。总体而言，林产品价格稳定策略都会产生净福利(Adams et al.，1977)。对消费者风险类型的暗含或明示假设会对价格稳定的实际好处的估算带来严重的影响(Helms，1985)，风险中性的生产者严格偏好于价格稳定(Hiebert，1984)，其从价格稳定中获得的福利可能要高一些。具有不同贸易条件的国家从价格稳定中获得的福利也不一样(Wong，1989)。要素价格稳定的效应主要依赖于资本和可变要素投入是否可替代或可补充，以及可变要素需求曲线的可观测特征(Devadoss et al.，1991)。农户对价格稳定的偏好被认为是依赖于描述消费和生产决策的可观测参数，农户更倾向于价格稳定以及生产要素价格的稳定单独主导完全的价格稳定(Israel et al.，1997)。

在天然橡胶领域，1922 年，英国通过了史蒂文森法案，促使橡胶的国际市场价格上升明显，主要原因是英国限制东南亚(殖民)国家的天然橡胶出口；1934 年，由于国际天然橡胶的库存过剩和价格过低，英国、印度、泰国、荷兰、法国达成国际橡胶管制协议，限制天然橡胶生产，从而使价格稳定在较高的水平，一直到 1937 年底，因世界经济衰退导致橡胶价格暴跌而失败；1979 年，在联合国贸易与发展会议的协调下，橡胶主要生产国和消费国达成国际天然橡胶协议，该协议于 1980 年临时生效，1987 年、1995 年该协议进行了修订，后因亚洲金融危机期间，消费国不同意稳定天然橡胶价格而被生产国解散；2002 年，马来西亚、泰国、印度尼西亚成立国际三方橡胶委员会，并合资建立国际橡胶联盟公司，运转至今，但三国未采取直接措施干预市场。国际天然橡胶协议实际上并没有实现稳定国际市场价格的目标(George，1987)，很多国家着重实施本国内的商品价格稳定计划和政策。印度从 2003 年开始，针对天然橡胶、咖啡、茶叶、烟叶作物的种植者，建立价格稳定基金信托。这是基于会员制的，凡是种植面积小于一定数额的中小种植者，都可以申请参加。当年度橡胶价格高于上限触发价格时，每个会员需要缴纳1000卢比；当价格低于下限触发价格时，基金需要向会员支付1000卢比；当价格处于上限和下限之间的触发价格时，即正常年份，政府和会员各向基金存入500卢比。基金成立后，运行良好，运行成本较低，值得我国参考和借鉴。从现有研究成果来看，学者对价格稳定方式及其福利均有不同程度的研究和探索，但尚无统一的定论。

11.2　价格稳定基金的理论分析框架

价格稳定基金运行机制的关键在于探索一个合理的基准价格区间，并设计出一个有效的提取和补贴机制。天然橡胶价格稳定基金的设计原理如图11-1所示，当价格处于高位时，即高于上限触发价格时，从农户的产品销售收益中，抽取一定比例的资金，同时政府也配套支持相应的资金，共同建立价格稳定基金，并通过资金运用获取收益；在价格处于低位时，即低于下限触发价格时，价格稳定基金对参与的农户进行补贴。价格稳定基金可降低市场价格波动对农户当期收益的影响，最大程度减小价格波动给农户所带来的收入波动。实际上，上限触发价格和下限触发价格是随时间而变化的，主要受通货膨胀、生产要素价格变动等因素的影响。

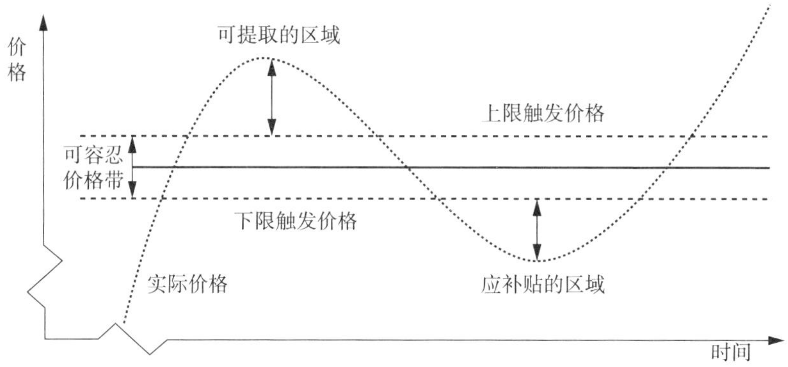

图11-1　价格稳定基金的示意图

农户参与价格稳定基金，相当于在某些情形下，如市场价格高于上限触发价格时，农户购入一种保障；在某些情形下，如市场价格低于下限触发价格时，获得补偿，消费已购入的保障服务。这种保障服务类似于保险，如比较复杂的指数保险产品。农户是在特殊时期购入保险，但这种保险服务由于存在较为严重的信息不对称、巨灾风险①等，容易导致失灵。另外，价格稳定基金要成功运行并不容易，会受到有限的投资机会、投资风险、管理错乱、腐败、运行成本过高、政府政策变动等因素的影响。如果农户能够很好地通过储蓄、投资等渠道来平抑不同时期的收入波动，价格稳定基金的吸引力将会减弱(Bowbrick，1981)。

假设家庭全部收入都来源于橡胶，价格处于高位时的收入为 M_H，消费为 C_H；价格处于低位时的收入为 M_L，消费为 C_L，其中 $M_H>M_L$。农户无差异曲线，是农户在高价位、低价位期间的某一消费组合所获得的效用无差异的点的组合。假设该无差异曲线具有良好的性质，满足传递性、单调性、凸性、非餍足性、边际替代率递减等。如果农户属于风险规避型，无差异曲线为 DD，在价格处于高位时，会选择储蓄，以减少两个时期之间的消费差异，即 C_H-C_L 变小，$C_H<M_H$、$C_L>M_L$。如果农户属于风险偏好型，且在高价位时的预期过于乐观，无差异曲线为 EE，在价格处于高位时，会选择借款，在价格下跌时，消费量大幅度减少，如图 11-2 所示。

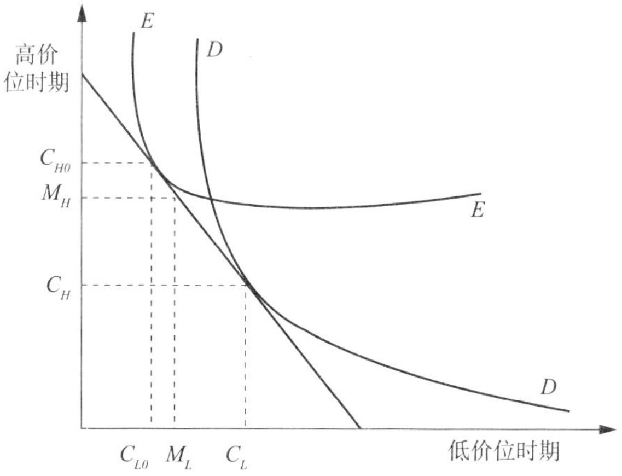

图 11-2　农户在高价位和低价位的跨期消费的无差异曲线

假设利息率为 r 和贴现率为 ρ，农户的决策目标为：

$$MAX \quad u(C_H)+e^{-\rho}u(C_L) \tag{11-1}$$

约束条件为：

$$C_H+(1+r)C_L \leqslant M_H+M_L \tag{11-2}$$

---

① 此处的巨灾风险是指价格长时间低于下限触发价格的风险，供给主体需要长时间支付给农户补贴。农业保险中巨灾风险则主要源于气候的地域相关性。

11.3 农户对价格风险防范机制的认识

2013 年入户调查问卷中涉及价格稳定基金的问题有三个：一是“您能否接受在胶价高的时候，由政府从您卖胶所得中提取一部分钱作为价格基金，以便在价格过低的时候补贴给您，如每千克收 0.5 元，政府同时配套 1 元，共同建立价格稳定基金”；二是“假如有稳定基金，您认为价格高于多少元/千克时可以提取，低于多少元/千克时应当补贴”；三是“如果不接受，您认为主要是存在什么问题”。在实际访谈中，设计的情形是，如每千克收 0.5 元，政府同时配套 1 元，共同建立价格稳定基金，咨询农户是否愿意参加这样的价格稳定基金，如果表示愿意，则继续追问在什么情况下可以被提取，什么情况下应补贴；如果表示不愿意，则追问不愿意参加的原因；部分愿意参与的农户也表达了担忧。

云南植胶区 203 个被访问者表达了自己的意愿，大部分农户表示愿意接受价格基金，共有 146 人(占 71.92%)；明确表示不接受的农户占 22.66%。在海南植胶区，289 个受访农户中有 283 个表达了意愿，其中表示接受的有 192 个(占 67.84%)，表示不接受的有 55 个(占 19.43%)，剩余持无所谓的态度(见图 11-3)。

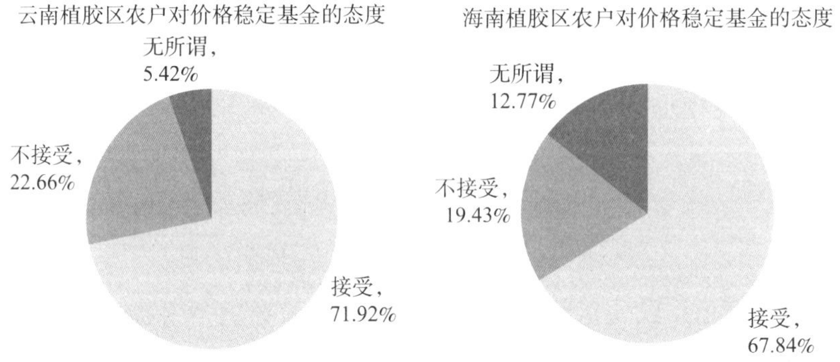

图 11-3　云南、海南植胶区农户对价格稳定基金的态度

数据来源：2013 年入户调查。

云南被访农户不接受价格稳定基金的主要原因：对政府信任度不够，担心基金运作过程中出现腐败，担心收多补少，表示接受价格基金的部分农户也存在这方面的担心；部分农户认为价高的时候，自己可以储蓄以防备价格下降，无须参加价格稳定基金；认为基金可操作性差，存在很多技术难题，如怎样采集价格数据、采用哪些地方的价格数据；价格处于高位的时间短，处于低价的时间一般会持续较长，是否有能力兑现承诺。农户对价格基金的担忧主要表现为对基金运作的不信任(见图11-4)，有部分农户对于基金运行的主要技术问题表示疑问，也有个别农户提出较为极端的意见。

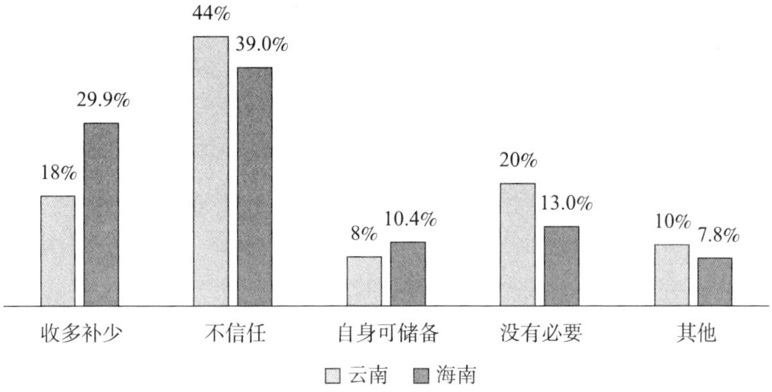

图11-4　海南植胶区农户对价格稳定基金担忧的原因

数据来源：2013年入户调查。

11.4　影响农户参与价格稳定基金的因素分析

11.4.1　影响因素与基本假说

11.4.1.1　文化程度

户主的年龄与文化程度以及家中劳动力的最高文化程度，可能会对家庭的行为、意愿产生较大影响，但这种影响是不确定的，文化程度较高的农户分散风险的能力较强，渠道较多，平抑跨期选择风险的需求较弱，可能更不愿意参与价格稳定基金。由于问卷中设计的价格稳定基金是带政府补贴的，增加了一个风险分散渠道，可能会增加效用。

11.4.1.2　家庭劳动力占总人口的比重

家庭劳动力规模是体现家庭收入风险大小的重要方面，用家庭劳动力占比作为评价农户参与价格稳定基金意愿的影响因子。家庭成员中，能够参与劳动或者具有劳动能力并参与劳动的人数越多，说明该家庭的生产能力越强，其规避价格风险的能力也就越强，对跨期收入风险的敏感性可能较低。

11.4.1.3　橡胶收入占家庭总收入的比重

橡胶收入占家庭总收入的比重是衡量家庭收入风险的一个重要指标，其对农户参与意愿的影响是双面的。一方面，橡胶收入占比越高，说明橡胶收入是农户家庭收入的主要来源，对稳定橡胶收入的意愿更强，农户对价格稳定基金的接受程度可能越高。另一方面，橡胶收入占比越高，说明该家庭的收入来源越单一，受经济实力的限制，农户对这种需要先付后得的价格稳定基金的运行机制的兴趣可能不大，即橡胶收入占比与农户参与意愿呈负相关性。

11.4.1.4 农户的风险偏好

生产者风险偏好决定着价格稳定机制的福利状况（Chambers et al., 2003），风险中性的生产者严格偏好于价格稳定（Hiebert，1984）。以农户对2011—2012年价格波动的态度来评价农户的风险态度，由于不同农户面临的价格波动是基本一致的，表示难以接受的农户在一定意义上可以认为是风险规避型。这样假设存在一定的风险，因为2011—2012年价格处于较高位，2012年年初至2013年4月价格却是一直在下跌，特别是2013年4月橡胶价格较高位时下跌了一半，所以大部分农户会选择难以接受。但是表示可以接受的农户可以认为是属于风险偏好者。更能容忍价格波动的农户，可能对收入稳定的需求更强，同时，对被提取部分收益的态度更开放，使得其倾向于参与价格稳定基金。

11.4.1.5 橡胶种植面积占家庭农地面积的比重

橡胶种植面积的比重是用于衡量农户生产经营橡胶的专一程度，种植面积占比越高，说明该农户生产经营橡胶的专业性越强，反之，则认为农户生产经营多元化。该项指标对农户的参与意愿的影响可能是双向的。一方面橡胶种植面积占比越高，其对规避价格风险的途径就越关注，参与价格稳定基金的可能性越高。另一方面，受自身经济实力的限制，种植面积占比高的农户可能没有足够的资金实力为规避收入风险买单。

11.4.1.6 橡胶种植意愿

价格低迷的情况下，农户对橡胶产业的信心及其种植决策成为考察参与意愿的重要因子。农户对产业发展前景越有信心，其种植意愿就越强，对价格稳定的需求可能越迫切，越有可能参与价格稳定基金来规避橡胶收入风险，故农户种植意愿与参与意愿呈现正相关关系。

表 11-1　农户价格稳定基金的变量设计与影响预测

指标	代码	变量设计	影响预测		
			Model Ⅰ	Model Ⅱ	Model Ⅲ
总体样本参与意愿	Y_1	是=1，否=0			
海南样本参与意愿	Y_2	是=1，否=0			
云南样本参与意愿	Y_3	是=1，否=0			
小学组和初中组	X_1	小学及以下=1，其他=0	+/-	+/-	+/-
高中组和初中组	X_2	高中及以上=1，其他=0	+/-	+/-	+/-
家庭劳动力占比	X_3	50%及以下=1，50%~80%=2，80%及以上=3			
低收入和中等收入	X_4	65%以下=1，其他=0	+/-	+/-	+/-
高收入和中等收入	X_5	85%以上=1，其他=0	+/-	+/-	+/-
橡胶种植面积占比	X_6	90%及以下=1，其他=0	+/-	+/-	+/-
风险偏好	X_7	难以接受=0，可以接受=1	+	+	+
种植意愿	X_8	不愿种植=0，愿意续种=1	+	+	+

注：Model Ⅰ、Model Ⅱ、Model Ⅲ分别表示被解释变量 Y_1、Y_2、Y_3 所构建的模型。

11.4.2　模型设计与数据说明

Logistic 回归模型是处理因变量是二分类变量或多分类变量时最常使用的统计分析模型之一。结合选取的变量，可以将模型表示如下：

$$\text{logit}(p)=\ln\left(\frac{P(y=i)\mid X}{1-P(y=i\mid X)}\right)=\alpha_0+\alpha X'+\varepsilon \quad (i=0,\ 1) \tag{11-3}$$

其中，X 为解释变量组成的向量；X'表示 X 的转置；P 表示条件概率函数；ε 为误差项；p 为样本接受价格稳定基金的概率；i 表示农户是否愿意接受价格稳定基金，0 为不接受，1 为接受；y 为逻辑变量。

本节进行实证分析的数据源于 2013 年入户调查。2011—2012 年，天然橡胶价格波动较大，面对相似的价格变动，不同农户会持有不同的态度，这可以认为是农户对价格波动的风险态度。表示“能接受”“还可以接受”的农户，被视为风险偏好者，表示难以接受的农户，则视为风险规避者。云南植胶区的调查农户中，有 86.70%的农户表示难以接受这两年的价格波动，海南植胶区调查农户中，有 78.23%的农户对价格波动的容忍度较高。

11.4.3　实证结果与分析

本书运用 STATA 软件对影响橡胶种植户参与价格稳定基金意愿的因素进行二元 Logistic 模型估计（见表 11-2），Y_1、Y_2、Y_3 变量所构建模型的常数项分别为1.4109、0.8514、1.4983；对数似然值分别为-303.9976、-122.3074、-177.3693；Prob>chi^2分别为0.2331、0.6035、0.1560；Pseudo R^2分别为0.0169、0.0255、0.0324。

表11-2 农户参与价格稳定基金意愿的回归结果

解释变量	参数			弹性		
	Model Ⅰ	Model Ⅱ	Model Ⅲ	Model Ⅰ	Model Ⅱ	Model Ⅲ
X_1	-0.4642**	-0.3420	-0.9788***	-0.1031	-0.0704	-0.2323
X_2	-0.1924	-0.7374	-0.0289	-0.0422	-0.1670	-0.0064
X_3	-0.3334	0.1622	-0.1684	-0.0072	0.0333	-0.0371
X_4	-0.3985	0.0085	-0.4125	-0.0851	0.0017	-0.0883
X_5	-0.6641**	-0.5624	-0.6195	-0.1493	-0.1168	-0.1443
X_6	-0.2930	0.0191	-0.2603	-0.6285	0.0039	-0.0561
X_7	0.1039	-0.0285	0.1581	0.0221	-0.0059	0.0343
X_8	0.1538	0.2650	0.2316	0.0338	0.0565	0.0525

注：**、***分别表示在5%和1%的显著性水平下显著。

从模型的回归结果来看，Model Ⅰ中仅有受教育程度（小学组和初中组）、收入水平（高收入和中等收入）的估计系数达到显著性水平，Model Ⅱ中没有变量通过统计检验，而Model Ⅲ中仅有受教育程度（小学组和初中组）在1%水平下通过显著性检验，且三个模型中自变量对因变量的解释力度也相对较弱。从统计学的角度来讲，三个模型并未整体通过检验。

对三个模型的自变量进行相关性检验发现，各变量间并未存在高度线性相关或共线性的问题，故变量的选择并不存在严重的缺陷。导致模型未通过显著性检验的可能原因有以下两点：其一，受自身知识水平的限制，农户对价格稳定基金的运作机制不能完全理解，且价格稳定基金作为一种新型的价格风险规避形式，在国内尚未实行，农户对执行过程中可能带来的成效并不能进行直观的判断和预测，这导致农户对新事物的接受态度相对保守，对参与意愿的表达也相对随意，弱化了不同农户特征对农户参与价格稳定基金意愿所带来的影响，从而导致模型所选取的指标在统计意义上不显著；其二，受小农“只取不出”心理的影响，农户对这种高价位时需提取部分收入的价格保障形式容忍度较低，生产决策的趋利性和随意性使得农户对未来提取部分的返还机制较为担忧，而这些心理因素在一定程度上左右了农户对价格稳定基金的判断，进而也削弱了不同农户特征对农户参与意愿的影响。

从微观经济学的角度来讲，影响因子符合微观经济主体行为理论的基本原理，也基本符合一些经验假定，故模型的估计结果是有一定的参考价值的，在一定程度上是能够对影响农户参与价格稳定基金意愿的因素进行评价的。

11.4.3.1 受教育程度

受教育程度(小学组和初中组)在 Model Ⅰ和 Model Ⅲ中均达到显著性水平，其估计系数在三个模型中均为负值，说明与初中文化程度的农户相比，小学文化程度的农户参与意愿更低。边际效应则意味着，小学组的农户具有较高概率不参与价格稳定基金，其中海南小学组农户有 23.23%的概率不参与价格稳定基金。同理，受教育程度(高中组和初中组)与参与意愿呈现负相关，说明与初中组的农户相比，高中组的农户参与意愿更低。在云南橡胶种植区，农户的受教育程度整体偏低，户主文化程度以小学和初中为主(78.53%)，而海南则以初中、高中为主(82.70%)，受教育程度普遍偏低可能导致变量不显著，也可能是由于文化程度为小学、初中、高中的户主经过一定时期的农业生产之后，在知识和认知结构上的差异较小。

11.4.3.2 家庭劳动力

Model Ⅱ的统计结果显示，家庭劳动力占比越高，农户越有意愿参与(3.33%)价格稳定基金，可能的原因是：与海南相比，云南农户橡胶种植规模较大，胶园生产与管理所需的劳动力相对较多，家庭的大部分劳动力从事橡胶生产，对平抑橡胶收入的需求更强，故其越需要寻求平稳收入的保障。在海南调查区域，农户的种植结构多元化，以橡胶为单一种植对象的农户比例不足 15%，而在云南调查区域，该比例为 64.53%；海南家庭橡胶种植面积为 17.5 亩，而云南为 39.9 亩。与 Model Ⅱ的结果相反，家庭劳动力占比在 Model Ⅰ和 Model Ⅲ中与参与意愿呈现负相关，即家庭劳动力占比越高，在橡胶种植面积较小的情况下，会有更多的劳动力在其他领域就业，整个家庭的经济收入相对分散，农户的参与意愿将有所减弱，符合理论假设。

11.4.3.3 橡胶收入

在 Model Ⅱ中，收入水平(低收入和中等收入)与参与意愿呈现正相关，表明相较于中等橡胶收入水平的农户来说，低收入水平的农户有更高概率的参与意愿，云南西双版纳州家庭种植橡胶的相对重要性较高，这部分家庭更难以承受价格低位带来的低收入，因此对价格稳定基金的收入风险分散的需求更强烈。而 Model Ⅰ和 Model Ⅲ中，收入水平(低收入和中等收入)对参与意愿起负向作用，这是因为对于橡胶收入占比较低的农户来说，其风险分散能力可能更大，橡胶价格波动给农户收入所带来的影响较小，对提取价格稳定基金的容忍程度更低，故该类农户参与意愿较弱。

在三个模型中，收入水平(高收入和中等收入)与参与价格稳定基金的意愿呈负相关关系，即高橡胶收入占比的农户相比于中等、低等收入占比的农户，更不愿意参与。高橡胶收入占比的农户家庭收入渠道较为单一，橡胶价格波动带来的负向效应更为直接，但这部分农户选择参与价格稳定基金的话，在价格高于上限触发价格时，需要支付更多的橡胶收入，这会影响他们参与的意愿。2010—2012 年，高价位给橡胶收入占比高的家庭带来了比较丰厚的收益，可能会导致他们对被提取价格稳定基金具有较大抵触。

11.4.3.4 橡胶种植面积

面积占比在 Model Ⅱ 中的估计系数为正，说明相较于高度专业化的农户来说，橡胶种植面积占比在 90%以下水平的农户更有可能参与价格稳定基金，这与上文中关于橡胶收入占比的分析类似。海南橡胶种植面积占比的估计系数为负，这可能与海南橡胶种植区域面临的自然风险较大有关，每年的台风都会带来一定程度的损失，农户对风险更为保守，促使高橡胶种植面积占比的农户倾向于选择价格稳定基金。

11.4.3.5 风险偏好

对价格波动的风险态度在 Model Ⅰ、Model Ⅲ 中的估计结果与理论假设一致，风险偏好的农户比风险规避的农户更有可能对价格稳定基金感兴趣，其中在全国样本量下，风险偏好的农户有 3.38%的概率参与价格稳定基金，而海南样本量下则有 5.25%的概率参与价格稳定基金。值得注意的是，风险偏好在 Model Ⅱ 中的估计结果与理论假说相反，即越偏好风险的农户的参与意愿越弱。云南橡胶种植户对风险的态度更为保守，因为其橡胶收入占家庭收入的比重普遍偏高，可能造成风险偏好的农户对参与价格稳定基金的意愿与风险规避型的农户没有明显差异。

11.4.3.6 种植意愿

橡胶种植意愿在三个模型中的估计结果与理论假设一致，即有意愿继续种植橡胶的农户越有可能参与价格稳定基金，Model Ⅰ、Model Ⅱ、Model Ⅲ 的弹性系数分别为 0.0338、0.0565、0.0525。长期种植橡胶并且愿意继续种植的农户，拥有技术、经验等方面的优势，对橡胶树可能也会更为重视，更加在意橡胶收入的风险，因此这部分农户参与意愿会更强一些；而不打算继续种植的农户则没有这方面的意愿。

11.5 本章小结

调查中所设计的价格稳定基金是包含政府补贴的，农户对其存有较大的不信任，这是农户不愿意参与的重要原因；部分农户即使愿意参加，也同样表达了这方面的担忧。家庭从事橡胶生产的劳动力比重越高，对橡胶收入的依赖程度越高，拥有更强的橡胶种植意愿，一般更愿意参与价格稳定基金，这主要是因为专业化使得收入与橡胶价格的关系更为紧密，农户倾向于通过其他渠道来平抑风险。户主受教育程度的提高，可以使其寻找到更多的渠道来降低风险，可能导致参与意愿降低。价格稳定基金的出发点是平抑农户的收入风险，主要是针对以橡胶种植为主要收入的农户，因此专业化程度越高的农户有越强的参与意愿。

当价格低于下限触发价格时，价格稳定基金要补贴给农户一定数额的钱，价格稳定基金可能因为价格持续低迷而破产。特别是在运行前期，资金池的数量小，容易导致资金断裂。基金运营成本和投资收益不确定，基金的收入、管理、支出等环节中，如果一个环节出现问题，可能会导致整体性的问题；所面临的收入和支出的不确定性大，如果价格长时间处于下限触发价格，需支付大量的资金，可能会导致价格稳定基金出现资金短缺。价格稳定资金是含政府补贴的，政策存在变化的可能性，运营过程可能因为政策变动导致基金本身的不稳定。因此，价格稳定基金的成功不仅需要农户的参与，还需要专业化的管理人才、良好的金融投资环境。

第 12 章 天然橡胶生产成本与价格稳定基金参数测算

成本决定农户生产决策，决定着农户参与价格稳定基金的意愿。成本效益分析是经济学中最重要的分析方法之一，被广泛应用于各类产品的经济效益分析。橡胶树从种植到可以投产割胶需要 7~8 年，其经济寿命可长达 40 年。本章运用入户调查数据和农户固定观测点数据进行天然橡胶生产成本分析，并对价格稳定基金关键参数进行测算。

12.1 天然橡胶生产成本测算

由于我国还未建立统一的天然橡胶成本收益的统计标准体系，业界和学界在成本核算上容易产生分歧，无法形成共识。柯佑鹏、过建春(1992)利用海南垦区某农场的生产数据测算发现，标准胶的静态单位销售成本为 6723.77 元/吨，动态成本不低于 7100 元/吨。利用国家统计局公布的 CPI 数据，将上述数据调整到 2015 年的价格水平，静态成本为 15146.65 元/吨，动态成本不低于 15994.18 元/吨。广东、海南和云南三个农垦 1996—2001 年的平均综合成本分别为 10016 元/吨、9514 元/吨、9294 元/吨，其中直接工资占直接生产成本的比重分别是 39.55%、39.39%、47.13%(柯佑鹏等，2003，2004)。2008 年亚洲金融危机爆发，生产物资价格下降使得垦区生产成本下降(王许等，2010)。学界对于民营橡胶园的成本也有一些探讨，黄世国等(2007)、陈桥等(2009)分别利用澄迈县中兴镇、儋州市大成镇的调查数据，计算了一定株数的每年分摊苗木费、人工、化肥、农药、交通运输费、交通工具折旧、割胶工具、农家肥、压青、其他费用等项目的支出，然后利用株产折算单位成本，生产成本在 3000~5000 元/吨。这种测算方法未充分考虑橡胶树在生产周期内的产量分布，且没有交代清楚橡胶树资产折旧的计算方法。2014 年以来，天然橡胶价格持续低迷，导致部分农户放弃割胶生产。根据 2016 年入户调查数据，海南省民营胶园完全弃割率约为 20%，弃管比率约为 6.60%。关于天然橡胶生产成本的讨论再次成为焦点(张德，2014；徐薇，2014；张利静，2017；叶青，2016）。

12.1.1 粮食生产成本结构变化

节本增效是农业供给侧结构性改革的重点任务之一（韩长赋，2016），主要原因是农业生产成本上涨过快，2018 年稻谷、小麦、玉米三种粮食作物每亩的总成本是 2000 年的 3.07 倍（见图 12-1）。利用年度 CPI 将上述数据调整后，2018 年生产总成本也是 2000 年的 2.16 倍。2000—2005 年的成本结构变化不大，2005 年之后变化较为显著，先是土地成本由 14.6%上涨到 2010 年的 20%，随后小幅波动，2018 年占比为 20.6%；同时，人工成本从 2010 年的 33.7%上升到 2015 年的 41%，此后开始缓慢下降，2018 年占比为 38.3%；2000—2015 年，物质和服务成本的比重不断下降，由 2000 年的占比 50.0%降至 2015 年的 39.0%，此后又开始不断增加，2018 年占比回升至 41.1%。2013—2018 年，物质与服务费用中，保险费、燃料动力费、农家肥费、农药费、种子费和租赁作业费的支出明显增长。人工成本中，家庭用工天数不断减少，而劳动力工价和雇工费用不断增加。2018 年我国稻谷、小麦和玉米的人工成本分别是美国的 3.95 倍、13.91 倍和 12.05 倍，与 2015 年的 5.11 倍、17.34 倍、15.79 倍相比有所减小。

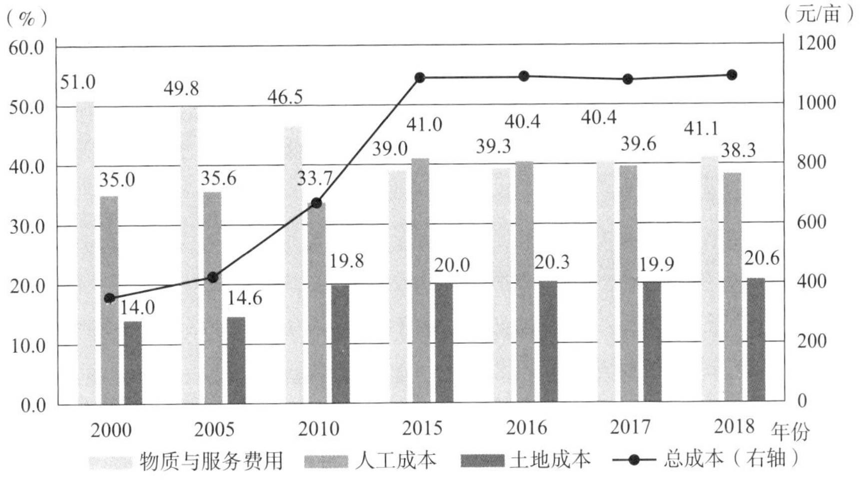

图 12-1 三种粮食作物每亩的生产成本及其构成

数据来源：《全国农产品成本收益资料汇编》。

2020 年全国主要农作物耕种收综合机械化率达到 71%，完成了“十三五”规划确定的目标。其中，小麦耕种收综合机械化率稳定在 95%以上；水稻、玉米耕种收综合机械化率分别超 85%、90%（《2020 年中国农业机械化发展白皮书》)。三种粮食作物的机械化水平较2005年均有了很大的提高，但这并没有显著降低劳动力成本的占比。图12-2清晰地显示了人工成本的变化，20世纪90年代中期有一定涨幅，但在总成本中的占比一直没有超过40%；1998—2005年，人工成本的占比围绕着35%小幅波动，之后连续3年下降；2008年降至31.12%，后又开始逐年增加；2013年增至41.87%，是1990年以来的新高；2014年增长趋势被遏制，又逐年下降；2018年人工成本占总成本的比重为38.34%，虽然比2012—2017年有所下降，但仍处于较高的水平。进一步分析发现，2013—2018年，三种粮食作物每亩用工时数逐年减少，但工价逐年上涨，机械化率不断提高一定程度上减缓了人工成本的增长。

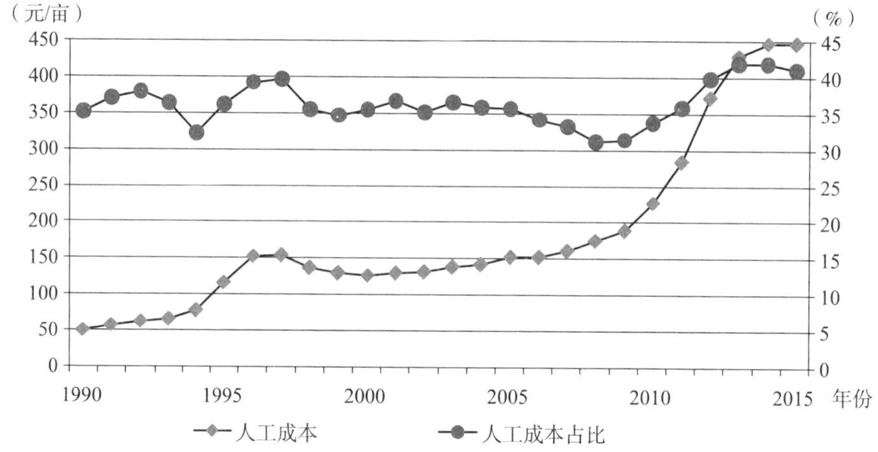

图12-2 1990—2015年三种粮食作物每亩的人工成本及其占总成本的比重

数据来源：《全国农产品成本收益资料汇编》。

12.1.2 基于农户的成本测算

根据农户调查数据，海南植胶区2013年有239户农户给出家庭生产橡胶的保本价，保本价平均值为18.28元/千克，标准差为4.55；2016年有208户农户给出保本价，平均值为13.51元/千克，标准差为3.90。这里的保本价是基于受访者自身主观判断给出的，2016年保本价明显低于2013年，主要是因为市场价格持续低位降低了种植户的期望。

本书根据海南植胶区有完整记录且胶园结构比较稳定的6户固定观察点农户数据，来测算单位产出成本。农户基本采取2天1刀的割制，家庭割胶劳动力为1~2人，每人每天割胶220~330株。生产性物质投入主要包括肥料、农药、一般性生产工具等。如果家庭用工按照120元/天计算，不考虑橡胶树资产折旧，6 户固定观测点农户 2014 年、2015 年的生产成本平均值分别为 11.52 元/千克、9.35 元/千克。橡胶树开割之后，劳动力是最为重要的投入。6 户固定观察点农户，2014 年、2015 年化肥和农药等物质投入占生产成本的比重分别为 7.27%、5.32%。2015 年化肥价格较 2014 年没有明显下降，但占比却明显减小，这主要是因为投入量明显减少了。

在海南民营橡胶种植园中，每人每次割胶的株数约为 300 株，若工资按 120 元/天计算，每株橡胶树每刀的人工费用为 0.40 元，已明显高于 2013 年 5 月入户调查中雇工割胶最高费用(0.25 元/株)。单株橡胶树的采收人工成本快速提高，这与粮食生产的劳动力成本变化趋势类似。但不同于粮食作物的机械水平不断提高，割胶生产的采收模式自商业化种植以来，一直没有突破，采收环节依旧依赖人工投入。劳动力成本上涨，价格持续低迷，进一步弱化了橡胶种植的比较优势。

2016 年海南的 261 户样本农户中，146 户农户给出了肥料投入金额，每株橡胶树一年肥料投入金额约为 2.7 元；工资按 120 元/天计算，每棵树施肥的人工成本约为 1.13 元，每株施肥成本接近 4 元。每户投入到病虫害防治、除草等胶园管理活动的人工约为 5 个工，按 120 元/天计算，每株橡胶树约需投入 1.11 元。

12.1.3 基于产量周期的成本测算

本书将通过模拟来测算海南省民营橡胶园的生产成本。根据胶园建设标准和 2017 年物价水平，设定以下情形：①橡胶种植及当年抚管投入为 1800 元/亩，第 2、第 3 年补苗及抚管投入为 700 元/亩，第 4~7 年抚管投入为 600 元/亩；②橡胶树资产残值为 600 元/亩，采用双倍余额递减法在 20 年内完成橡胶树资产的折旧；③橡胶树开割之后，受台风等因素的影响，有效割胶株数按 2%的速度减少；④不考虑胶杯、支架、胶桶、运输、胶刀，不考虑土地租金；⑤不考虑货币的时间价值，在 2017 年价格水平下测算静态成本；⑥割制按照民营胶园最常采用的 2 天 1 刀计算，不使用刺激剂，每株橡胶树年割胶刀数为 100；⑦橡胶树生命周期为 40 年，割胶生产 26 年；⑧每株橡胶树每割胶一次的劳动力成本为 0.4 元，生产期每株每年施肥成本为 3.83 元，不考虑农药等其他物质成本。

在经济周期内，橡胶树生产有一定的分布规律。一般橡胶树在种植后第 8 年能够开始割胶生产，开割初期产量呈上升趋势，达到高产期后，开始下降。热研 73397 的高产期可持续 10 年左右，整个生产周期的平均株产约为 4.62 千克，平均亩产达到 111.56 千克。根据农业部农垦局统计数据，海南省 2014

年、2015 年单位面积产量分别为 66.99 千克/亩、62.81 千克/亩；如果每亩有效株数为 25 株，平均株产不足 3 千克。我国处于非传统植胶区，在柬埔寨、斯里兰卡等主产区，橡胶树种植后 6 年即可割胶，在马来西亚、泰国等的部分优势种植区域，种植后 5 年就可以割胶。

表 12-1 给出了在固定相关参数的情形下，不同产量分布所对应的种植成本。天然橡胶初加工的费用相对比较固定，技术分类产品的初加工费约为 800 元/吨。按热研 73397 的产量分布计算，种植成本算术平均值为 11.96 元/千克；如果各年的单产按 60%折算，成本上升到 19.94 元/千克。若按印度尼西亚 PB260 的产量分布计算，海南省天然橡胶生产成本超过 2.4 万元/吨；如果能达到泰国的产量水平，加权平均的种植成本则低于 10 元/千克，但这在现实中是不可能的。

表 12-1　不同产量周期下的橡胶种植成本

产量分布来源	品种	全周期平均单产（千克/亩）	算数平均成本（元/千克）	加权平均成本（元/千克）	备注
中国	热研 73397	111.55	11.96	11.40	
中国	热研 73397	66.93	19.94	19.00	按 60%计算
斯里兰卡	PB260	77.95	17.97	16.31	
印度尼西亚	PB260	54.74	24.03	23.23	
柬埔寨	GT1	94.87	15.42	13.40	
泰国	混合	131.78	11.64	9.65	

注：中国热研 73397 的产量周期数据由中国热带农业科学院橡胶研究所采胶团队提供；斯里兰卡 PB260、印度尼西亚 PB260、柬埔寨 GT1 以及泰国的产量数据，由参加 2012 年 6 月在泰国素叻他尼府苏梅岛天然橡胶供需研讨会的各国专家提供。

12.1.4　测算结果分析

2014 年以来，橡胶种植户大多时间处于亏损状态。表 12-2 给出了国内民营天然橡胶几种产品的产区销售价格，2014—2017 年，全乳标准胶 SCR WF 价格高于 15000 元/吨的交易日占比仅为 12.19%；价格高于 13510 元/吨的交易日占比为 31.22%；2018—2020 年，胶价继续下跌，仅有 6.48%的交易日全乳标准胶 SCR WF 价格高于 15000 元/吨，7.0%的交易日全乳标准胶 SCR WF 价格高于 13500 元/吨。在热研 73397 的 60%产量分布下，平均单产水平为 66.93 千克/亩时，加权平均的种植成本高达 19000 元/吨。

表 12-2 民营天然橡胶年平均价格 单位：元/吨

产品名称	浓缩乳胶	全乳标准胶 SCR WF	子午线轮胎用天然橡胶	国产 10 号标准胶	胶清胶	绉片胶
2014 年	9699	13567	13223	11180	9163	12356
2015 年	7689	11611	11271	9682	7918	10748
2016 年	8455	12050	11613	9920	8259	10981
2017 年	9926	14443	14236	12549	11116	13512

数据来源：海南民营橡胶网。

虽然橡胶种植的利润水平低，但农户对橡胶树资产的爱护程度却比较高。根据 2016 年调查数据，新增和砍伐的橡胶林都比较少。在 2016 年入户调查的样本中，2015 年正常割胶的农户占比仅为 52.85%，但种植户都比较重视胶园管理，放弃割胶的农户中仍然有一半的农户选择继续施肥，而正常割胶的农户施肥比例较低，不足 1/3。相对施肥，种植户更重视除草，有 198 个农户对是否打草甘膦或百草枯等除草剂做出回应，其中 80%以上都使用了除草剂。

研究表明，使用低频或超低频割制，可以显著降低生产成本。但使用低频割胶的前提是拥有足够的经营规模，海南省民营胶园户均橡胶种植面积约为 17.5 亩，种植规模偏小，成为制约低频割胶技术推广的主要因素之一。海南的土地流转和橡胶树资产流转市场尚未建立，无法为低频割胶技术的推广提供条件。2016 年农户调查结果表明，农户对胶园流转的意愿比较低；78.30%的样本农户表示没有考虑过胶园的转入和转出，8.51%的农户表示可以转入胶园，如受托、租赁、购买等，仅 13.19%的农户有意愿将自家胶园流转出去。

12.1.5 基于 2019 年调查数据的新测算

12.1.5.1 基于农户固定观测点调查数据

不考虑橡胶树资产折旧和地租，2019 年海南中西部产区平均生产成本为 6.3 元/千克，云南西双版纳州产区平均生产成本为 5.8 元/千克，其中割胶劳动力成本分别为 6.0 元/千克、4.3 元/千克，均低于当年橡胶销售平均价 9.0 元/千克、8.2 元/千克，即割胶农户能够获得高于当地农业用工工价的报酬；海南产区 2019 年的成本低于 2014 年，主要是物质投入大幅度减少。若把橡胶树种植和非生产期抚管环节的投入当作沉没成本，一个胶工割胶生产日均收入约为 185 元，高于农村建筑工地杂工工资，低于师傅工。海南、云南两地成本差异的原因：一是市场劳动力成本差异，调查数据显示，2019 年海南农业用工每人每天收入为 120 元，西双版纳州为 100 元；二是要素投入，海南产区每千克干胶的物质及其人工投入为 0.4 元，西双版纳州为 0.7 元；三是西双版纳州产区单产和户均面积都大于海南，人均产出较高。近年，由于肥料等要素投入减少，农户的直接生产成本整体呈下降趋势；根据海南省白沙县种植户调查数据，2018 年价格水平下，每株橡胶树化肥施用量每增 1 千克，可增加 4.3 元收入，但扣除复合肥每千克 3 元、施肥劳动力投入 1 元后，边际收益仅有 0.3 元。生产投入达不到生产规程要求，部分收胶站测定的含胶量偏高，以及低产地块未割胶生产等，也可能导致直接生产成本偏低。2019 年，海南产区每亩产干胶 57.8 千克，折合单株产量不足 3 千克，而固定观测样本平均株产 4.4 千克（按 33% 干含折）。橡胶树资产折旧是成本的重要组成部分，西双版纳州产区部分家庭 2011 年以每株 600 元购置橡胶树，租期至 2028 年，除去预期木材收益，每株每年平摊费用约 20 元，而 2019 年每株树割胶收入仅约 40 元。不同家庭每次割胶和收胶的工作时长差异大，如云南西双版纳州勐腊县勐捧农场三分厂龙查夫妇需工作 10.5 小时，而车荣仅 4.5 小时，若都按一个工计算，不恰当，因此需要统一标准，减少种植家庭异质性导致的误差。

12.1.5.2 基于橡胶树品种结构与产量周期

参照生产规程和 2019 年物价测算，海南民营胶园生产成本为 15.8 元/千克，云南民营胶园生产成本为 12.4 元/千克，其中割胶劳动力成本分别为 10.8 元/千克、8.1 元/千克。2019 年价格水平下，海南产区割胶生产无法弥补劳动投入成本，部分老龄低产胶园被遗弃，大多农户选择中高产胶园割胶生产。根据向海南与云南农业农村厅、农垦集团相关人员了解以及实地调查，海南产区弃割面积大大超过云南，成本收益差异是主要原因。通常情况下，由于海南浓缩乳胶和全乳胶的比重较高，海南产区农户的原料销售价格要比云南高约 1 元/千克。国有农场职工需缴纳城镇居民社保，每个胶工每年约 1 万元，还需承担各类间接管理成本。民营胶园绝大部分采用 2 天 1 刀的割制，若采用 4 天 1 刀，产量下降 2%，海南和云南产区生产成本分别可降至 11.3 元/千克、9.1 元/千克，其中割胶劳动力成本可分别降至 6.2 元/千克、4.6 元/千克。广东农垦试验了 7 天 1 刀超低频割制，虽然产量与对照区相比下降 5.6%，但人均干胶产量增加 52.5%，有效地降低了生产成本。相较于国有农场，民营胶园使用低频割胶技术受到限制：一是橡胶种植规模小，地块分散，流转意愿弱；二是技术掌握难度较大，药剂使用不当，容易造成橡胶树提前报废；三是观念转换不到位，习惯性采用 2 天 1 刀的割制。

12.1.6 关于成本计算应关注的若干问题

12.1.6.1 建立标准化成本监测统计体系

学术界各方对橡胶种植成本争议大，2000年左右曾有“种胶不如买胶”争论。改革开放前，天然橡胶生产主要集中在国有农场，国有农场拥有较为完善的统计体系。自2012年开始，民营胶园面积占比已超过60%，但针对农户经营的成本调查和统计标准一直缺位，垦区生产成本已无法反映橡胶生产的整体情况。另外，2010年开始，云南西双版纳州国有农场实行职工和户籍人口承包制，经营方式接近农村家庭承包制，原有统计体系已瘫痪。天然橡胶作为重要农产品，建议将其纳入全国农产品成本收益调查体系，并定期向社会发布。

12.1.6.2 降低劳动力成本及其比重

自19世纪末橡胶商业化种植以来，天然橡胶生产方式一直没有突破，依然依赖于人工切割树皮获取原料。橡胶种植区域基本都在山区，种植地形复杂，树体差异大，树皮薄，割胶的技术要求高，机械化、智能化采收技术研发进展缓慢。近年来，电动化割胶工具研发成功，有效降低了割胶技术难度，但仍未改变传统割胶模式。“谁来割胶”的问题始终是制约产业发展的关键问题。马来西亚20世纪70年代至20世纪80年代年产天然橡胶160万吨，随着农业劳动力减少、割胶生产的机会成本上升，其产量下降至近年的60万吨左右。今后，我国需加大对轻简易割胶工具研发和推广的支持，建议将成熟应用的电动割胶工具纳入农机购置补贴范围，并加大对自动化采收装备研制的支持力度。此外，相关部门还应推动胶园流转、采收社会化服务组织培育、低频割胶技术推广，在保证产量不明显降低的情况，显著提高人均产出量。自2014年我国举办全国第四届割胶工技能大赛后，该项赛事未再次开展。建议将割胶技能比赛作为今后农民丰收节活动之一，这样既能将劳动技能与丰收主题结合起来，又能推动割胶装备新产品研发与推广。

12.1.6.3 关注外部性收益及其成本补偿机制

相关部门应关注橡胶林生态、稳固边疆等外部正效应，并积极寻求补偿机制。橡胶树属于高大乔木，具有良好的固碳释氧、涵养水源等生态效应，国外已有成功的橡胶林碳汇交易案例；橡胶树也是实木锯材供应的主要来源，如海南3/4实木锯材来自橡胶林。橡胶种植区域多位于边境山区，特别是云南胶园，大部分分布在陆地边境上，橡胶为当地种植户提供了稳定的现金收入。简单地使用亩产值比较天然橡胶与杧果、槟榔等作物的收益是不合适、不恰当的，杧果种植每亩地投入达8000元，需较强技术支撑，易出现市场过剩而严重亏本的状况。虽然有少量橡胶林被改种其他作物，但还没有发现可大规模替代橡胶林且无滞销风险的作物。相关部门需加强成本研究和信息发布，助力全社会全面准确认识天然橡胶产业的成本收益；推广采用绿色生产技术，更好地发挥橡胶林的生态功能，多渠道寻求补偿机制。

12.2 价格稳定基金关键参数测算

前文已经对价格稳定基金进行了较详细的介绍，价格稳定基金是平抑价格波动、降低价格风险的方法之一。要建立价格稳定基金，除了掌握天然橡胶生产成本外，还需要设定触发价格上下限的参数，合理设计各项参数是关键环节之一。20 世纪，为了应对商品价格波动，出现了多个以价格为目标的国际性协议。第二次世界大战之前，只有有关小麦(1933)、糖(1937)的协议，战后至 1981 年，产生了有关小麦、糖、锡、咖啡、橄榄油、纺织品、可可、天然橡胶的八个协定(外贸部国际关系局，1981)，但这些国际商品协议并没有实现协议稳定国际市场价格的目标(George，1987)，很多国家着重实施本国内的商品价格稳定计划和政策，如美国的大豆(Glauber et al.，1989)、澳大利亚的木材产品(Hinchy et al.，1988)等。本书在 Gilbert(1996)的研究基础上整理得到表 12-3，给出了五个国际商品协议的基本情况，缓冲储存是干预市场的一种重要方式，其通过低价时买入、高价时卖出，使价格维持在既定的价格带之中。需要确定基准价格，1979 年设定的天然橡胶参考价格为 2.1 林吉特/千克，以吉隆坡、伦敦、纽约和新加坡市场上的 RSS1、RSS3、TSR20 价格加权平均计算每日的指示价格；根据协议规定的触发价格和当期价格来确定市场调节行动。

表 12-3　国际商品协议的基本情况与价格设置

商品	开始年份	美国参与	终止年份	缓冲储存	封顶触底	最高限度	必须卖出	应该买卖	出口控制
可可	1972	否	1988	是	+17.3%	-17.3%	±17.3%	±14.5%	否
咖啡	1962	是	1989	否	—	—	—	—	是
橡胶	1980	是	1997	是	+28.6%	-25.2%	±20	±15%	否
糖①	1954	是	1983	否	—	—	—	—	是
锡	1954	否	1982	是	+15%	-15%	±15%	±5%	是

① 1937 年和 1954 年糖的国际协议并没有直接的关联，1937 年签订的协议主要应对多年价格低迷，针对产量和销售而签订的协议，有 21 个国家参加；1953 年 33 个主要出口和进口国家参加(Desmarchelier，1970)。

12.2.1 数据描述与分析框架

2013年入户调查时，作者团队向受访者解释了价格稳定基金：当价格处于可容忍价格带中，农户认为价格是在合理的波动区间内，或者为正常年景，参与农户的销售收入不用被提取，但不能获取补贴；当实际价格高于上限触发价格时，即为好年景，参与农户的部分销售收入被提取，同时政府给予一定的补贴，这些资金形成基金的收入来源；当价格低于下限触发价格时，即坏年景，参与农户可以从基金中获得补贴。形成资金池之后，相关部门可以利用这些资金进行资产投资组合管理，获取一定的收益。上限触发价格、下限触发价格应当是随时间而变化的，需考虑通货膨胀、生产成本变动等因素的影响。对于价格稳定基金，缺失数据较多，主要原因是被访问者无法理解价格稳定基金，以至于无法表达触发价格；部分受访者表示不愿意被提取。为了得到统一的价格，胶片的干含按70%计算，胶块的则为50%，胶乳为35%，将不同类型产品的价格统一折算为干胶价格。

在云南西双版纳州，25元/千克、30元/千克是相对集中的上限触发价格，下限触发价格则集中在20元/千克；在海南，上限触发价格大多在25~30元/千克，下限触发价格的众数是15元/千克(见表12-4)。海南橡胶种植户的保本价、上限触发价格的方差明显大于云南。“20元/千克”是重要的分界线，当实际价格高于此时，农户觉得价格处于合理的水平，相对满意；当实际价格低于20元/千克，农户会认为橡胶市场行情不好。云南西双版纳州，39.36%的受访农户的保本价是20元/千克，中位数和75%分位数均为20元/千克。总体来看，围绕20元/千克上下波动是农户比较容易接受的价格区间。

表12-4 各类价格的描述性统计

指标	云南			海南		
	下限触发价格/元/千克	保本价/元/千克	上限触发价格/元/千克	下限触发价格/元/千克	保本价/元/千克	上限触发价格[1]/元/千克
平均值	16.3	18.5	24.9	15.6	18.3	24.8
25%分位数	14	16	21.5	13	15.0	20
50%分位数	17	20	25	15	18.0	25
75%分位数	20	20	30	18	20.0	28.6
众数	20	20	30	15	20	25
观测数/户	127	188	112	171	248	164

注：去掉了一个异常值(48.9元/千克)。

数据来源：2013年入户调查。

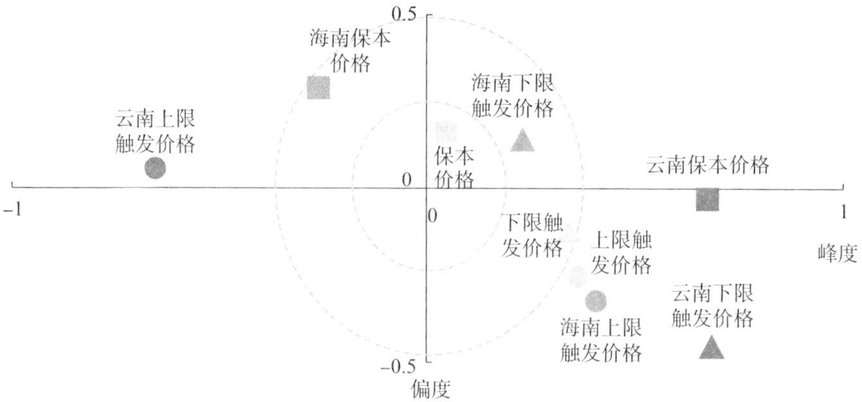

图 12-3　各类价格样本偏度和峰度的散点图

峰度刻画分布的集中程度，峰度小于零时，相对标准正态分布更加扁平化；大于零时，形状更尖。偏度则是刻画非对称程度，数值为负数时，左侧的尾部更长；为正数时，分布的右侧更长。表 12-4 和图 12-3 中给出了各类价格的峰度和偏度，除海南的保本价、云南的上限触发价格的峰度小于零外，其他样本的峰度都大于零，形状比正态分布更尖；云南的保本价格和上限触发价格的偏度比较接近于零，样本直方图更接近对称分布；海南的保本价格和下限触发价格，以及保本价样本，属于右偏态，剩余的序列均属于左偏态。整体样本中，保本价的峰度和偏度都比较小，更为接近正态分布；下限触发价格、上限触发价格的形状比正态分布更尖，且具有左厚尾性质。

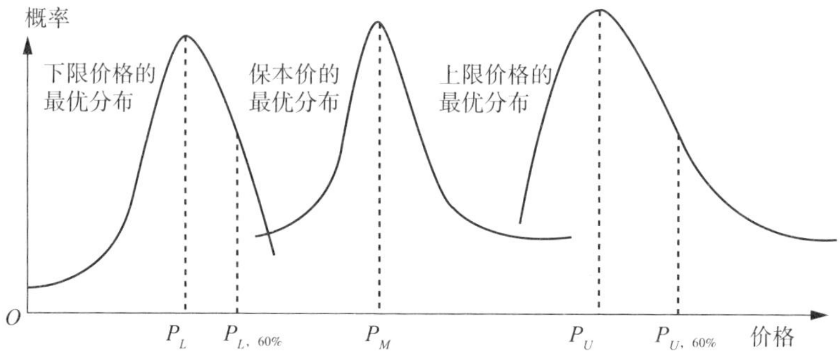

图 12-4　计算价格波动容忍度的示意图

选择合适分布的假设来拟合数据，能够得到更好的优良统计结果。本章运用正态、对数正态、Logistic、Beta、Weibull 分布假设来拟合价格[①]，这五

① 刘锐金、凌远云、王成丽(2010)运用这五种分布拟合了湖北省 82 个县市的水稻单产，并计算了区域水稻产量保险的纯费率。有关这些分布的特征与性质可参考刘锐金(2009)的硕士学位论文。

种分布具有不同特征，正态分布、Logistic 分布具有对称性，比较适合偏度接近于零的样本，但它们的峰度是固定值；其余三种分布都是有偏的，能够刻画出尾部的特征。本书运用极大似然法估计各种分布假设的参数，计算拟合优度，筛选出统计上最优的分布假设。主要思想是通过比较样本分布曲线和所拟合的分布曲线的差距大小，判断该分布是否能够对样本观测值进行很好的拟合。常用的拟合优度检验方法有卡方拟合优度检验、Kolmogorov-Smirnov（K-S）检验和 Anderson-Darling（A-D）检验，A-D 检验更适合测度分布拟合度（Sherrick et al.，2004），统计量的计算过程详见刘锐金等（2010）的研究。

估计得到最优分布之后，将计算不同参与率下的可容忍波动范围。P_L、P_M、P_U 分别是下限触发价格、保本价格、上限触发价格在最优分布下的 50% 分位数，$P_{L,60\%}$、$P_{U,60\%}$分别是下限触发价格、上限触发价格的 60%分位数（见图 12-4）。在所有愿意参与价格稳定基金的样本中，以保本价格作为基础价格，可容忍下降幅度为 $R_L=(P_M-P_L)/P_M\times100\%$，期待上涨的幅度①为 $R_U=(P_U-P_M)/P_M\times100\%$。

12.2.2 实证结果与分析

本章在估计不同分布假设后，测算最优分布下达到一定参与率的上下限触发价格。

12.2.2.1 分布估计结果

本章使用极大似然法估计正态、对数正态、Logistic、Beta、Weibull 分布假设的参数，得到估计结果（见表 12-5）。在正态分布假设下，云南西双版纳州三类价格的均值略大于海南，海南上限触发价格的方差参数明显大于其他五类价格，这是因为海南不同地区的种植条件差异较大。从参数估计的结果看，下限触发价格、保本价格、上限触发价格具有一定的地区差异，但并不是很明显。

表 12-5 不同分布假设下的极大似然估计结果

分布假设	参数	云南			海南		
		下限触发价格	保本价	上限触发价格	下限触发价格	保本价	上限触发价格
正态分布	均值	16.375	18.544	25.147	15.608	18.268	24.830
	标准差	4.414	4.146	4.409	4.066	4.573	5.646

① 这应当从以此为原料的下游厂商来研究。农户的效用函数对价格应当是增函数，越高越好；下游厂商则是希望价格越低越好，这样可以降低单位产品的成本。

续表

分布假设	参数	云南			海南		
		下限触发价格	保本价	上限触发价格	下限触发价格	保本价	上限触发价格
对数正态分布	均值	2.749	2.892	3.209	2.710	2.873	3.182
	标准差	0.335	0.245	0.180	0.291	0.259	0.262
Logistic 分布	位置参数	16.713	18.610	25.128	15.508	18.132	25.124
	尺度参数	2.458	2.265	2.612	2.294	2.632	3.247
Weibull 分布	形状参数	4.239	4.866	6.315	4.165	4.314	5.004
	尺度参数	17.972	20.170	27.004	17.146	20.044	27.010
Beta 分布	参数 α	5.988	7.732	10.631	5.825	6.347	7.646
	参数 β	6.119	6.008	5.856	4.823	5.074	5.917

注：由于 Beta 分布的区间是[0，1]，在估计时，将每个序列除以该序列最大值的 1.1 倍；在计算分位数、分布时，再将其还原。

各种分布假设下拟合结果的分位数计算结果见表 12-6，不同分布假设下的主要分位数点没有明显的差异；部分最优分布的峰度、偏度与样本相差较远(见表 12-7)。A-D 检验结果表明(见表 12-8)，没有序列以对数正态分布为最优分布假设；云南西双版纳的下限触发价格同时在 Logistic、Weibull 分布假设下达到最优，这里选择后者，因为 Weibull 分布属于有偏分布，可能会更好地刻画下限触发价格。

表 12-6　不同分布假设下的分位数点

价格类型	分布假设	分位数					
		0.20	0.40	0.50	0.60	0.75	0.80
云南下限触发价格	正态分布	12.66	15.26	16.38	17.49	19.35	20.09
	对数正态分布	11.78	14.35	15.62	17.00	19.58	20.71
	Logistic 分布	13.31	15.72	16.71	17.71	19.41	20.12
	Weibull 分布	12.62	15.34	16.48	17.61	19.41	20.11
	Beta 分布	12.31	15.09	16.32	17.54	19.55	20.33
云南保本价格	正态分布	15.06	17.49	18.55	19.60	21.34	22.04
	对数正态分布	14.68	16.95	18.04	19.19	21.28	22.16
	Logistic 分布	15.47	17.69	18.61	19.53	21.10	21.75
	Weibull 分布	14.82	17.57	18.71	19.81	21.57	22.24
	Beta 分布	14.87	17.53	18.68	19.81	21.63	22.33

续表

价格类型	分布假设	分位数					
		0. 20	0. 40	0. 50	0. 60	0. 75	0. 80
云南上限触发价格	正态分布	21. 44	24. 03	25. 15	26. 27	28. 12	28. 86
	对数正态分布	21. 28	23. 65	24. 75	25. 91	27. 94	28. 80
	Logistic 分布	21. 51	24. 07	25. 13	26. 19	28. 00	28. 75
	Weibull 分布	21. 30	24. 28	25. 48	26. 63	28. 44	29. 12
	Beta 分布	21. 37	24. 22	25. 42	26. 58	28. 42	29. 12
海南下限触发价格	正态分布	12. 19	14. 58	15. 61	16. 64	18. 35	19. 03
	对数正态分布	11. 76	13. 95	15. 02	16. 17	18. 28	19. 20
	Logistic 分布	12. 33	14. 58	15. 51	16. 44	18. 03	18. 69
	Weibull 分布	11. 96	14. 59	15. 70	16. 79	18. 55	19. 22
	Beta 分布	11. 98	14. 60	15. 74	16. 86	18. 67	19. 36
海南保本价格	正态分布	14. 42	17. 11	18. 27	19. 43	21. 35	22. 12
	对数正态分布	14. 22	16. 56	17. 68	18. 88	21. 06	21. 99
	Logistic 分布	14. 48	17. 07	18. 13	19. 20	21. 02	21. 78
	Weibull 分布	14. 16	17. 15	18. 41	19. 64	21. 62	22. 38
	Beta 分布	14. 27	17. 19	18. 45	19. 70	21. 71	22. 47
海南上限触发价格	正态分布	20. 08	23. 40	24. 83	26. 26	28. 64	29. 58
	对数正态分布	19. 33	22. 54	24. 08	25. 73	28. 73	30. 01
	Logistic 分布	20. 69	23. 79	25. 07	26. 36	28. 55	29. 46
	Weibull 分布	20. 02	23. 62	25. 10	26. 54	28. 83	29. 71
	Beta 分布	19. 84	23. 42	24. 95	26. 47	28. 91	29. 85
下限触发价格	正态分布	12. 37	14. 86	15. 94	17. 01	18. 79	19. 50
	对数正态分布	11. 75	14. 12	15. 27	16. 53	18. 85	19. 85
	Logistic 分布	12. 68	15. 04	16. 02	16. 99	18. 66	19. 35
	Weibull 分布	12. 23	14. 91	16. 04	17. 14	18. 93	19. 62
	Beta 分布	12. 12	14. 74	15. 89	17. 05	18. 96	19. 70
保本价格	正态分布	14. 69	17. 27	18. 39	19. 50	21. 35	22. 09
	对数正态分布	14. 41	16. 73	17. 83	19. 02	21. 16	22. 07
	Logistic 分布	14. 90	17. 34	18. 34	19. 35	21. 07	21. 79
	Weibull 分布	14. 44	17. 34	18. 54	19. 72	21. 61	22. 33
	Beta 分布	14. 52	17. 34	18. 55	19. 75	21. 68	22. 42

续表

价格类型	分布假设	分位数					
		0.20	0.40	0.50	0.60	0.75	0.80
上限触发价格	正态分布	20.60	23.65	24.96	26.27	28.46	29.32
	对数正态分布	20.03	22.96	24.35	25.83	28.48	29.61
	Logistic 分布	21.05	23.92	25.11	26.30	28.33	29.18
	Weibull 分布	20.50	23.87	25.25	26.58	28.69	29.49
	Beta 分布	20.42	23.68	25.07	26.45	28.68	29.54

表 12-7　各种分布拟合结果的峰度和偏度

地区	价格类别	正态分布		对数正态分布		Logistic 分布		Weibull 分布		Beta 分布		样本	
		峰度	偏度	峰度	偏度	峰度	偏度	峰度	偏度	峰度	偏度	峰度	偏度
云南	下限	0.000	-0.000	2.126	1.076	1.200	-0.000	-0.225	-0.133	-0.397	0.011	0.689	-0.455
	保本	0.000	-0.000	1.047	0.761	1.200	-0.000	-0.140	-0.235	-0.337	-0.123	0.673	-0.032
	上限	0.000	0.000	0.542	0.550	1.200	0.000	0.084	-0.404	-0.201	-0.274	-0.650	0.054
海南	下限	0.000	-0.000	1.539	0.919	1.200	-0.000	-0.234	-0.119	-0.425	-0.102	0.229	0.141
	保本	0.000	-0.000	1.185	0.809	1.200	-0.000	-0.216	-0.147	-0.397	-0.118	-0.260	0.288
	上限	0.000	0.000	1.210	0.817	1.200	0.000	-0.119	-0.255	-0.340	-0.126	0.406	-0.323
总体	下限	0.000	-0.000	1.791	0.990	1.200	-0.000	-0.232	-0.122	-0.361	0.035	0.336	-0.125
	保本	0.000	-0.000	1.127	0.789	1.200	-0.000	-0.187	-0.184	-0.372	-0.121	0.047	0.163
	上限	0.000	0.000	0.934	0.719	1.200	0.000	-0.054	-0.310	-0.289	-0.123	0.365	-0.255

注：三阶矩和四阶矩均是通过数值计算得到，均值和方差通过公式直接计算；理论上，正态分布的峰度和偏度都等于零；Logistic 分布的峰度为 1.2，偏度等于零。

表 12-8　上限和下限触发价格分布假设的 Anderson-Darling(AD)检验结果

地区	价格类型	正态分布	对数正态分布	Logistic 分布	Weibull 分布	Beta 分布
云南	下限触发价格	4.178	6.692	3.782	3.782	4.235
	保本价	5.427	6.972	5.139	5.750	5.762
	上限触发价格	2.871	2.882	2.942	2.922	2.865
海南	下限触发价格	1.915	2.573	1.932	2.361	2.494
	保本价	3.407	3.453	3.637	3.871	3.937
	上限触发价格	2.567	4.950	2.446	2.307	2.623
两地	下限触发价格	3.600	7.145	3.681	3.485	3.775
	保本价	7.365	8.854	7.514	8.237	8.222
	上限触发价格	4.113	6.596	4.264	3.927	4.104

最优分布的概率密度函数与样本的频率分布如图 12-5 所示。云南和海南样本的保本价格具有良好的对称性，最优分布均是对称；海南的下限触发价格最优的分布假设是正态分布，上限触发价格是 Weibull 分布，属于左偏态，偏度与样本比较接近，但拟合分布的峰度与样本相差较远；云南西双版纳州下限和上限触发价格的最优分布分别是 Weibull、Beta 分布，均是左偏。

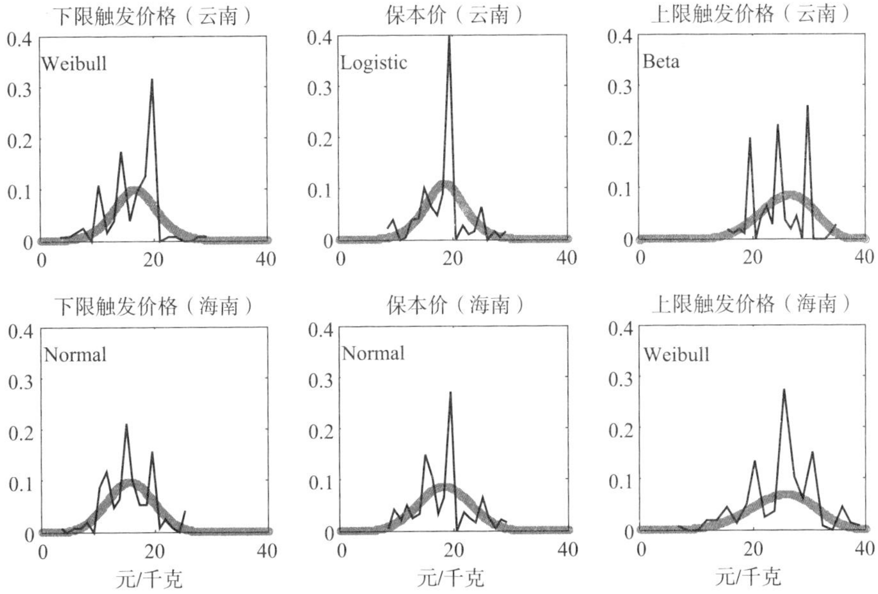

图 12-5 最优分布的密度函数与样本的频率分布

注：细线是样本的频率分布图，粗线是最优分布的密度函数，本节下同。

12.2.2.2 参与率与触发价格设置

如果价格稳定基金无法达到一定的覆盖率，则只能分散部分农户的收入风险，难以实现平抑农户橡胶收入风险的目的。如果设定的下限触发价格、上限触发价格均高于预期，农户会选择参与。只有下限触发价格或上限触发价格可以接受时，农户可能不会参与。上限触发价格和下限触发价格的变化会影响参与率，在保证 60%参与率的条件下需同时考虑这两个因素。云南西双版纳州 207 户受访农户中，明确表示不接受价格稳定基金的农户有 46 户，明确愿意接受价格稳定基金的农户 146 户，表示无所谓的有 11 户、无明确意见的有 4 户，要达到 60%参与率，则要保证至少样本中 125 户参与。海南 289 户受访农户中，明确表示不接受价格稳定基金的农户有 55 户，明确表示接受价格稳定基金的农户有 192 户，表示无所谓的有 36 户、无明确意见的有 6 户，要达到60%参与率，至少保证样本中174户农户参与。假设表示无所谓的农户中有一半可能接受，上下限触发价格要能够保证表示愿意的农户中有80%的参与率，即

$$0.8 \leqslant \int_0^b \widehat{f_{up}}(p)p\mathrm{d}p，且\ 0.8 \leqslant \int_0^a \widehat{f_{low}}(p)p\mathrm{d}p \tag{12-1}$$

其中，$\widehat{f_{up}}$、$\widehat{f_{low}}$分别是上限触发价格、下限触发价格的概率密度函数。通过分位数计算，要保证表达意愿样本中有80%参与价格稳定基金，在最优分布假设下，云南西双版纳州的上限触发价格为29.12元/千克，下限触发价格为20.09元/千克，保本价格50%分位数为18.61元/千克；海南的上限触发价格不能低于29.71元/千克，下限触发价格不能低于19.0元/千克，保本价格50%分位数为18.27元/千克。因此，以全部样本考虑，保证整体样本60%的参与率的应补贴价格高于保本价，这给价格稳定基金带来了严峻的挑战。从2001年5月至2014年8月的国内产区橡胶价格来看①，并将其利用CPI数据转化为2013年的价格，只有24个月的橡胶平均价格大于29元/千克的，大于20元/千克的月数也只有80个月，仅40%的时间里价格大于20元/千克。农户销售的产品属于橡胶初加工原材料，需要经过初加工环节才能得到标准橡胶或浓缩乳胶，确保整体60%参与率的情况下，价格稳定基金的实施具有一定的难度，农户对价格的预期偏高，但从2016年的入户调查可知，农户对价格的期望已经明显下降。对价格稳定基金的触发价格进行调整是一个复杂的过程。

12.2.2.3 价格波动容忍度计算

海南和云南是我国天然橡胶的主产区，2013年两地橡胶产量占全国橡胶产量的比重为97.87%，西双版纳州是云南的主产区。本章将两地的样本混合在一起，再次进行分布拟合(见图12-6)。保本价格的最优分布假设是正态分布，而下限触发价格、上限触发价格则是Weibull分布。在Weibull分布假设下，拟合分布偏度与样本比较接近，但是峰度相差较远。样本在某些点(如15元/千克、20元/千克、25元/千克)的集中程度很高，导致峰度的值较大，拟合分布时会拉低在这些点上的概率，导致峰度降低。以成本价18.4元/千克作为基准价，在50%分位数点上，可容忍的下降幅度为12.8%，期待上涨的幅度为37.3%。在国际天然橡胶协议的缓冲储存机制情形下，至少有50%的

---

① 数据来源于中国橡胶商务网，为昆明、海口、广州交易厅的平均价。从原料加工成标准天然橡胶，每吨的成本约为800元，收集原料的成本不包括在内。CPI数据来源于国家统计局。

农户认为价格下降 12.8%就必须干预市场，而当价格上升 37.3%，才能采取行动干预市场。

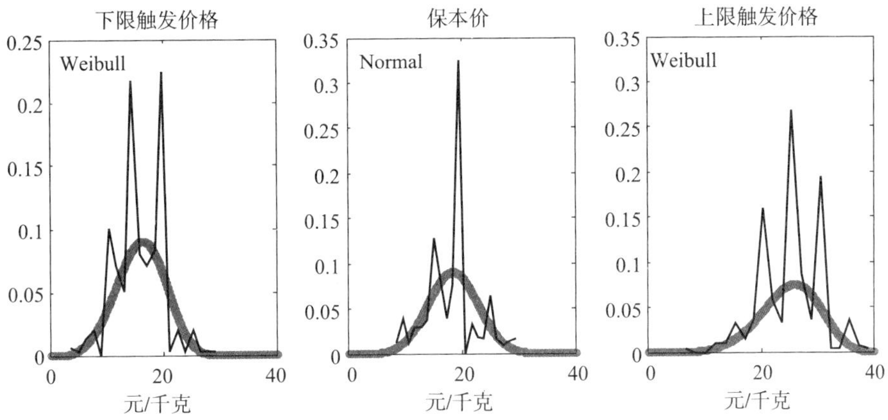

图 12-6　海南和云南植胶区的样本频率分布与最优分布假设

12.2.3　结果分析

不管是总体，还是分地区，保本价都是在对称分布假设下达到最优；下限触发价格、上限触发价格中，除海南的下限触发价格外，其他都在有偏的 Weibull、Beta 分布假设下达到最优，且都是峰度和偏度都小于零，比正态扁平，属于左偏态。在最优分布假设下，保证参与率不低于 60%，云南的上限触发价格为 29.12 元/千克，下限触发价格为 20.09 元/千克，海南的上限触发价格、下限触发价格分别为 29.71 元/千克、19.00 元/千克。下限触发价格均高于保本价的 50%分位数，这意味着为了保证参与率，在价格高于保本价时，就应该补贴。根据 2005—2020 年的价格数据来看，高于 29 元/千克的月份很少。因此，如果按照此方案设计价格稳定基金，将很难保证其正常运转，调研中也有农户提出这种质疑。这可能与农户表达意见的保守性有关，从农户角度讲，总是希望补贴和提取的价格越高越好。2015 年 8 月，在天然橡胶初加工原料收购市场上，价格跌破 10 元/千克。作者团队走访部分县市热带作物管理部门和村庄，发现部分农户已经放弃或部分放弃割胶，选择外出打工，或者在附近县城和乡镇做工，开工不足时再割胶。但仍有 50%以上的农户在正常割胶生产，所获得的收入仍大于物质性投入，也就是说，不考虑劳动力和橡胶树资产折旧的情况下，仍有利润空间。这表明，我们所测算的下限触发价格偏高。上限触发价格和上涨幅度，应当考虑天然橡胶需求方。天然橡胶最重要的消费行业是轮胎，其消费量约占总消费的 70%，其次是乳胶制品、胶板、胶带等，所以天然橡胶属于中间投入品，其需求是诱致性的。对下游厂商调查获取此类价格的难度较大。

在保本价基础上，大部分农户只能容忍价格下降12.8%，低于20世纪80年代至20世纪90年代国际天然橡胶协议缓冲储存机制下的应该买入的触发点15%。农户对价格下降的容忍度较低，可能会影响到农户的预期和决策，当价格下跌大于此幅度时，农户或者会为了维持生活而割胶，但会不施肥，或者改种其他作物。橡胶树投资周期长，定植7年左右的时间后，才能开始割胶生产，且前三四年的产量低，改种其他作物的成本很高。长期的低价格还会导致农户投资收益低，需要多种渠道和方式来分散收入风险。人为保持橡胶价格稳定是难以完成的，或者成本非常之高，很多针对价格保护的政策，如最低收购价、临时收储计划等，似乎都不太成功，且产生了很多问题。这些方式使得价格信号本身不再纯粹，会影响全产业链中各主体的决策，可能导致种植规模不理性扩张。我们所设计的价格稳定基金，某种意义上是一种收入保险，直接针对农户的产品收入，即价格波动的结果，不会污染价格信号本身。但从主要参数的测算结果来看，要真正实施还是存在很多困难，还需要开展更多的研究。

12.3 本章小结

在2019年价格、单产水平下，橡胶销售价格与成本出现倒挂，尤其是海南民营胶园割胶生产无法弥补劳动投入成本。低频或超低频割胶、发展多元化多层次的生产性服务等可以显著降低生产成本。相关部门应建立统一割胶劳动力评价标准，对割胶工人进行培训、分级，为农户家庭提供专业化割胶生产服务。另外，橡胶种植成本监测急需构建统计标准，设置长期的固定观测点，运用科学方法及时掌握成本的动态变动，为政策制定和实施提供支持。

相关部门需要总结农产品目标价格制度的试点经验，在部分地区实行价格稳定基金试点。目标价格制度下，资金全部来源于政府，如果价格持续时间较长，可能造成财政支付上的困难，而价格稳定基金则是由农户出资和政府补贴组成，这种模式会更适合小宗作物，以及地方财政实力相对薄弱的地区。地方财政实力薄弱地区银行网点少，农户储蓄意识薄弱，分配跨期收入的渠道有限，而且获取农业以外收入的能力和机会有限，因此，更需要跨期收入平抑工具。通过实施价格稳定基金，一方面可以平抑农户不同时期的收入波动，另一方面强化农户的收入管理意识，减轻政府的财力负担。

第13章 价格波动与全球天然橡胶生产

生产和价格的关系是古老的话题，但却是实际经营活动中面临的重要问题，是学者关注的问题。生产和价格两者互相影响，相伴相随，掌握生产对价格的影响以及市场对生产面信息的响应，对于更好地理解天然橡胶生产行为和价格形成过程具有重要的意义。本章通过构建方程测算弹性，来判断在宏观层面生产对价格的响应；为了识别弹性的国家间差异，运用月度数据并合理处理残差序列相关的问题，测算主产国生产的价格弹性；在厘清价格对生产的影响之后，探析来自供给侧的信息对市场造成的可能影响。

13.1 文献回顾

Chavas 等(2014)在美国国家经济研究局(NBER)出版的 *The Economics of Food Price Volatility* 的引言中较好地总结了农产品价格波动相关研究，指出食物价格波动增大引发了三类问题：①影响食物价格波动的主要因素有哪些？主要是受技术或天气相关的供给冲击？还是诸如生物能源等诱导的需求冲击？金融投机和全球化是降低还是增强价格波动？市场波动是短期现象还是长期趋势的开始？②对农民、贸易商和消费者而言，食物价格波动加剧有哪些福利影响？怎样影响贫困家庭？③有哪些管理和政策措施来应对波动加剧的农产品市场？私人存储在降低价格不稳定性中扮演什么角色？金融市场是否能够帮助分散食物价格风险？已有的农业、能源、气候、贸易政策是缓解还是加剧波动？这些政策的改革能否加强对价格风险的管理且增加全球食物安全？

国内外关于供给反应的文献比较丰富，部分研究从农场和微观层面来分析(Lansink，1999；Vitale et al.，2009；Yu et al.，2012)，或从地区和国家层面(Barr et al.，2009；de Menezes et al.，2012)，Hail 等(2016)从世界范围内来分析小麦、水稻、玉米和大豆种植面积和单产对国际市场价格变化的反应，发现价格波动率与农产品供应呈反向关系，这意味着农户会将土地、其他生产要素以及以提高生产效率为目的的投资转向价格波动率较低的作物；他们对2006年以来动态价格的影响进行模拟分析发现，价格风险减弱了小麦的生产反应，小幅度减弱了价格对稻谷生产的激励作用。Alia等(2017)利用供给反应的局部调整模型，评估了2009—2012年生产者价格大幅度上涨对贝宁棉花生产的影响，估计得到的棉花供给弹性介于1.3~2.6，表明棉花生产对价格变动的激励反应强烈。Mason等(2015)使用家庭面板数据估计赞比亚粮食储备局玉米收储政策对小农户作物生产和土地休耕的影响，发现粮食储备局收购价格每提高1%，玉米种植面积和产量会增加0.06%，减少休耕土地面积，但其他作物种植面积不会减少。Vitale等(2009)利用马里82个农户1994—2007年的数据，估计棉花、玉米、高粱和谷子的供应函数，发现棉花种植户对价格并不敏感，供给弹性只有发达国家的一半左右，与贝宁的情况不同。不同作物品种的市场与消费的特征对生产波动有着显著的影响，稻米作为我国居民直接消费的主导产品其波动强度相对最低，而受市场调节较多、间接消费占重要作用的玉米、杂粮、小麦的波动强度较高。就不同作物波动对总产量波动的影响和贡献而言，玉米和杂粮对稳定粮食总产量起着积极的作用，稻米产量的变化对总产波动的影响微弱，而小麦则是造成总产波动的最主要因子(蒋乃华，1998)。在总量分析中，Nerlove模型和供给函数是主要方法(Haile et al.，2016)；对农户层面微观数据的分析和理解，大多需要借助农户模型。Nerlove模型是国内研究总量层面供给反应最常用的模型，本书回顾了最近几年的主要成果。①小麦。李光泗、王莉、刘梦醒(2017)发现，小麦最低收购价政策在促进小麦种植面积、增加小麦产量方面确有正向作用，但是效果并不明显。②大豆。刘宏曼、郭鉴硕(2017)基于2001—2014年主产区面板数据，发现我国大豆供给对价格变化的反应并不敏感。③肉鸡。辛翔飞、王祖力、王济民(2017)利用2001—2014年省级面板数据发现，肉鸡供给在短期内缺乏价格弹性。④原料奶。郑义、林恩惠(2017)利用2003—2014年17个省级面板数据，发现三聚氰胺事件发生后，原料奶收购价格对原料奶供给影响更明显。⑤苹果。朱海燕、刘学忠(2017)利用1992—2014年主产区面板数据，发现苹果短期供给弹性较小，替代作物价格对苹果种植面积影响不显著。

随着微观数据越来越丰富，很多学者利用农户调查数据来分析价格变动对生产的影响。①粮食。王莉、苏祯(2010)使用全国农村固定观察点数据，发现不同地区粮食种植面积与粮价的相关程度存在差异；宋雨河、武拉平(2017)利用河北省农村固定观察点数据，发现上期出售价格对粮食种植面积影响显著，玉米价格弹性比小麦更大。②畜牧。朱宁、秦富(2017)发现，部分养殖户会对鸡蛋价格波动做出生产要素投入调整，不同类型养殖户调整结果不同。李文瑛、肖小勇(2017)发现，在盈利、亏损的前景预期下决策行为的影响因素不同，具有非对称特征。③水果。王海军、顾舒鸣、钟超(2017)发现，上期价格与赣南脐橙当期种植面积呈正向相关，当期柑橘产量则与价格呈正向二次相关。④花生。周曙东、乔辉(2017)利用2011—2014年农户面板数据，发现价格与经营规模呈现倒“U”形关系，价格变化的影响大小与规模有关系。⑤天然橡胶。本书利用2013年和2016年橡胶种植户的调研数据研究发现，海南种植户对最近一轮价格低迷的实际行为响应要强于意愿表达。

通过上述文献回顾可以发现，尚未有学者对天然橡胶价格与生产进行全面系统的分析。本书将围绕天然橡胶生产价格弹性、产量对市场的影响等方面从宏观层面来研究生产与价格的相互关系，重点回答以下三个问题：①从长期来看，天然橡胶产量价格弹性有多大，即价格每上升1%，主产国的产量增加的百分比。本书通过主产国的年度面板数据来测算，并适当地引入控制变量。②价格每上涨1%引起的产量变动幅度是否等于下跌1%引致的变动幅度，即是否存在非对称性。本书运用2003—2017年月度价格和GARCH模型来检验这一问题。③市场对不同主产国的产量信息更为敏感，本书主要利用脉冲向量函数来求证这一点，并考察脉冲响应的幅度。

13.2 分析方法与数据来源

研究产量对价格响应的落脚点是测算生产的价格弹性，令 y_{it} 为第 i 个国家第 t 年(月)产量的自然对数，p_{jt} 为第 j 个国家或地区第 t 年(月)平均价格的自然对数，得到：

$$y_{it}=\alpha+\beta p_{jt}+\varepsilon_t \tag{13-1}$$

其中，i 代表泰国、马来西亚、印度尼西亚、越南、印度和中国，根据IRSG统计，2017年这6个国家的产量占全球的份额超过85%；j 代表日本、泰国、中国、马来西亚、美国和欧盟，上述国家的消费量占比接近80%，其中中国的消费量占比超过40%；β 是产量的价格弹性。图13-1给出了泰国和马来西亚月度产量和价格散点图及线性拟合曲线，两国具有明显的区别。泰国月度产量对价格的回归系数 $\hat{\beta}$ 为-0.082，而马来西亚的回归系数 $\hat{\beta}$ 为0.136，方向不同，泰国的回归系数在10%显著性水平下没有通过检验。如果将价格变量改为日本，两国的系数都大于零，但未通过 t 检验(见表13-1)。印度和印度尼西亚的月度产量与日本天然橡胶价格的回归系数显著为正。总体而言，印度尼西亚月度产量的价格弹性要强于其他国家，但这还不足以判断两者的关系，残差序列的相关性会影响结果的评价。

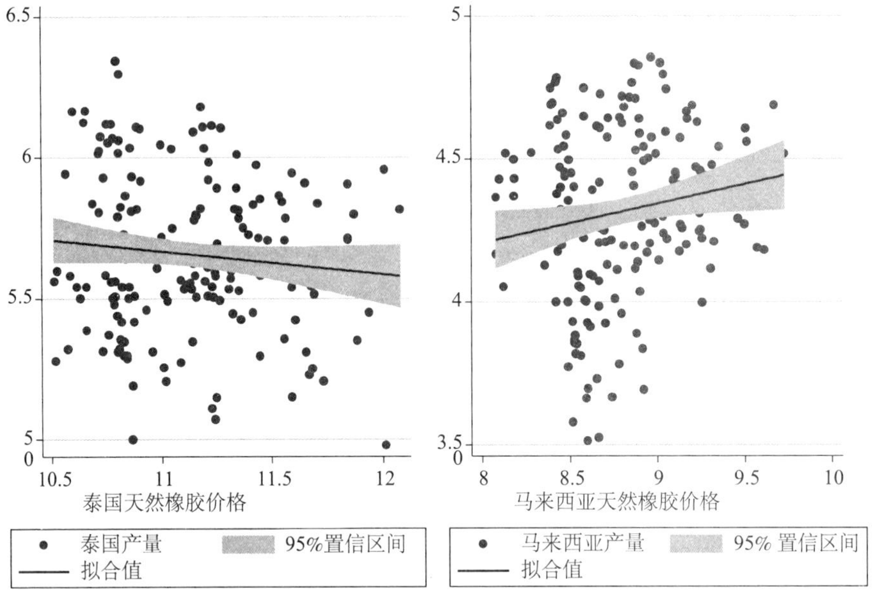

图 13-1 泰国和马来西亚天然橡胶产量与价格的关系

表 13-1 主产国月度产量与价格的静态回归系数

价格来源	项目	泰国	马来西亚	印度尼西亚	印度	越南
日本	产量	0.0513	0.1096	0.3197***	0.2101*	0.1127
	常数项	5.0264	2.9726	1.5148	1.5484	2.5732
美国	产量	0.0403	0.0225	0.2682***	0.2143***	0.1980
	常数项	5.3441	4.1209	3.3361	2.4636	2.4187
欧盟	产量	0.0306	0.910	0.2462***	0.2550***	0.1942
	常数项	5.4316	3.6489	3.6065	2.3244	2.5264

注：*表示在10%显著性水平下通过检验，***表示在1%显著性水平下通过检验。忽略常数项的显著性标注。

为了应对回归分析中存在的风险，本书采用基于年度数据的面板数据模型和基于月度数据的 GARCH 模型进行处理。令 x_{it} 为第 i 国家第 t 年的控制变量，式(13-1)可改写为面板数据模型

$$y_{it}=\alpha+\beta p_{jt}+\gamma x_{it}+\varepsilon_{it},\quad i=1,\ \cdots,\ 6,\quad t=1960,\ \cdots,\ 2017 \qquad (13-2)$$

对 α 和 ε 的不同假设，得到固定效应和随机效应模型，式(13-3)是固定效应模型的一种形式。通过豪斯曼检验可以确定采用固定还是随机效应模型。

$$y_{it}=\alpha_i+\beta p_{jt}+\gamma x_{it}+\varepsilon_{it},\quad i=1,\ \cdots,\ 6\quad t=1960,\ \cdots,\ 2017 \qquad (13-3)$$

引入 GARCH 模型主要是为了解决残差序列相关的问题，标准的 GARCH (1，1)模型在均值方程式(13-1)的基础上，加入条件方差方程式(13-4)(刘锐金、王成丽，2017)。

$$\sigma_t^2=\delta_0+\delta_0\varepsilon^2+\delta_0\sigma^2+\mu_t \tag{13-4}$$

脉冲向量函数从均衡状态开始，测度受到某一冲击之后，内生变量的脉冲响应。同一变量在受到不同来源冲击的反应幅度可以被认为是影响强度。关于脉冲向量函数的推导和含义说明可参见刘锐金、魏宏杰、杨琳的研究(2013)。利用脉冲向量函数，可以考察哪些国家的产量信息对国内天然橡胶市场价格的影响最为显著。

中国天然橡胶销区月度价格来自中国橡胶工业协会采集的各地全乳标准橡胶、中国 5 号标准橡胶和进口 RSS3 报价的平均值；美国、欧盟、日本、马来西亚和泰国的天然橡胶价格数据来自国际橡胶研究组织 IRSG，其中美国、欧盟和日本的价格数据是到岸价，对应的天然橡胶初级产品分别是 RSS1、RSS3、TSR20，马来西亚和泰国的是当地现货市场价格，分别对应 SMR20、TSR20。月度价格数据均以当地货币表示，年度价格数据来自世界银行，以美元计价。天然橡胶年度和月度产量数据主要来自 IRSG，中国月度产量通过天然橡胶生产国联合会 ANRPC 月度数据进行调整。中国天然橡胶进口量数据来自中国海关。

13.3 产量与价格的变动情况

不同地区的产量和价格可能分别都具有长期均衡关系，本书关注产量和价格的相互关系(见图 13-2)。由于价格序列之间存在协整关系，因此不能将它们同时放进供给函数中，否则无法满足参数的前提条件，适当情况下分别进行估计并作比较。本章以国内天然橡胶价格为例，研究生产信息对价格的影响。

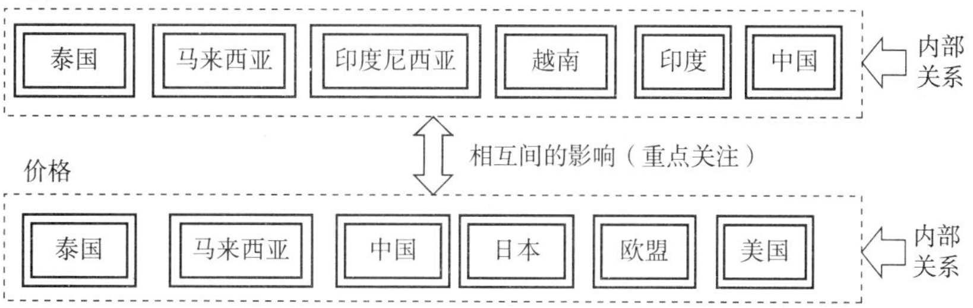

图 13-2　天然橡胶生产和价格关联的示意图

各地天然橡胶价格变化趋势几乎是一致的(见图 13-3)。曲线的层次分布反映了当地货币与美元汇率的数值大小，虽然变动方向重合度高，但具体到月度变化却有一定的差异。刘锐金、魏宏杰、杨琳(2010)对国外橡胶价格的关系进行分析发现，国内外天然橡胶市场整合程度较高。魏宏杰、刘锐金(2017)研究发现，日本橡胶的期货定价权仍有很强的作用，虽然中国上海天然橡胶期货的定价权有所增加。

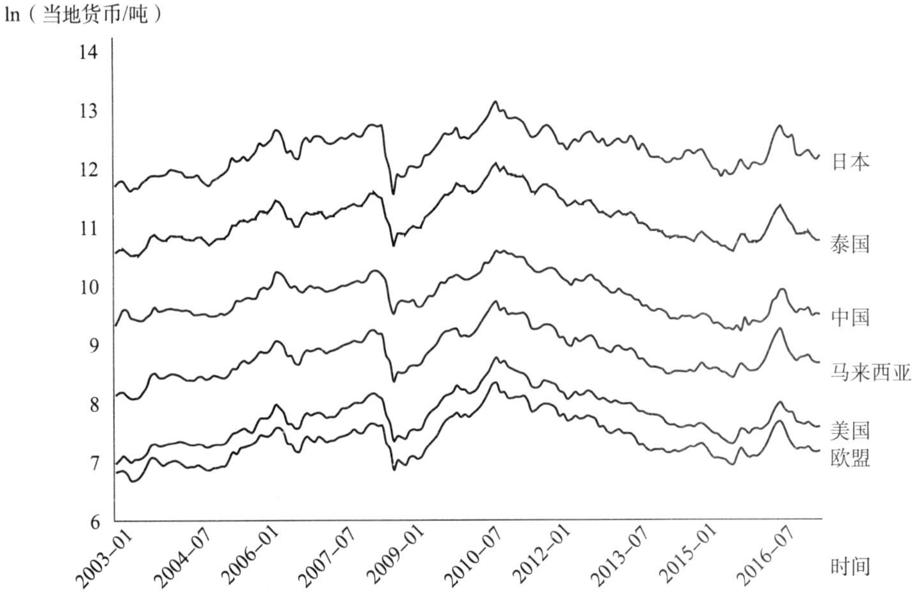

图 13-3　天然橡胶主产地和主销区的月度价格

注：ln 表示自然对数。

数据来源：IRSG。

原始价格序列取对数并去除季节性后，利用 ADF 进行协整检验，发现价格序列都是一阶单整。美国、欧盟、日本、中国、马来西亚和泰国的天然橡胶价格序列组成的 VAR，最优滞后阶数为 2。Johanson 协整检验表明，至少存在 1 个协整方程(见表 13-2)，表明这些价格序列之间存在长期均衡关系，与直观印象一致。

表 13-2　4 个消费国和 2 个主产国价格序列的协整检验

协整方程数量的假说	特征根	迹统计量	5%显著性临界值	最大特征根统计量	5%显著性临界值
0	0.248	116.7	94.15	50.73	39.37
1	0.131	65.9228*	68.52	25.08	33.46

续表

协整方程数量的假说	特征根	迹统计量	5%显著性临界值	最大特征根统计量	5%显著性临界值
2	0.104	40.84	47.21	19.64	27.07
3	0.0724	21.21	29.68	13.38	20.97
4	0.0364	7.824	15.41	6.604	14.07
5	0.00684	1.221	3.760	1.221	3.760

从图 13-4 中可以发现，月度产量具有较强的季节性变化，但不同国家的季节性变化不同。每年 1 月和 2 月，中国全部橡胶园处于停割状态，12 月和 3 月、4 月部分橡胶园停割，每年橡胶最低产量出现在 2 月，9 月前后是高产期。越南每年的低产期是 2 月至 4 月，而泰国则大约在 4 月前后。总体而言，产量最低的月份大多出现在 4 月，最高的月份在 10 月左右。在对月度产量数据进行处理前，需要去除季节性成分。

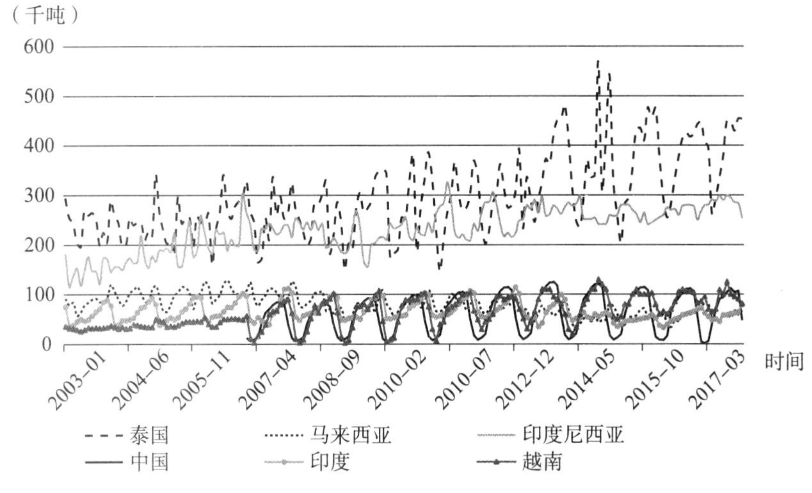

图 13-4　天然橡胶月度产量

数据来源：ANRPC、IRSG。

取对数和去除季节性后，本书采用单位根检验法 DF-GLS 进行稳定性检验。除了印度产量属于 I(0)外，其余都是 I(1)过程。首先将泰国、马来西亚、印度尼西亚、越南和印度的月度产量组成 VAR 模型，FPC、AIC、HQIC 准则下，最优之后阶数为 2。通过 Johanson 检验发现，迹统计量和最大特征根统计量都表明至少存在 3 个线性无关的协整变量，即 5 个主产国的月度产量存在长期均衡关系（见表 13-3）。

表 13-3 5 个主产国月度产量的协整检验

协整方程数量的假说	特征根	迹统计量	5%显著性临界值	最大特征根统计量	5%显著性临界值
0	0.318	171.1	68.52	68.05	33.46
1	0.291	103.1	47.21	61.10	27.07
2	0.131	41.98	29.68	25.06	20.97
3	0.0756	16.92	15.41	14.00	14.07
4	0.0163	2.920	3.760	2.921	3.760

13.4 实证分析

13.4.1 供给弹性测算

本书利用主产国 1960—2017 年的年度数据构建面板数据来测算供给弹性。关键解释变量为新加坡和马来西亚的橡胶价格，控制变量为人均 GDP、农村人口比重、农林牧渔业占 GDP 的比重以及人均电力消耗量、出生时平均预期寿命，部分控制变量的部分年份数据有缺失。年度价格序列是新加坡和马来西亚的天然橡胶美元价格。橡胶种植业属于劳动密集型产业，割胶生产的成本占产品直接成本的比重高。当经济发展到一定水平后，橡胶种植业可能会萎缩，比如马来西亚（刘锐金、何长辉、莫业勇，2015）。为剔除这些因素对供给弹性的影响，将反映主产国的经济、社会发展水平等指标作为控制变量。割胶是日常性收获活动，种植户可以根据价格变动及时调整生产行为，这与水稻、苹果等作物具有显著的差异。一次收获的作物，受限于其生长规律，生产行为无法随时大幅度调整，但橡胶树则不同。橡胶树进入生产阶段之后，农户可以选择不割胶生产，胶乳储藏于橡胶树中，不存在收获物烂在田间的问题。价格是年度平均计算得到的，因此，价格变量没有进行滞后处理。

回归分析结果显示，不同国家生产的橡胶价格弹性具有较大的差异，但回归的稳健性有待商榷，可能存在内生性、残差序列具有相关性等问题。由于中国 20 世纪 90 年代中期才放开价格管制，因此部分面板数据模型不包含中国。Hausman 检验表明，应当采用固定效应模型，表 13-4 中的两个面板数据模型都在 1%显著性水平下通过检验。根据面板数据模型的估计结果，价格每上涨 1%，主产国的天然橡胶产量整体上会提高 0.19 个百分点。如果将时段限定在 1996—2017 年，并加入中国（表 13-4 的面板模型 2），估计得到的弹性为 0.13，明显低于全样本的情形，这可能说明主产国生产的价格弹性变小了，即对市场变化的反应敏感程度变弱了。

表 13-4　基于年度数据的供给函数估计结果

变量	马来西亚	印度尼西亚	泰国	印度	越南	中国	面板模型 1	面板模型 2
ln_price	0.4089*** (0.0822)	0.2044*** (0.0611)	-0.1268** (0.0527)	0.0382 (0.0771)	-0.1713** (0.0695)	-0.3745** (0.1450)	0.1901*** (0.0555)	0.1262** (0.0507)
ln_gdp	-0.3957** (0.1532)	-0.0473 (0.0800)	-0.1343 (0.0941)	-0.2644 (0.3043)	0.0776 (0.0725)	-0.4888** (0.1973)	-0.0707 (0.0774)	-0.1245 (0.1043)
rural	0.0041 (0.0097)	-0.0620*** (0.0198)	-0.0180*** (0.0057)	0.1444 (0.1429)	0.0486 (0.0500)	0.0448 (0.0439)	0.0950*** (0.0047)	0.0161** (0.0081)
agri	-0.0166 (0.0102)	0.0049 (0.0117)	0.0038 (0.0089)	-0.0094 (0.0155)	-0.0098 (0.0093)	-0.0059 (0.0123)	0.0351*** (0.0074)	-0.0021 (0.0124)
ln_electr	-0.9080*** (0.2202)	0.4645 (0.5178)	0.9484*** (0.0831)	0.9919*** (0.3462)	1.2492*** (0.3258)	1.9446*** (0.6525)	1.4500*** (0.0854)	0.8771*** (0.1189)
ln_lexp	15.5034*** (3.4860)	-15.4683 (13.8603)	0.4143 (0.8274)	7.0353** (2.7518)	-3.8242 (7.5505)	2.6774 (3.2122)	3.6105*** (0.6021)	-0.7369 (1.6307)
Constant	-54.2858*** (14.0845)	69.7353 (56.2503)	-0.1353 (3.7446)	-39.8021* (21.8522)	9.8268 (31.2892)	-17.1643* (8.9388)	-27.5612*** (2.5065)	0.7019 (7.2506)
样本量	44	32	44	44	30	44	194	114
R^2	0.8925	0.9693	0.9948	0.9781	0.9886	0.9748	0.8863	0.7566
样本期	1960—2017	1960—2017	1960—2017	1960—2017	1960—2017	1960—2017	1960—2017	1996—2017
国家数量	1	1	1	1	1	1	5	6

注：***、**、*分别表示在1%、5%、10%的显著性水平下显著，下同。

13.4.2　供给函数估计

5个主产国对不同地区市场的响应情况。首先选择日本天然橡胶期货价格，对5个主产国月度产量与价格进行OLS回归，ARCH-LM检验结果发现，在1%的显著水平下滞后1~5阶都存在ARCH效应。接着进行GARCH模型估计来确定ARCH效应和GARCH效应，并分析生产的价格弹性。由表13-5可知，除了印度尼西亚外，泰国、马来西亚、印度和越南的价格弹性都大于0。越南对日本天然橡胶价格的弹性大于其他主产国。除了印度之外，ARCH效应估计系数 δ_1 和GARCH效应系数 δ_2 之和小于或约等于1，满足参数约束条件。5个主产国的ARCH效应和GARCH效应都是统计显著的，生产者对于价格信息的短期波动和长期趋势都很重视。短期内，橡胶种植户或企业可能调节割胶强度来应对价格变化，例如降低割胶频率虽然会降低产量，但可以较大幅度降低劳动力成本(刘锐金、何长辉、莫业勇，2018)。从长期来看，种植户可以改变种植结构，但这会面临很高的调整成本和机会成本。橡胶树一旦被砍伐，意味着会损失后期收益，这使得种植户会比较谨慎。

表 13-5　5 个主产国产量与日本期货市场价格的 GARCH 模型估计结果

国家	泰国	马来西亚	印度尼西亚	印度	越南
均值方程 Mean equation：$y_t=\alpha+\beta Price_t+\varepsilon_t$					
日本期货价格(β)	0.1622*** (0.0334)	0.1637*** (0.0423)	-0.0789*** (0.0236)	0.2353*** (0.0158)	0.4866*** (0.0962)
常数项(α)	3.5607*** (0.4102)	2.2993*** (0.5259)	6.5052*** (0.2931)	1.3056*** (0.1954)	-1.9363 (1.1893)
方差方程 Variance Equation：					
L. arch：δ_1 (RESID (-1)^2)	0.2604** (0.1044)	0.2857* (0.1605)	0.5218*** (0.1610)	0.9770*** (0.1878)	0.6611*** (0.1543)
L. garch：δ_2 (GARCH(-1))	0.7146*** (0.0956)	0.7153*** (0.1465)	0.5043*** (0.1066)	0.2668*** (0.0741)	-0.0632 (0.0912)
δ_0	0.0022 (0.0014)	0.0008 (0.0008)	0.0005 (0.0004)	0.0007* (0.0004)	0.1452*** (0.0183)
样本量	180	180	180	180	180

非对称性考察。市场利好的消息对泰国生产的影响要大于市场下跌，即生产者更容易对价格上涨做出反应，而对价格下跌做出调整的力度比较弱。在印度的情形则相反，生产者更容易对价格下跌做出响应(见表 13-6)。2009 年印度橡胶产量为 82.03 万吨，2012 年为 91.90 万吨，较 2009 年增长了 12.03%，同期价格上涨了 48.72%，其中 2011 年名义价格达到历史最高位；2015 年印度橡胶产量为 57.50 万吨，较 2012 年下降了 37.43%，同期价格下跌 31.97%，这表明价格下跌更容易造成印度生产者改变生产行为。

表 13-6　5 个主产国产量与日本期货市场价格的 TGARCH 模型估计结果

国家	泰国	马来西亚	印度尼西亚	印度	越南
均值方程 Mean equation：$y_t=\alpha+\beta Price_t+\varepsilon_t$					
日本期货价格(β)	0.1521*** (0.0331)	0.1773*** (0.0418)	-0.0826*** (0.0231)	0.2342*** (0.0154)	0.4450*** (0.0943)
常数项(α)	3.6932*** (0.4075)	2.1250*** (0.5208)	6.5526*** (0.2852)	1.3161*** (0.1898)	-1.3874 (1.1599)
方差方程 Variance Equation：					

续表

国家	泰国	马来西亚	印度尼西亚	印度	越南
L. arch：δ_1(RESID(-1)^2)	0.0280 (0.0777)	0.3192* (0.1852)	0.4727** (0.2062)	1.1880*** (0.2526)	0.9320*** (0.2609)
L. tarch：γ_1(1(RESID(-1)>0))	0.9086*** (0.3054)	-0.0724 (0.1177)	0.1587 (0.2781)	-0.6489* (0.3766)	-0.6598 (0.5045)
L. garch：δ_2(GARCH(-1))	0.0552 (0.1514)	0.7236*** (0.1481)	0.5186*** (0.1201)	0.2550*** (0.0754)	-0.0485 (0.0563)
δ_0	0.0147*** (0.0035)	0.0007 (0.0008)	0.0004 (0.0003)	0.0008* (0.0004)	0.1415*** (0.0152)
样本量	180	180	180	180	180

注：1(·)是值函数，ε_t>0时，取值为1，其他情形为0。

为了考察不同地区价格对主产国生产的影响是否存在差异，分别进行模型估计，结果发现并没有明显的差异(见表13-7)。以泰国为例，泰国对不同地区价格的生产弹性差别不大，分布在0.12~0.15，即天然橡胶价格每变化1%，泰国产量变动幅度很大可能为0.12~0.15个百分点。6个地区的天然橡胶价格对泰国产量的影响都具有非对称性。天然橡胶作为一种使用广泛的大宗商品，政府的市场干预少，全球市场变化的联动性强、市场整合程度很高。全球整合程度高也使得政府干预措施所能起到的作用小。20世纪针对天然橡胶曾出现过斯蒂文森法案、国际橡胶控制协议和国际天然橡胶协议，虽然短时间内在一定程度上发挥过一定的作用，但最终均以失败告终(刘锐金、魏宏杰、杨琳，2013)。自2014年以来，天然橡胶市场持续低迷，以泰国、马来西亚和印度尼西亚组成国际天然橡胶三方组织试图通过减少出口来提振市场，但效果非常小。泰国通过政府收购橡胶来减少胶农损失，不仅没有提高价格，释放库存时还冲击了市场，适得其反。

表13-7　泰国月度产量对不同地区天然橡胶价格的TGARCG模型

生产国 y	泰国	泰国	泰国	泰国	泰国	泰国
均值方程 Mean equation：$y_t=\alpha+\beta Price_t+\varepsilon_t$						
日本价格	0.1521*** (0.0331)					
欧盟价格		0.1359*** (0.0280)				
美国价格			0.1305*** (0.0266)			

续表

生产国 y	泰国	泰国	泰国	泰国	泰国	泰国
中国价格				0. 1511*** (0. 0354)		
马来西亚价格					0. 1368*** (0. 0312)	
泰国价格						0. 1232*** (0. 0317)
常数项	3. 6932*** (0. 4075)	4. 5576*** (0. 2080)	4. 5460*** (0. 2088)	4. 0579*** (0. 3487)	4. 3519*** (0. 2761)	4. 1797*** (0. 3554)
方差方程 Variance Equation：						
L. arch：β_1 (RESID(-1)^2)	0. 0280 (0. 0777)	0. 0011 (0. 0641)	0. 0269 (0. 0622)	0. 1014 (0. 1050)	-0. 0260 (0. 0575)	0. 0443 (0. 0874)
L. tarch：γ_1 (1(RESID(-1)>0))	0. 9086*** (0. 3054)	0. 3194* (0. 1765)	0. 2869* (0. 1602)	0. 8618*** (0. 3220)	0. 3267* (0. 1765)	0. 8867*** (0. 3166)
L. garch：β_2 (GARCH(-1))	0. 0552 (0. 1514)	0. 6738*** (0. 1435)	0. 6863*** (0. 1299)	0. 0579 (0. 1418)	0. 6906*** (0. 1474)	0. 0630 (0. 1706)
常数项	0. 0147*** (0. 0035)	0. 0048* (0. 0028)	0. 0042* (0. 0024)	0. 0128*** (0. 0032)	0. 0050* (0. 0029)	0. 0142*** (0. 0037)
样本量	180	180	180	180	180	180

13. 4. 3 生产信息对价格的冲击

图 13-5 是国内天然橡胶价格对 5 个主产区产量的脉冲响应图。根据脉冲响应函数可知，来自泰国的产量冲击对我国天然橡胶销区市场的冲击更大，受到泰国产量变动的冲击后，响应最大幅度的绝对值接近 0. 4，明显高于其他主产国。2016 年底，泰国南部洪水成为推动 2017 年初天然橡胶价格上涨的主要原因之一，但实际上当时全球供应仍然是偏宽的，因此上涨趋势很快被扭转。不少期货公司的研究报告也表明，关于市场对泰国洪水信息的过度关注是导致当时期货价格上涨的主要因素。泰国是我国天然橡胶最重要的来源国，我国超过 50%的天然橡胶进口量来自泰国(见图 13-6)，大量的物质流可能也是放大其影响力的主要原因之一。

马来西亚是我国传统的天然橡胶进口来源国，其国内生产统计体系较为完善，生产信息较容易传递到我国国内。我国生产的天然橡胶几乎没有出口，且上海期货交易所交割标的是国内生产的标准橡胶，2019 年 8 月上市的 20 号胶合约交易规模较小，因此国内的生产份额虽然相对小，但也有较大的影响。不过，本书所采用的价格是北京、青岛、杭州和广州等地现货市场的报价数据，可能造成国内生产对价格影响略低于马来西亚。如果是采用上海期货交易所主力合约价格，国内生产的冲击可能会比马来西亚更强。越南、印度和印度尼西亚的产量信息关注较少，对来自这3个国家的生产的冲击，国内市场的响应幅度较小。越南的橡胶产量和我国进口量的比重都在不断地提高，其影响力可能会在未来不断扩大。

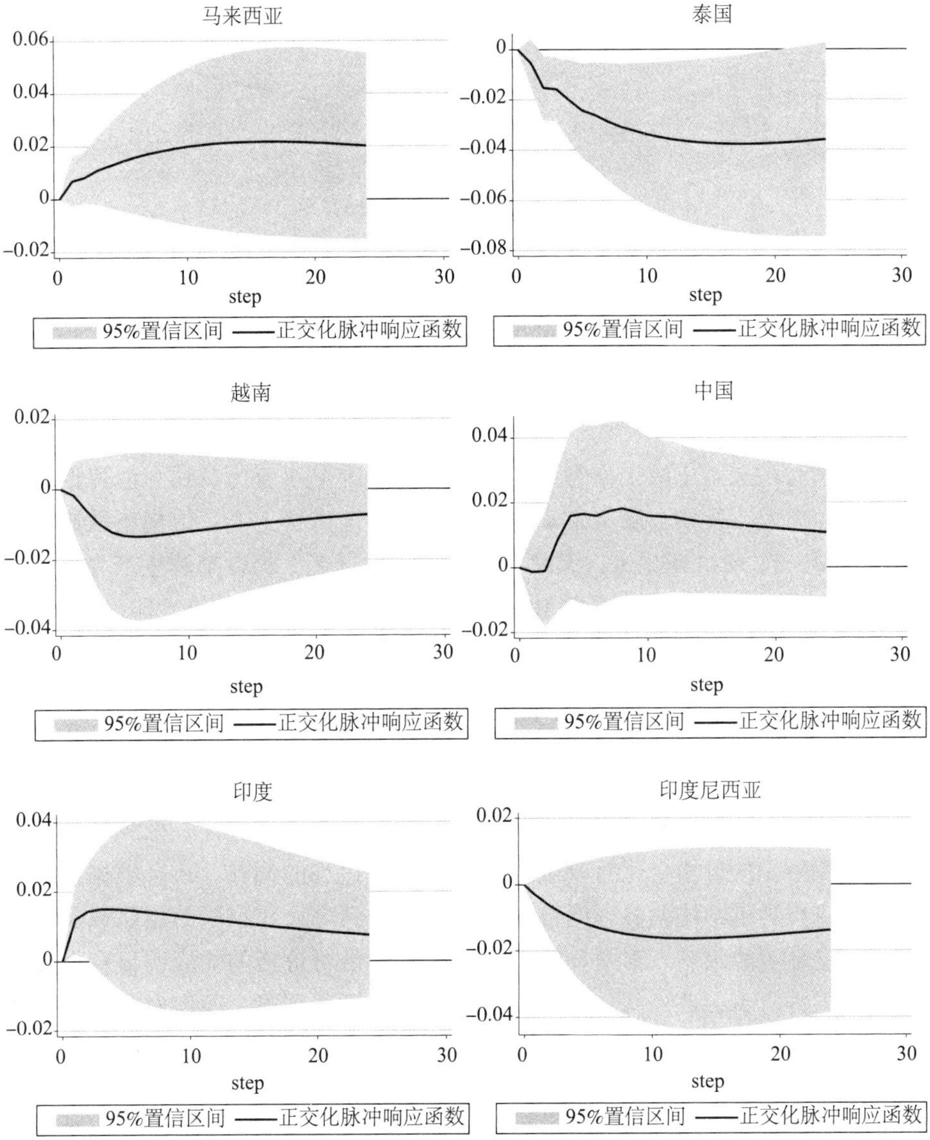

图 13-5　国内天然橡胶价格对主产国产量的脉冲响应

注：价格序列在前。

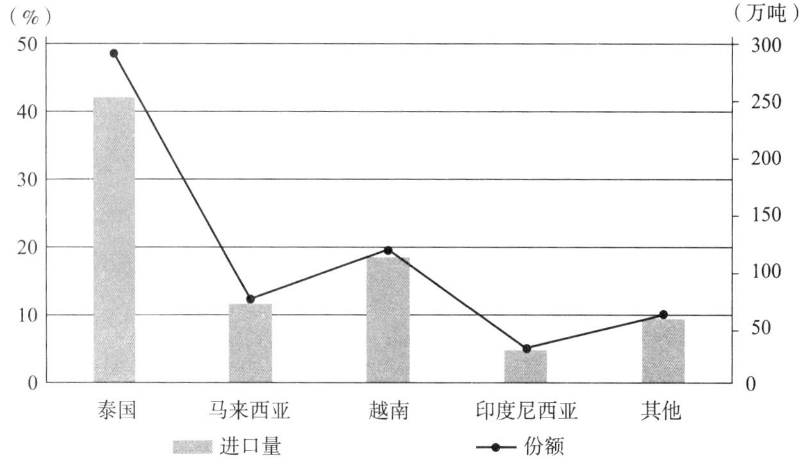

图 13-6　2019 年我国天然橡胶进口来源结构

注：含复合橡胶。

数据来源：中国海关。

13.5　本章小结

泰国和马来西亚的价格弹性比较接近，印度尼西亚为负数，但弹性接近于零。总体上，价格上涨会带动天然橡胶主产国产量上升，价格下跌则导致产量下降。自 2014 年以来，天然橡胶价格持续低迷，仍以割胶生产为生计的生产者收入显著下降，但泰国和越南的产量仍保持增长趋势，印度尼西亚、马来西亚和印度的产量经历短暂下降后，也在继续增长。这也从侧面印证，天然橡胶生产的价格弹性变弱，种植户生计策略转换空间较小，但越南情形可能有所不同，因为越南有大量低成本劳动力，虽然国际天然橡胶价格大幅度下跌，但割胶生产仍具有比较优势。

主产国生产者对天然橡胶价格的长短期信息都比较关注，橡胶种植户不仅会根据短期的价格变化对割胶生产行为做出适当的调整，还会根据价格长期趋势进行种植结构调整，但种植户的决策受到个人和家庭的禀赋以及当地经济社会环境的限制。泰国和印度天然橡胶产量对价格的响应明显存在非对称性，但方向不一致，其他主产国的非对称性则不明显。印度对价格下跌更敏感，而泰国则对价格上涨的反应更主动，这可能源于印度橡胶种植农户家庭的经济作物种植结构更多元化，而泰国则相对单一。不同区域形成的价格对不对称性系数无显著影响，这与天然橡胶全球整合程度高有关。国内天然橡胶市场对泰国的产量信息最为关注，即泰国产量变动对国内市场的冲击最大。

第 4 篇

产业可持续发展

天然橡胶产业是我国热区具有重要地位的资源型产业，也是热区乡村振兴发展的支柱型产业，天然橡胶产业的可持续发展关系到区域经济的发展和热区农户生计的稳定。当前，天然橡胶产业面临产业结构不优、经济效益不高、管理体制不顺、产业连接不畅、发展后劲不足、技术装备和基础设施建设水平不高等系列问题，亟须推进产业转型升级。习近平总书记在全国科技创新大会上指出，科技创新是核心，抓住了科技创新就抓住了牵动我国发展全局的“牛鼻子”。天然橡胶产业要突破自身发展瓶颈、解决深层次矛盾和问题，根本出路就在于创新，关键要靠科技力量。解决产业发展的困境，需要以科技创新为引领，以供给侧结构性改革为基础，以农业现代化发展为目标，以“两区”划定、海南自由贸易试验区和云南边贸区建设为契机，围绕科技支撑、结构调整、政策支持等层面，积极推动天然橡胶产业高质量发展，保障我国天然橡胶供应能力。

第 14 章 橡胶种植业可持续发展的建议

推动天然橡胶产业可持续发展，必须以习近平新时代中国特色社会主义思想为指引，以国家热带农业科学中心建设为契机，以现代农业示范区建设为载体，打造高标准生产基地，积极设计和争取国家产业政策扶持，推动产业转型和升级。

14.1 发展思路

我国橡胶产业的发展思路是围绕“巩固、促进、提升、保障”方针，深化供给侧结构性改革，巩固国内天然橡胶生产能力，促进发展方式由增产主导向提质增产并重转变，提升初级产品品质和产业竞争力，保障国防与关键国民经济领域的用胶需求。我国要强化科技、政策、金融对产业发展的支持力度，加快推进高标准天然橡胶生产基地建设，提高新品种、新技术、新装备的研发与推广，调整优化初加工行业布局，切实提高国内天然橡胶质量。加快现代化经营体系建设，培育新型经营主体，通过垦区集团间联合与并购、股份制、胶园租赁、土地托管、合作经营等方式，充分发挥加工厂、专业合作社、生产者协会等组织的带动作用，开展适度规模经营，优化小农户与现代农业的衔接机制。在创新驱动发展、供给侧结构性改革、政策支持体系建设方面，相关部门要处理好三大关系：重点处理好存量与增量、研发与推广、长期和短期的关系；着重处理好改革与发展、稳定与调整、农业与林业的关系；注重处理好市场与政策、目标与成本、国内与国外的关系，保障天然橡胶产业可持续发展。

14.2 以创新驱动产业可持续发展

创新驱动发展是天然橡胶产业高质量发展的根本要求，也是我国天然橡胶事业的基本经验。创新驱动发展既要做好存量技术的集成与运用，又要把握好增量技术的研发方向；既要从生产一线总结发现科学和技术问题，开展集中攻关，又要推动新技术新模式的推广工作，做到“顶天立地”；既要着手解决好产业发展面临的突出科技问题，又要着眼未来，开展基础性、前瞻性的研究。

14.2.1 优化天然橡胶科技创新链，提高科技支撑水平

完善科技创新链的政策支持体系。相关部门要结合主产区实际情况，将基于天然橡胶材料和制品的创新列入种植区域重点发展行业，对业内紧缺人才列入省重点引进人才，并给予相应的人才待遇；出台配套的财税、土地等优惠政策，吸引高端橡胶制品企业落户，实现产业链对创新链的支持；完善知识产权保护和分享机制，研究无偿资助、税收减免、贷款贴息、后补助等方式支持发展，引导银行和创业投资参与创新链建设，为创新链的成员单位提供多样化的融资支持和金融服务。

充分发挥相关研究机构的支撑作用。相关部门应围绕天然橡胶产业关键领域，联合相关的企业、科研院所、高等院校等机构实现跨学科、跨领域、跨部门的交流与合作；以需求为导向，加大对割胶生产的机械化、自动化采胶技术、设备的攻关力度，探索短线割胶与机械化采胶的技术融合，加强种苗生产、胶园管理的机械化应用研究；建设天然橡胶科技成果产业化基地，依托生产示范基地、农业科技园区，做好科技成果示范；鼓励企业牵头、产学研协同，面向天然橡胶产业机械化、自动化发展的需求开展中试熟化与产业化开发，提供配套技术研发解决方案，推动技术成果扩散，加快科技成果转化。建立科技成果推广体系，根据橡胶生产和初加工的特点，组建不同层次的技术推广机构。

创建开放式的产业技术创新链。相关部门应建立健全基础研究、原始创新的支持机制，完善研发投入的政策体系，探索多元化财政科技投入方式和社会资本参与模式；设立天然橡胶全产业链专项研发基金，围绕制约产业发展的关键性技术难题，加大科研投入支持力度；强化平台建设，加快推进天然橡胶生物与材料国家重点实验室、天然橡胶国家工程研究中心、海南省天然橡胶材料与制品创新中心等平台的申报和筹建工作。鼓励国内外大型企业、科研机构和高等院校设立研发中心，聚集全球创新要素，联合打造国家天然橡胶产业工程创新中心。

14.2.2 创新平台建设，提升创新支撑产业发展的能力

相关部门要整合优势科技资源，加强平台建设，加强关键技术攻关，重

点从以下技术领域开展工作：一是创新育种理论技术，培育高抗高产新品种和优良种苗；二是创新栽培理论，集成轻简抗逆栽培技术，推动生产机械化；三是创新产排胶机理，攻克智能化采胶技术；四是研发集成林下资源循环高效利用技术，提高产业效益；五是创新橡胶木材改性技术，实现橡胶木材高值化利用；六是创新质量控制技术，提高产品质量，实现高端制品用胶国产化等。

开发适应新形势新品种新模式的高效栽培技术。相关部门应通过现代栽培学理论与技术，研发、集成应用相关栽培技术，选用最高产品种，配套高效栽培技术体系。持续深入研究光合产物合成与转运，水分运输、激素调控和营养调控理论，提出栽培模式多元化体系规划。以亩产 250 千克为目标，采用高产、速生和抗逆优良亲本杂交选育高产新品种。构建橡胶树基因组编辑技术体系，通过分子设计创造"胶木兼优"和"量质兼优"品种，加快生物技术在橡胶树遗传改良中的应用。发展橡胶树苗木快速培育技术体系，增强橡胶组培苗规模化生产技术示范与推广，降低成本，提高扩繁率；改变更新胶园橡胶种植材料繁育模式，推动我国甚至世界天然橡胶新型种苗产业化进程；研发新型全根型、高根冠比种苗种植技术，提高定植后生产速度，缩短 1～2 年的非生产期；研发新一代橡胶树有机无机复混肥料、多元生物有机肥料、新型缓控施肥技术，促进橡胶树专用肥增效减施。在氮磷钾（NPK）大量元素的基础上，添加中微量元素和功能性菌剂，解决胶园有机质偏低和土壤酸化加剧的问题。采用无人机、DNA 快速诊断等轻简高效橡胶树病虫害防控技术和新型死皮康复综合技术。提出和制定以开沟定植、除草等全程机械化为核心的高产抗逆、省工高效新一代胶园种植模式和技术规程，示范推广集成化高产栽培技术，推动规模示范区单产提高到 150 千克/亩以上。

改进采收技术与装备。相关部门要分析橡胶树割胶后产排胶特性的动态变化以及不同割制、不同品种间的产排胶特性差异，明确控制橡胶树产量形成的主要代谢途径，阐明橡胶树胶乳再生、储藏与最佳割胶频率的关联机制，为新型高产高效采胶技术研发提供理论基础；探析不同刺激强度下橡胶树胶乳再生过程的代谢变化；明晰化学调控机理，研发高效化学调控剂及其配套调控技术、采胶技术；构建橡胶树生长大数据监测与生长模型，开展橡胶树信息感知与智能化精准定位与控制技术研究；研发橡胶树皮厚度无损探测技术及装备，研究切割器仿形机器，集成优化采割收装备及其配套技术。通过对高效安全割胶技术、机械化采收胶装备等关键技术攻关与集成应用，构建一套安全高效、机械化程度高的橡胶树现代化采胶技术体系和集成模式，降低割胶生产成本，提高劳动生产效率。

研发品质提升技术与新材料。相关部门要研究农艺因素(如遗传因素、气象因素、栽培措施、采收技术)、加工工艺因素(原料存放、凝固方式、贮存熟化、干燥温度)对天然橡胶分子量大小与分布、非橡胶组分组成与含量及物理机械性能、结晶性能、生热性能、动态疲劳寿命等的影响，明确天然橡胶熟化机理、凝胶形成机理、贮存硬化机理，阐明天然橡胶质量形成机制，研发质量调控关键技术，提升国产天然橡胶的品质和质量一致性。开展端基、分子链化学改性，分子链调节剂对天然橡胶物理机械性能影响的研究，形成高性能天然橡胶加工新技术，引领世界天然橡胶加工科技和新材料产业的发展。加快军工装备、重型卡车轮胎、民用航空轮胎、高铁及建筑物隔减震、医疗卫生制品、探空气球等高性能胶的研发，并实现规模化产业应用。制定生产技术规程及质量标准。

14.2.3 统筹做好科技创新、集成、推广工作

创新一批关键核心技术和装备。针对制约我国天然橡胶产业转型升级的全局性重大瓶颈问题，相关部门要在品种改良、基因组学、质量调控机制、病虫害防控、生态学、割胶技术与装备、绿色加工技术、初加工生产线自动化、木材材质调控、天然橡胶高性能改性技术、大数据等关键领域，加快攻克关键核心技术和装备。

集成一批科技成果和技术模式。相关部门要围绕新品种，集成种植规划、抗逆栽培、采收、保鲜凝固、初加工、新材料等环节一整套技术。坚持市场需求和产业问题导向，扩展林下资源开发利用的技术研发、种苗供应、融资、加工行业发展、市场开拓等方面的思路。加大低频刺激割胶技术、新型割胶工具、木材改性利用、环保高效加工的技术集成。

提高技术推广效率。政府农业推广体系是农业技术扩散的主要渠道，但存在着数量偏少、层次偏低、工作精力分散、技术获取渠道窄等问题。相关部门除加强现有技术推广体系建设外，还需要多样化其他技术扩散渠道，如强化科研院所在技术推广中的作用，探讨以提高初级产品质量为主线的加工企业、原料收购商、农户之间的技术扩散。政府系统的农业技术推广机构仍是技术扩散的主渠道，应当从人员配置、经费保障、条件建设等方面强化农技推广体系建设。

14.3 构建现代产业、生产和经营体系

天然橡胶产业的结构性问题突出，继续深化结构性改革是当前及今后较

长一段时期内的重点工作。一是既要抓好改革工作，进一步理顺广东、海南和云南农垦的体制机制，更好地发挥垦区集团和国有农场的积极性，优化省市县镇的行业管理体系，又要抓好发展工作，引入现代生产要素，构建现代经营体系，促进植胶区社会事业发展。二是既要做好“稳定”的工作，确保划足划优生产保护区，稳定橡胶种植面积和农民收入，促进产业绿色发展，又要做好“调整”的工作，加快研究橡胶林分级建设、分类管理的基础和科学问题，尽快出台相关办法，规范各地区的种植业结构调整行为；调整天然橡胶初级产品结构，开发天然橡胶新材料，更好地满足和保障国防和国民经济关键领域的需求。三是既要充分发挥橡胶林作为农业生产的特性，加大生产基地的标准化建设力度，巩固生产能力，又要充分发挥橡胶林的林业特性，研究橡胶林与其他人工林的经济效益，探索获得生态支持的可行路径。

14.3.1 进一步深化农垦改革，创新行业管理体系

按照“垦区集团化、农场企业化”的改革方向，广东、海南、云南三个橡胶种植农垦集团积极推进土地确权和资产化进程，持续推进国有农场办社会职能改革，并取得了一定的成效，但距离现代企业制度建成尚有差距，比如海南农垦控股集团下属企业改革不彻底，以资本为纽带的管理体制尚未建立。广东、海南、云南三个橡胶种植农垦集团继续深化改革，建立现代企业制度，做强做实国内种植业、初加工业，向海外初加工、贸易、精深加工等领域拓展，力争成为大型跨国企业集团。相关部门应将天然橡胶生产基地维护作为农垦集团获取中央财政支持的重要依据，支持农垦集团以资本为纽带提升市场影响力。

主产区新材料和制品业发展基础薄弱，海南和云南仍以初级产品输出为主，附加值低，产业链短，急需发展天然橡胶材料和制品行业。海南省、云南省西双版纳州应对标马来西亚、印度等主要植胶国的产业链管理模式，基于全产业链管理的基本思路，整合种植业、初加工和制品业的行政管理权限和资源，成立专门机构，协调规划、种苗、种植、初加工、贸易、市场、制品等环节，统一制定、执行和实施相关管理政策。相关部门要整体推进以天然橡胶为试点的热带农产品交易中心、定价中心和价格指数发布中心建设，落实天然橡胶离岸交易和保税交割业务；依托自由贸易港政策红利，吸引下游轮胎企业、胶管、胶带、医用手套等加工企业落户，推进海南天然橡胶产业园区建设。

14.3.2 加快老残胶园更新，提高产业发展潜能

近年来，由于市场价格持续低迷，产业效益不断下滑，胶园弃管弃割现

象严重，尤其是在老残低产胶园弃割弃管更严重。鉴于有效株数少、单株产量低，割胶投产价值缺失等，加快老残胶园更新，将有利于产业的持续健康发展。一方面，通过老残胶园更新，加强道路、桥涵、水土保持工程建设，完善胶园基础及其配套设施改造，改善林间生产条件，提高胶园管理水平，培育胶园生产潜力，打造高标准生产示范基地，带动产业技术升级；另一方面，以老残胶园更新为契机，加速新品种、新模式的推广应用，提高产业发展潜能。老残胶园的更新不仅能有效释放低效的割胶劳动投入，更新木材还能获取一定的经济收益，同时结合新的种植模式应用，发展胶园林下经济，增加产业发展的灵活性，在另一个层面上保障胶农的收入。

14.3.3 引导合作集成经营，提高产业技术水平和产业效益

我国橡胶种植农户种植规模普遍偏小，橡胶园地块分散，难以实现规模效益。调查发现，海南省植胶农户橡胶种植平均规模约为 17.5 亩，每户橡胶地块数量约 2.7 块。为了维持家庭收入，部分橡胶种植面积过小的农户只能放弃割胶外出务工维持家庭经营，部分植胶面积较小的农户则选择每天割胶以维持家庭正常开支。生产经营细碎化，不仅无法发挥橡胶树产能，造成资源浪费，而且也不利于省工高效的超低频割胶技术的推广，橡胶树资产得不到有效保护，资源利用效率难以实现最大化，农户橡胶收入也难以提高。全面落实橡胶林的确权颁证工作，试点橡胶树资源资产化，鼓励通过形式多样的流转方式，如租赁、托管、入股等，形成适度规模经营。鼓励建立橡胶专业合作社，初加工企业与合作社、村集体经济组织、种植大户等经营主体建立合作关系，提高组织化程度。

14.3.4 实施胶园分类管理，建立健全绿色发展体系

我国已划定天然橡胶生产保护区，广东 60 万亩，海南 840 万亩，云南 900 万亩，划定标准为风寒侵袭少、海拔高度低于 900 米。相关部门可结合天然橡胶生产保护区划定工作，对胶园进行分级分类管理，依据气候条件和立地条件，将生产保护区内橡胶林分成若干类型，分别制定技术规程。不同类型胶园均以天然橡胶为主，在生态功能、木材储备、农业多功能等方面有所侧重。重点支持构建以天然橡胶为主，多物种融合、共生共长、相互促进，具有经济功能和生态功能的多物种、多层次、立体型的橡胶林复合生态系统，研究各类胶园的理论基础、建设标准和评价体系。系统开展人工橡胶林的生态功能指标和评价模型、人工橡胶林与天然橡胶天然林的生态功能差异等方面的基础研究，为橡胶种植业绿色发展提供理论支持。

14.3.5 开展社会化服务，加强小农户与现代农业的衔接

2014年以来，放弃割胶生产和胶园管理的种植户比重日益增加，根据抽样调查，早在2015年海南就有20%的种植户完全放弃割胶生产。调查发现种植户的胶园流转意愿很弱，实际流转比例也非常小，短期内难以实现土地的规模经营。相关部门应支持开展试点胶园割胶的“统采统收”、施肥的“统测统施”和病虫害防治的“统防统治”社会化服务，建立社会化服务的标准体系，培育新型市场主体，特别是割胶服务市场，减少胶园弃割弃管的情况发生，保持生产潜力稳定。

14.3.6 规范初加工布局和原料市场，提高产品质量

相关部门应支持初加工企业与橡胶专业合作社、种植大户等主体建立稳定的多种形式的合作关系，减少原料缺陷对产品质量的影响，形成良好的利益分配格局。通过市场化手段，以资本和技术为纽带，借助农垦加工企业技术和品牌优势，形成农垦和民营加工企业间的良好互动关系。严格执行质量标准体系，支持初加工厂建设产品检测室，加强产品质量的过程监测。建立覆盖全部加工企业的质量监测和服务体系，利用农业农村部天然橡胶质量监测站的力量，完善运行机制。优化现有初加工厂的布局，整合或关闭小型加工厂，改造、升级、扩建布局合理的加工厂。新建初加工厂选址要合理，避免过度竞争；重视提高产品质量，重点满足国防和关键国民经济领域对天然橡胶的需求。

14.3.7 探索橡胶林的多功能性，积极开发橡胶林碳汇项目

相关部门应组织生产、科技、文化、艺术界专家学者对天然橡胶产业发展历程进行全面梳理和总结。全面梳理胶园的林业特征和特性，及其在主产区生态文明体制建设中的作用，为丰富“两山理论”做出贡献。完善产业发展的历史和技术档案，充分挖掘历史文化内涵，将橡胶林作为特色产品，融合旅游、休闲、民宿、主题公园等新业态新模式新创意，充分发挥橡胶林的多功能，为乡村振兴提供多方位的产业支持。跟踪研究橡胶林碳汇项目开发进展，参考其他树种的碳汇项目开发经验，探索在不同机制下开发橡胶林碳汇的可行性。

14.4 完善政策支持体系

财政资金具有良好的引导撬动作用，一方面要利用好“两区”建设、海南

自由贸易港等政策机遇，取到更多的财政资金支持，另一方面又要研究如何更加高效发挥财政资金对提高产业自生能力的效果，提升竞争力。因此要处理好以下几个方面的关系：首先要处理好市场和政策的关系，在全面深化改革、扩大开放的大背景，政策设计不能干预市场价格的形成，否则价格信号无法很好地发挥资源配置作用。根据国际天然橡胶市场管制的经验，直接调节市场的政策往往都以失败告终。其次要处理目标和成本的关系，所涉及的政策必须要目标明确，避免一项政策定位多个目标，需要考虑财政成本，特别是大规模降税减费的背景下，不能向政府“漫天要价”，必须基于基础事实做好成本测算。最后处理好国内和国外的关系，受限于国内自然条件，天然橡胶供给需要大量依赖于进口是基本事实，这就要求充分利用好国内国外两个市场、两种资源。国内企业，如广垦橡胶集团、中化国际、海胶集团、云胶集团，通过多种途径提高对天然橡胶资源的掌控能力，支持政策设计需要有所兼顾，但不能以牺牲国内产业为代价。

14.4.1　扩大林业补贴政策覆盖领域和区域

扩大林业补贴政策范围。将林业补贴政策覆盖橡胶种植业，是支持天然橡胶产业发展、发挥橡胶林林业特性的主要方式之一。橡胶林不仅是一种热带作物，还具有明显的林业特性，能够提供具有正外部性的非竞争性、非排他性生态产品，并且其投资周期长、风险大，理应纳入林业补贴范畴。胶园更新是有效保障天然橡胶生产潜力的关键，提高优良品种的比重是增强潜力的基础，天然橡胶良种补贴实施的经验可以印证这点。不同于短期作物，橡胶种植及其非生产期抚管期长达 7 年左右，这期间橡胶树不能提供任何收益，每年还需要较大量的投入。建议通过国家财政支持补贴更新种植和非生产期抚管，合并称为天然橡胶生产保护区的(更新)种植与非生产期抚育补贴，提高胶园的生产潜力。新植或更新胶园要确保规划合理、品种优良、栽培方式合理、品质较好，鼓励探索全周期间作模式、生态胶园等种植模式创新。(更新)种植与非生产期抚管补贴对象原则上是天然橡胶生产保护区内土地承包人，补贴资金用于橡胶园的开垦种植和非生产期抚管。确保种植与抚育的补贴资金应用于橡胶新植和更新以及非生产性抚育，鼓励各地开展多元化的生产性服务、种植模式探索，强化广东、海南和云南省级和县市政府的主体责任，将橡胶林建设成为高产、稳产、效益高的标准化胶园。

为了提高林业补贴资金在橡胶造林和非生产期抚育的绩效，减少部门之间的交叉管理，建议将支持橡胶树造林和抚管的补贴单列，由主管橡胶种植的农业部门负责执行，协同林业、财政等部门制订相应的资金管理办法，形成财权和事权统一的管理格局。胶园新植或更新和非生产期抚管是橡胶树资产形成阶段，每亩约需投入5600元。1800万亩生产保护区，按3.3%更新率，年更新和种植面积60万亩；非生产期抚管7年，年抚管面积360万亩。种植及当年抚管补贴600元/亩，非生产期抚管200元/亩，每年约需资金10.8亿元。

建设良种良苗育繁推一体化基地。为了确保天然橡胶生产保护区内新植和更新胶园的优良品种纯度，建议按照规模化、标准化、专业化的要求，建立约10个国家级的良种种苗繁育基地，由国家级科研机构和通过认定的种苗基地向种植农户或农场定向提供免费优良品种的种苗，费用由中央财政的造林补贴资金直接补贴。在充分总结良种补贴政策实施过程的经验与教训的基础上，创新资金使用方式和方法，提高资金使用效率，减小寻租风险，制定良种定向免费供应的实施办法。根据《橡胶树栽培技术规程(NY/T 221—2006)》，每亩按33株测算，1800万亩生产保护区按3.3%更新率计，每年约需2160万株优良种苗。按照10元/株的价格测算，每年约需资金2.16亿元，以保障橡胶种苗质量和天然橡胶生产保护区内更新胶园的优良品种纯度，全面提升橡胶良种供应能力。

14.4.2 设立胶园地力补贴，稳定橡胶种植面积

参照耕地地力保护补贴的实施办法，设立胶园地力保护补贴政策，用于鼓励农户加强胶园地力保护，其补贴对象为所有在已划定的天然橡胶生产保护区内拥有土地承包权且地面物为橡胶树的经营主体或土地经营者；补贴依据是天然橡胶生产保护区内橡胶种植面积，且每亩定植株数不少于25株，采用直接补贴方式；橡胶树已砍伐的或定植株数达不到标准的，不享受该补贴。在天然橡胶保护区内实施统一的地力保护补贴标准，鼓励农户或农场在胶园中施用有机肥等，稳定橡胶种植面积。若按每亩100元计算，1800万亩生产保护区每年约需18亿元。充分利用好生产保护区划定的成果，准确掌握和确认橡胶林地的权属问题，降低补贴的行政成本；利用好“一张图”的优势和遥感技术，每年进行全面扫描并识别橡胶林地用途变化情况，结合自下而上的统计信息，提高补贴的精准性。

14.4.3 继续实施并扩大橡胶保险覆盖面

继续实施橡胶树灾害(风灾)保险。橡胶树是常年生作物，灾害导致报废之后，后期产量无法收回，而短期作物则可用当年产量损失来体现灾害程度。橡胶树灾害保险有助于种植农户和企业恢复生产。但需要进一步创新灾害保

险产品，加大产品宣传和推广力度，在解决信息不对称、巨灾风险和保险行政成本方面寻找平衡点，显著提高农户的参与率。

加大价格及收入类保险财政倾斜力度，提高保费补贴比例的一致性，减轻经营主体保费负担，提高参保积极性。设立天然橡胶产业信息技术研发专项，利用科技手段做好橡胶产业的规范化管理，以提升橡胶类保险服务能力建设。按照海胶集团申请的中央财政保费补贴比例计算，中央财政出资 1.496 亿元，提供风险保障 17.6 亿元，覆盖开割面积 183.3 万亩，占全国开割面积的 16.85%。中央财政出资额平均每亩 81.6 元，若在全国生产保护区实施天然橡胶收入保险，按 75%开割率，约需中央财政补贴 11 亿元。

14.4.4 加大基础建设与补贴力度

胶园道路建设。将民营胶园逐步纳入国家天然橡胶基地建设范畴，支持改善生产保护区内基础设施条件。建议将天然橡胶生产保护区纳入农业投资范围，胶园主干道路的建设标准为 3 米宽砼硬化路面，以及道路配套排水设施，每公里投入 48 万元。每万亩胶园配套建设 17 公里道路，每年覆盖生产保护区面积的 3.33%，约需 5 亿元。通过多渠道筹集资金，显著改善民营胶园作业环境，建成较完善林间道路网络，支持建设生产性用房。

适度规模经营补贴。2016 年，国家整合了农业“三项补贴”，存量部分主要用于耕地地力保护补贴，增量部分支持开展适度规模经营。亟待通过政策支持加大适度规模经营的比例、扩大低频割制的使用范围，以应对胶园弃割或不正常割胶的比重大问题。建议针对民营胶园(不含地方农场)，开割面积达到 75 亩以上且使用 4 天 1 刀及更低频率割制的种植大户、合作社等经营主体，每年补贴 8000 户，平均每户补助 7500 元。这些措施明减少胶园弃割弃管现象，提高了劳动生产率。

割胶工人津贴。割胶生产属于特殊工种，技术要求高，作业环境差，对身体伤害程度较大。由于割胶生产大多在凌晨进行，不少胶工的视力受损严重，部分风湿病较为严重，错过最佳的休息时段，对身体的伤害较大。割胶是技术性比较强的工种，需要花费较长时间来学习和积累，技术专用性强。据统计，全国胶农约有 100 万人，对连续从事割胶生产 20 年以上的胶农提供职业津贴，预计有 40 万人，首期按照 200 元/人/年，以后逐步提高。具体人数和标准都是初步测算数，有待进一步调研。

14.4.5 统筹好国内国外两种资源、两个市场，支持企业“走出去”

到 2035 年，全球天然橡胶产能布局预计变化不大。受政治经济不稳定的影响，非洲天然橡胶生产预期不太稳定，且空间上距离我国太远，只能作为补充；美洲受限于南美叶疫病和劳动力等因素，增长空间十分有限；南亚斯里兰卡产量小且是净进口国，其生产呈现缓慢萎缩的趋势。而国内天然橡胶资源空间小，未来进口仍是我国天然橡胶供给的主要渠道，因此，必须要充分利用好国内国外两种资源、两个市场，稳定现有的进口来源，开拓新的稳固来源。我国天然橡胶供应保障的重点仍在东南亚，加强与柬埔寨、缅甸和老挝在产能方面的合作。缅甸、老挝、柬埔寨与越南、泰国的自然条件相似，都属于巴西橡胶树的优势种植区域，但这些国家的天然橡胶产量和经济发展水平低，有大量农业劳动力供给。在现有“一带一路”和“澜湄合作”等框架下，充分发挥我国在橡胶种植技术和资金方面的优势，通过技术服务推广、人员培训等方式促进这些地区橡胶种植业发展；发挥我国初加工业的资本和技术优势，促进其天然橡胶初加工和贸易发展，可以使我国更好地利用地理位置优势，加大对天然橡胶供应的保障力度，特别是在特殊情形下的供给保障。加大企业“走出去”支持力度，通过贴息、信用保证等金融手段支持国内企业在海外发展天然橡胶加工和贸易，但对国内企业在海外种植或加工的天然橡胶仍按照现行税收政策执行，避免对国内产业产生影响。加大和优化中国企业在金三角地区发展替代种植的支持政策，发挥好政策的促进作用。

参考文献

[1] Abdulai A., Wallace E. Huffman. The Diffusion of New Agricultural Technologies: The Case of Crossbred-cow Technology in Tanzania[J]. *American Journal of Agricultural Economics*, 2005, 87(3): 645-659.

[2] Adams D. M., Haynes R. W., Darr D. R. A Welfare Analysis of Long-Term Forest Products Price Stabilization[J]. *American Journal of Agricultural Economics*, 1977, 59(4): 662-673.

[3] Alia D. Y., Floquet A., Adjovi E. Heterogeneous Welfare Effect of Cotton Pricing on Households in Benin[J]. *African Development Review*, 2017, 29(2): 107-121.

[4] Barr K. J., Babcock B. A., Carriquiry M. A., Nassar A. M., Harfuch L. Agricultural Land Elasticities in the United States and Brazil[J]. *Applied Economic Perspectives and Policy*, 2009, 33 (3): 449-462.

[5] Bell C. The Acquisition of Agricultural Technology: Its Determinant and Effects[J]. *Journal of Development Studies*, 1972, 9(1): 123-159.

[6] Bowbrick P. *Price Stabilization Funds*. Agricultural Economics Society of Tanzania Conference. 1981, available at http://www.bowbrick.org.uk/Publications/PRICE%20STABILIZATION%20 FUNDS.pdf.

[7] Bruffee K. A. *Collaborative Learning: Higher Education, Interdependence, and the Authority of Knowledge* (2nd Edition). 2715 North Charles Street, Baltimore, MD 21218-4363: Johns Hopkins University Press, 1999: 133-147.

[8] Carlos Rufin. *Institutional Change in the Electricity Industry: A Comparison of Four Latin American Cases*. Discussion Paper E-99-20, Kennedy School of Government, Harvard University, December 1999.

[9] Cartera, Michael R., Lan Cheng. Alexandros Sarris. Where and How Index Insurance Can Boost the Adoption of Improved Agricultural Technologies[J]. *Journal of Development Economics*, 2016(118): 59-71.

[10] Chambers R. G., Quiggin J. Price Stabilization and the Risk - Averse Firm[J]. *American Journal of Agricultural Economics*, 2003, 85(2): 336-347.

[11] Chau G., K. Gray S., & J. Ownership Structure and Corporate Voluntary Disclosure in Hongkong and Singapore [J]. *International Journal of Accounting*, 2002, 37(2): 247-265.

[12] Colombo, Massimo G., and Rocco Mosconi. Complementarity and Cumulative Learning Effects in the Early Diffusion of Multiple Technologies[J]. *The Journal of Industrial Economics*, 1995, 43(1): 13-48.

[13] Conley, Timothy G., and Christopher R. Udry. Learning about a New Technology: Pineapple in Ghana[J]. *The American Review*, 2010, 100(1): 35-69.

[14] de Menezes, T. A., & M. -G. Piketty. Towards a Better Estimation of Agricultural Supply Elasticity: The Case of Soya Beans in Brazil[J]. *Applied Economics*, 2012, 44 (31): 4005-4018.

[15] Deaton, Angus. Commodity Prices and Growth in Africa[J]. *The Journal of Economic Perspectives*, 1999: 23-40.

[16] Deaton, Angus. *The Analysis of Household Surveys: A Microeconometric Approach to Development Policy*. World Bank Publications, 1997.

[17] Deaton, Angus, & Miller R. I. *International Commodity Prices, Macroeconomic Performance, and Politics in Sub - Saharan Africa*. International Finance Section, Department of Economics, Princeton University, 1995.

[18] Devadoss S. Market Interventions, International Price Stabilization, and Welfare Implications[J]. *American Journal of Agricultural Economics*, 1992, 74 (2): 281-290.

[19] Devadoss S., Choi E. K. Factor Price Stabilization and the Competitive Firm[J]. *American Journal of Agricultural Economics*, 1991, 73(3): 749-756.

[20] Feder G., D. L. Umali. The Adoption of Agricultural Innovations: A Review[J]. *Technological Forecasting and Social Change*, 1993, (43): 215-239.

[21] Femenia L. Latruffe, J. P. Chavas. *Responsiveness of Farm Investment to Price Changes: An Empirical Study of the French Crop Sector* [C]. Contributed Paper Presented in the "Journées de Recherche en Sciences Sociales", Paris, France, December 8-9, 2016.

[22] G. Feder, R. E. Just, D. Zilberman. Adoption of Agricultural Innovations in Developing - Countries - A Survey [J]. *Economic Development and Cultural*

Change, 1985, 33 (2): 255-298.

[23] George T. K. International Commodity Agreements: The Case of Natural Rubber[J]. *Social Scientist*, 1987, 15(4/5): 77-86.

[24] Glauber J., Helmberger P. G., Miranda M. J. Four Approaches to Commodity Market Stabilization: A Comparative Analysis[J]. *American Journal of Agricultural Economics*, 1989, 71(2): 326-337.

[25] Goldin C. D., Lawrence F. K. *The Race Between Education and Technology*. Massachusetts: Harvard University Press, 2009: 287-323.

[26] Haile M. G., Kalkuhl M., von Braun J. Worldwide Acreage and Yield Response to International Price Change and Volatility: A Dynamic Panel Data Analysis for Wheat, Rice, Corn, and Soybeans[J]. *American Journal of Agricultural Economics*, 2016, 98(1): 172-190.

[27] Harbury C. D., Tyszynski H. Commodity Agreements and Price Fluctuations[J]. *The Economic Journal*, 1951, 61(243): 652-658.

[28] Helms L. J. Errors in the Numerical Assessment of the Benefits of Price Stabilization[J]. *American Journal of Agricultural Economics*, 1985, 67(1): 93-100.

[29] Hiebert L. D. Producer Preference for Price Stability [J]. *American Journal of Agricultural Economics*, 1984, 66(1): 88-90.

[30] Hinchy M., Fisher B. S. Benefits from Price Stabilization to Producers and Processors: The Australian Buffer-Stock Scheme for Wool [J]. *American Journal of Agricultural Economics*, 1988, 70(3): 604-615.

[31] Israel F., Chalfant J. A. Commodity Price Stabilization in a Peasant Economy[J]. *American Journal of Agricultural Economics*, 1997, 79(4): 1208-1217.

[32] J. Glauber, P. Helmberger and M. Miranda. Four Approaches to Commodity Market Stabilization: A Comparative Analysis[J]. *American Journal of Agricultural Economics*, 1989, 71(2): 326-337.

[33] Jiao X., Pouliot M., Walelign S. Z. Livelihood Strategies and Dynamics in Rural Cambodia[J]. *World Development*, 2017, 97: 266-278.

[34] Just R. E., Lutz E., Schmitz A., Stephen J. T. The Distribution of Welfare Gains from International Price Stabilization under Distortions[J]. *American Journal of Agricultural Economics*, 1977, 59(4): 652-661.

[35] Karshenas M., Stoneman P. L. Rank, Stock, Order, and Epidemic Effects in the Diffusion of New Process Technologies: An Empirical Model[J]. *The*

RAND Journal of Economics, 1993, 24(4): 503-528.

[36] Konandreas P. A., Schmitz A. Welfare Implications of Grain Price Stabilization: Some Empirical Evidence for the United States[J]. *American Journal of Agricultural Economics*, 1978, 60(1): 74-84.

[37] Lansink A. O. Area Allocation Under Price Uncertainty on Dutch Arable Farms[J]. *Journal of Agricultural Economics*, 1999, 50 (1): 93-105.

[38] Larson, Nathan, Sheetal Sekhri, Rajinder Sidhu. Adoption of Water-saving Technology in Agriculture: The Case of Laser Levellers[J]. *Water Resources and Economics*, 2016(14): 44-64.

[39] Leathers H. D., M. Smale. A Bayesian Approach to Explaining Sequential Adoption of Components of a Technological Package[J]. *American Journal of Agricultural Economics*, 1992(68): 519-527.

[40] Li H., Rozelle S. Insider Privatization with A Tail: The Screening Contract and Performance of Privatized Firms in Rural China [J]. *Journal of Development Economics*, 2004, 75(1): 1-26.

[41] Lin, Justin Yifu. An Economic Theory of Institutional Change: Induced and Imposed Change[J]. *Cato Journal*, 1989, 9(1): 1-33.

[42] Lindner R. K., P. G. Pardey, F. G. Jarrett. Distance to Information Source and the Time Lag to Early Adoption of Trace Element Fertilizers[J]. *Australian Journal of Agricultural Economy*, 1982, 26(2): 98-113.

[43] Lindner R. K. Adoption and Diffusion of Technology: An Overview. In: Champ B. R., Highly E., Remenyi J. V. (Eds.) *Technological Change in Postharvest Handling and Transportation of Grains in the Humid Tropics*[C]. ACIAR Proceedings Series, Australian Centre for International Agricultural Research, 1987 (19): 144-151.

[44] M. Hinchy, B. S. Fisher. Benefits from Price Stabilization to Producers and Processors: The Australian Buffer-Stock Scheme for Wool [J]. *American Journal of Agricultural Economics*, 1988, 70(3): 604-615.

[45] Marglin, Stephen A. The Social Rate of Discount and the Optimal Rate of Investment[J]. *Quarterly Journal of Economics*, 1963, 77 (1): 95-111.

[46] Mason N. M., Jayne T. S., Myers R. J. Smallholder Supply Response to Marketing Board Activities in a Dual Channel Marketing System: The Case of Zambia[J]. *Journal of Agricultural Economics*, 2015, 66(1): 36-65.

[47] Middleton J. *Skills for Productivity: Vocational Education and Training in Developing Countries*[M]. 200 Madison Avenue, New York, NY 10016: Oxford University Press, 1993: 205-212.

[48] Miranda M. J., Helmberger P. G. The Effects of Commodity Price Stabilization Programs[J]. *The American Economic Review*, 1988, 78(1): 46-58.

[49] Mirrlees J. A. The Optimal Structure of Incentives and Authority within an Organization[J]. *Bell Journal of Economics*, 1976(7): 105-131.

[50] Mirrlees J. A. *The Theory of Moral Hazard and Unobservable Behavior*, Part I. Mimeo, Nuffield College, Oxford, 1975.

[51] Mirrlees J. A. *Notes on Welfare Economics, Information and Uncertainty*. In M. Balch, D. McFadden and S. Wu (eds.), Essays in Equilibrium Behavior under Uncertainty, Amsterdam, 1974: North-Holland.

[52] Myers, Sumner. *The Demonstration Project as a Procedure for Accelerating the Application of New Technology*. Institute of Public Administration: Washington, DC, USA, 1978.

[53] P. D. Abraham，魏小弟．用 Motoray Mark Ⅱ 型电动胶刀的割胶试验[J]. 热带作物译丛，1987(1): 16-18.

[54] Rogers E. M. Lessons for Guidelines from the Diffusion of Innovations[J]. *The Joint Commission Journal on Quality Improvement*, 1995, 21(7): 324-328.

[55] Rogers E. M. *Diffusion of Innovations* (3rd ed). New York: The Free Press, 1983.

[56] Rogers, Everett M., and George M. Beal. The Importance of Personal Influence in the Adoption of Technological Change Social Forces. 1957(36): 329.

[57] Ross E. S. The Economic Theory of Agency: The Principal's Problem [J]. *American Economic Review*, 1973(63): 134-139.

[58] Ryan, Bryce, and Neal C. Gross. *Acceptance and Diffusion of Hybrid Corn Seed in Two Iowa Communities*[C]. Research Bulletin 372, Agricultural Experiment Station, Ames, Iowa, 1945.

[59] Ryan, Bryce, and Neal C. Gross. The Diffusion of Hybrid Seed Corn in Two Iowa Communities[J]. *Rural Sociology*, 1943(8): 15-24.

[60] Schneiberg Marc, Combining New Institutionalisms: Explaining Institutional Change in American Property Insurance[J]. *Sociological Forum*, 2005, 20(1): 93-137.

[61] Singh, Inderjit, Lyn Squire, and John Strauss. A Survey of Agricultural Household Models: Recent Findings and Policy Implications[J]. *The World Bank Economic Review*, 1986a, 1(1): 149-179.

[62] Singh, Inderjit, Lyn Squire, and John Strauss. *Agricultural Household Models: Extensions, Applications, and Policy*. The World Bank, 1986b.

[63] Sivakumaran S., Ismail Hashim, Abraham P. D. The Effect of Direction of Tapping and Position of Cut on Yield Response Stimulation[J]. *Journal of the Rubber Research Institute of Malaysia*, 1985, 33(2): 104-124.

[64] Sokoloff K. L. Inventive Activity in Early Industrial America: Evidence from Patent Records, 1790-1846[J]. *The Journal of Economic History*, 1988, 48(4): 813-850.

[65] Spence M. and R. Zechhauser. Insurance, Information and Individual Action[J]. *American Economic Review (Papers and Proceedings)*, (61): 380-387.

[66] Stephen J. T. Price Expectations and the Welfare Gains from Price Stabilization[J]. *American Journal of Agricultural Economics*, 1974, 56(4): 706-716.

[67] Thankamma L. Why Does the Tapping Panel Go Dry? [J]. *Rubber Asia*, 2000(7-8): 47-48.

[68] Tsur Y., M. Sternberg, E. Hochman. Dynamic Modeling of Innovation Process Adoption with Risk Aversion and Learning[J]. *Oxford Economic Papers*, 1990(42): 336-355.

[69] Valente T. W., and E. M. Rogers. The Origins and Development of the Diffusion of Innovation Paradigm as an Example of Scientific Growth[J]. *Science Communication*, 1995, 16(3): 242-273.

[70] Valente, Thomas W., and Everett M. Rogers. The Origins and Development of the Diffusion of Innovation Paradigm as an Example of Scientific Growth[J]. Science Communication, 1995, 16(3): 242-273.

[71] Vitale J. D., Djourra H., Sidibé A. Estimating the Supply Response of Cotton and Cereal Crops in Smallholder Production Systems: Recent Evidence from Mali[J]. *Agricultural Economics*, 2009, 40(5): 519-533.

[72] Wilson R. The Structure of Incentive for Decentralization under Uncertainty. *La Decision*, 171.

[73] Wong C. M. Welfare Implications of Price Stabilization with Monopolistic Trade[J]. *American Journal of Agricultural Economics*, 1989, 71(1): 43-54.

[74] Yu B., Liu F., You L. Dynamic Agricultural Supply Response Under Economic Transformation: A Case Study of Henan, China[J]. *American Journal of Agricultural Economics*, 2012, 94 (2): 370-376.

[75] Zeller M., A. D., C. Mataya. Market Access by Smallholder Farmers in Malawi: Implications for Technology Adoption, Agricultural Productivity and Crop Income[J]. *Agricultural Economics*, 1998, 19 (1-2): 219-229.

[76] 阿红昌，段波，王树明．滇东南橡胶树寒害后次期性害虫危害状况调查[J]．热带农业科技，2011(4)：4-7.

[77] 布鲁索埃里克·克鲁索，格拉尚让·米歇尔·格拉尚．契约经济学：理论和应用[M]．王秋石，等译校．北京：中国人民大学出版社，2011.

[78] 操戈．我国橡胶产业有望实现机械化采胶[N]．农民日报，2017-04-28(02).

[79] 曹建华，张以山，等．天然橡胶便携式采胶机械研究[J]．中国农机化学报，2020，41(8)：20-27.

[80] 曹建民，胡瑞法，黄季焜．技术推广与农民对新技术的修正采用：农民参与技术培训和采用新技术的意愿及其影响因素分析[J]．中国软科学，2005(6)：60-66.

[81] 曹熔琨．油菜种植户新品种采用行为影响因素实证分析[J]．经济视角(中旬)，2011(8)：146-147.

[82] 常鹏翱．国有农用地的产权构造[J]．中国政法大学学报，2021(3)：83-93.

[83] 陈波．农户采用水稻生产新技术和参与稻米产业化经营行为研究——基于江苏兴化、高邮、东海三县(市)的实证分析[D]．扬州：扬州大学，2005.

[84] 陈国林．云南天然橡胶产业发展研究[D]．北京：清华大学，2005.

[85] 陈和午．农户模型的发展与应用：文献综述[J]．农业技术经济，2004(3)：2-10.

[86] 陈会英，赵瑞莹，周衍平．农民对植物品种权认知程度与使用种子情况调查——以山东省为例[J]．农业经济问题，2010(9)：68-76.

[87] 陈剑波．制度变迁与乡村非正规制度——中国乡镇企业的财产形成与控制[J]．经济研究，2000(1)：48-55，80.

[88] 陈柯．林下经济发展制约因素分析[J]．林业经济，2014(12)：104-109.

[89] 陈克新."双债危机"恐慌蔓延橡胶价格震荡下行：2011 年 10 月橡胶市场分析[J]. 市场信息，2011(12)：35-37.

[90] 陈桥，金凤，许能锐. 海南民营橡胶生产成本调查与分析——基于儋州大集地区的典型调查[J]. 广西热带农业，2009(3)：19-21.

[91] 陈少平. 广东农垦改革发展的探索[J]. 中国农垦，2005(4)：15-17.

[92] 陈绍军，李如春，马永斌. 意愿与行为的背离：城市居民生活垃圾分类机制研究[J]. 中国人口·资源与环境，2015，25(9)：168-176.

[93] 陈世新. 加速我国天然胶生产的看法[J]. 热带作物研究，1983(2)：23-27.

[94] 陈天仪. 农户发展林下经济现状与诉求的实证分析——基于河南省内黄县的调查[J]. 林业经济，2014(6)：45-47，63.

[95] 陈燕，许朗. 河南省滑县农户采纳玉米新品种的影响因素分析[J]. 广东农业科学，2016(3)：173-179.

[96] 陈瑶. 西双版纳 2009/2010 年秋冬春连旱对橡胶生产的影响[J]. 热带农业科技，2010(2)：43-46.

[97] 陈勇. 却顾所来径　苍茫横翠微——海南农垦"两个 3 年"改革成效显著[J]. 中国农垦，2019(7)：33-34.

[98] 陈志刚，曲福田. 农地产权结构与农业绩效：一个理论框架[J]. 学术月刊，2006(9)：89-94.

[99] 陈中涛. 天然橡胶价格弱势下行：8 月份国内天然橡胶市场综述[J]. 中国橡胶，2008(19)：24-25.

[100] 程汉亭，沈奕德，范志伟，等. 橡胶—益智复合生态系统综合评价研究[J]. 热带农业科学，2014(10)：7-11.

[101] 程军国，秦涛，奇正勋. 中国家庭农场形成机理研究——基于新制度经济学的视角[J]. 世界农业，2020(9)：13-19.

[102] 仇键，杨文凤，吴明，等. 橡胶树 PR107 不同乙烯浓度气刺微割的产量和生理效应[J]. 广东农业科学，2014，41(8)：74-77.

[103] 储成兵，李平. 农户对转基因生物技术的认知及采纳行为实证研究——以种植转基因 Bt 抗虫棉为例[J]. 财经论丛，2013(1)：83-87.

[104] 崔美龄，傅国华. 我国天然橡胶种植户生产行为的影响因素分析：基于橡胶价格持续低迷的背景[J]. 中国农业资源与区划，2017，38(5)：86-93.

[105] 崔智敏，宁泽逵. 健康、教育与农民外出就业行为研究：基于陕西省的调查[J]. 统计与信息论坛，2010，25(6)：107-112.

［106］戴俊．优化热作产业结构 发展琼海热作产业——琼海主要热作栽培品种种植情况及经济效益调查［J］．中国热带农业，2013(3)：37-40.

［107］邓静飞，汪秀华．海南天然橡胶林下经济发展模式及对策研究［J］．中国热带农业，2013(5)：28-31.

［108］杜凯，李均立，卞平平．原油价格对天然橡胶价格的分布滞后模型［J］．中国市场，2010(27)：114-115，118.

［109］范垄基，穆月英，付文革，等．基于 Nerlove 模型的我国不同粮食作物的供给反应［J］．农业技术经济，2012(12)：4-11.

［110］方福平，李凤博．稻谷价格波动与农民种稻行为动态关系的实证分析［J］．中国农村经济，2010(12)：46-54.

［111］冯德龙．国有农场社企分离的实践意义——江苏省南通农场社企分离改革总结［J］．农场经济管理，2018(1)：40-42.

［112］冯华．农产品价格波动影响农地利用的实证研究：以甘肃省定西市为例［J］．南方农村，2014(4)：22-26.

［113］冯娟，赵朝飞，柯佑鹏．天然橡胶期货价格与现货价格波动关系的实证研究［J］．现代经济(现代物业下半月刊)，2009，8(5)：10-12.

［114］冯均科．不同产权结构下内部控制效率的研究［J］．中国工业经济，2001(8)：28-33.

［115］符方雄，张德生．橡胶树风灾保险处理实践与改进［J］．热带农业科技，2010(2)：38-42.

［116］符耀彩，孙乐明．小蠹虫害大面积爆发［N］．海南日报，2008-03-17(07).

［117］甫发能．总结历史经验走适合德宏植胶的路子［J］．云南热作科技，2000(4)：674-675.

［118］高海．论农垦国有农用地使用权的性质与构造［J］．农业经济问题，2019(2)：82-91.

［119］高帅．贫困地区农户食物安全研究——以西部六县为例［D］．杨凌：西北农林科技大学，2013.

［120］宫胜利．钢铁行业上市公司资本结构对财务治理效率的影响［J］．财会通讯，2020(18)：82-85.

［121］辜胜阻，李正友．中国自下而上城镇化的制度分析［J］．中国社会科学，1998(2)：60-70.

［122］桂俊煜，张彩虹．我国天然橡胶期货与现货价格关系研究：基于

协整理论的实证分析[J]. 价格理论与实践，2013(10)：73-74.

[123] 郭颖梅，李永勤，朱晓丽．深化云南农垦企业改革的思考[J]. 经济研究导刊，2016(28)：5-7.

[124] 郭正平．小胶园施肥和乙烯丰刺激工作述评[J]. 福建热作科技，1979(4)：23-25.

[125] 国鲁来．农业技术创新诱致的组织制度创新：农民专业协会在农业公共技术创新体系建设中的作用[J]. 中国农村观察，2003(5)：24-31，45.

[126] 海南农垦报．开割胶园职工家庭长期承包主要问题解答[N]. 海南农垦报，2012-12-05.

[127] 韩朝华．国有农场的"办社会"职能及其改革方向[J]. 中国农村经济，2018(5)：2-18.

[128] 韩佩定．割胶技术管理应注意的几个问题[J]. 海南农垦科技，2005(6)：16-17.

[129] 韩天龙．书写农垦新华章：云南农垦集团政企分开4周年改革发展纪实[J]. 人民周刊，2018(15)：44-45.

[130] 韩旭东，李德阳，王若男，等．盈余分配制度对合作社经营绩效影响的实证分析：基于新制度经济学视角[J]. 中国农村经济，2020(4)：56-77.

[131] 韩长赋．着力推进农业供给侧结构性改革[J]. 求是，2016(9)：59-60.

[132] 何康，黄宗道．热带北缘橡胶树栽培[M]. 广州：广东科技出版社，1987.

[133] 何泽华，周全．推行胶蕉间种做响林下经济[J]. 中国热带农业，2008(3)：26-27.

[134] 何长辉，刘锐金，莫业勇，等．农户橡胶树新品种采用行为及其影响因素分析——基于云南和海南植胶区调查[J]. 西南农业学报，2016(3)：713-719.

[135] 何长辉，刘锐金，莫业勇．农户割胶技术认知及其影响因素分析：基于云南和海南植胶区的调查[J]. 热带农业科学，2016，36(6)：85-90，96.

[136] 何震天．高邮农民采用稻麦新品种影响因素分析[D]. 北京：中国农业大学，2005.

[137] 何子阳，李玉珠．农产品价格与农户经济行为的个案分析[J]. 调研世界，1993(3)：28-33.

［138］和丽岗，肖桂秀，宁连云，等．云南橡胶树选育种现状和展望［J］．热带农业科技，2010(1)：1-4，12.

［139］贺梅英，庄丽娟．市场需求对农户技术采用行为的诱导：来自荔枝主产区的证据［J］．中国农村经济，2014(2)：33-41.

［140］贺雪峰．国有农场对农村经营体制改革的启示［J］．华中农业大学学报(社会科学版)，2017(3)：1-7.

［141］胡东书．家庭农场：经济发展较成熟地区农业的出路［J］．经济研究，1996(5)：65-70.

［142］黄贵修，许灿光．中国天然橡胶病虫草害识别与防治［M］．北京：中国农业出版社，2012.

［143］黄国庆，刘钇，时朋飞．民族地区脱贫户返贫风险评估与预警机制构建［J］．华中农业大学学报(社会科学版)，2021(4)：79-88，181-182.

［144］黄华孙．中国橡胶树育种五十年［M］．北京：中国农业出版社，2005.

［145］黄珺，周春娜．股权结构、管理层行为对环境信息披露影响的实证研究：来自沪市重污染行业的经验证据［J］．中国软科学，2012(1)：133-143.

［146］黄庆节．农户对新品种供需匹配状况感知及其影响因素研究［D］．武汉：华中农业大学，2016.

［147］黄少安．关于制度变迁的三个假说及其验证［J］．中国社会科学，2000(4)：37-49，202.

［148］黄世国，许能锐，胡卫东，等．海南民营橡胶生产成本调查分析［J］．广西热带农业，2007(5)：39-41.

［149］黄武，韩喜秋，朱国美．花生种植户新品种采用的影响因素分析——以安徽省滁州市为例［J］．农业技术经济，2012(12)：12-21.

［150］黄学全．海南垦区天然橡胶气刺割胶技术示范推广应用与发展对策［J］．中国热带农业，2009(6)：43-45.

［151］集体林权制度改革监测项目组．林下经济发展现状及问题研究——基于70个样本县的实地调研［J］．林业经济，2014(2)：11-14，109.

［152］季晓南．产权结构、公司治理与企业绩效的关系研究［D］．北京：北京交通大学，2009.

［153］冀春花，吴振忠，陈兵，等．橡胶林胶菌复合生态系统工程的建设与实践［J］．中国热带农业，2010(3)：51-53.

［154］江泰．创新土地管理方式推进垦区集团化农场企业化改革［J］．新

经济，2018(10)：38-41.

[155] 姜雅莉．蔬菜价格波动及传导研究[D]．杨凌：西北农林科技大学，2013.

[156] 蒋桂芝，李健祥，罗宗云．橡胶树死皮病与割胶技术相关因素分析[J]．热带农业科技，2012(1)：1-3，7.

[157] 蒋乃华．中国粮食生产与价格波动研究[D]．南京：南京农业大学，1998.

[158] 金璟．云南农垦橡胶企业经济改革定量分析[D]．成都：西南财经大学，2005.

[159] 靳雅棋．基于农户视角的林下经济效益评价[D]．北京：中国林业科学研究院，2016.

[160] 靖飞．影响农户水稻品种认知的因素分析——基于江苏省水稻种植农户的调查数据[J]．中国农村经济，2008(4)：16-23.

[161] 柯佑鹏，过建春．对我国三大植胶垦区天然橡胶的成本比较分析[J]．中国农垦经济，2003(4)：31-33.

[162] 柯佑鹏，过建春．对我国天然橡胶成本的预测分析与对策建议[J]．农业技术经济，2004(3)：47-52.

[163] 柯佑鹏，过建春．天然橡胶生产的成本核算[J]．热带作物研究，1992(2)：48-53.

[164] 孔泾源．市场化与产权制度：变迁过程的理论分析[J]．经济研究，1994(6)：72-79.

[165] 孔泾源．中国农村土地制度：变迁过程的实证分析[J]．经济研究，1993(2)：65-72，16.

[166] 孔祥智，方松海，庞晓鹏，等．西部地区农户禀赋对农业技术采纳的影响分析[J]．经济研究，2004(12)：85-95，122.

[167] 雷国雄．制度变迁：一个拟生物演化模型[J]．经济学(季刊)，2009，8(4)：1591-1614.

[168] 李达，张绍文．中国橡胶主产区橡胶种植规模发展动态研究[J]．林业经济问题，2021(3)：802-809.

[169] 李冬梅，刘智，唐殊，等．农户选择水稻新品种的意愿及影响因素分析——基于四川省水稻主产区 402 户农户的调查[J]．农业经济问题，2009(11)：44-50.

[170] 李光泗，王莉，刘梦醒．粮食价格支持与农业生产反应——基于

小麦数据的实证分析[J]. 江苏师范大学学报(哲学社会科学版)，2017(6)：126-132.

[171] 李昊，李世平，南灵. 农药施用技术培训减少农药过量施用了吗?[J]. 中国农村经济，2017(10)：80-96.

[172] 李锦华. 国有农场如何甩掉企业办社会这个包袱——宁夏农垦改革纪实[J]. 农村工作通讯，2018(20)：41-44.

[173] 李钧立，许能锐，韦开蕾. 石油与天然橡胶价格关系的实证研究：基于2005—2011年月度数据分析[J]. 经济研究参考，2011(71)：68-71.

[174] 李楠楠，李同昇，于正松，等. 基于Logistic-ISM模型的农户采用新技术影响因素——以甘肃省定西市马铃薯种植技术为例[J]. 地理科学进展，2014，33(4)：542-551.

[175] 李强，张林秀. 农户模型方法在实证分析中的运用——以中国加入WTO后对农户的生产和消费行为影响分析为例[J]. 南京农业大学学报(社会科学版)，2007(1)：25-31，20.

[176] 李维. 农户水稻种植意愿及其影响因素分析——基于湖南资兴320户农户问卷调查[J]. 湖南农业大学学报(社会科学版)，2010(5)：7-13.

[177] 李维国. 橡胶树优良品种热研73397推广应用前景[J]. 世界热带农业信息，2008(11)：27-28.

[178] 李文瑛，肖小勇. 价格波动背景下生猪养殖决策行为影响因素研究——基于前景理论的视角[J]. 农业现代化研究，2017，38(3)：484-492.

[179] 李娅，韩长志. 基于农户意愿的云南省林下经济发展路径研究[A]//中国科学技术协会，贵州省人民政府. 第十五届中国科协年会：中国西部生态林业和民生林业与科技创新学术研讨会论文集[C]. 中国科学技术协会，贵州省人民政府，2013：5.

[180] 李用鹏，孙剑. 武汉市农户对转基因水稻的认知程度及其影响因素实证研究[J]. 天津农业科学，2013(6)：28-34.

[181] 梁运强. 近年来特大风寒灾害对海南橡胶产业的影响及反思[J]. 世界热带农业信息，2008(11)：21.

[182] 廖红伟，郑姣姣. 产权结构、市场结构对国企创新行为的综合影响——基于中国制造业市场绩效的实证检验[J]. 江汉论坛，2018(9)：24-32.

[183] 廖灵芝，李显华. 林下经济发展的制约因素及对策建议——基于云南省大关县的调查[J]. 中国林业经济，2012(1)：10-12.

[184] 林福宇. 全周期间作模式胶园的间作资源特性及其利用的初步研

究[D]. 海口：海南大学，2014.

[185] 林涛. 海南农垦改革思路[J]. 热带农业科学，2003(2)：27-33.

[186] 林位夫，曾宪海，陈俊明，等. 橡胶树由下往上的割面规划及割胶技术初探[J]. 热带作物学报，2002(2)：1-5.

[187] 林位夫，曾宪海，谢贵水，等. 关于橡胶园间作的思考与实践[J]. 中国热带农业，2011(4)：11-15.

[188] 林位夫，周珺，王军. 应对胶价低迷的生产技术对策探讨[J]. 热带农业科学，2015(4)：1-3.

[189] 林毅夫. 农业合作化和效率：理论和中国的经验[J]. 中国社会科学(季刊)，1994，(香港)夏季卷。

[190] 林毅夫. 制度技术与中国农业发展[M]. 上海：上海三联书店，2008.

[191] 林运萍，陈兵，朱智强，等. 海南农垦发展林下经济的探索与思考[J]. 中国热带农业，2008(6)：13-15.

[192] 刘朝旭，刘黎明，彭倩. 南方双季稻区农户水稻种植模式的决策行为分析——基于湖南省长沙县农户调查的实证研究[J]. 资源科学，2012(12)：2234-2241.

[193] 刘芳，李欣，王浩. 农户农产品生产意愿影响因素的实证分析——以广东省油茶种植为例[J]. 中国农村观察，2010(6)：54-65.

[194] 刘涵，王景旭，周末，等. 农户超级稻品种采纳行为及影响因素的实证研究——基于湖北省农户种植超级稻的调查[J]. 华中农业大学学报(社会科学版)，2010(4)：32-36.

[195] 刘宏曼，郭鉴硕. 基于 Nerlove 模型的我国大豆供给反应实证分析[J]. 华中农业大学学报(社会科学版)，2017(6)：44-50.

[196] 刘锐金，何长辉，莫业勇. 新形势下国际天然橡胶产业发展趋势分析[J]. 中国热带农业，2015(增刊)：118-123.

[197] 刘锐金，王成丽. 棕榈油供给冲击与国内植物油价格波动的动态关系分析[J]. 南方农业学报，2017，48(4)：739-747.

[198] 刘锐金，魏宏杰，莫业勇. 基于小波分析的价格周期识别：以天然橡胶和合成橡胶价格为例[J]. 数学的实践与认识，2012(20)：38-46.

[199] 刘锐金，魏宏杰，杨琳. 国内外橡胶价格的动态关系分析[J]. 林业经济问题，2010，30(5)：411-416.

[200] 刘锐金，魏宏杰，杨琳. 天然橡胶价格波动研究：规律发现、市

场关联与形成机制[M]. 北京：中国经济出版社，2013.

[201] 刘少军，张京红，蔡大鑫，等. 海南岛天然橡胶风害评估系统研究[J]. 热带农业科学，2013(3)：63-66，71.

[202] 刘绍凯，许能锐. 寒害对海南西庆农场橡胶林的影响与防害措施[J]. 林业科学，2008(11)：161-163.

[203] 刘帅，钟甫宁. 实际价格、粮食可获性与农业生产决策——基于农户模型的分析框架和实证检验[J]. 农业经济问题，2011，32(6)：15-20，110.

[204] 刘伟，黄桂田. 中国银行业改革的侧重点：产权结构还是市场结构[J]. 经济研究，2002(8)：3-11.

[205] 刘小玄，李利英. 改制对企业绩效影响的实证分析[J]. 中国工业经济，2005(3)：5-12.

[206] 刘晓光，张慧坚，李光辉，等. 海南省主要热带作物灾害脆弱性分析及对策研究——以天然橡胶种植业为例[J]. 自然灾害学报，2012(6)：104-110.

[207] 刘笑明，李同昇，张建忠. 基于小麦良种的农业技术创新扩散研究[J]. 农业系统科学与综合研究，2011，27(2)：148-153.

[208] 刘馨，曾祥亮，代琳，等. 关于黑龙江垦区国有农场办社会机构社会化用工情况的调研报告[J]. 农场经济管理，2020(4)：21-27.

[209] 卢现祥，朱巧玲. 新制度经济学(第二版)[M]. 北京：北京大学出版社，2012.

[210] 罗必良，汪沙，李尚蒲. 交易费用、农户认知与农地流转：来自广东省的农户问卷调查[J]. 农业技术经济，2012(1)：11-21.

[211] 罗必良. 合约的不稳定与合约治理——以广东东进农牧股份有限公司的土地承租为例[C]//张曙光主编. 中国制度变迁的案例研究[M]. 北京：中国财政经济出版社，2011：221-260.

[212] 罗必良. 合作机理、交易对象与制度绩效——温氏集团与长青水果场的比较研究[C]//张曙光主编. 中国制度变迁的案例研究[M]. 北京：中国财政经济出版社，2008：555-606.

[213] 罗建强，姜亚文，李洪波. 农机社会化服务生态系统：制度分析及实现机制——基于新制度经济学理论视角[J]. 农业经济问题，2021(6)：34-46.

[214] 罗峦. 粮食价格信号对农户行为的影响[J]. 湖南农业大学学报(社会科学版)，2000(2)：34-36.

[215] 骆友生，张红宇．家庭承包责任制后的农地制度创新[J]．经济研究，1995(1)：69-80.

[216] 吕维明，王大庆，王阳．黑龙江垦区分离国有农场办社会职能“三种模式”探索实践[J]．农场经济管理，2019(5)：3-4.

[217] 马翠萍，肖海峰．我国大豆种植户持续种植意愿的影响因素——基于山东省农户的调查问卷[J]．技术经济，2011(9)：85-89.

[218] 马小勇，白永秀．生产风险、资金约束与农户的新品种采用行为——基于陕西三县调查数据的经验分析[J]．福建论坛(人文社会科学版)，2013(3)：14-20.

[219] 麦全法，李晓波，李文海，等．气刺微割技术对不同品系的更新橡胶树割胶效果初报[J]．中国农学通报，2012(25)：64-67.

[220] 苗珊珊．大米价格波动的农户福利效应研究[J]．西安财经学院学报，2014，27(4)：52-57.

[221] 苗壮．制度变迁中的改革战略选择问题[J]．经济研究，1992(10)：82-79，89.

[222] 民政部国家减灾办．民政部国家减灾办发布2014年全国自然灾害基本情况[EB/OL]．2015-01-05. http://www.mlr.gov.cn/xwdt/bmdt/201501/t20150105_1340457.htm.

[223] 闵师，王晓兵，白军飞，等．预期价格变动对农户生产行为调整的非对称影响：基于西双版纳胶农调查分析[J]．农业现代化研究，2017，38(3)：475-483.

[224] 牟爱州．小麦种植大户农业新技术需求意愿影响因素分析——基于河南省790户小麦种植大户的调查数据[J]．南方农业学报，2016(4)：684-690.

[225] 牛静明，校现周，杨文凤，等．巴西橡胶树气刺割胶中不同刺激位置的生理效应[J]．热带作物学报，2012，32(7)：1191-1195.

[226] 诺思．道格拉斯 C. 制度、制度变迁与经济绩效[M]．杭行译．上海：上海三联书店，1994.

[227] 彭斌，刘俊昌．民族地区绿色扶贫新的突破口——广西发展林下经济促农增收脱贫路径初探[J]．学术论坛，2013(11)：100-104，134.

[228] 彭中人，韩东亮，山云辉，等．云南德宏小粒咖啡复合栽培模式及其效益分析[J]．热带农业科学，2012(6)：21-24.

[229] 齐振宏，梁凡丽，周慧，等．农户水稻新品种选择影响因素的

实证分析——基于湖北省的调查数据［J］. 中国农业大学学报，2012（2）：164-170.

［230］齐振宏，王培成，喻宏伟，等. 稻农选择新技术意愿影响因素的实证研究［J］. 中国科技论坛，2009（9）：123-128.

［231］祁栋灵，高宏华，丰明，等. 基于农户视角的橡胶生产技术应用及需求分析——以海南琼中黎族苗族自治县营根镇为例［J］. 热带农业科学，2013（10）：81-85.

［232］祁栋灵，黄月球，王秀全. 民营胶园植胶状况调查与初步分析——以海南儋州地区橡胶种植户调查为例［J］. 热带农业科学，2011（12）：75-77，83.

［233］乔榛，焦方义，李楠. 中国农村经济制度变迁与农业增长——对1978—2004年中国农业增长的实证分析［J］. 经济研究，2006（7）：72-82.

［234］秦伟. 可持续发展视角下的农户个体选择行为——以西双版纳橡胶种植业为例［J］. 云南社会科学，2008（5）：117-122.

［235］任克双. 新品种扩散过程中农户采用行为及影响因素的实证研究［D］. 武汉：华中农业大学，2008.

［236］上海化工. 天然橡胶市场价格的历史现状与趋势［J］. 上海化工，2001（5）：41-42.

［237］邵飞，陆迁. 基于Nerlove模型的中国不同区域玉米供给反应研究［J］. 经济问题，2011（7）：73-76.

［238］沈平华，王卫疆. 东风农场推行家庭承包经营改革的问题及思考［J］. 中国农垦，2013（11）：38-41.

［239］沈雅琴. 长期土地承租合约下农业产业化及其绩效的经济学研究［D］. 上海：复旦大学，2004.

［240］实底·奄努埃，王云翔，汪慕恒. 1958—1961年泰国橡胶价格波动研究［J］. 南洋问题资料译丛，1962（2）：92-104.

［241］司伟，王秀清. 中国糖料的供给反应［J］. 中国农村观察，2006（4）：2-11，55.

［242］宋建武，蒋菊生，刘志崴. 优化天然橡胶基地投资结构　促进产业可持续发展［J］. 中国热带农业，2006（2）：11-14.

［243］宋金田，祁春节. 农户柑橘种植意愿及影响因素实证分析——基于我国柑橘主产区152个农户的调查［J］. 华中农业大学学报（社会科学版），2012（4）：17-21.

[244] 宋军，胡瑞法，黄季焜．农民的农业技术选择行为分析[J]．农业技术经济，1998(6)：37-40，45.

[245] 宋雨河，武拉平．价格对农户蔬菜种植决策的影响：基于山东省蔬菜种植户供给反应的实证分析[J]．中国农业大学学报(社会科学版)，2014，31(2)：136-142.

[246] 宋雨河，武拉平．农户粮食种植决策影响因素研究——基于河北省农村固定观察点数据[J]．中国农业资源与区划，2017(1)：12-16.

[247] 宋雨河．农户生产决策与农产品价格波动研究——以果类蔬菜为例[D]．北京：中国农业大学，2015.

[248] 孙圣民．工农业关系与经济发展：计划经济时代的历史计量学在考察——兼与姚洋、郑东雅商榷[J]．经济研究，2009(8)：135-147.

[249] 孙永祥，黄祖辉．上市公司的股权结构与绩效[J]．经济研究，1999(12)：22-30.

[250] 覃雅兰．国有农场土地开发与利用中政府管理的问题与对策研究——以广西A农场与B农场为例[J]．湖北函授大学学报，2017，30(17)：136-139.

[251] 唐博文，罗小锋，秦军．农户采用不同属性技术的影响因素分析——基于9省(区)2110户农户的调查[J]．中国农村经济，2010(6)：49-57.

[252] 唐欣瑜，陈昕．生态保护视角下海南农垦橡胶林地权利制度的法律完善[J]．新东方，2017(4)：17-21.

[253] 陶雪娟，杜辉，杨红．沪郊农户的种粮意愿及其影响因素分析——基于大城市粮食安全供给角度[J]．上海农业学报，2013(4)：102-106.

[254] 万广华，张藕香．中国农户粮食储备行为的决定因素：价格很重要吗？[J]．中国农村经济，2007(5)：13-23.

[255] 汪丁丁．制度创新的一般理论[J]．经济研究，1992(5)：69-80.

[256] 王春晓，李达．棉花政策、价格波动与棉农的生产投资行为分析：以新疆棉区为例[J]．价格理论与实践，2006(11)：40-41.

[257] 王德文，黄季焜．双轨制度下中国农户粮食供给反应分析[J]．经济研究，2001(12)：55-65，92.

[258] 王峰．海南农垦经济管理体制改革探讨[J]．华南热带农业大学学报，2003(1)：39-46.

[259] 王格玲，陆迁．意愿与行为的背离：农村社区小型水利设施农户合作意愿及合作行为的影响因素分析[J]．华中科技大学学报(社会科学版)，

2013，27(3)：68-75.

［260］王广亮，张屹山．权力视角下的企业契约分解与变迁[J]．中国工业经济，2007(10)：87-94.

［261］王海军，顾舒鸣，钟超．农业供给侧结构性改革背景下柑橘最优种植规模的探究——基于价格波动视角[J]．农林经济管理学报，2017，16(5)：614-621.

［262］王红玲．对一个农业制度变迁模型的再探讨[J]．经济研究，1997(10)：70-73.

［263］王秦．新制度经济学视角下电子商务交易成本分析[J]．上海商业，2021(4)：54-55.

［264］王团真，陈钦，朱博旖，等．农户发展林下经济意愿影响因素研究——基于220户农户的调查数据[J]．福建农林大学学报(哲学社会科学版)，2016(1)：56-60.

［265］王宪明．产权结构与中国商业银行效率变化的实证研究[D]．济南：山东大学，2007.

［266］王许，许能锐，邢俊．金融危机对海南国营橡胶生产成本的影响调查——以海南天然橡胶产业集团股份有限公司大岭分公司为例[J]．中国热带农业，2010(3)：29-31.

［267］王育平，苏时鹏，王团真，等．福建农户林下经济发展抉择的影响因素——基于501户调查数据[J]．林业经济问题，2015(6)：534-538，561.

［268］王钰棋，王芳，孙建明．天然橡胶价格波动因素的实证研究[J]．林业经济问题，2012，32(4)：373-376.

［269］王志刚，曹正伟，宋敏．农户对植物新品种保护制度的认知、态度及其影响因素分析[A]//中国农业经济学会．中国农业经济学会第八次会员代表大会暨2007年学术年会论文集[C]．中国农业经济学会，2007：19.

［270］魏芳，校现周，罗世巧，等．橡胶树针刺采胶技术的应用前景[J]．热带农业科学，2020，40(10)：17-20.

［271］魏宏杰，刘锐金．基于便利收益视角的投机与大宗商品价格波动分析：以天然橡胶为例[J]．数学的认识与实践，2016，46(1)：1-11.

［272］魏宏杰，杨琳，莫业勇．海南农垦橡胶树风害损失分布函数的建模研究[J]．现代经济(现代物业下半月刊)，2009(2)：9-11，29.

［273］魏宏杰，杨琳，刘锐金．物元模型在胶园风害灾情评估中的应用

[J]. 广东农业科学，2011(3)：168-171.

[274] 魏小弟. 高产高效是割胶技术的永恒主题[J]. 中国热带农业，2009(6)：38-39.

[275] 温金荣，程璆. 国有农场社区治理的困境及对策探析[J]. 中国公共政策评论，2018，15(2)：190-202.

[276] 翁贞林. 农户理论与应用研究进展与述评[J]. 农业经济问题，2008(8)：93-100.

[277] 吴炳灿. 兼业化对农户新品种采用行为的影响研究[D]. 福州：福建农林大学，2013.

[278] 吴裕丰. 海南农垦改革发展的新构想[J]. 中国农垦经济，2003(3)：16.

[279] 伍山林. 中国农作制变迁的政治经济学分析——从农户行为与政府偏好角度进行分析[J]. 经济研究，1998(8)：67-73.

[280] 奚超. 稻农新品种认知与选择影响因素研究[D]. 南京：南京农业大学，2011.

[281] 夏永祥. 论农产品价格与农业技术进步[J]. 经济问题，1998(10)：32-34.

[282] 校现周，罗世巧，魏小弟. 橡胶树气刺割胶技术新进展[J]. 热带农业工程，2010(4)：59-61.

[283] 校现周. 我国割胶制度的现状分析与国外研究进展[J]. 热带农业科学，2005，25(4)：61-63.

[284] 校现周. 我国气刺短线割胶技术发展策略与建议[J]. 中国热带农业，2014(6)：9-10.

[285] 谢嫦，徐学荣，杨长桃，等. 福建省三明市农户采用水稻新品种影响因素实证分析[J]. 中国农学通报，2014(9)：213-217.

[286] 辛翔飞，王祖力，王济民. 我国肉鸡供给反应实证研究——基于Nerlove模型和省级动态面板数据[J]. 农林经济管理学报，2017(1)：120-126.

[287] 邢民. 天然橡胶价格暴跌的思考[J]. 中国农垦，2009(1)：35-37.

[288] 徐刚. 农业体制转换的制度根源——对一个农业制度变迁模型的改进[J]. 经济研究，1997(4)：38-48.

[289] 徐秋慧. 论农户生产经营额价格风险与控制[J]. 经济与管理，2005，19(1)：9-12.

[290] 徐薇. 面对重重困难，海南橡胶如何逆境突围？[N]. 海南农垦

报，2014-03-21(02).

[291] 徐现祥，李郇．中国省区经济差距的内生制度根源[J]．经济学(季刊)，2005，4(增刊)：83-100.

[292] 徐欣，胡俞越，韩杨，等．农户对市场风险与农产品期货的认知及其影响因素分析——基于5省(市)328份农户问卷调查[J]．中国农村经济，2010(7)：47-55.

[293] 徐湧泉，刘国勇．农户对新品种与新技术采用行为及影响因素研究——以五台县石村种粮农户为例[J]．现代农业科技，2015(1)：304-305，307.

[294] 徐振华．河南省芝麻产业发展中的问题及对策研究[D]．重庆：西南大学，2012.

[295] 许人俊．开国元勋与中国橡胶事业的启航(上、下)[J]．湘潮，2015(2，3)：51-55.

[296] 许闻献，许惠君，魏小弟．橡胶树干胶乳糖分分布及其呼吸状况[J]．热带作物研究，1982(2)：26-34.

[297] 亚伯拉罕(Abraham P. D.)，魏小弟．用Motoray Mark Ⅱ型电动胶刀的割胶试验[J]．热带作物译丛，1987(1)：16-18.

[298] 闫喜强，廖宇兰．橡胶树割胶技术的探索[A]//海南省机械工程学会．创新装备技术给力地方经济——第三届全国地方机械工程学会学术年会暨海峡两岸机械科技论坛论文集[C]．海南省机械工程学会，2013：4.

[299] 杨春，王明利．基于Nerlove模型的我国牛肉产品供给反应研究[J]．农业经济，2015(1)：121-123.

[300] 杨瑞龙．论我国制度变迁方式与选择目标的冲突及其协调[J]．经济研究，1994(5)：40-49，10.

[301] 杨瑞龙．我国制度变迁方式转换的三阶段论——兼论地方政府的制度创新行为[J]．经济研究，1998(1)：3-10.

[302] 杨文凤，牛静明，罗世巧，等．橡胶树刺激割胶中不同割线长度生理效应研究[J]．热带作物学报，2012，33(11)：1971-1975.

[303] 杨文凤，校现周．橡胶树气刺割胶技术研究现状与亟待解决的问题[J]．中国热带农业，2013(4)：18-21.

[304] 姚升，周应恒．中国农产品价格波动的影响分析——基于考虑时滞的投入产出价格影响模型[J]．经济经纬，2013(3)：135-140.

[305] 叶国鹏．代理关系的收益和企业制度的变迁[J]．经济研究，1994(6)：62-68.

[306] 叶青．橡胶价格触底盘旋拉升[N]．华夏时报，2016-10-31(16).

[307] 余伟，张木兰，麦全法，等．台风“达维”对海南农垦橡胶产业的损害及所引发的对今后产业发展的思考[J]．热带农业科学，2006(4)：41-43.

[308] 云南省农垦总局．关于做好抗旱救灾工作的紧急通知[Z]．云垦局〔2010〕62 号．

[309] 张德．天然橡胶成本到底如何看？[N]．期货日报，2014-09-12(03).

[310] 张广泰．海南农垦怎么落后了[J]．中国农垦，2007(11)：47-48.

[311] 张浩，冯淑怡，曲福田．“权释”农村集体产权制度改革：理论逻辑和案例证据[J]．管理世界，2021，37(2)：81-94.

[312] 张军，冯曲．集体所有制乡镇企业改制的一个分析框架[J]．经济研究，2000(8)：12-20，79.

[313] 张利静．寂静的橡胶园：何日重返周期巅峰[N]．中国证券报，2017-06-21(A12).

[314] 张林秀．农户经济学基本理论概述[J]．农业技术经济，1996(3)：24-30.

[315] 张曙光，程炼．复杂产权论和有效产权论——中国地权变迁的一个分析框架[J]．经济学(季刊)，2012，11(4)：1217-1238.

[316] 张曙光．中国的制度分析：三个理论框架的比较——兼评刘世锦新著《经济体制效率分析导论》[J]．经济研究，1994(12)：73-78.

[317] 张献国．农户对水稻新品种选择意愿的调查分析[J]．安徽农学通报，2015(14)：44-46.

[318] 张湘．晋州农户新品种采用行为影响因素研究[D]．武汉：华中农业大学，2009.

[319] 张晓丽，张大红，周航．国际天然橡胶价格变化趋势预测研究：基于 ARIMA 模型的分析[J]．价格理论与实践，2013(3)：65-66.

[320] 张旭，张静．基于农户意愿的桃树生产可持续发展实证分析——以河北省顺平县为例[J]．林业经济问题，2012(4)：333-336，368.

[321] 张雨龙．从边境理解国家：中、老、缅交界地区哈尼/阿卡人的橡胶种植的人类学研究[D]．昆明：云南大学，2015.

[322] 张玉梅，过建春，卢江勇．天然橡胶区域贸易空间均衡分析[C]．热带作物产业带建设规划研讨会暨天然橡胶产业发展论文集中国热带作物学会会议论文集，2006：57-64.

[323] 张媛，支玲，许守任，郑勇奇．云南省花农花卉新品种种植意愿影响因素分析[J]．林业调查规划，2012(4)：128-131.

[324] 张云华．中美农业基础竞争力对比与建议[N]．中国经济时报，2017-05-09(5)，2017-05-10(6).

[325] 赵峥．基于线索理论的农户新品种购买意愿的影响因素研究[D]．武汉：华中农业大学，2016.

[326] 郑景顺．福建农垦提前完成农垦土地确权和去社会化两项任务[J]．农村工作通讯，2018(21)：48-49.

[327] 郑淑娟．印度中、小农场主放缓收割橡胶[J]．世界热带农业信息，2014(12)：3-4.

[328] 郑义，林恩惠．我国原料奶供给反应的实证分析——基于GMM动态面板数据模型[J]．福建农林大学学报(哲学社会科学版)，2017(5)：56-59.

[329] 郑有贵．我国农垦体制改革回顾与辨析[J]．中国经济史研究，2004(4)：43-51.

[330] 中国机械工业年鉴编辑委员会，中国农业机械工业协会．中国农业机械工业年鉴(2006)[M]．北京：机械工业出版社，2007：77-83.

[331] 中国机械工业年鉴编辑委员会，中国农业机械工业协会．中国农业机械工业年鉴(2015)[M]．北京：机械工业出版社，2016：73-78.

[332] 钟晓兰，李江涛，冯艳芬，等．农户认知视角下广东省农村土地流转意愿与流转行为研究[J]．资源科学，2013，35(10)：2082-2093.

[333] 周其仁．农地产权与征地制度——中国城市化面临的重大选择[J]．经济学(季刊)，2004(4)：193-210.

[334] 周曙东，乔辉．花生价格对农户生产决策与收益的影响分析——基于规模分化的视角[J]．农业现代化研究，2017，38(6)：930-937.

[335] 朱淀，张秀玲，牛亮云．蔬菜种植农户施用生物农药意愿研究[J]．中国人口·资源与环境，2014，24(4)：64-70.

[336] 朱国美．花生种植户技术采用行为的实证研究[D]．南京：南京农业大学，2011.

[337] 朱海燕，刘学忠．中国苹果的供给反应研究[J]．林业经济，2017(9)：108-112

[338] 朱慧，张新焕，焦广辉，等．三工河流域油料作物的农户种植意愿影响因素分析——基于Logistic模型和240户农户微观调查数据[J]．自然资源学报，2012(3)：372-381.

[339] 朱慧. 基于农户视角的作物种植决策机制研究[D]. 乌鲁木齐：新疆师范大学，2011.

[340] 朱继米. 天然橡胶价格内外分化[J]. 橡胶科技市场，2007(8)：21-22.

[341] 朱丽娟. 玉米新品种采用的农户响应行为及影响因素分析——基于黑龙江省农户调查数据[J]. 中国农学通报，2013(23)：107-111.

[342] 朱玲. 改革与发展中的乡村社区公共服务筹资制度：国有农场案例研究[J]. 学术研究，2018(2)：73-88.

[343] 朱玲. 中国农业现代化中的制度尝试：国有农场的变迁[J]. 经济学动态，2018(2)：4-10.

[344] 朱宁，秦富. 农产品价格波动背景下农户短期生产要素投入决策分析——基于对蛋鸡规模养殖户的调查[J]. 中国农业大学学报，2017，22(5)：174-179.

[345] 祝文锦. 种稻大户新品种采用行为影响因素实证分析[D]. 南昌：江西农业大学，2015.

[346] 庄海燕，安锋，张硕新，等. 乙烯利刺激橡胶树增产机制研究进展[J]. 林业科学，2010(4)：120-125.

[347] 邹薇，庄子银. 中国改革过程的性质、特征与动态优化[J]. 经济研究，1995(9)：33-39.